英雄、恶棍与普通人

〔英〕罗伯特·莱西
——著——
秦川
——译——

HEROES, KNAVES, COMMONERS
True Stories of England History
Robert Lacey

英格兰历史的真实故事

著作权合同登记号 图字：01-2017-7993

图书在版编目（CIP）数据

英雄、恶棍与普通人：英格兰历史的真实故事 /（英）罗伯特·莱西著；秦川译. —北京：北京大学出版社，2020.10
ISBN 978-7-301-31485-2

Ⅰ.①英… Ⅱ.①罗… ②秦… Ⅲ.①英国—历史—通俗读物 Ⅳ.①K561.09

中国版本图书馆CIP数据核字（2020）第134798号

Great Tales From English History: Cheddar Man to DNA: A Treasury of True Stories of the Extraordinary People Who Made Britain Great By ROBERT LACEY
Copyright © 2003, 2004, 2006, 2007 BY ROBERT LACEY
This edition arranged with Jonathan Pegg Literary Agency, through BIG APPLE AGENCY, INC., LABUAN, MALAYSIA.
Simplified Chinese edition copyright © 2020 PEKING UNIVERSITY PRESS
All rights reserved.

书　　　名	英雄、恶棍与普通人：英格兰历史的真实故事 YINGXIONG、EGUN YU PUTONGREN: YINGGELAN LISHI DE ZHENSHI GUSHI
著作责任者	〔英〕罗伯特·莱西（ROBERT LACEY）　著　秦川　译
责任编辑	赵　阳
标准书号	ISBN 978-7-301-31485-2
出版发行	北京大学出版社
地　　　址	北京市海淀区成府路205号 100871
网　　　址	http://www.pup.cn　新浪微博：@北京大学出版社
电子信箱	pkuwsz@126.com
电　　　话	邮购部 010-62752015　发行部 010-62750672　编辑部 010-62707742
印　刷　者	三河市北燕印装有限公司
经　销　者	新华书店
	720毫米×1020毫米　16开本　33.5印张　500千字
	2020年10月第1版　2020年10月第1次印刷
定　　　价	89.00元

未经许可，不得以任何方式复制或抄袭本书之部分或全部内容。
版权所有，侵权必究
举报电话：010-62752024　电子信箱：fd@pup.pku.edu.cn
图书如有印装质量问题，请与出版部联系，电话：010-62756370

目 录

序言 /1

◎ 公元前 7150 年：切德人 /4

◎ 公元前 325 年：皮西亚斯和喜欢涂抹的民族 /5

◎ 公元前 55 年：第十军团的旗手 /8

◎ 1—33 年：耶稣基督和格拉斯顿伯里的传说 /11

◎ 43 年：得胜的克劳迪乌斯皇帝 /14

◎ 61 年：勇士布狄卡女王 /15

◎ 122 年：哈德良长城 /18

◎ 410—约 600 年：亚瑟，永恒之王 /21

◎ 约 575 年：教皇格里高利的"天使" /24

◎ 597 年：圣奥古斯丁的魔力 /26

◎ 664 年：国王奥斯维和荆冠 /28

◎ 约 680 年：卡德蒙——英格兰的首位诗人 /30

◎ 672（673）—735 年：尊者比德 / 32

◎ 878 年：阿尔弗雷德和面包 / 36

◎ 911—918 年：麦西亚夫人 / 40

◎ 978—1016 年："无准备者"埃塞尔雷德 / 43

◎ 约 1010 年：飞天的修道士埃尔默 / 47

◎ 1016—1035 年：国王卡努特和海潮 / 48

◎ 1042—1066 年："忏悔者"爱德华 / 51

◎ 约 1043 年：戈黛娃夫人的传说 / 55

◎ 1066 年：三王之年 / 59

◎ 1066 年：勇敢的国王哈罗德之死 / 63

◎ 1070 年："清醒者"赫里沃德和"诺曼枷锁" / 66

◎ 1086 年：《末日审判书》 / 70

◎ 1100 年：威廉·鲁弗斯的神秘之死 / 73

◎ 1120 年：亨利一世和白船 / 76

◎ 1135—1154 年：斯蒂芬和玛蒂尔达 / 80

◎ 1170 年：大教堂里的谋杀 / 83

◎ 1174 年：国王的忏悔 / 88

◎ 1172 年：河畔的外带食物 / 91

◎ 1189—1199 年："狮心王"理查 / 93

◎ 1215：无地约翰和《大宪章》 / 98

◎ 1225 年：盗贼王子霍布霍德 / 103

◎ 1265 年：西蒙·德·蒙特福特和他的"谈话场所" / 105

- ◎ 1284 年：不说一个英文单词的王子 / 111
- ◎ 1308 年：皮尔斯·加韦斯顿和爱德华二世 / 115
- ◎ 1346 年：为自己赢得荣誉的王子 / 120
- ◎ 1347 年：加来城的市民们 / 124
- ◎ 1347—1349 年："肯特小美人"和嘉德勋章 / 127
- ◎ 1348—1349 年：黑死病 / 130
- ◎ 1376 年：瘟疫时期一位医生的临床方法 / 133
- ◎ 1377 年：农夫皮尔斯的梦想 / 135
- ◎ 1381 年："疯狂的大众" / 138
- ◎ 1387 年：杰弗里·乔叟和母语 / 145
- ◎ 1399 年：国王理查二世的废黜 / 148
- ◎ 1399 年："转过身来，迪克·惠廷顿" / 152
- ◎ 1399 年：亨利四世和他的特级初榨油 / 154
- ◎ 1415 年：阿金库尔战役——"我们是高兴的少数人" / 157
- ◎ 1429 年：奥尔良少女贞德 / 160
- ◎ 1440 年：小伙伴们的提示书 / 163
- ◎ 1422—1461 年：兰开斯特家族和亨利六世的两次当政 / 165
- ◎ 1432—1485 年：都铎王朝的源起 / 168
- ◎ 1461—1470 年、1471—1483 年：约克家族的商人国王爱德华四世 / 171
- ◎ 1474 年：威廉·卡克斯顿 / 173
- ◎ 1483 年：伦敦塔中的王子们 / 176

- ◎ 1484 年：猫和老鼠 / 180
- ◎ 1485 年：博斯沃思之战 / 181
- ◎ 1486—1499 年：两件麻烦事 / 185
- ◎ 1497 年：鱼与航船 / 187
- ◎ 1500 年：榨干财富 / 190
- ◎ 1509—1533 年：国王亨利八世的"大事" / 192
- ◎ 1525 年："让光芒闪耀吧"——威廉·廷德尔和英格兰《圣经》/ 197
- ◎ 1535 年：托马斯·莫尔和他美好的"乌有之地" / 200
- ◎ 1533—1537 年：离婚、斩首和病故 / 203
- ◎ 1536 年：恩典的朝圣之旅 / 205
- ◎ 1539—1547 年：离婚、斩首和幸存 / 208
- ◎ 1547—1553 年：男孩国王——"虔诚的淘气鬼"爱德华六世 / 212
- ◎ 1553 年：简·格雷夫人——在位仅九天的女王 / 215
- ◎ 1553—1558 年："血腥玛丽"和史密斯菲尔德大火 / 218
- ◎ 1557 年：罗伯特·雷科德和他的"智力磨石" / 222
- ◎ 1559 年：红桃女王伊丽莎白一世 / 223
- ◎ 1571 年：那是娱乐节目 / 226
- ◎ 1585 年：沃尔特·雷利爵士和消失的殖民地 / 229
- ◎ 1560—1587 年：苏格兰女王玛丽 / 232
- ◎ 1588 年：弗朗西斯·德雷克和西班牙无敌舰队 / 236
- ◎ 1592 年：约翰爵士的厕所 / 239
- ◎ 1603 年：遭遇时间的"突然袭击" / 241

- ◎ 1605 年："11·5 事件"和英格兰第一位恐怖分子 / 243
- ◎ 1611 年：国王詹姆士的钦定版《圣经》 / 246
- ◎ 1616 年："被宠坏的孩子"和父辈移民 / 248
- ◎ 1622 年：约翰·特雷德斯坎特的"方舟" / 251
- ◎ 1629 年：上帝在人间的最高权威 / 252
- ◎ 1642 年："我的鸟儿都飞走了" / 255
- ◎ 1642—1648 年："圆颅党"对阵"骑士党" / 259
- ◎ 1649 年：瞧，这叛徒的头颅！ / 262
- ◎ 1653 年：把这个玩意拿走 / 265
- ◎ 1655 年：拉比梅纳西和犹太人的回归 / 268
- ◎ 1660 年：查理二世和"皇家方舟" / 271
- ◎ 1665 年：选择赴死的村庄 / 274
- ◎ 1666 年：伦敦大火 / 276
- ◎ 1678—1679 年：泰特斯·奥茨和"教皇派阴谋" / 278
- ◎ 1685 年：蒙茅斯叛乱和血腥审判 / 282
- ◎ 1688—1689 年：光荣"入侵" / 284
- ◎ 1687 年：艾萨克·牛顿和宇宙的原理 / 287
- ◎ 1690 年：约翰·洛克和"宽容" / 290
- ◎ 1690 年："记住博伊恩河！"——奥兰治党人的诞生 / 293
- ◎ 1693 年：不列颠统治海洋——三角贸易 / 296
- ◎ 1701 年：杰思罗·塔尔的"条播机"和"矿工之友" / 299
- ◎ 1704 年：马尔伯勒袭击"盲人村"的沉睡法军 / 301

◎ 1707 年：联合王国的米字旗 / 304

◎ 1714 年："德国制造" / 306

◎ 1720 年：南海泡沫事件 / 307

◎ 1721—1742 年：英国的首位首相 / 310

◎ 1738 年：重生 / 312

◎ 1739 年：拦路大盗迪克·特平 / 314

◎ 1745 年：天佑吾王 / 316

◎ 1755 年：约翰逊博士的辞典 / 319

◎ 1759 年：沃尔夫将军和攻占魁北克 / 322

◎ 1766 年：詹姆斯·哈格里夫斯和珍妮纺纱机 / 325

◎ 1770 年：航海大师库克船长 / 327

◎ 1773 年：波士顿茶党 / 329

◎ 1785 年：执着的伟人托马斯·克拉克森 / 332

◎ 1788 年：乔治三世的癫狂症 / 334

◎ 1789 年："布莱面包果"和"邦蒂"号上的哗变 / 337

◎ 1791 年：托马斯·潘恩和人的权利 / 340

◎ 1792 年：玛丽·沃斯通克拉夫特和女权主义 / 344

◎ 1805 年：英格兰充满期待…… / 347

◎ 1811 年：范妮·伯尼的乳腺切除手术 / 350

◎ 1812 年：谁是内德·卢德？ / 352

◎ 1815 年：威灵顿和滑铁卢 / 355

◎ 1823 年：玛丽·安宁与可怕的"蜥蜴" / 358

- ◎ 1830 年：铁轨上的鲜血 / 360
- ◎ 1819—1832 年：演说家亨特的肺活量 / 362
- ◎ 1834 年：托尔普多村的殉道者们 / 365
- ◎ 1837 年："我会好起来的"——维多利亚女王登基 / 367
- ◎ 1843 年：上帝的伟大铁路——伊桑巴德·金德姆·布鲁内尔 / 369
- ◎ 1843 年：雨、蒸汽和速度——特纳的闪亮视角 / 372
- ◎ 1851 年：阿尔伯特亲王的水晶宫 / 374
- ◎ 1852 年："妇女和儿童优先"——伯肯黑德号上的训练 / 377
- ◎ 1854 年：挺进死亡之谷 / 379
- ◎ 1854—1855 年：提灯女士和茶杯女士 / 383
- ◎ 1858 年：查尔斯·达尔文和适者生存理论 / 388
- ◎ 1878 年：泰晤士河的"恶臭"与"爱丽丝公主"号的悲剧 / 391
- ◎ 1887 年：罗斯伯里勋爵的历史常识错误 / 394
- ◎ 1888 年：安妮·贝赞特和"磷下巴"——火柴女工的罢工 / 395
- ◎ 1897 年：庆祝女王登基 60 周年的帝国游行 / 397
- ◎ 1900 年：斯宾科普山的屠杀 / 400
- ◎ 1903 年：爱德华七世和《英法协约》 / 403
- ◎ 1910 年：用无线电追捕地窖杀人犯 / 406
- ◎ 1912 年："我可能要多待一些时候"——奥茨上尉的牺牲 / 408
- ◎ 1913 年：国王的赛马和埃米莉·戴维森 / 411
- ◎ 1914 年：圣诞节停战 / 415
- ◎ 1915 年：仅有爱国主义还不够——爱迪丝·卡维尔 / 417

- ◎ 1916 年：国家需要你——谢菲尔德的伙伴们 / 420
- ◎ 1926 年：一个适合英雄生活的国度？ / 423
- ◎ 1930 年：史上最伟大的历史书 / 426
- ◎ 1933 年：这不是板球——靠快速投球战术赢得"灰烬杯" / 428
- ◎ 1936 年：退位者爱德华 / 431
- ◎ 1938 年：属于我们的和平——张伯伦先生乘飞机凯旋 / 434
- ◎ 1940 年：被小船拯救的英国军队 / 437
- ◎ 1940 年：不列颠空战——"这么少"和"这么多" / 439
- ◎ 1943 年：加密、解密——"我所拥有的生命" / 442
- ◎ 1945 年：人民的呼声 / 445
- ◎ 1953 年：解码生命的秘密 / 447

致谢 / 450

原始资料探索 / 453

拓展书目和网址 / 457

索引 / 507

序 言

我记忆中带着乐趣阅读的第一本历史书，是蓝色、厚重、辞藻华丽、传递必胜信念的大部头——《我们岛屿的故事：写给男孩和女孩的英格兰历史》，作者叫马歇尔。书的封面上印着一个金红色盾牌的图案，内容讲述的是那些被称作"英雄"的男人、女人和儿童的故事。这本书还有一部姊妹篇叫《我们帝国的故事》，政治上有些不太正确，主要讲的是那些翻山越海、勇于冒险，将世界地图涂抹为"粉色"的英雄的故事。我必须承认，我更喜欢后一本，虽然我在第二章开头就发现，作者的想象力颇为丰富。

在马歇尔的笔下，五月一个晴朗的早晨，约翰·卡博特的"马修号"启航离开布里斯托尔港，"许多人怀着挂念的心情为他们祈祷、祝福，直到这艘船在远处变成了一个小点"。后来我才知道，马歇尔是爱德华七世时期生活在澳大利亚的一位女士，她的全名是亨丽埃塔·伊丽莎白·马歇尔。看来她并不清楚，布里斯托尔港实际上位于内陆地带，有条数英里长的河流连接港口和布里斯托尔海峡。我曾在克利夫顿小学念书，那里距布里斯托尔港只有数百码。我可以告诉马歇尔夫人的是，如果当时真的有一大群人为卡博特送行，那么他们在"马修号"拐过埃文峡谷的第一个弯道时，就看不到那位勇敢的航海者了。

这是我第一次认识到历史的不完美。或许有些可以被称作是纯粹、真实的历史，也就是过去确定发生过的真实事情。但这是不可知的，我们只能寄希望于无限接近真实。我们所接触的历史，其实是由历史学家们有选择地裁剪而成，并经过了他们价值观的过滤。

考虑到上面提到的"埃文峡谷因素"，你接下来读到的所有故事都是真实的。为达到这个目标，我查阅了当代最好的资料和现场记录。然而，讲述真实的故事并不意味着排斥英格兰的神话——亚瑟王或者清醒者赫里沃德的传说。在这本书中加入这些传说，主要是为展现传说缘起时代的一些真实特点，同时也揭示我们今天如何看待英国人的自我特性。

从历史中获得的经验教训，不可避免地会和我们自身的价值观产生共鸣。我们向过去寻找英雄，实际上是在寻觅那些能够给我们带来激励和安慰的人物，并佐证我们自身观察事物的方式。这就是为什么几乎每一代人都试图重写历史的原因。如果你是个愤世嫉俗的人，可能会得出这样的结论，一个国家的历史只不过是这个国家在以自我欺骗和自私的方式审视过去。

《英雄、恶棍与普通人：英格兰历史的真实故事》并不愤世嫉俗。尽管作者以怀疑的视角对待史料，但这本书来自于一位永恒的乐观主义者。沃尔特·雷利爵士是上述传说中的一位英雄，也是我心中的英雄。据说，有一天他在伦敦塔的牢房中向外望去，看见两个人在院子里争辩。虽然想尽办法，但他仍然没能搞清两人争吵的内容，只是看到他们彼此愤怒的姿势。于是，雷利爵士决定放弃写作自己的《世界历史》。他之所以不再继续这项富有雄心的事业，是因为他从上面的事情中得出了结论：人们不可能知晓任何事物的完整真相。

清醒地认识到现实之后，雷利爵士展现出异乎寻常的谦卑，这不仅是属于他个人的谦卑，也是作为历史学家的谦卑。我们对历史的未知远远多于已知。然而,那些残存至今的片段是如此珍贵和闪耀。它们让我们看到了戏剧性、幽默、无能、勇毅、冷漠、悲伤和欲望——这些都是生命的组成部分。其实,还是有很多不错的传说故事值得讲述……

◎ 公元前7150年：切德人

　　大约9000年前，不列颠岛还根本算不上是个岛屿。经历了连续几个冰川期的凋零和荒芜，现代英格兰东南部和欧洲大陆之间由一片低洼沼泽相连。人们往来行走于沼泽之上，羚羊、灰熊等动物亦是如此。我们之所以了解这些情况，是因为当代考古学家在布里斯托尔附近的切德峡谷溶洞中发现了这些动物的遗骨。除了灰熊骨、羚羊骨和散落四周的野马骨，在这个溶洞里还发现了蜷曲双腿的"切德人"——英格兰历史上年代最久远的完整的人类骨架。

　　根据放射性碳元素的测算，这位切德人在大约公元前7150年死去。当时欧洲大陆西北部的树林里有不少游猎人群活动，他大概是其中的一位。干燥的溶洞是他的"大本营"。在那里他的母亲和祖母们生火取暖、烧火为炊。我们尚不清楚切德人所使用的语言。从他的主食野马肉可以推断出，他平时穿梭在灰绿色的门迪普丘陵之上，使用陷阱、棍棒和带有尖头的锐利长矛等捕猎。

切德人有没有属于他自己的姓名？他有妻子和孩子吗？他信仰何方神圣？这些问题的答案仍然是谜。骨科专家告诉我们，他死时大约 23 岁，几乎可以肯定的是头部遭重击致死。从这个意义上说，我们这位可辨认的最早祖先也许是在战斗中负了重伤，甚至可能是被蓄意谋杀。考虑到他头骨上的创伤和周围动物遗骨上由屠夫所致的创口几乎相同，我们不得不设想一个更加残忍的可能性：我们的远祖或许是食人族。一些考古学家认为，后冰川时代以来，之所以很少有人类骨架保存至今，可能是由于人死后会被亲属吃掉，头骨也会被打碎，以吸食其中富有营养的髓质。

在当今社会，人们如果失去祖母，由此产生的痛苦会因为继承她的郊区房产得到一定程度的缓解。根据现在的房地产价格，这相当于工作许多年的收入。然而在 9000 年前，一个家族成员的死亡或许至少能让你从追逐狩猎中得到一天的喘息。

◎ 公元前 325 年：皮西亚斯和喜欢涂抹的民族

切德人生活在一个全球变暖的年代。随着最后一个冰期的冰川融化，海平面骤然上升，导致怀特岛、马恩岛和当代的爱尔兰岛由曾经的高地变成了相互割裂的岛屿。海水也漫灌大陆桥，切断了这些岛屿和欧洲大陆的物理联系。

这就形成了今天被我们称为英吉利海峡的"巨大壕沟"。如果你乘船从曾经是沼泽地带的海峡最窄处靠近英格兰，将会看到一幅引人注目的图景。岸上有一道高耸绵延的明亮白垩峭壁。有一种说法，峭壁给英格兰最早见于史册的名称——"阿尔比恩"（Albion）提供了启发。这个凯尔特语词的意思是"白色"。欧洲白雪皑皑的壮丽的阿尔卑斯山（Alps），据说也是源于相同的词根。

公元前325年，一位勇敢并富有探索精神的希腊航海家皮西亚斯，最早写下了"阿尔比恩"这个词。在切德人死后大约7000年，皮西亚斯从地中海出发向北航行，去寻找那些出产锡的岛屿。锡这种金属被熔化后，可以和铜形成青铜合金，在欧洲南部被用来锻造工具和武器。这些离岸的"锡岛"十分遥远，据说被只有一只眼的人或怪兽占据。不过，皮西亚斯不为所惧，他沿着惯常的贸易路线来到康沃尔，开始为这个处于已知世界边缘的岛屿撰写最早的历史记录。

我们的希腊航海家应该是步行走过了这个国家的大部分地方。每天中午，他将指时针插进地面，通过影子的长度变化推算纬度和向北行进的距离。皮西亚斯几乎肯定围着这些岛屿绕了一圈，他最早将不列颠岛描述为一个"摇摇晃晃的三角形"。虽然一些同皮西亚斯竞争的地理学者对他嗤之以鼻，但皮西亚斯留存至今的成果和发现大多就见于这些人的著作。随着时间推移，其中许多观点被考古学家证明是正确的。考古学家的发掘也给我们揭示出，在切德人之后，生活在这块土地上的人们经过了多么惊人的演变。

那个时候，阿尔比恩的居民都说凯尔特语，这是一种如音乐般美妙、柔软的语言，和拉丁语有着少许关联。他们和海峡对岸低地国家的居民、法兰西的高卢人都说这种语言。他们也和切德人一样狩猎，但使用的矛头、箭尖不再是打磨过的火石，而是由青铜或铁制成的。由于这些人已经学会了驯养动物和种植植物，狩猎不再是他们获取食物的唯一来源，而逐渐演变为一种乐趣，食物则主要来自农耕。到约公元前300年，阿尔比恩的大片区域已变成开阔地，也就是我们今天看到的经典英国乡村景象。铁斧砍倒了森林，铁锹和铁锄开垦了田野。田地自此以明显的白色犁沟作为界限。在有些地方，21世纪的农民仍然继承了这些边界。

和切德人相比，凯尔特人显得相当富足，他们用珠宝、金属镜和精雕细琢的瓶子来装饰门户。有些人生活在城镇里，他们庞大的定居点周围砌着泥土墙，在今天英国南部还能看到其遗迹。他们信仰的神秘宗教也有纪念物留存至今，比如在丘陵地区的软白垩岩上所刻的形状弯曲、呈腾跃姿态的白马。

从房屋废墟中挖掘出的大量酒罐判断，这是一个喜欢享乐的民族。他们自己酿造麦芽酒和蜂蜜酒，品尝的时候用仪式专用的酒杯交替饮用。虽然他们的酒量不大，但一位古代历史学家认为，在发现酒罐的地中海地区，饮酒是十分普遍的行为。

阴暗的一面也同时存在。这些凯尔特人的宗教礼仪受德鲁伊教士掌控。关于他们究竟是高等教士还是巫师，这是个仁者见仁、智者见智的问题。旅行者们曾经讲述过，德鲁伊教士在橡树林或槲寄生等属于他们的圣地，曾经把活人当作祭品。现代的考古发掘也证实，他们的祭坛里装着腐肉。最近发现的一具遗骨表明，此人是被故意溺晕的，然后有人将他的血从颈动脉放了出去。看上去他的最终死亡和绞杀仪式有关，也就是用一种打着结的绳子把气管拧断。

凯尔特人在战斗中的表现令人生畏。他们脱得只剩下粗布短裤，身上用靛蓝色染料涂抹。该染料是从一种箭形的菘蓝属植物中提取的。可以说，靛蓝色是阿尔比恩居民的"战斗色"，这种涂色行为也为一个延续至今的名称提供了启发。在凯尔特语中，"普列塔尼"（Pretani）的意思是"涂抹"或"纹身"之人。皮西亚斯似乎将这个词引入到希腊语中，成了"普列塔尼克"(Pretanike)，意为"喜欢涂抹的民族生活的土地"。最后被译成拉丁语的时候，"普列塔尼克"又被先后表述为"普列塔尼亚"(Pretannia)和"不列颠尼亚"(Britannia)。

迪奥多鲁斯·锡库鲁斯是公元前1世纪生活在罗马的历史学家。在他的笔下，这些涂抹靛蓝色的战士呈现出相对不那么残忍的特点。锡库鲁斯说，他们"对陌生人很友善"，十分乐意同来到"普列塔尼亚"的外国商人进行贸易。那些商人购买康沃尔的锡、狼皮以及奴隶。随后，商船将这些商品运往法国，再由马队和驳船继续沿着贸易路线向南，直至抵达罗马。公元前1世纪，罗马已经取代希腊成为西方的思想和军事中心。罗马帝国的疆土环绕地中海，延伸至法兰西和德意志北部。遥远的"锡岛"所蕴藏的财富吸引着罗马人。正如罗马历史学家塔西佗所述，这块喜欢涂抹的民族所生活的土地"十分值得前去征服"。

◎ 公元前55年：第十军团的旗手

到目前为止，我们所有故事中的时间都是估算——比完全猜测要好得多，但仍不够精确。碳放射性测定年代法的依据是碳14同位素的衰减率。这一元素在一切活着的生命中都存在，但从生命死去的那一刻起就开始以可精确预测的速度衰减。通过这种办法，科学家们得以计算出切德人的年代，而误差只在150年上下。

现在，公元前55年，我们终于可以首次以月份和日子记载事件了。皮西亚斯写下航行笔记后的两个世纪，我们的历史也终于朝着书写文化迈进了。而开启这一进程的作家十分了不起。盖乌斯·尤利乌斯·恺撒不仅创造了历史，他也进行历史创作。阅读他攻打英格兰的生动记述，我们能够对公元前55年8月26日早晨恺撒的心情感同身受。当时，载着他的木船乘风破浪，终于抵达阿尔比恩的白色峭壁前。面对峭壁顶上带着敌意的人群，恺撒陷入了沉思。

他写道："峭壁顶端尽是全副武装的人们。由于峭壁和海岸之间没有任何过渡地带，他们的标枪和尖矛可以直接投掷到海滩上。"

罗马军队是前一天晚上从法兰西启航的。由80只船组成的舰队载着两个军团的大约10000名战斗经验丰富的军人，趁着夜色向英格兰进发。此前，恺撒曾试图将欧洲大陆的西端纳入罗马控制之下。但在那里，属于凯尔特民族的高卢人顽强地抵抗他的权威。恺撒严重怀疑，这些高卢人得到了他们身在英格兰的凯尔特兄弟的暗中帮助。他决定对此进行调查，向和英格兰人做生意的商人了解情况，但并没有得到答案。于是，恺撒用整个夏天集结了一支舰队。现在，他终于来到峭壁前，和山顶上的英格兰人面对面。

恺撒命令舰队沿着海岸航行，直到海滩上不再有峭壁而出现缓坡。此地大约在今天的迪尔港。英格兰军队也从峭壁顶上骑着马或乘坐战车，一路跟随恺撒的舰队。双方即将在海滩上集结对峙。为完成抢滩登陆，罗马军队首先需要穿着盔甲跳入齐胸的海水中。

恺撒承认："我们的士兵有些动摇，他们没能表现出以前在陆地战斗中的勇敢和热情。"此刻，第十军团的旗手突然跳入海水中，高高举起印着银色雄鹰的战旗。这面战旗也是军团受到诸神庇护的标志。旗手身披野兽皮，头盔顶上铸着吼叫的狮子、灰熊或战狼的头像。他是军团士气的鼓舞者，只要雄鹰旗不倒，军团的荣誉就会一直延续下去。

旗手大声喊道："兄弟们，如果你们不想让敌人夺取军旗，就跳下水去！我绝不会背叛我的国家和领袖！"

根据恺撒记载，罗马步兵们都被旗手的勇敢所震撼，他们纷纷跳下水，冲到海滩上，挥舞刀剑和盾牌列成典型的罗马战斗队形。一番战斗后，英格兰人最终撤退。恺撒把大胜的消息传回罗马的时候，元老院决定史无前例地全国放假 21 天以示庆祝。

罗马征服者在英格兰只待了不到 20 天。一场风暴摧毁了罗马军团的许多船只，恺撒英明地决定在天气变得更糟前返回法兰西。次年夏天，也就是公元前 54 年 7 月，他又一次尝试前往英格兰，这次使用的登陆船经过重新设计，龙骨吃水较浅，更有利于顺着海潮到达滩头。罗马人表现得比第一次更勇敢，很快就抢占了海岸并向内陆挺进。他们渡过泰晤士河，破解了英格兰人"一打就跑"的战术。最后，凯尔特酋长们不得不宣布向恺撒效忠。但此时冬季风暴再次来临，罗马人只能仓促返回法兰西。这一次，元老院没有再宣布全国放假。

尤利乌斯·恺撒是西方历史中一位举足轻重的人物。他身材高大孔武，稀薄的头发向前梳着。无数的大理石像铸就了他不朽的形象。恺撒极富有魅力，是位战功卓著的将军。他战胜了许多对手并赢得了对整个罗马帝国的控制，后来因为自己的专制又被对手所杀。后世的罗马帝国统治者为借用他的荣耀，都自称"恺撒"。他的声名延续至今，德国皇帝（Kaiser）和俄国沙皇（Czar）的头衔就与恺撒（Caesar）有关。

公元前 45 年，恺撒改革了西方历法，形成了后来所说的"儒略历"。该历法使用闰年，以确保地球记年中的一年和绕太阳公转周期同步。七月（July）因恺撒而得名，剖腹产（Caesarean）也是如此，因为恺撒的母亲在生他的时候死去了，人们只能切开她的子宫把孩子拿出来。

恺撒喜欢自我宣传，他最有名的一句话是："我来，我见，我征服。"这是公元前 47 年他在土耳其中部的泽拉获胜后发出的感叹。他在记载对英格兰两次短暂、微不足道的胜利时，也流露出相似的态度。用文字来书写事件使历史记录在很多方面更加生动、准确。然而，文字并不能确保历史会从此变得更加真实。

◎ 1—33 年：耶稣基督和格拉斯顿伯里的传说

> 那双脚，在久远之前，
> 可曾踏上英格兰翠绿的群山？
> 那羔羊，承上帝的荣光，
> 可曾目睹英格兰宜人的牧场！

上面的歌词经常在橄榄球比赛以及"逍遥音乐会"等充满爱国情怀的场合为人们所吟唱。这首题为《耶路撒冷》的歌曲几乎已成为英国的非官方"国歌"。其中令人振奋的歌词让人联想起耶稣基督本人，那"承上帝荣光的羔羊"是否曾在他 33 年的人生中涉足英格兰？如果皮西亚斯和尤利乌斯·恺撒都能从地中海来到此处，我们的救世主为什么不能呢？

也许的确不可能。如果耶稣在他短暂的人生中有时间和条件从巴勒斯坦横跨欧洲大陆，穿越 5000 多英里往返英格兰，那一定会被记录在福音书中。耶稣自己也可能在他传教时对这次伟大的冒险有所提及。

关于耶稣曾抵达英格兰的传言，最早可能来自于亚利马太的约瑟。他是耶稣的一位富裕门徒，在耶稣受难后为其提供墓地。福音书里有许多和约瑟相关的记载（请不要将这位约瑟和耶稣的父亲木匠约瑟混淆）。他是受人尊敬的犹太教公会成员，秘密决定皈依耶稣的危险信仰。或许只有这样身份的人，才敢于在耶稣受难后向古罗马犹太省的总督庞修斯·皮拉特索要回他的尸体。

直到数个世纪后——我们指的是十多个世纪之后——约瑟性格中复杂迷人的一面才被更多揭示出来。据说，他是向北欧传播福音的耶稣门徒之一，参与创立了英格兰首家修道院。还有传说表明，约瑟的财富来自于金属贸易，他多次赴英格兰西南部的康沃尔地区探寻锡矿，并前往萨默塞特寻找高质量的铅。甚至有传言称，约瑟就是圣母玛利亚的叔父，因此也是耶稣的舅姥爷。他有可能在做生意时，带着当时还是个男孩的耶稣到访过这里。

1502年，历史上首次提到的一种圣迹，或许能帮助我们解开上述谜团。这是一片生长在萨默塞特的格拉斯顿伯里教堂附近的山楂林。林子里的山楂树会不同寻常地在深冬的圣诞节期间以及耶稣生日时开花。人们将这种山楂树称作"圣刺"，据说它们是由亚利马太的约瑟亲自种下的。当时，约瑟把自己的木杖杵在地上，使之生根。而他的木杖和耶稣的荆冠实际上都来源于同一种灌木。经当代植物学家考证，格拉斯顿伯里开着粉花的山楂树的确来自中东地区。直到今天，这些山楂树的花朵仍在绽放。每年首次开花时都会举行修剪仪式。人们把剪下来的嫩枝呈献给英国女王。女王会把这来自格拉斯顿伯里的枝条摆放在她的书桌上。

1808年，在英国抗击拿破仑的战争正酣时，著名的诗人和艺术家威廉·布莱克将零散的关于耶稣和格拉斯顿伯里的传说整合，创作了今天为我们所熟知的作品《耶路撒冷》。布莱克是位神秘主义者和激进派人士，当时正谋生于一间位于伦敦贫民区的雕刻室。他经常梦见天使，对工业革命时期英国随处可见的"黑暗的魔鬼磨坊"深恶痛绝。布莱克憧憬有朝一日能够建成一个光彩夺目的新社会。如今的耶路撒冷或许是个悲惨、痛苦的地方，但对布莱克而言，这座城市象征着荣誉：

> 给我弓，那燃烧的黄金之弓！
> 给我箭，那渴望之箭！
> 给我矛，噢，乌云消散！
> 给我战车，披挂着火焰！
> 我心灵的抗争将永不停歇，
> 我手中的利剑将永不沉眠。
> 直到我们建成耶路撒冷，
> 在英格兰那碧绿美好的家园。

两个世纪后，在恐怖的第一次世界大战期间，大批欧洲青年被屠戮于法国北部的战壕之中。作曲家休伯特·帕里为这首诗谱了曲。歌曲《耶路撒冷》激动人心的首次公演是在1916年的"为女性投票"音乐会上，由此也奠定了此曲延续至今的变革维新基调。

让我们再重申一下：耶稣并没有涉足格拉斯顿伯里或者英国的其他地方。这如同升起的太阳一般确信无疑。关于亚利马太的约瑟的传说并非信史。但过去的几个世纪以来，上述的故事一直启迪着我们。不论是在文学还是音乐领域，《耶路撒冷》都给我们带来了希望和勇气。这是一个自信的社会所亟须的，也正是英国民族精神的写照。这一精神干净而纯粹，一如英国乡村美丽青葱的风景。的确，我们的日子也许过得还不错，但我们不应志得意满——"更好的生活必定会到来"。

◎ 43年：得胜的克劳迪乌斯皇帝

恺撒在公元前54年仓促撤离不列颠岛后，罗马人再次征服这座岛屿是在90多年后了。他们又一次登陆时，决定尽可能地利用战胜之机扩大势力和影响。公元43年，罗马的四万大军从肯特沿泰晤士河顺流而上的时候，突然接到停止行军的命令。原来，他们是要等待皇帝克劳迪乌斯的到来。在举行华丽庄严的仪式后，皇帝率军进入了今天的科尔切斯特城，当时此地是不列颠人在英格兰东南部的主要据点。罗马人的获胜检阅阵势浩大，甚至包括一队大象。想必带有异域色彩的大象行进的时候，肯特的乡村居民一定倍感惊奇。

克劳迪乌斯皇帝先天患有足畸形症，一只脚离地面总有数英寸。不过，皇帝十分精明，他自豪地宣布科尔切斯特将成为这一罗马帝国最新行省的首府。罗马人在这里铺设了笔直的街道，修筑了一个讲坛和一座圆形露天剧场。富有代表性的建筑还包括一座由白色石柱构成的高耸的长方形神庙。在城镇周围，罗马军人被分配土地耕种，城中心则树立起了一尊皇帝的塑像。塑像中的克劳迪乌斯有着结实的下颌、宽大的鼻子和光滑下垂的头发，看起来像极了恺撒。

克劳迪乌斯在同代人眼中是个带有滑稽色彩的人物。人们暗自嘲笑他的生理缺陷。他的右脚残疾很可能是出生时大脑损伤的结果。他的脑袋和手也会经常轻微地抖动，而且他的声音沙哑低沉，经常难以听清。他的一个对手曾嘲笑他"非我族类"。由于经常寻医问药，克劳迪乌斯对治愈自己的疾病仍有较高期待。对不列颠岛本地的部落酋长们，他习惯用商量的语调和他们沟通，承认他们所享有的权利。他尊称这些酋长为"国王"，这一做法也使他的皇帝地位更加稳固。克劳迪乌斯于公元

54年逝世，继任者是他的继子尼禄。尼禄这个名字将成为固执和残忍的同义词。

◎ 61年：勇士布狄卡女王

　　罗马人治下的不列颠诸王都要支付"保护费"。爱西尼国王普拉苏塔古斯在公元60年病逝，他死前小心翼翼地将一半财富和领土作为"死亡税"献给皇帝尼禄。爱西尼人占据的地域主要是平坦的干沼泽区，从沃什湾向南一直延伸至现代的诺福克郡和萨福克郡。爱西尼人和其他凯尔特人一样，都尊奉女性领袖的权威。普拉苏塔古斯国王死时没有男性后嗣，于是将他的子民托付给遗孀布狄卡，直到他们的两个女儿成年。

　　但根据罗马法，妇女是不享有什么权利的。尼禄皇帝属下那些驻扎在英格兰的官员们对布狄卡的继位很不以为然。根据首部不列颠史的作者、古罗马历史学家塔西佗记载："王国的财富和家中的财产都被掠为战利品。"爱西尼贵族的土地被充公，布狄卡当众遭到殴打。更糟糕的是，她的两个女儿也受到奸污。爱西尼人忍无可忍，终于在61年发动起义。领导他们抗争的正是布狄卡女王。

　　另一位年代稍晚的古罗马历史学家迪奥·卡修斯写道："她身材高大，外貌可怖，嗓音尖锐刺耳，茂密的褐色头发披垂到膝部。"

　　在不列颠其他部族的帮助下，布狄卡率领满腔怒火的爱西尼人攻克了科尔切斯特。他们屠戮那里的居民，将神庙中的白色立柱以及其他一些象征罗马压迫统治的标志砸碎。萨福克郡的阿尔德河流域曾经是爱西尼的领地。1907年，也就是1800多年后，一个男孩在阿尔德河游泳时，惊讶地发现了罗马皇帝克劳迪乌斯的铜头像，头像淹没在水中，颈部的裂纹呈锯齿状。今天的人们看着这尊头像时仿佛能依稀听到，当年皇帝的全身雕像被使劲推倒时伴随的愤怒呼喊声。

起义者将目标转向朗蒂尼亚姆。不久前泰晤士河上建造了一座渡桥，朗蒂尼亚姆就是围绕这座渡桥发展起来的贸易据点。起义者在此地同样猛烈地宣泄复仇之火。在今天首都伦敦靠近英格兰银行的繁忙街道地下大约4米处，有一层经过火烧的厚实红色陶土和碎末，考古学家将其称作"布狄卡土层"。爱西尼人将这座据点付之一炬，而伦敦再次遭到类似程度的毁损是第二次世界大战期间的德军空袭。大火将城市的温度推升至1000摄氏度之高。前些年，在离伦敦不远的泰晤士河支流瓦尔布鲁克河中，发现了一堆头骨。它们都是从罗马人的躯干上被残忍砍下的。

布狄卡女王率领的队伍消灭了驰援科尔切斯特的罗马军团。但罗马的主力部队正在英格兰西北部的安格尔西岛剿灭德鲁伊教派。布狄卡胸有成竹，带领队伍向西北方向挺进。她的胜利激励着人们加入战斗的行列，不仅男人们十分踊跃，他们的家人也是如此。载着妇女和儿童的马车数不胜数。布狄卡接着又攻克了维鲁拉米亚姆，也就是今天的圣奥尔本斯，然后自信地继续向前进发。与此同时，罗马人也在加紧集结。传说两军最后在米德兰兹地区的曼塞特村附近相遇。这个村子就位于现在的考文垂以北。

"我为失去的自由而战，为我受伤的躯体和出离愤怒的女儿而战！"布狄卡女王站在队伍前面的战车上高声呐喊。"想想你们有多少人在战斗，为了什么而战！你们要么获胜，要么战死！这就是我，一个女人打算做的。如果男人们想要被奴役，那就请他们自便！"

上述战斗檄言出自塔西佗笔下。他描述了那场激烈战斗的情况。罗马军队虽然数量不多,但武器装备充足,训练有素。他们最终击败了布狄卡。在战斗的关键时刻,布狄卡队伍中载着妇女和儿童的马车反而成了导致战士们一败涂地的原因。这些马车围成一个半圆形,人们坐在车上观战,对再次取得胜利充满期待。但当不列颠人被击败后,他们发现外围的马车阻碍了撤退。接下来的屠杀惨不忍睹。共有8万不列颠人被杀,而罗马人只损失了400人。布狄卡绝不愿落入敌人手中,选择服毒自杀。根据传说,出于同样的原因,她也给两个女儿喂了毒药。

塔西佗的作品散失了好几个世纪,直到550年前才被发现。英国人终于得知在自己的历史中竟然有这么一位鼓舞人心、史诗般的勇士女王。布狄卡为不列颠人争取权利和自由的事迹被编写成剧本和诗歌。1902年,议会附近竖起一尊她的雕像。人们在泰晤士河岸边能够望到,布狄卡女王无畏地将长矛刺向天空,女儿们同她一道坐在战车上。

然而,战车车轮上的刀锋应该是后人的想象。在后世出土的不列颠轻型弯木战车的车轮上,并没有发现刀锋的存在。有一种说法认为,布狄卡的最后一战发生在伦敦附近,她的遗体就倒在后来的国王十字车站。这也是不可信的。有人说车站的十号月台是她的坟墓所在。或许,这就是《哈利·波特》中的霍格沃兹快车从国王十字车站的九又四分之三月台启程的原因吧。

实际上,这位伟大女王的遗骨可能的确埋在铁路沿线。历史学家认为,布狄卡最后一战的战场位于曼塞特村,属于今天的华威郡。村子在伦敦国王十字车站以北100多英里的地方,从尤斯顿车站出发的伦敦至英格兰西北部的火车,都会途经那里。

◎ 122年：哈德良长城

由于布狄卡女王的起义，罗马人对不列颠人进行了疯狂的报复。他们从现在的德国境内调来援兵。塔西佗记载："对那些怀有敌意、瑟瑟发抖的人，罗马人施之以火与剑。"

双方的敌对气氛最终逐渐缓和下来。公元77年，罗马派来的新总督涅乌斯·尤利乌斯·阿格里科拉抵达不列颠。他的女儿嫁给了历史学家塔西佗。塔西佗很可能随同岳父一起来到不列颠。通过亲身观察，他描述了阿格里科拉在不列颠是如何促进和平的："鼓励当地人并帮助当地部族修建神庙、交易场所和住房。他还向部族首领的儿子们传授人文艺术，对不列颠的自然景观也倍加推崇。"

在这位"记者"兼历史学家的笔下，经过阿格里科拉的治理，"曾经拒斥拉丁语的不列颠人开始熟练掌握这门语言。罗马长裙和托加袍成为受人尊敬的装束。当然，不列颠人也潜移默化地被罗马的享乐之物所诱惑，包括精美的立柱、浴场和典雅的宴会等"。

就像现在一样，那时候富裕的本地人喜欢炫耀他们追随意大利的时尚潮流。美丽的马赛克、地下采暖、别墅、法庭、体育场、浴场、露天竞技场、道路，各式各样气派的石质建筑如雨后春笋般出现在不列颠岛，特别是南部的主要定居点。但规模最庞大的建筑工程当属帝国北部边界的巨型长城。该工程始于公元122年，总共花了六年时间才完工。

长城是哈德良皇帝的杰作。他是一个思维缜密、富有耐心的人。在位21年中，他有一半时间用来巡察庞大帝国的边境地区，解决存在的各种问题。在不列颠岛，罗马帝国的问题是北部好战的皮克特人和卡利多尼亚人。罗马军团难以将他们完全制服。

哈德良长城宽 3 米、高 5 米，从东海岸的泰恩河畔绵延至西部的索尔韦湾，长约 73 英里。这是一座巨型的石质城墙建筑，沿线建有一系列的堡垒和军事工事。143 年，哈德良的继任者安东尼皇帝在哈德良长城以北 100 多英里的地方又建起一道长城。如果能固守住安东尼长城，实际上意味着罗马帝国控制的不列颠领土向北拓展了相当大的一片区域。

考古挖掘显示，以哈德良长城为中心，罗马士兵和他们的家庭过着喧嚣繁华的殖民生活。出土的信件中有他们相邀赴宴的记录。罗马人将自己的特产带到了不列颠北部风吹日晒的山地。包括黑色、咸味的鱼露，它是罗马军团的"番茄酱"，几乎可以用作一切食物的调味料。喜欢甜食的人有浓缩葡萄糖浆，尝起来有点像带肉果汁。还有一封出土信件上写着，为抵御北部边疆的寒冷，罗马士兵穿着保暖袜和内衣。

虽然并非所有不列颠边境地区的农民都身着托加袍，用拉丁语对话，但他们在和罗马军需官为买卖谷物讨价还价时，或是在看到刻有罗马皇帝头像的硬币时，一定多多少少学了些拉丁语词汇。罗马统治期间，卷心菜、豌豆、防风草根、芜菁等作物被引入不列颠岛。罗马人还带来了块头更大、含肉量更多的牲畜。不列颠的果园中多了苹果、樱桃、李子和核桃。百合、玫瑰、紫罗兰、罂粟为这里的花园增色添香。不列颠人培育的猎狗很有名，它们被销往欧洲大陆。而罗马人则将家猫引入了不列颠岛。公元 2 世纪，在人们取暖的火炉边不乏蜷缩着的小猫。

罗马人对他们所谓的"罗马治下的和平"（Pax Romana）十分自豪。他们塑造了城市（拉丁语为 civitas，是"文明"一词的词根）生活。不同城市之间由石头铺就的笔直、宽敞的大道相连。一些不列颠人加入罗马军队，并被派往帝国的其他地方。从巴尔干半岛和南欧来到不列颠岛的军人，和本地的女人通婚，形成了一种跨地域的生活方式。公元 212 年，罗马皇帝卡拉卡拉宣布，帝国内的所有男性，不论他们生活在何处，都将被赋予完整的公民身份。

罗马文明的舒适要靠罗马军团来守护。军团的士兵坚韧不拔，时刻准备投入战斗。他们缔造了帝国，也守卫者它的边疆。军团以百人队为单位（指挥官被称为百人队长），每天坚持军事训练。公元4世纪时的一份记载描述："他们砍倒树木，负重前行，在大海或河流中游泳，快速行军，甚至全副武装负重奔跑。"不知道现代英国特种部队的士兵能否像罗马骑兵那样，身披厚重盔甲一举跃上马背？

帝国之外不乏勇士。罗马人称他们为"蛮族人"（barbari），在希腊语中意为"外人"。这些人逐渐和野蛮、恐惧等概念沾上了边。公元197年，也就是哈德良长城建成不到70年后，不列颠岛北部骁勇好战的蛮族——皮克特人攻占了这座长城。长城中的许多堡垒后来都经历了重建。

100多年后，不列颠岛南部迎来了新的威胁。他们是从德意志北部海岸乘船而来的盎格鲁-撒克逊人。这些人是海盗，专门偷袭不列颠岛东南部繁华的村镇，他们以闪电般的速度袭击、掠夺，随后撤退。公元285年，罗马人开始修筑工事和瞭望塔，希望能够抵御蛮族进攻。这些工事从诺福克向南，经过泰晤士河口、不列颠岛南海岸，一直延伸到怀特岛。罗马人把它称作"撒克逊海岸"。

堡垒和军人能做的毕竟有限，源源不断的外族进攻难以抵御。抵达不列颠岛的盎格鲁-撒克逊人是入侵欧洲蛮族的一部分。这些蛮族大多属于日耳曼人，他们肆意冲击罗马帝国的领土。公元5世纪初，他们向南进攻，甚至威胁到了罗马帝国本身的存亡。在此背景下，罗马军团从各地被召回。公元410年，不列颠人请求霍诺里乌斯皇帝帮助他们抗击不断从海上来袭的侵略者，但得到的答案是，从此以后不列颠岛的居民必须自力更生保卫家园了。

◎ 410—约600年：亚瑟，永恒之王

罗马军团离开不列颠之后的数个世纪，被历史学家贴上了"黑暗时代"的标签。罗马人离开后，文明也随之而去。这一时期没有任何书面记录，即使有，也几乎没有任何东西遗留下来。从410—约600年期间，到底谁对谁做了什么，我们只能依靠猜测。与尤利乌斯·恺撒不同，盎格鲁-撒克逊人没有保留入侵记事录的习惯。

我们确定的是，盎格鲁人、撒克逊人以及其他生活在日耳曼北部的民族，陆续越海来到白色悬崖，到达不受风雨侵袭的阿尔比恩的港口。他们的诗歌反映出他们划着木船，英勇前行、乘风破浪的壮举。在罗马人离开的150年间，英格兰岛的东南角成了撒克逊人的海岸。这些新来者迁居于此，忙着开创他们的新王国——埃塞克斯、萨塞克斯和韦塞克斯，即东部、南部和西部撒克逊人的土地。他们来了，他们看见了，他们定居了。

定居点不断向外扩展。盎格鲁人将定居点命名为东安格利亚，并沿着海岸建立了更多的王国——林德塞（即林肯）、诺森布里亚。后者字面上的意思是亨伯河北部人们的土地。亨伯河宽阔的出海口将现今的赫尔市和格里姆斯比市分隔开。中部是麦西亚王国，意为生活在边界或分界线的人。等到这些如同马赛克般拼接在一起的独立国家都纷纷成立的时候，新来者已经占据了这个岛屿绝大部分的土地。

然而，现代考古发掘几乎没有任何证据显示，这次权力接管带有暴力性质。数百个罗马人的住房和定居点被发掘出来，里面既没有被砍断的头颅骨，也没有血液溅在瓦片上的迹象。在盎格鲁-撒克逊人的英格兰，没有发现类似布狄卡女王时期被火烧过的焦土层。

似乎绝大多数被罗马军团留下来的人，即罗马-不列颠人，虽然或多或少有些不情愿，但都和他们的新主人保持了某种程度上的和平。从萨塞克斯一条河流沿岸的定居点可以看出，罗马-不列颠人住在一侧，撒克逊人则住在另一侧。7世纪后期，由国王伊尼制定的西部撒克逊人早期法典规定，在国王统治范围内，拥有土地的不列颠人可以保留他们的部分习俗。

暴力发生在更偏远的西部和北部地区，如康沃尔、威尔士和苏格兰。这些地区包括月牙海湾、荒野和山地，后来被称为"凯尔特外缘地带"（Celtic fringe）。罗马的影响力在那里相对而言微不足道，凯尔特人则保留了他们的传统身份认同。人们在这些边境地区，发现了古代防御工事和战役的遗迹，划出了凯尔特人同盎格鲁-撒克逊人在语言和血脉上充满仇恨的分界线。"威尔士"这个单词来自于古英语中的"welisc"，这是盎格鲁-撒克逊人用来称呼外国人和奴隶的词汇。直到今天，威尔士人谈及英格兰的时候，他们使用的单词意为"失去的土地"。

不列颠最有影响的一些传奇故事正发生在所谓的"黑暗时代"。后来的编年史家回顾这段历史的时候，总是将民间传说和记忆碎片拼凑在一起，比如撒克逊斗士亨吉斯特（意为"种马"）和霍萨（意为"马"）的故事。他们受邀来不列颠帮助当地人，结果却背叛了邀请他们的人。亨吉斯特和霍萨确有其人吗？约翰·罗纳德·瑞尔·托尔金是这个领域的著名专家，他曾于1925—1945年间在牛津大学担任盎格鲁-撒克逊学教授。他充分浸淫在这神秘年代的氛围中，并创作了一些传说故事：在黑暗的森林中，刀剑铿锵，各种奇幻角色半隐半现地轻快穿越逐渐消失的风景。在托尔金的作品《霍比特人》和《指环王》中，回响着那段历史的声音。

托尔金花了20年时间来创作他的史诗"saga"——这是斯堪的纳维亚语，意为"故事"。英国"黑暗时代"最伟大的传奇故事就是在代代相传中逐步形成的。1113年，一些法国教士访问了德文郡和康沃尔郡。他们惊奇地听说，伟大的亚瑟王曾统治这些地区，而且居然有一天会从坟墓重返人间，再度降临此地。这些受过教育的访问者对这个故事嗤之以鼻，这激怒了当地人，他们向访问者投掷蔬菜以示抗议。

亚瑟王激动人心的传说，来源于829年前后的编年史中一段简短的记录——这距离人们设想他生活的年代大约过去了三四百年——主要由一位名叫南纽斯的威尔士学者写成。我们了解到，亚瑟王是一位英勇的战士，据说在对抗撒克逊人的过程中，至少打赢了12场战役。基于史实，我们对这位亚瑟王只知道这么多。但多年以来，诗人、画家、文学家以及当代作家和电影制片人等，都在努力为亚瑟王的传奇润色加工。梅林、吉尼维尔、加拉哈德爵士、圆桌、圣杯、石中剑以及阿瓦隆的迷雾，都是后期添加到亚瑟王传奇中的。格拉斯顿伯里、廷塔杰尔、温彻斯特以及位于萨默塞特郡南卡德伯里山上的古要塞等旅游景点，也在亚瑟王的故事中添加和本地相关的细节。每个地方都自称是古代的卡米洛特，即传说中亚瑟王的宫殿所在地。

亚瑟王的传说在每个时代都会引发共鸣。然而，他的故事却含有浓重的悲剧意味。在关于亚瑟王的诗歌和故事中，尽管他英勇无畏、带有骑士风范，但在最后的战斗中被击败，临死前向湖中女神献出了王者之剑。他的圆桌骑士大都丧命，就如同五六世纪的新现实湮没了罗马-不列颠文化一样。无论在历史还是传说中，亚瑟王象征着一个主题——英雄的失败。数个世纪以来，胸中洋溢爱国之情的人们都钟爱于这一主题。

◎ 约575年：教皇格里高利的"天使"

人们很容易遗忘，生活在遥远的古代意味着面临很多风险。今天，如果因为牙齿坏了或因割伤而感染，我们可以服用抗生素。但在古代这就等同于面临死亡的危险。从这个角度而言，战死沙场要比因为感染化脓而缓慢、疼痛地死亡干脆得多。另外，战场上还有一个风险，那就是因战败被俘而沦为奴隶。

想象一下，假如你生活在五六世纪的一个村庄中，突然有条船顺流而来，其中奔出全副武装的敌人。由于害怕被俘，再无法见到家人，你立即逃向树林中。这正是发生在年轻的圣帕特里克身上的事。他生活在5世纪初不列颠岛西海岸的一个镇上。帕特里克16岁时被入侵者绑架，在爱尔兰当了六年奴隶后才终于逃了出来。

那个年代，商人们携带商品奔波行走在欧洲大陆的贸易要道上。富人愿为这些炙手可热的商品花上大价钱，包括金银珠宝、美酒、香料和奴隶。奴隶中有不少都是在巴尔干半岛发生在斯拉夫人之间的战斗中被俘的。现代英语里"斯拉夫人"和"奴隶"这两个词的词根都是中世纪拉丁语的"sclavuus"，意为"俘虏"。在欧洲的主要交易市场，人们可以在某个角落里买到女佣、劳工，甚至是帮你誊写、打零工的抄写者。潜在的买家会仔细检查奴隶的牙齿，拨弄一下他的四肢，就像现在买车时要踢踢轮胎一样。

大约在575年的一天，以信仰虔诚闻名的修道院院长格里高利行走在罗马的街道上，他到达了一处奴隶市场。虽然格里高利出生于一个富裕的罗马家庭，家中就蓄有奴隶，但他将自己的庄园卖掉，用以资助修道院。他经常行善，且富有幽默感，因此十分受人欢迎。格里高利喜欢玩文字游戏和使用双关语。他对眼前这些拥有美丽肤色和金色头发的年轻俘虏颇为好奇，询问他们来自何方。

"从不列颠岛来。"他被告知，确切说是诺森布里亚的代拉（Deira）。那里大约是今天约克市附近的一片荒野。听到"代拉"，格里高利忍不住玩起双关来。在拉丁语中，"de ira"的意思是"来自愤怒"。"那么就让我们祈祷，把他们从愤怒中解脱出来，让他们感受到基督的怜悯。"

不过，当俘虏们介绍他们是盎格鲁人（Angles）时，格里高利说出了一个后来流传千古的双关语。据传言，他是这么说的："他们不是盎格鲁人，而是天使（angels）。"

事实上，格里高利并没有说这些话，他所玩的文字游戏要复杂一些。根据150多年后的一份记载，上述故事有个流传更广的版本。格里高利当时赞叹道："他们有着天使般的面孔，的确可以成为天堂中天使们的后代。"换句话说，他们虽然长得像天使，但目前还不是。基督教可以帮助盎格鲁人实现这一转化。

修道院院长格里高利于590年成为教皇格里高利一世。他是基督教会发展史上的一位重要人物，在天主教和希腊正教中被誉为"大格里高利"，堪称圣人。他拥有敏锐的政治直觉，广受罗马人民的欢迎。他在位期间有力提升了教皇的地位，使之发挥了比宗教领袖更为重要的影响。假以时日，教皇逐渐接管了罗马城，并统治整个意大利中部。格里高利对教会祷告仪式也进行了改革。他还以自己的名字命名一种从希伯来人继承而来的音乐形式——"格里高利圣咏"。其庄严肃穆的声音促进了信仰的传播，使之跨越语言的藩篱，同时也令无乐器伴奏的音乐成为可能。

然而，格里高利之所以在英国历史上被铭记，主要还是因为他在奴隶市场上的文字游戏。教皇格里高利在罗马看到英俊的盎格鲁战俘后，决定派传教士北上不列颠岛。他让双关语变成了现实，赋予盎格鲁人（也包括撒克逊人和不列颠人）成为天使的机会。

◎ 597 年：圣奥古斯丁的魔力

597 年盛夏，教皇格里高利的使者在肯特的萨尼特岛登陆。他们携带着彩旗、银色十字架以及圣物。格里高利选中前往英格兰传教的是他的熟人奥古斯丁，他们十分精明地选中了首个转化目标。肯特国王埃塞尔伯特是位异教徒，但他的王后伯莎信奉基督教。作为法兰克公主，伯莎从巴黎带来了自己的牧师。既然肯特国王允许王后在王国的首都坎特伯雷信奉基督教，他本人一定很有希望被转化为基督徒。

埃塞尔伯特国王谨慎地欢迎来访的传教士们，坚持他们的首次会面必须在户外——以防被对方的异教魔法所困。国王在致欢迎辞时提到："我不能放弃长久以来的坚定信仰。但既然你们远道而来，并且真心实意想要分享你们所笃信的真实美好事物，我们不会因此伤害你们。"

事实上，国王已同意奥古斯丁和他的 40 多名随从驻扎在坎特伯雷的一间老教堂里。伯莎曾在那里祷告过。这也清楚地表明，对这个曾作为罗马帝国行省的国家而言，基督教并不是新生事物。早在公元 3 世纪，圣阿尔班就因为保护一位基督教徒而被处决，成为不列颠岛最早的圣人和殉道者。罗马皇帝君士坦丁于 312 年皈依基督教后，决定在整个帝国范围内对基督教实行宽容政策。不久后，盎格鲁-撒克逊人带来了他们的日耳曼诸神信仰。这些神大多颇具人性，信奉他们应该是受到风暴、战斗胜利和自然力量的启发。"异教徒"一词来源于拉丁语"pagus"，意思是某个遥远区域及其居民。当盎格鲁-撒克逊的农夫锄下第一犁时，他会双膝跪地、口念祷词，同时将一块用上一季谷物制成的面包埋在地里，求众神保佑来年丰收。

教皇格里高利在罗马告诫奥古斯丁要尊重异教的习俗。他解释称：

"近来，教会在某些事情上更严格了，而对其他事情则予以宽容……因此，她经常能够成功地遏止她所反对的邪恶。"教皇还十分英明地建议，应该在旧的异教庙宇基础上修建教堂，"以便人们在习惯和熟悉的地方从事祷告"。

异教徒们被鼓励向耶稣的母亲圣母玛利亚祷告，而非异教中的"大地母亲"。我们今天的历法显示出，当时的新旧信仰之间存在着互动影响：太阳神日（星期日）和月神日（星期一）之后是战神日（星期二）、主神日（星期三）、雷神日（星期四）、爱神日（星期五）。这些日期都是以日耳曼诸神的名字分别命名的。唯独星期六来源于另一异教风俗——与前基督教时期的罗马人有关。复活节的名字则来自盎格鲁-撒克逊人的黎明和生育女神厄俄斯将。

埃塞尔伯特国王在认真观察奥古斯丁和他的随从们之后得出结论，这些基督教徒对他没有任何威胁。相反，他们身上有着可以为他所用的品质，比如博学、虔诚、强调纪律以及愿意将上述美德传播给其他人的热情。奥古斯丁帮助国王制订了第一部盎格鲁-撒克逊法典。基督教的确具有巨大的魔力，奥古斯丁和他的传教士们告诉所有遇见的人，世界末日迫在眉睫，上帝的可怕审判近在咫尺。在1400多年后的今天，我们可以将当时称作早期教会时期，但格里高利、奥古斯丁和他们的追随者们并不知道，他们开启的其实是个漫长的故事。在他们看来，当时距离世界末日的时间很有限，耶稣可能随时来到人间——也许正如《圣经》所预言，"就在那一晚"。埃塞尔伯特国王下定决心，对这些携带文书和画作、富有学识的新来者，还是要宁可信其有不可信其无。

埃塞尔伯特国王最终决定接受洗礼。他建议奥古斯丁将坎特伯雷作为传教的根据地，并拨给奥古斯丁土地和金钱，在坎特伯雷建造第一间教堂。时至今日，坎特伯雷仍然是英格兰教会的所在地，坎特伯雷大主教就坐在圣奥古斯丁曾使用过的宝座之上。

◎ 664年：国王奥斯维和荆冠

公元600年的时候，奥古斯丁和他的同伴不是在盎格鲁-撒克逊时期唯一致力于转化英格兰异教徒的人。因为来自苏格兰西边艾奥纳岛的凯尔特僧侣们，早在半个世纪前就开始四处奔波，为英格兰北部的人们传播基督教了。他们的传教受到了被绑架的圣帕特里克的启发。后者虽然逃离了爱尔兰的奴隶生活，但听到"未受洗礼的婴儿啼哭"时总是难以自持，于是决定重回爱尔兰，去转化那些曾经的奴隶主们。根据传说，他还在此期间帮助爱尔兰摆脱了蛇灾肆虐的困扰。

爱尔兰传教士的图像徽章是凯尔特十字架，这个十字架寓意着基督教被旭日之光所环绕。爱尔兰传教士还愉快地从凯尔特文化中寻找启迪，将弯曲的几何图案融入他们的基督教手稿中。他们循着德鲁伊教士的传统把前额的头发剃光，并且拥有自己的复活节日期。因此，在7世纪早期，英格兰大地上的诸多盎格鲁-撒克逊王国从两个方向，即分别从北部和南部被基督教所逐步转化。

诺森布里亚的国王奥斯维打算迎娶肯特公主扬弗莉德之际，问题变得突出起来。扬弗莉德带着包括管家在内的随从一路向北进发。她们依据奥古斯丁确立的方式信奉基督教——包括以最新的罗马方法计算复活节的日期。耶稣在耶路撒冷被钉在十字架的时刻，正值犹太人过逾越节。因此，复活节的计算原本应该和犹太教阴历相关，也就是以从新月到新月的这29.5天为一个周期。但是基督教会使用的是罗马儒略历，根据地球围绕太阳旋转的一年365.25天为一周期。不论你尝试何种办法，29.5天与365.25天都对不上。

历史学家比德评论道："那些年十分混乱，有时一年过了两次复活节。出现过国王（奥斯维）刚过完封斋节，在过复活节的时候，王后（扬弗莉德）和她的佣人们仍然在斋戒，过着圣枝主日的情况。"

奥斯维打算召集一次会议，彻底解决关于复活节日期的争议，并且一揽子处理不同教派的分歧，包括指定正确的宗教发式。在英格兰南部，教士和僧侣们会将头顶的头发剃光，仅仅在太阳穴上方留下一圈稀薄的头发环绕，据说这是为了纪念耶稣的荆冠。上述罗马发式和凯尔特僧侣的德鲁伊发式迥然不同。后者是以头顶至双耳之间为界，剃光前半部分的头发，留下后面的头发长长地垂落着，有时还显得颇为油腻。发式成为不同派别的标志，这恐怕在英国历史上不是最后一次。

两派圣徒于664年在惠特比修道院举行了一次宗教会议。此处位于一座山丘之上，可以远眺约克崎岖的海岸线。

英格兰南部的罗马教派辩护称："不同民族和语言的人在同一时刻过复活节，在非洲、亚洲、埃及、希腊，世界各处都是如此。唯一愚蠢地和全世界作对的只有爱尔兰人……"

爱尔兰人则反驳称："你们用愚蠢来形容我们，这多么令人诧异。"他们援引福音作者圣约翰作为支持，还特别提到艾奥纳大修道院的建造者圣科伦巴。许多爱尔兰僧侣都来自这家修道院。

最后由国王来出面解决争议。坎特伯雷一方的论述是以圣彼得的权威作为基础，而据说圣彼得是将基督教带到罗马城的人。耶稣基督曾对他说："我会赠予你天堂之国的钥匙。"这些《圣经》中的话语给国王奥斯维留下了深深的印象。

国王说："我告诉诸位，如果彼得是天堂之门的捍卫者，我不会违背他的意愿。否则我来到天堂之门时，将不会有人为我开门。"

在一个生命如此脆弱的世界，天堂和尘世的距离看上去很近。国王奥斯维选择罗马的复活节、罗马发式以及遵循罗马教皇的无上权威，从而把英格兰和基督教会的"世界总部"紧密联系起来。坎特伯雷也成了基督教的"本地总部"。主张凯尔特观点的长发僧侣们很不情愿地离开诺森布里亚，返回艾奥纳岛，并最终回到了爱尔兰。他们在那里发现，爱尔兰教会已经逐渐在使用最新的罗马方法计算复活节的日期了，罗马发式也在慢慢流行。假以时日，爱尔兰僧侣们颈部和后脑上的头发都将被削去，他们的发式将变为罗马荆冠式样。

六年后的670年，裁定罗马教会胜利的国王奥斯维在前往罗马圣彼得教廷朝圣的时候去世了。他的遗体被带回惠特比，埋葬在海边那次历史性宗教会议的举行地。如果他的灵魂最终来到天堂之门，我们坚信圣彼得一定会在那里，手握着钥匙等待他。

◎ 约680年：卡德蒙——英格兰的首位诗人

卡德蒙在惠特比修道院负责照料牲口。他的凯尔特姓名告诉我们，这是一位土生土长的不列颠人后裔。卡德蒙和身边的许多人一样，现在为这块土地的新主人盎格鲁-撒克逊人打工。

卡德蒙是个爱做梦的人，不过他非常害羞。夜晚人们围坐在篝火前欢声歌唱的时候，卡德蒙总会悄悄地跑回到牲口圈里。正是在这样的一个夜晚，他躺在牲口旁边做起了梦，梦见有人出现在他的身边。

陌生人对他说："卡德蒙，请给我唱支歌吧。"他回答："我不知道该怎么唱。我逃离篝火盛宴就是因为不会唱歌，这也是我之所以回到这里的原因。"那人坚持说:"但你必须唱给我听。""我唱什么歌呢?"卡德蒙问。他得到的回答是"创世之歌"。

突然间,卡德蒙在梦中向上帝吟起诗来。他十分惊讶地听见从自己的口中流淌出的诗句:"请让我们为天堂之国的执掌者称颂吧!"

第二天一早,卡德蒙醒来后发现自己仍然记得梦中的诗句,而且还能够作更多的诗。他立即创作了一首完整的诗歌——《创世赞美诗》,在当天上午念给修道院的农场主听。此人听过后赞叹不已,将卡德蒙引荐给修道院的女院长希尔达。

希尔达为人热情、广受欢迎。作为惠特比修道院的院长,她是20多年前那场关于复活节和发式争论的宗教会议的女主持。现在,希尔达召集了一些修道士共同聆听这位牧人吟诗。当他们听完卡德蒙的《创世赞美诗》后,一致认为"此诗只应天上有",卡德蒙梦中的陌生人一定是位"天使"。为了再试探一下,他们选择《圣经》中的另一个主题让卡德蒙赋诗。次日他带来了梦中更具想象力的诗句。

希尔达非常欣喜,她建议卡德蒙别再继续干照料牲口的活了,应该转而成为一名修道士——既然这位牧人知晓《圣经》中的伟大故事,不如让他的想象力继续"流淌"。于是,卡德蒙吟诵起《创世纪》的诗句,他描述人类的诞生以及以色列的子孙们如何抵达"流着奶和蜜的土地"。他还吟诵耶稣基督来到世间的故事,讲述这位上帝之子是如何被钉在十字架上,然后又复活。同时,他也吟诵关于黑暗的诗歌,警示地狱之火和末日审判的恐怖。一位修道士写道:"卡德蒙就像那些他曾经照料过的动物,他把日常生活转化为诗。奶牛也是如此,通过反复咀嚼,将普通的青草化为散发着清香的绿色反刍物。"

卡德蒙令他的听众惊叹,是因为他神圣的诗句中,使用的都是普通老百姓可以听得懂的白话。传统上,神圣事物一般要用教会的语言——拉丁语来进行描述。在那个年代,修道士们祷告时使用的都是拉丁语,

《圣经》也是如此。能够说拉丁语是受过教育、高人一等的标志。但现在卡德蒙敢于用盎格鲁-撒克逊人富有韵律的语言来吟诗。这一语言此前曾在盎格鲁-撒克逊的异教徒传说中经常使用,现在正逐渐风靡全岛。卡德蒙于680年逝世,他生前用普通百姓的语言创作诗歌,堪比一位民歌歌手甚至现代说唱歌手。卡德蒙的《创世赞美诗》在当时十分流行。这首诗流传至今,也成了他自身传说的一部分,光手抄版就有不下21卷之多。

当代歌曲一般都有版权提示,比如"此歌曲版权属于列侬和麦卡特尼"等。某个夜晚,距今最早的英语诗歌诞生于约克郡的旷野之上。想必诗句之后也该附上这么一段版权说明:"卡德蒙首次吟诵此诗歌。"

◎ 672(673)—735 年:尊者比德

都是归功于"尊者比德"——这位英格兰最早的历史学家——的作品,我们才知道诗人卡德蒙、修道院女院长希尔达以及盎格鲁-撒克逊人的存在,也知晓了爱尔兰和英格兰修道士关于复活节日期和发式的争议。对现代人而言,这位历史学家的名字显得有些奇怪和浮夸。"尊者"表示年纪大和德高望重,"比德"则是祈祷者的古称。然而,真实的比德完全不浮夸。他为人脚踏实地且富有幽默感,与人们对典型的纽卡斯尔人的期待完全一致。比德出生在诺森布里亚王国的蒙克维尔茅斯附近,这里现在属于桑德兰郡的一部分。比德一生大部分的时间都在泰恩河畔的贾罗镇度过。根据语言学家的研究，纽卡斯尔口音可以追溯到盎格鲁-撒克逊时期比德和他的诺森布里亚同胞在此地讲的方言。

比德7岁时被送往本地修道院，他当时很可能是个孤儿。在盎格鲁-撒克逊时期，只有修道士才能够开办学校，他们在残酷的环境中训练学生。冬天，修道院的回廊是如此寒冷，以至于手中的笔会经常因为握不住掉到地上。夏天，这里到处都是蚊虫，弥漫着传染病。685年，一场瘟疫席卷了修道院，能够凑起来唱诗的生还者只有比德和一位老修道士。他们在礼拜堂里一唱一和，勉强算是完成了任务。

今天的泰恩—威尔轻轨系统中，有一条由纽卡斯尔至南希尔兹的线路，其中一站叫作比德站。如果你在这一站下车，经过贾罗镇的储油罐和电线杆，很快就能来到比德和那位老修道士1300年前一起唱诗的礼拜堂。有时我们和过去之间的距离只有薄薄的一层纱。那个年代，修道院被绿荫环绕。从它残留的遗迹中你可以想象，比德是如何伴着蜡烛的微光，在他狭小的石屋中生活、学习、写作长达50年之久。

他用削尖了的鹅毛笔蘸着酸性液体书写。"Encaustum"是他用来描述墨水的词，在拉丁文里这个词的意思是腐蚀、灼热。比德的墨水经由铁盐浸染变成深色，简直就是"咬"入书写对象的表面。那不是一般的纸张，而是羊皮卷。其制作过程要经过木框的固定和拉伸，以免羊皮重新缩成羊的形状。一本《圣经》要耗费多达500张羊皮。

在上述虽然原始但十分有效、耐久的书页上，比德创造了奇迹。他写了不下68本书，包括对《圣经》的评论，拼写指南，关于科学、诗歌艺术、数学、天文学、哲学、语法的著作以及基督教殉道者的生平，还有一本和赞美诗有关的书。从他睿智、简洁的拉丁语作品中，我们得以认识一位对木匠活、音乐和潮汐都充满兴趣的人。比德会沿着诺森布里亚劲风吹拂的砂石海岸行走，由此丈量潮汐的时间。他还对烹饪颇有兴趣，自己就储藏了不少胡椒粒。这些香料大多由商人们从大海另一侧的世界带来，可以撒在修道院淡而无味的食物上。比德对修道院生活的弊端也毫不讳言。在写到扫罗王的两位妻子时，他不无悔恨地承认："作为从未结婚之人，我该做何评论？"

很大程度上正是多亏了有比德，我们才能从基督出生之日开始记录我们的历史——公元纪年法来源于拉丁文"anno domini"，意即"吾主纪元"。罗马人的纪年方式则是依据皇帝的登基时间。比德在725年写成的《论纪年》一书中提出，基督教会不应再依赖此种异端方式纪年，特别是考虑到正是罗马人迫害了耶稣基督。为什么不用我们的救世主出生之日来作为基督纪年的开始呢！六年后，比德在撰写他最主要的作品《英吉利教会史》时，终于将这一思想付诸实践。

比德用他生动的叙述风格将那个动荡的年代刻画得栩栩如生。他是个颇富人情味、善于讲故事的修道士。在描述南撒克逊地区饥荒的悲惨影响时，他举了个例子：不少人全家都忍饥挨饿，最后只能手挽着手一起跳下白色的苏塞克斯悬崖自尽。在那个易于轻信的年代，比德总是抱有怀疑精神。比如，针对圣帕特里克使爱尔兰免于蛇害的传说，他不无风趣地写到，如果有任何一条蛇从不列颠岛乘船横渡而来，那么它只需呼吸一口爱尔兰芳香的空气，就会乖乖地上西天。

上述关于爱尔兰基督徒的评价实际上反映了比德的偏见。他以自己英格兰人的身份为荣。对他而言，盎格鲁-撒克逊人是上帝的选民。他所著的历史对苏格兰人提及甚少，更不用说威尔士人了。比德对威尔士人发自内心地嗤之以鼻，认为他们是制造麻烦的异端之徒。他相信人生是有使命感的，通过努力工作和信仰，人们可以塑造自己的命运。对他本人来说，命运将只属于基督教和英格兰人。

比德的故事中不乏一些我们今天熟悉的情景和思想。假想我们身处在一群盎格鲁-撒克逊贵族之间，他们正热烈地探讨新引入的基督教信仰的利与弊，其中一人谈到了自己对生命的解读：

> 对我而言，人在尘世中的生命就像是一只在宴会厅里快速穿梭飞翔的麻雀。此刻是一个冬日的夜晚，你正坐在餐桌前和同伴享用晚餐。炉火让宴会厅内充满温暖。而室外是狂风大雪在呼啸。麻雀从一扇窗户飞入，又从另一扇飞出。它在室内飞翔时安全无虞，远离冬日风暴。但在享受稍许的舒适安逸后，又消失在风雪交加的世界。因此，人生活在世界上的时间其实很短暂——对于他人生的前后各自发生了什么，我们其实一无所知。

用盎格鲁-撒克逊人的标准来衡量，比德的麻雀在宴会厅中飞行的时间显得比较漫长。他在62岁时逝世，当时他的门生围绕在他身边。他们正帮助比德完成最后一部著作，将圣约翰的福音书翻译成"我们的语言"，也就是从拉丁语翻译成英语。

比德告诉门徒们："快点学，因为我不知道自己还能活多久。"在口述完最后一章后，他转向其中的一个门徒："那个小盒子里有我的一些珍藏。快去召集本院的修道士，我要把这些上帝赐予我的珍藏转赠给他们。"

于是，受人尊敬的比德把自己珍藏的世俗珍宝送给了这些修道士，其中包括一些手帕、焚香和他所喜欢的胡椒粒。

◎ 878年：阿尔弗雷德和面包

在文雅宽厚的比德笔下，盎格鲁-撒克逊时期的英格兰，听起来像是一个樱桃般甜美的地方。比德是在修道院充满安全感的房间中完成著述的。而在当时血淋淋的异教徒传说中，我们看到的英格兰却好像是另外一个不同的国度。冬风怒吼，渡鸦围着因海风变得枯萎弯曲的树枝打转，风暴冲撞着岩石边坡，黑暗不断蔓延。在盎格鲁-撒克逊定居点的火把光圈之外，是一个充满凶险和威胁的世界。这也难怪居民们会慷慨激昂地朗诵那些鼓舞勇气、应对挑战的诗歌，史诗《贝奥武夫》就是一个早期例证。牧羊人看护羊群，防范森林中经常出没的野狼——"荒野中的灰色暴徒"——和带有长长牙齿的野猪。这个国家的广阔土地仍是不见人迹、遍地沼泽的荒原。

当时和现在英国乡村的主要区别是，存在着难以接近的大片沼泽地。在东安格利亚，沃什河流淌至英格兰中部，形成了超过1000平方英里的沼泽地，人们不得不乘船围赶牛羊牲畜。斯塔福德郡的一半由泥炭和泥沼组成。大部分的泰晤士河谷是湿地。西部是萨默塞特郡湿地，大片雾气蒙蒙的土地上长满了芦苇和莎草，从格拉斯顿伯里一直延伸到布里奇沃特湾。鹈鹕、苍鹭和巨大的欧洲鹤在湿地沼泽中寻求庇护，同样躲在其中的还有逃犯和流亡者——这里还因为隐藏了一位国王而出名。

他就是阿尔弗雷德，西撒克逊人的国王。他被维京人驱赶到萨默塞特郡的无人之地。这些海上掠夺者自上世纪末就开始袭击英格兰。他们来自丹麦、挪威以及波罗的海沿岸。就像此前的盎格鲁-撒克逊人一样，在人口压力驱动和轻易攫取的不义之财诱惑下，他们乘坐造型优美但具有致命威力的长船，穿越北海来到英格兰。

公元800年的一天，多尔切斯特的王室征税官来到波特兰，同已登陆的维京商船舰队会面。但在他向来访者说明如何交付关税的时候，后者用战斧把征税官的头砍了下来。入侵者在北方洗劫了毫无防御能力的林迪斯法恩修道院，将年老的僧侣们淹死，将年轻人掠走卖为奴隶。

这样的袭击持续了几十年，而且不仅发生在英格兰。公元9世纪，维京人的军队洗劫了巴黎、汉堡、安特卫普、波尔多和塞维利亚。这些入侵者以500多人为一个军团，他们行动快速，有时会将长船扛在肩上在陆路长途跋涉，从一条河流转向另一条河流。他们甚至到达了俄罗斯——这个名字来源于"罗斯人"，即852年在芬兰湾以南的诺夫哥罗德建立王国的维京人。

正是在这一时期，在英格兰的维京人采取了一项令人不安的策略：他们的军团秋天没有返回家园，反而开始在当地定居。他们接管了英格兰北部地区，将约克定为说丹麦语、由丹麦人统治的首都，并将"丹麦区"——人们对他们所占领土地的称呼，向南延展到东安格利亚。维京人于870年在东安格利亚击败了东盎格鲁人的国王埃德蒙。据说，因为拒绝放弃他的基督教信仰，国王埃德蒙被绑在一棵树上乱箭射死。另一个传说称，他被施行了一种野蛮的斯堪的纳维亚仪式，名为"雕刻血鹰"，就是要把活人的肋骨从脊柱上切下来，然后将肺部掏出来，像翅膀一样在他的后背铺展开。随后一个世纪，这位殉难国王的遗体被迁至萨福克郡的拜德瑞克斯沃兹镇，这里顺其自然地成为崇拜和朝圣中心，后来改名为贝里圣埃德蒙兹，意即埋葬圣埃德蒙的地方。

西南部的韦塞克斯是盎格鲁-撒克逊人最后的抵抗中心。国王阿尔弗雷德必定预料到他本可能会和埃德蒙一样遭遇恐怖的死亡。他是一位虔诚的基督徒，少年时期就曾前往罗马。871年，他23岁的时候继承了他哥哥的王位。阿尔弗雷德以学识和虔诚，而非军事才能著称。他名字的意思是"智慧精灵"。他确实在战斗中获得了胜利，但他最成功的策略是收买敌军。为获得后来被称为"丹麦金"的赔款，维京人同意在冬季打道回府。

但他们第二年会再次来到英格兰。878年初，丹麦国王古瑟罗姆带领军队一路向西将阿尔弗雷德赶到萨默塞特郡的湿地。适逢复活节，国王阿尔弗雷德带着一小队追随者撤退到泥泞的沼泽中，在各个小岛之间东躲西藏。他们没有食物，为了生存只能向当地民众觅食。关于国王阿尔弗雷德陷入绝望困境的传说，后来成为英国最著名的历史故事之一。

据说，国王躲在一个养猪人的破旧的家中。家中的主妇在烘烤面包的时候，避难的国王正好坐在炉火边。他全神贯注地思考如何解决问题，完全没有注意到面包烤煳了。

"喂！注意！"那个女人喊道，她全然不知道这个全身泥污的客人就是国王，"看到面包烤煳了你都不愿意去翻一下，等到面包新鲜出炉的时候，你倒是很乐意去吃！"

在这个故事的结尾，国王听到主妇的责骂后感到很抱歉，于是开始顺从地翻转面包。遗憾的是，故事并非是从阿尔弗雷德那个时代流传下来的。最早讲述烤煳面包（在后来多次转述中，"面包"变成了"蛋糕"）故事的手稿，出现在国王驾崩大约100年之后。

这很可能是个口口相传的民间传说。在阿尔弗雷德一生中，关于这位英雄国王的许多事迹都被记录下来。这样的一个好故事居然当时没被记载在羊皮纸上，这着实令人惊讶。根据最严格的史料标准，阿尔弗雷德和面包的故事应该是虚构的。

尽管虚构的故事在事实上并不真实，却能反映出一个深层次的道理——藏身于沼泽的伟大国王展现出的谦逊品质。尽管他穷困潦倒，甚至要忍受一个农妇的责骂，但国王阿尔弗雷德在压力下依然保持了风度。在被斥责的时候，他忍住了摆架子进行痛斥的冲动。他还充分利用在荒原中的时光。878 年 5 月,国王阿尔弗雷德骑马走出位于阿塞尔纳沼泽地的防御营地,同支持他的人会面。仅仅两天后,国王就带领他们在威尔特郡赢得了著名的埃丁顿战役的胜利。丹麦国王古瑟罗姆被迫放弃信奉残忍的斯堪的纳维亚神明,接受了基督教洗礼。他带领军队退回到了丹麦区。维京人同韦塞克斯大体上保持了十几年的和平。

国王阿尔弗雷德充分利用了这段喘息时间,修筑了一系列防御工事,包括军事要塞和强化了抵御设施的村镇(burhs),这也是现代词汇中"自治市镇"的由来。每一个韦塞克斯人都可以在 20 英里之内,找到一处防御工事寻求避难。许多这样的军事设施后来被扩建为市镇。为了以维京人之道还治其身,他设计和建造了长船舰队——国王阿尔弗雷德被后世人称为"皇家海军之父"——他还重组了军队。893 年,《盎格鲁-撒克逊编年史》这样记载,"国王将军队分为两支,除去专门驻防工事的人马外,总有一半留守家园,另一半参加战斗"。

《盎格鲁-撒克逊编年史》是国王阿尔弗雷德的伟大创造之一,记载的历史下迄他的统治时期。后来,它成为一种定期更新的年刊,以直截了当、有时还具有相当批评性的风格记录当年的事件。公元 9 世纪 90 年代初,编年史进行了首次更新。从那时起,英格兰境内的修道院会对其进行补充编撰。这是欧洲同类书籍中最引人注目的史书之一。这部编年史以鲜活的散文体裁记载战役、饥荒、洪水、政治阴谋、胜利和灾难。在语言上没有使用拉丁文,而是古英语。正如阿尔弗雷德所说,"这才是我们完全能理解的语言"。

阿尔弗雷德强烈地感受到他的国民必须接受教育。他曾写道:"一个人最可悲的是无知无识,而最令人振奋的是具备学识、明白事理。"

他召集了一批学者,开始学习拉丁文,以便可以将一些著名的拉丁文本翻译成英语。在一个没有时钟的世界里,国王急于想要算出一天的准确时间。他发明了一种有刻度的蜡烛,并在上面标记了时刻。他还想出一个主意,将蜡烛放进通风的牛角灯笼中,防止它被风吹灭。

899年,阿尔弗雷德驾崩的时候,韦塞克斯已经成为一个繁荣而充满活力的国家。毫不奇怪,他是英国历史中唯一一位被后世称为"大王"的国王。但他很谦虚地对待自己所取得的成就。他成年后饱受肛门内外静脉肿胀的痛苦,我们称呼这种令人尴尬的疾病为痔疮。他还有其他一些病痛,让他的医生感到莫名其妙。这些疾病似乎使他强烈地意识到自己的不足。他讲述了自己的人生,并以一种疲倦而沮丧的语调结尾。他将自己的人生比作一座房子,由他从经验之林中拾取木材建成。他描述了自己如何从"每一棵树上看到所需的东西",也建议他人"进入我拾取木材的那片森林",这样他们就可以建造属于自己的人生之屋。"要建起不错的围墙,由冬至夏在其中舒适愉快地居住。尽管我自己没能实现这一目标。"

读了这些话,就可以理解一位如此高尚谦逊的人,确实可能在荒野中烤煳面包的时候坦然接受农妇的责怪,这一切似乎合情合理。至于阿尔弗雷德本人,他一定很期待我们一丝不苟地去探寻真理。

◎ 911—918年:麦西亚夫人

阿尔弗雷德统治时期的破旧银币上,镌刻着拉丁字母"Rex Anglo(rum)"——意为英格兰国王。不过这种说法只对了一半。阿尔弗雷德的确是英格兰韦塞克斯地区的国王。在维京人入侵的黑暗岁月里，尽管他和他的子民们被驱赶到了萨默塞特的湿地，但他凭借着雄厚的资源，使英格兰仍然保留了自身的特性。然而，将盎格鲁-撒克逊人的权威拓展到整个英格兰，这是阿尔弗雷德的儿孙们、特别是他的大女儿埃塞尔弗莱德的功劳。作为战士和城镇建设者，埃塞尔弗莱德功绩卓著，并因此赢得了麦西亚夫人的美誉。

根据《盎格鲁-撒克逊编年史》关于公元910年的记载，"那一年，英格兰人和丹麦人在特滕霍尔（今天的沃尔弗汉普顿附近）交战，英格兰人取得了胜利。同年，埃塞尔弗莱德在布雷斯比瑞格建造了据点（位于赫里福德附近的布隆姆斯贝罗）"。

在盎格鲁-撒克逊时期的英格兰，女人所享有的权利要比我们想象得大。古英语中，"阁下"（lord）一词既可用来称呼男性，也可以称呼女性。惠特比修道院的女院长希尔达（卡德蒙的良师）与诺森布里亚以及东安格利亚王室都保持着联系。在她的修道院里，男女修道士共同修行，且都要听命于希尔达。婚姻的财产是由丈夫和妻子共同所有。贵族庄园的广大土地一般为富裕的女性所掌管，男人们在其管理之下劳作。阿尔弗雷德国王在遗嘱中将家中的"持矛之人"和"纺织之人"优雅地区分开来。女人的工作主要是用木制的纺锭织羊毛。这位老国王给自己"持矛"的儿子们留下的遗产要多于留给妻子和女儿们的。尽管如此，他仍然留给埃塞尔弗莱德100英镑（在公元10世纪时这可是一小笔财富）以及一块面积不小的王室土地。

埃塞尔弗莱德将成为盎格鲁-撒克逊人的"布狄卡女王"。因为她和布狄卡一样，都是一名丧夫的女战士。她的丈夫埃塞尔雷德曾统治麦西亚。这是一个位于英格兰中部地区的盎格鲁-撒克逊王国，著名的国王奥法曾于公元8世纪晚期在此执政。麦西亚的地域涵盖了从伦敦、格洛塞特直到切斯特和林肯的广大面积，构成了南部韦塞克斯地区和东北部

"丹麦区"之间的缓冲地带。埃塞尔弗莱德和她的丈夫埃塞尔雷德共同抵抗北部丹麦人的入侵。但埃塞尔雷德体弱多病,在他911年病逝后,埃塞尔弗莱德继续着他们的事业。

《盎格鲁-撒克逊编年史》如此记载公元913年:"那年初夏,麦西亚的埃塞尔弗莱德夫人带领全体麦西亚人前往塔姆沃思,在那里修筑工事。到了8月初,他们又在斯塔福德完成了另一处工事。"

埃塞尔弗莱德应该没有直接参加过战斗。但我们可以想象,她站在盎格鲁-撒克逊战士的人盾包围墙之中,激励战士们英勇前行,并最终赢得了敌人的尊敬。她的弟弟爱德华刚从他们的父亲手中接过了韦塞克斯的王位。埃塞尔弗莱德和爱德华结成同盟,协力将丹麦人逼退到北部的亨伯河,夺回了对东安格利亚和英格兰中部地区的控制。为避免占领地得而复失,他们还效仿父亲建造城堡。

埃塞尔弗莱德以每年两座的速度大约建造了10座这种带围墙的工事。今天,在威尔士边境葱郁的山丘地区到湖区这一线,我们依然能够探寻到这些工事的遗迹。它们既在防御性方面出众,也适合人们聚集生活,充分体现了选址者的敏锐眼光。切斯特、斯塔福德、沃里克和朗科恩后来都发展为成功的市镇。埃塞尔弗莱德一边修筑工事,一边率军向北行进。917年,她攻占了维京人的重镇德比,次年又拿下了莱斯特。根据《盎格鲁-撒克逊编年史》,她的军队还俘获了"大部分驻扎在莱斯特的侵略军"。接下来还有更加伟大的胜利等待着她:约克的人民承诺要归降埃塞尔弗莱德,一些人甚至为此许下了誓言。

麦西亚夫人埃塞尔弗莱德于918年仲夏离世,这时距她的军队收复维京人在英格兰北部的首府约克只有12天。她和父亲阿尔弗雷德一样,都是深受民众爱戴的英雄。她很好地承担了盎格鲁-撒克逊人赋予贵族女性的双重角色,即"和亲女"和"持盾女"。她的影响一直延续到离世后。爱德华对姐姐非常尊敬,将自己的大儿子埃塞尔斯坦托付给她培养，让他学习建造城堡、打仗、治国。后来，这位年轻的韦塞克斯王子被接受为麦西亚的王子。924年，他的父亲死后，埃塞尔斯坦同时接管了韦塞克斯和麦西亚两个王国。

埃塞尔斯坦将成为一位强大、自信的国王。他精明地统治着英格兰北部、西部和西南部，堪称首位真正的、全英格兰的君主。他身上既有祖父阿尔弗雷德的才干，也有卓越的养母、姑母和良师——麦西亚夫人坚韧刚毅的影子。

◎ 978—1016年："无准备者"埃塞尔雷德

"无准备者"埃塞尔雷德（Ethelred）（与麦西亚夫人的丈夫同名。——译者注）在英格兰历史上是块笑料。现在把君主分为好国王或坏国王的做法已经过时。不过，无论根据何种标准，埃塞尔雷德都是个"坏国王"。978年，他所继承的英格兰王国十分富庶且受人尊重。这是阿尔弗雷德大王的子孙们埃塞尔弗莱德、爱德华、埃塞尔斯坦等共同努力的结果。可是到1016年，埃塞尔雷德失去了他所拥有的从诺森布里亚到康沃尔的全部领土。这段统治也让他成为疯狂、笨拙和无能的代名词。

或许埃塞尔雷德在一个问题上值得同情，那就是他得到的不幸的绰号。Unred是在埃塞尔雷德死后，编年史家们根据他名字的后半截"red"所取的谐音。事实上，在古英语中"unred"的意思是"欠考虑"。这个双关语足够巧妙，因为埃塞尔雷德这个名字的本意是"获得了明智建议"。于是，"无准备者"埃塞尔雷德直译起来就是"获得了明智建议的欠考虑之人"。

对盎格鲁-撒克逊人而言，埃塞尔（ethel，也拼作 aethel）意味着一个人出身良好，或拥有王室血统。因此，那个时候有许多和埃塞尔相关的名字，从埃塞尔伯特到埃塞尔弗莱德等。在国王的众多子孙中，到曾孙为止的人都被称为"埃塞林"（aethelings），意为"适合王位的人"。正是从这些人当中，选取最适合王位的人来承担此重要职责。国王的长子自动取得王位的"长子继承制"，在很多年后才得以确立。如果盎格鲁-撒克逊的"埃塞林"体制今天仍然有效，那么威廉王子肯定比查尔斯王子更适合接替伊丽莎白二世女王。

然而，埃塞尔雷德并不是通过讨论或者达成共识的方式成为国王的。他是靠谋杀夺取的王位。在他只有十岁的时候，有一天，他的表兄爱德华——他父亲和前一位妻子所生的儿子——骑马通过多塞特郡科夫堡的城门，他在狩猎一下午后打算找地方喝水。年少的埃塞尔雷德此时正和母亲一道待在城堡里。在城堡外面的庭院里，他的随从和爱德华发生了争执。他们递给爱德华一杯饮料，但在爱德华还没来得及下马的时候就把他刺死了。

在城堡中的埃塞尔雷德是否听见他的表兄在庭院里坠地的声音？他的母亲有很大嫌疑是刺杀的幕后主使。这起谋杀案使十岁的埃塞尔雷德成为王位继承人，但他后来从未对此进行调查。这件事情给他的整个统治生涯投下了疑云和阴影。

埃塞尔雷德面临的最大挑战是新一波的丹麦人入侵。维京人在离开英伦岛屿数十年后又回来了，而且劫掠程度较此前有过之而无不及。事实上，他们的掠夺非常凶猛，以至于盎格鲁-撒克逊人在每周日的教堂祷告中专门加入了一句祈祷词，恳请上帝把他们从恐怖的侵略者手中解救出来。埃塞尔雷德还诉诸阿尔弗雷德大王的办法，用向丹麦人赔款的方式争取时间。不过，他没有把"丹麦金"赎买的时间用在加固工事和重振国防上。这位国王似乎缺少领袖才能。

《盎格鲁-撒克逊编年史》中不无厌恶地记录了以下的内容："侵略者在东，英格兰军队就向西；侵略者转战南边，我们的军队却在北边。如果那时做出了什么决定，其效力不会超过一个月。最后，没有哪个人在指挥军队，所有人都自顾不暇地逃亡。同样，也没有任何一个郡可以帮助别的郡。"

丹麦人袭击英格兰的时候，总能得到他们在法兰西北部的亲戚们的帮助。912年，英吉利海峡法兰西一侧的海岸落入了来自斯堪的纳维亚半岛的侵袭者之手。根据中世纪拉丁语发音，这些人被称为"诺曼人"（Normanni）。自此，诺曼底地区成了丹麦人掠袭英格兰南海岸的绝佳跳板。埃塞尔雷德只能向教皇抱怨，后者遂向诺曼底公爵理查下令，要求他停止帮助丹麦人。为加强和诺曼人的联系，埃塞尔雷德后来还迎娶了理查公爵的妹妹爱玛。

然而，丹麦人的袭击还是没有停下来。1002年，埃塞尔雷德使出了疯狂一招：他下令将所有身处英格兰的丹麦人全部屠杀。这是个十分愚蠢和悲惨的决定，同时也给一些盎格鲁-撒克逊人提供了处置当地原有纷争的借口。生活在牛津的一个丹麦人群落就被烧死在他们寄居的教堂中。实际上，埃塞尔雷德的大屠杀进行得并不彻底。很少有证据表明，这一恐怖的种族清洗被广泛施行。不过，也有例外存在。在被屠戮的丹麦人中，就包括丹麦国王"八字胡"斯韦恩的妹妹贡希尔达。

这是个致命的错误。次年，斯韦恩就率领一支庞大的丹麦军队溯亨伯河而上，他们受到丹麦区居民的热烈欢迎。他后来又在1006年和1013年两次来袭，并逐渐控制了英格兰全境。英格兰从此变成了丹麦人的领地，而埃塞尔雷德被迫逃亡诺曼底。

史书上对埃塞尔雷德的最终描述，是他在 1013—1016 年不间断地同丹麦人作战，结果他自己和儿子埃德蒙·艾恩赛德都双双殒命。但人们往往会忽视一点。斯韦恩死于 1014 年。那个时候，埃塞尔雷德为夺回王位做了一件史无前例的事情。参照丹麦人群落在向英格兰统治者表忠心时开出的条件，埃塞尔雷德同盎格鲁-撒克逊的贵族和教士们达成了一项契约。

这是有史以来英格兰统治者和臣民达成的第一份契约。根据《盎格鲁-撒克逊编年史》记载，埃塞尔雷德承诺，"他将比以前更加公正地治理国家"。国王谈成了一个交易，"他将成为一个优雅慈祥的君主，帮助臣民改进一切他们所憎恶的事情"。作为交换，贵族和教士们同意服从国王，"双方用承诺和言语缔结了完全的友谊"。

这份带有签章的书面契约，是埃塞尔雷德在处于弱势时采取的众多无奈举措中的一项。随着权威逐渐弱化，他更多地寻求由大贵族和教士们组成的议事会的帮助。传统上，这个给盎格鲁-撒克逊国王提供建议的议事会被称作"贤人会议"（Witan，古英语中"贤人"Wita 的复数）。埃塞尔雷德利用"贤人会议"的威望，推行向臣民征税以及设立抗击异教丹麦人的祈祷节等举措。他甚至还发起全国性的禁食，在那期间人们只能喝水或食用草本植物。

上述疯狂的举措没能拯救埃塞尔雷德。虽然他被允许返回英格兰，但还是在 1016 年 4 月去世。他的儿子埃德蒙死后，英格兰王位在那年晚些时候传给了丹麦人，也就是斯韦恩好战的儿子克努特。不过，随着灾难而来的也有好消息。埃塞尔雷德因为无能而召集的"贤人会议"，以及他答应好好表现的允诺，给一个关键理念的形成埋下了种子，即英格兰国王的统治必须征得臣民们的同意。这一理念对国家的未来至关重要。

◎ 约 1010 年：飞天的修道士埃尔默

埃尔默是位喜欢探究事物原理的年轻修道士。他生活在马姆斯伯里修道院，经常仰望星空，在 11 世纪初的动荡岁月里通过观察天象发现事情的征兆。许多同时代的人看天象只是为预知吉凶，埃尔默则用科学的视角加以审视。他发现如果一个人活得足够长，有可能看到同一颗彗星重复出现在天际。

埃尔默把善于探究的心灵投向古典时期的历史。他对代达罗斯有着特别的研究，后者是希腊神话中的建筑师和工程师，曾受雇于米诺斯国王建造克里特岛上的邪恶迷宫。为了保住迷宫的秘密，米诺斯将代达罗斯和他的儿子伊卡洛斯软禁起来。他俩为了逃脱，用羽毛和蜡给自己分别制作了一对翅膀。这个计划一开始进行得很顺利，但后来伊卡洛斯陶醉于飞行的乐趣，忘记自己离太阳越来越近。太阳散发的热量融化了他翅膀上的蜡，这个男孩坠入了爱琴海中。由此得名的伊卡洛斯岛使这个神话流传至今。

埃尔默决定给自己也制作一对翅膀，以验证代达罗斯的故事。他打算从修道院的塔顶起飞。在那个年代，不列颠岛仍不时遭受维京人的袭击，许多撒克逊教堂上都有高高的钟塔。其作用既是为了瞭望，也可以发出警报声。一旦维京人占领一座教堂，他们总会率先把钟塔上的大钟取下来，用铸钟的昂贵金属锻造宝剑和头盔。此外，占有基督徒们经常聆听的独特"发声器"本身就代表着一种胜利。

现代的航空工程学家还原了埃尔默当年的飞行。根据他们计算，埃尔默的起飞平台至少有 18 米高，和现存的撒克逊教堂钟塔的高度相当。他们也推定埃尔默制作滑翔设备的材质是柳条，这是当时在附近的科茨沃尔德能找到的最轻便灵活的材料。为配齐"飞人"的装备，埃尔默还需要用拉伸的羊皮纸或细布覆盖在柳条上，再将上述翅膀和手脚系在一起。今天，人们经常目睹马姆斯伯里修道院附近有乌鸦和寒鸦在风中嘶鸣。这风是向着教堂和埃文河谷之间的山上吹去。埃尔默从钟塔一跃而下、朝着埃文河方向滑翔的时候，心里可能就想着模仿这些乌鸦的动作。

历史学家马姆斯伯里的威廉在一个世纪后记述了埃尔默的壮举。这位修道士向下成功地滑行了 200 多米才"着陆"——或者说坠地。他的确从塔顶顺风滑翔，但对气流失去了把控。威廉写道："狂风和气旋让埃尔默意识到了自己的冒失。他摇摇摆摆地坠在地上，摔折了双脚。"

马姆斯伯里的威廉或许是从和埃尔默相识的修道士那里听来的故事。埃尔默这位 11 世纪的观星者终其一生都被讥讽为狂人，但后世则惊叹于他的远见。在埃尔默晚年，人们经常在修道院看到他一瘸一拐地走路。这位想要成为"飞人"的修道士幽默地解释他的壮举为何失败。根据威廉的记载，埃尔默自称："我忘记了在屁股后面安装一副尾翼。"

◎ 1016—1035 年：国王卡努特和海潮

1016—1035 年统治英格兰的国王名叫卡努特，他曾经尝试命令海潮调头。在民间传说中，这一举动被人们视作傲慢、愚蠢和一厢情愿的典型代表。

有一天,国王邀请贵族们前往海滩观看潮起潮落。他下令将王冠放在被海潮冲刷的沙滩上,向着大海高声喊道:"你必须听令于我,因为这块土地属于我。我命令不许涨潮,不得浸湿你主人的衣服和肢体!"

毫无意外,海潮对国王的话无动于衷。根据这个故事最早的书面记载,潮水持续涌上海滩,"无礼地浸湿了国王的腿脚",卡努特只好向后退,以免全身被浸透。

卡努特国王浸湿的双脚和阿尔弗雷德国王烤煳的面包在历史上有异曲同工之处。就像面包的故事一样,我们得知卡努特的传说,不是依据目击者的所述,而是通过一部一百多年后才出现的手稿。我们能准确地知道手稿的作者是来自亨廷登的亨利。他是位教士,1130 年前后生活在剑桥和林肯附近的沼泽地带。亨利著有《英吉利史》,对"这个曾经被称作阿尔比恩、后来名为不列颠的岛屿"高度赞扬。他还对自己身处的湿地情有独钟,"美丽、青葱、树林丛生、小岛遍布"。亨利的作品参考了许多他人的手稿,特别是比德主教的作品和《盎格鲁-撒克逊编年史》,以及其他经历过重大事件的人们的回忆录。

亨利是位认真尽职的记录者,他对自己所处时代的记载十分地小心仔细。如果让我打赌,究竟是卡努特的双腿被浸湿,还是阿尔弗雷德烤煳了面包,我更相信前者的真实性。但历史记载的错误在于,误认为卡努特是发自内心地觉得自己可以阻挡海浪。事实上,在亨利看来,卡努特的所思所想恰恰相反。

卡努特看着自己被浸湿的双腿曾叹道:"应该让全世界知道,国王的权力是空洞和一文不值的。"换句话说,他向海潮大喊其实希望传递的信息是,他并非看上去那样万能。他还用宗教语言来修饰自己的观点:"没有哪个国王名副其实。只有上帝,江海山川都遵从他的永恒旨意。"

上天之王才是真正重要的国王,这是卡努特想要传递的第二条信息。根据亨廷登的亨利记载，在经历了海滩一幕后，卡努特再没有带上金色的王冠，而是将其恭敬地放在耶稣基督的雕像之上。这和我们对卡努特统治的认知基本相符。卡努特是丹麦人"八字胡"斯韦恩的儿子，而斯韦恩曾经将"无准备者"埃塞尔雷德从王位上驱逐。卡努特渴望强调，他的家族已经从异教徒转化为基督徒。为此，卡努特捐赠了大量钱财，用于修缮美化温彻斯特和坎特伯雷的教堂。他还用王室的田产在巴里捐建修道院，信徒们可以在那里为埃德蒙祷告。由于这位圣人国王早前是被丹麦入侵者残忍杀害，卡努特此举有展现和解的意味。

卡努特是位饱经战争洗礼的维京国王。在他通向权力的道路上充满了无情的屠杀。在统治后期，他喜欢亲自驾驶维京风格的御用船只行驶在泰晤士河上。如果你造访卡努特的宫廷，会遇见冰岛的游吟诗人在那里吟唱最新的史诗。卡努特控制了丹麦和挪威，建立起一个庞大的北海帝国。其疆域从格陵兰延伸到波罗的海，从俄罗斯西北部的白海辐射至怀特岛。然而，卡努特有个真诚的愿望，他希望自己被视作英格兰人。他总是将英格兰作为自己的权力基地，并且明白在那里要想取得成功，关键是争取盎格鲁-撒克逊人和丹麦人的和解。

他最终成功了。卡努特认识到自己难以控制整个英格兰，于是将权力下放给信得过的本地贵族。在丹麦语里，这些人被称为"贾尔"（jarl），这也是英语"伯爵"（earl）这个词的起源。卡努特统治期间，英格兰的郡县治理得到了巩固，各郡县建立起本地的法庭和行政机构，并设立了郡县治安官。他还推行了一部法典，其中的理念与埃塞尔雷德统治末期同民众达成的契约一脉相承：国王和子民们之间存在着某种"讨价还价"的关系。卡努特还喜欢给御下的人民撰写公开文章，表达个人印象和感受。比如，他经过漫长旅途终于在罗马见到教皇的时候，如此描述自己的心情："我从来没有、也永远不会在为我的子民们谋福利方面节省丝毫力气。"

卡努特对去除迷信特别关注，他急迫地想要为那些尚未见到"光芒"的民众带来教诲。他劝说这些民众，为拯救自己的灵魂，应该放弃那些异教徒的习惯，比如崇拜树木、术士以及有些人在找回被盗牲口时展现的神秘魅力。今天看来，他制定的一些法律颇显野蛮，比如法典第53条："如果一个女人在她丈夫活着的时候和另一个男人通奸，那么她的所有财产将归属于她的丈夫，她还将失去鼻子和耳朵。"内容全面的法典体现了卡努特对盎格鲁-撒克逊人和丹麦人共同的尊重，因此，这部法典在一百多年后仍然具有权威性。

经过了埃塞尔雷德的混乱统治，这位粗鲁、严格的丹麦人被证明是继阿尔弗雷德之后英格兰最佳的国王。他兼具精明和现实，而现实主义正是他在阻挡海潮时希望传授给人们的。历史也有不公正的时候。这位将王冠放在海滩上试图传播智慧的国王，最终却被人误以为是个愚蠢之人。

◎ 1042—1066年："忏悔者"爱德华

"忏悔者"爱德华是唯一一位被教皇封为圣人的英格兰国王。现今世界，人们进行"忏悔"的时候，就是要诉说他们感到耻辱或后悔的事情——错误、原罪，甚至可能是罪行。如果你听到有人说"我必须忏悔……"，你就知道他要进行某种意义上的道歉了。但在古英语中，这个词含有更加积极的意义。忏悔者是圣人中比较特殊的一种。他们不是殉道者，但通过积极证明自己的信仰展现出圣人的圣洁品质。从国王爱德华这个例子看，在他并不总是快乐的生活中，基督教带给了他精神上的愉悦。他就是爱德华，一个证明了自己的人。

国王爱德华证明自己的形式是修建一座巨大的教堂。他在距离伦敦城西侧城墙大约一英里远的地方修建了这座教堂——"西部的大教堂"（或修道院），它与伦敦的主教座堂，即东部的圣保罗大教堂遥相对应。我们今天看到的宏伟壮丽、高耸向上的威斯敏斯特大教堂，是之后几个世纪重新翻修的成果。但是爱德华最初建立的教堂也很壮观。它由石头砌成，几乎有一百米长，塔楼耸立在泰晤士河的河岸上，是盎格鲁-撒克逊时期英格兰最大的教堂，也是实际上最大的建筑物。由于爱德华在诺曼底度过了青少年时期的大部分时光，诺曼底大教堂的新罗马式建筑样式给他留下了深刻印象，所以他在修建威斯敏斯特大教堂的时候模仿了这一样式。

他童年过得很孤独，很少能和父母见面。他的父亲是"无准备者"埃塞尔雷德，母亲是诺曼贵族爱玛，他们于1002年成婚。在爱德华童年的大部分时间里，他那心不在焉的父亲都在忙于同丹麦人作战，并最终输掉了战争。1016年，埃塞尔雷德驾崩，丹麦国王卡努特征服了英格兰。年轻的爱德华跟随他母亲的亲戚在诺曼底避难。

然而，爱玛没有同她11岁的儿子一起流亡。根据征服者的习俗，卡努特为了牢牢掌控他的新王国，迎娶了战败的敌军领袖的遗孀。爱玛似乎很享受这样的经历，她在嫁给卡努特的18年里几乎成了丹麦人，就好像她从未嫁给埃塞尔雷德一样。当卡努特崩逝、爱德华终于重返英格兰的时候，他的母亲并不欢迎这个儿子，因为她和卡努特生了另一个儿子哈德·卡努特，她更喜欢后者。哈德·卡努特于1042年去世，这清除了爱德华登基之路上的障碍。毫不令人惊讶的是，这位新国王一旦确立自己的权力，就会同贵族来到他母亲居住的温彻斯特，没收了她的全部财产。

这个时候爱德华已37岁了。他身材瘦高，一头金发中夹杂着早熟的白发。后来的一些描述暗示他可能是个白化病患者，皮肤、头发和眼睛的颜色都不正常。有一种说法是他面容苍白，几乎半透明，因为皮肤之下的血管原因，他的脸颊呈现出亮粉色。"忏悔者"爱德华说着诺曼人的法语，把大量时间花在祈祷上。在盎格鲁-撒克逊时期英格兰诸多硬汉国王中，他有几分格格不入，就像唱诗班的少年来到了一伙土匪中。

爱德华能够继承王位要归功于三位控制英格兰的大伯爵支持。他们是诺森布里亚的西沃德伯爵、西麦西亚的利奥弗里克伯爵和韦塞克斯的戈德温伯爵。他们拥有的领地让他们有能力对爱德华发号施令，而从许多方面看，爱德华更像是个外国人。在这三位大佬中，戈德温是最富裕、最有权势的一位。用土匪的行话说，他是大佬中的大佬。1045年，他获得了支持国王的报答：爱德华迎娶了戈德温的女儿埃迪丝，并封戈德温的儿子哈罗德为东安格利亚伯爵。

六年后，爱德华发起了对看护者的反抗。他下令流放老戈德温、哈罗德及其亲族，将埃迪丝送到修女院。但他的独立之路并没能持续下去。西沃德伯爵和利奥弗里克伯爵一开始对摆脱诡计多端的戈德温感到很高兴，但他们很快就因为国王采取的亲诺曼政策而心生不满。爱德华生命中大部分的时光都和诺曼人在一起，这是一群他真正理解并且信任的人。他把位于赫里福德郡的大量地产赠予他那诺曼人的侄子——"胆小鬼"拉尔夫。拉尔夫在此处修建城堡，最终把赫里福德郡建成了一个小型诺曼底。

英格兰人还担心的是，爱德华对一位强有力、野心勃勃的亲戚——"私生子"威廉十分偏袒。爱玛的侄子、诺曼底的罗伯特公爵是威廉的父亲。他被称为"私生子"是因为他的父亲没有同他的母亲成婚。威廉的母亲赫乐维是个皮匠的女儿,据说她光腿站在溪流里洗衣的时候,其美貌吸引了罗伯特的注意。在父亲去世后,威廉将诺曼底打造为一支充满活力的军事力量,展现出令英格兰人感到不安的雄心。有传言称,为感谢诺曼人在他流亡期间的热情款待,爱德华甚至答应这位远房亲戚可以在他死后继承英国王位。

第二年夏天,老戈德温和他的儿子哈罗德挑衅地沿着泰晤士河向上游航行,但爱德华派去阻止他们的舰队拒绝战斗。这位"忏悔者"国王受到了羞辱,别无选择只能接受戈德温夺回权力。1053年戈德温去世后,哈罗德继承了其父亲的权力和头衔,成为韦塞克斯伯爵。爱德华还被迫将他的王后埃迪丝从修女院接回宫廷,尽管有传言称,他拒绝和王后同床。这段无爱的婚姻自然也就没有孕育子女。埃迪丝的家族曾期待一位兼具王室血统和戈德温血脉的继承人来到世上,这愿望就这样破灭了。

随着戈德温家族的归来,爱德华不再追求成为一位掌握实权的国王。他将军队委派给哈罗德指挥,转而在他心爱的教堂中找到慰藉。他将自己王室收入的十分之一贡献给教堂。

他在教堂附近的河岸上为自己修建了一处住所,即威斯敏斯特宫,也就是今天议会大厦所在地。他终日待在那里,和教士一起祈祷并诵读圣经。

当爱德华将他的双手放在淋巴结核患者身上的时候,他的圣人地位便确立了。淋巴结核是结核病的一种,会引发患者脖子上的淋巴结肿大。据患者证明,国王触碰他们的身体后,肿块就会变小。这种病后来被称为"国王的恶病"(即需要国王触摸治疗的疾病。——译者注)。英格兰的君主会将双手放在此病患者的身上,这也演变成一个传统。一直到18世纪,历代国王和女王都会为"国王的恶病"患者举行触摸仪式。在安妮女王统治时期，她在1712年触摸了当时还是幼儿的约翰逊博士，然而没有起到疗效。

爱德华的威斯敏斯特大教堂成了英格兰君主崇敬上帝的场所，每位君主都在那里举行加冕仪式，只有20世纪的一位国王除外——爱德华八世，如果是在中世纪，他也许会被称为"退位者"爱德华。许多国王和女王也都埋葬于此。几百年来，葬在此处的还有非王室重要人物。文学家们安息在诗人角，旁边有一群历史人物的大理石雕像和墓地，包括政治家、军人、科学家和其他领域的英雄——也有几位女英雄。忏悔者的大教堂堪称英国的名人堂。

威斯敏斯特大教堂于1065年12月最终建成，但爱德华因病没能参加教堂的落成典礼。一周之后他就驾崩了，英格兰随之陷入各方争夺之中。由于这位忏悔者圣人没有子女，戈德温的儿子哈罗德和诺曼底公爵"私生子"威廉围绕王位继承权展开了激烈的争夺。哈罗德和爱德华没有任何血缘关系，而威廉只是爱德华的远方亲戚，但这两个人都十分擅长作战。

◎ 约1043年：戈黛娃夫人的传说

一个美丽的裸体女郎在光天化日之下骑马穿行于街道，这个画面有着穿越历史的吸引力。今天，"戈黛娃"的名字在世界上被广泛用作脱衣舞俱乐部或暴露内衣的广告,其中的年轻女子留着波浪长发、满面笑容。不过,这些当代的"戈黛娃"用长发掩盖她们的裸体,与其说是想遮蔽,不如说她们更乐于展示自己的身体,她们是在淘气地向真正的戈黛娃致敬。这肯定会让那位虔诚的盎格鲁-撒克逊夫人感到震惊。

真实的戈黛娃夫人慷慨、热心并备受尊敬。在盎格鲁-撒克逊的语言中,她的名字是戈姬富(Godgifu),意为"上帝的礼物"。"忏悔者"爱德华统治时期,她是位杰出人物,在米德兰兹和东安格利亚等地拥有自己的庞大庄园。戈黛娃嫁给了西麦西亚的利奥弗里克,他是1042年将爱德华推上王位的三大伯爵之一。利奥弗里克实际上控制了英格兰中部的大部分地区,他也被爱德华专门选中,参与对王太后爱玛的财产洗劫。

戈姬富和利奥弗里克以爱德华为榜样,慷慨地向教会提供赠予。如今,富有雄心的大佬一般会买下本地的足球俱乐部,然后投入巨资帮助其赢得好成绩。在中世纪的时候,人们炫富的方式是把钱花在本地教会上。以戈姬富为例,她就把财富投给教堂,将自己的大部分财产用于扩建考文垂的一座普通修道院,使其成为沃里克郡及其附近地区的骄傲。编年史家文多弗的罗杰在13世纪早期写道:"在整个英格兰,从来没有一处修道院有如此众多的金银财宝和奢华服饰。"罗杰是首个将以下传说记载下来的人:

> 为了将考文垂从沉重的税负中解放出来,戈黛娃夫人以基督和圣母玛利亚的名义乞求丈夫,请他免除这座城镇的税收以及其他重负。伯爵不由分说地予以拒绝,因为戈黛娃夫人所要求的事情,将给他带来很大损失。他也不让戈黛娃继续提及此事。然而,戈黛娃夫人以一位女性的执着,继续劝说她的丈夫,直到后者最终答复称:"骑上你的马,在所有人跟前裸体骑过市集,从一端到达另

端。回来的时候,你就可以提出要求。"戈黛娃反问道:"如果我真这么做,你是不是会同意我的要求呢?"丈夫回答:"是的,我会。"于是,我们这位上帝垂青的伯爵夫人解开辫子,她的头发垂下来后像一块纱巾一样遮住了身体。她骑上马,在两位骑士的护送下穿越了市集。除了美丽的双腿,没有任何隐私被看见。在完成这段旅程后,戈黛娃高兴地找到了吃惊的丈夫。她的要求终于得到满足。利奥弗里克伯爵免除了考文垂及其居民的税负。

这就是罗杰在 1220 年左右,用拉丁语写在羊皮卷上的故事。你将会注意到,就像阿尔弗雷德的面包和卡努特的海潮故事,这个颇有意思的传说是在事情发生多年后才被记录下来的。文多弗的罗杰对戈姬富夫人的描述,和特雷弗·麦克唐纳关于特拉法尔加海战的报道有异曲同工之妙。在罗杰出生之前,很多历史学家都留下了关于戈姬富的记载,但没有任何人提到过裸体骑马这件事情。

同时,我们有理由相信罗杰的故事并非完全虚构。他是圣阿尔班本笃修道院的修士,同利奥弗里克和戈姬富资助扩建的考文垂修道院保持紧密联系。两个修道院的修士会去彼此场所祈祷和研习,图书馆的馆藏手稿也相互共享。因此,我们这位圣阿尔班的编年史家很可能是发现了遗失已久的考文垂修道院手稿,其中记载了戈姬富帮助税负沉重的穷人解困的故事。

1043 年,利奥弗里克和戈姬富在考文垂扩建修道院(其中的一部分后来成为当今考文垂大教堂所在地)之时,征税已经成为痛苦而富有争议的本地话题。就在两年前,人们的反对情绪十分激昂,两名王室征税官在伍斯特被愤怒的市民杀害了。利奥弗里克当时是被派往镇压的军队指挥官。他下令残酷惩罚这座市镇,并在大肆劫掠五天后放火屠城。根据编年史家伍斯特的约翰记载,劫掠者抢走了"大量战利品"。

戈姬富会怎么看待丈夫在屠杀伍斯特抗税者过程中发挥的作用？两年后她捐给修道院的"金银财宝和奢华服饰"，会不会是劫掠伍斯特所得？戈姬富是否打算通过这一举动暗自做些补偿？她披发骑马这件事情是否具有可信性？

近些年，一些受人尊敬的妇女机构成员会采取脱衣筹款的办法。她们以苹果派或烹饪书籍代替戈黛娃传奇般的长头发遮掩身体。但人们难以想象，一位伟大而虔诚的中世纪女性会做这样的事情。戈黛娃是盎格鲁-撒克逊时期最后的女性大地主之一。她在1057年利奥弗里克死后继承了大量田产。《末日审判书》中就列明了她的财产。不论怎样用长发进行遮掩，这位对上帝心存敬畏的修道院建造者都不大可能会在众目睽睽之下裸体骑马穿行。

不过，有可能发生的是，戈黛娃当时是在象征性地裸体骑行。也就是说，她只是将展现自身高贵地位的珍宝和奢华服饰脱去。罗杰参考的原始资料可能使用的是拉丁语denudata，意思是"脱去"，并非指完全的裸体。也许戈黛娃脱去的珍宝和奢华服饰正是她打算捐给修道院的东西。在卸下漂亮的发簪后，她的头发会自然垂落下来。

象征性在中世纪具有重要力量。不加修饰的戈黛娃夫人骑马以悔过姿态通过考文垂的时候，按照1043年的标准，她的行为展现了一种令人惊讶的强有力态度。此举可以被理解为对途经群落的人们表示同情。之所以用群落这个词，是因为当时的考文垂还很难算得上是个城镇。根据《末日审判书》，11世纪的考文垂最多只有一个村庄的规模：仅69户人家登记在册。

真实的裸体故事或许更具娱乐性，这或许就是这个传说能够一直流传并被演绎的原因。随着考文垂逐渐发展为繁荣的贸易中心，那里的人们对他们的"裸体夫人"感到十分自豪，决定每年举行一次"戈黛娃游行"。游行使此地的吸引力超越了米德兰兹地区的其他市镇。1678年的一份记录称,"戈黛娃游行"吸引了数以万计的游客。就在这个时候,一个新的细节被加入到传说中。根据17世纪的版本,中世纪的村民们为展现他们和戈黛娃的团结一心,决定在她骑行通过市集时主动关上窗户,这样她就不会被看到。似乎没人会不讲礼貌地向外东张西望。但也有例外,据说一个名叫托马斯的裁缝偷偷朝窗外瞥视。作为对他"好奇心"的惩罚,他很快被戳瞎双眼(还有一个版本甚至称他被活活打死)。这便是另一个英国民间典故"偷窥者汤姆"的来由。

◎ 1066年:三王之年

"忏悔者"爱德华躺在病榻上。他已经病入膏肓,无法参加在心爱的威斯敏斯特大教堂举行的封圣仪式。他把韦塞克斯的哈罗德伯爵召到榻前。从血缘上看,哈罗德与王位无关,但他是爱德华妻子的兄长。哈罗德帮助爱德华治理英格兰已有些年头,盎格鲁-撒克逊贵族也都倾向于让他继承王位。因此,爱德华死前宣布,哈罗德将成为英格兰的新国王。

但在诺曼底公爵的"私生子"威廉看来,故事完全不是这样。威廉认为,爱德华和他之间的"法兰西纽带关系"使自己有资格成为王位继承人。当哈罗德即位的消息传来,威廉正在诺曼底打猎,他气得说不出话,侍从也都躲得远远的。公爵在气急败坏时,不停地系上随即又解开自己的衣袍（当时还没有发明纽扣和衣服上的扣眼）。

威廉对事情的看法以及他对英格兰王位的声索，可以在"贝叶挂毯"这幅伟大的视觉"宣传品"中找到答案。"贝叶挂毯"不仅是刺绣艺术品，也是最著名的历史文献之一。挂毯在威廉同父异母的弟弟奥多主教的授意下织成，主要是为了装饰位于诺曼底海边的贝叶新教堂。挂毯宽50厘米，长约70米（相当于一个足球场的宽度），展现了一幅巨大的历史全景。其中共出现37座建筑、41艘船只、202匹战马以及不少于626个人物，包括爱德华、威廉和哈罗德。他们在一块由73个画面组成的"宽屏幕"上演出了一场精彩的戏剧。

挂毯从诺曼人的视角为我们讲述了另一个故事。当"忏悔者"爱德华还在位的时候，哈罗德伯爵坐在马背上，蹬着马镫，手腕上立着一只猎鹰。他准备启程前往法兰西。挂毯以"连环画"的形式向我们描绘出哈罗德1064年奔赴诺曼底的旅程。他应该是对威廉许下了某种誓言。哈罗德的支持者坚信，这不过是控制英吉利海峡两岸的两位强人之间的友好见证。

威廉则认为，哈罗德的许诺可不只涉及友谊。挂毯上的图画显示，哈罗德对威廉十分严肃地许下了效忠誓言。他的双手伸开，当着两箱、而不是一箱圣物发誓。后来，诺曼编年史家坚定地认为，哈罗德做出的许诺是，在"忏悔者"爱德华死后帮助威廉取得英格兰王位。

九个多世纪以来，人们对哈罗德到底许诺了什么一直存在激烈的争论。很难相信这位富有雄心、年富力强的伯爵会主动放弃王位。而如果许诺是出于被迫，很明显，哈罗德即位时就不会把它太当回事。不论如何，我们从"贝叶挂毯"中了解到接下来发生了什么：一团火球在天际出现。《盎格鲁-撒克逊编年史》将其称作"毛发星"。

现代天文学家认为那颗"毛发星"是哈雷彗星，以17世纪的天文学家爱德蒙·哈雷爵士的名字命名。1682年，哈雷爵士在这颗彗星穿越英格兰天际时首次将其识别。当然,一个叫埃尔莫的修道士也分别在989年和1066年观测到了彗星,并意识到两次穿越夜空的应该是同一颗星。哈雷爵士得出结论,这颗彗星每76年半就会飞越地球一次。1066年4月的那颗星正好符合这一测算。但诺曼底公爵威廉相信,"毛发星"是上天对哈罗德违背誓言的"震怒"。这也就解释了挂毯中接下来的画面:诺曼人大举砍伐树木,加紧建造一支舰队。

同时,哈罗德在英格兰也在努力巩固自身地位。他有一个多年的情人艾迪丝·斯旺内克,他们共育有五个儿子和两个女儿。但为了结好英格兰贵族,巩固权力基础,他同两位最有权力的英格兰伯爵联姻,娶了他们的妹妹艾尔德吉丝。这三人都是麦西亚的利奥弗里克和戈姬富的孙辈。也就是说,勇猛的哈罗德国王的法定妻子,这位盎格鲁-撒克逊时期英格兰的最后一位王后,是戈黛娃夫人的孙女。

哈罗德本应更好地处理家族内部的关系。1065年秋天,他同弟弟托斯蒂格彻底闹僵了,这个时间有些糟糕。托斯蒂格后来负气出走。1066夏天,哈罗德得到消息,自己的弟弟投奔了挪威国王哈拉尔德·哈德拉达。哈德拉达认为他对英格兰王位也有声索权,因为他的父亲和哈尔塔·卡努特达成过某种约定。1066年9月,托斯蒂格和哈德拉达率兵乘船来袭。他们在诺森布里亚登陆,并很快攻占了约克。

哈罗德清楚,威廉的舰队正在英吉利海峡对岸整装待发,但他别无选择。他带领部队向北进发,四天内急行军180多英里,把挪威侵略者打了个措手不及。9月25日,经过激烈的战斗,他在约克城外的斯坦福德桥大胜敌人。挪威国王和托斯蒂格都死于战斗,他们的残兵败将逃回了船上。

哈罗德在斯坦福德桥的闪电战是英格兰早期历史上最伟大的一次胜利。他的盎格鲁-撒克逊军队是当时欧洲最灵巧善战的一支力量。但仅仅三天后的1066年9月28日,威廉和他的部队在萨塞克斯登陆。哈罗德听闻这一消息，立即率军扭头南下。他又用创纪录的速度抵达伦敦，带上援军后奔赴黑斯廷斯。那里是威廉的驻扎地和指挥部所在。哈罗德的部队很快抵达黑斯廷斯以北的沙湖谷，在山脊处安营扎寨。

"贝叶挂毯"描绘了诺曼骑士在10月14日，一个星期六的早上奔赴战场的画面。在今天的电影里，诺曼军人一般都被刻画成"坏家伙"。他们的狭长护鼻从圆形头盔向下延伸，带有"邪恶"色彩。事实上，黑斯廷斯的交战双方都戴着这种头盔和锁子甲，并手握同样的长条盾牌。

可以用发型来区分盎格鲁-撒克逊人和诺曼人。盎格鲁-撒克逊人留着长发，他们的胡须更长且向下耷拉着。诺曼人胡须则少而短，他们把从头顶到后脑的头发都剃掉。这令他们在近身搏斗时具备优势——不会被敌人拽住头发或胡须。

更显著的区别是诺曼人骑在马背上战斗，而盎格鲁-撒克逊人都是步兵。当然，哈罗德的军队中也有马，他们是骑着马前往战场的，但打仗前他们却把马拴在一旁。威廉用舰船运来的骑兵十分强大。他们的战马结实有力，颈部呈弧形，头部比较小，应该具有阿拉伯血统。这些为打仗而生的战马在黑斯廷斯战役中发挥了关键作用。

诺曼骑兵从沙湖谷中飞奔而来，将他们的标枪掷向盎格鲁-撒克逊人的盾墙，然后回撤。双方打得难解难分，哈罗德好几次都差点取胜，但他的军队没能完全从往返斯坦福德桥的急行军中恢复过来，最终被诺曼骑兵的多次冲锋击垮。后世喜欢纸上谈兵的人批评，哈罗德南下迎敌消耗太大，且孤注一掷地屯兵黑斯廷斯。他们认为，哈罗德本可以驻扎在离伦敦更近的地方，在那里稍加喘息，迎候威廉来战。

但勇猛冲锋才是哈罗德的风格。夕阳西下，诺曼人发现他们成为战场的胜利者。黑斯廷斯战役持续了六个多小时，可以算得上中世纪历时最长的遭遇战了。战役的结果改变了英国历史进程。英格兰成了诺曼人的英格兰。诺曼底公爵威廉登上英国王座，他也是1066这一喧嚣之年里出现的第三位英格兰国王。他的劲敌哈罗德被一支弓箭射穿了眼睛,最终战死沙场。或者说,人们一直以来都是这么认为的。

◎ 1066年:勇敢的国王哈罗德之死

最后一位盎格鲁-撒克逊国王在沙湖谷殒命的图景,成了黑斯廷斯战役的一大标志。"贝叶挂毯"中对此有着形象的描绘:哈罗德的眼睛被诺曼人的弓箭射穿,他悲剧性地向后倒下。但奥多主教这件具有史诗意义的织绣艺术品似乎并不像人们想象的那样可信。挂毯制成至今的九个多世纪里,被隐藏、偷窃、损坏、恢复,直至成为赚钱的参观藏品。我们今天见到的可能不是百分之百的真品,有些地方是后来缝补上去的。

1729年,挂毯已经"诞生"六个世纪了。一位名叫安托万·伯努瓦的法国艺术家将挂毯所织绣的内容制成版画,打算在法国出售。又过了100多年,英国文物收藏协会委托英国艺术家查理·斯托查德描摹了挂毯的另一个副本。再之后,照相机时代到来,新落成的维多利亚和阿尔伯特博物馆派一名摄影师给挂毯拍了照片。因此,我们手头分别有1729年、1819年和1872年的三幅图画,可以从不同的历史节点审视挂毯所织绣的内容。通过比对,人们发现了其中一些显著的区别。

两位英国历史学家大卫·希尔和约翰·麦克斯温最近将三个版本的图画作了比较,发现不少于379个不同之处。有的版本有剑和马镫,有的却没有。这一幅中有狮身鹫首的怪兽，那一幅里同样位置则变成了天使。1729年的版本中的一匹母马在1819年的版本中变成了公马。诺曼造船者脸上的雀斑（也许是粉刺）可能是刺绣者的大胆想象。有的地方是三个盾牌，有的是两个。这幅是鱼，那幅相同的地方却是海狮。

最重要的不同是对国王哈罗德之死的描绘。在1729年的版本中，国王手握长矛手柄，准备投掷，也可能正把长矛从前额拔出来。再看看1819年的版本，"手柄"上多了羽毛，变成了正对他前额的一支弓箭。在53年后、1872年的照片里，弓箭的角度向下倾斜，直接对准国王的右眼。而因为头盔上护鼻的存在，他的右眼被挡住了。如果你今天到访贝叶，应该就能看到这幅图。

对历史进行"再织绣"的原因，恐怕得从贝叶辛勤的女工匠身上找寻。最初制作"贝叶挂毯"的，是11世纪70年代初生活在坎特伯雷的英格兰匠人。他们完成这部作品，主要是受托于贝叶的奥多主教。但挂毯穿过英吉利海峡来到法兰西后，则是由这里的女裁缝保养维护。19世纪后负责这项工作的，是贝叶镇一些大旅馆里的服务员。这种安排无可厚非，因为观赏挂毯已成为贝叶镇的主要旅游项目。考虑到游客们总爱欣赏带有浪漫主义色彩的图画，贝叶镇的服务员就想方设法满足他们的要求。

最早关于"弓箭射眼"的记载出现在一部写于1080年的意大利编年史中。但仅仅一年后对黑斯廷斯战役的另一记载就显得不那么"浪漫"。根据法国亚眠主教盖伊所著的《黑斯廷斯战役之歌》，战役的关键时刻发生在那个宿命般的星期六下午，在诺曼人突破盎格鲁-撒克逊人盾墙的一刻。鉴于哈罗德国王和他的随从仍在负隅顽抗，威廉公爵亲自挑选了一支行动队前去击毙国王。

这位诺曼底公爵曾经吹嘘要和哈罗德面对面单挑，现在他可不愿冒这个险。四名诺曼骑士最后发现了哈罗德并将其制服。他们中的一人击中了他的胸部，另一人砍下了哈罗德的头颅，第三人用长矛戳进了他的腹部并挖出内脏。在盖伊主教的笔下，第四名骑士承担了最艰巨的任务——砍下死去国王的一条腿。

接下来的故事让人有些毛骨悚然。哈罗德的陵墓位于埃塞克斯郡的沃尔瑟姆修道院。这里流传一种说法，国王的情人艾迪丝·斯旺内克在众多尸体中发现了哈罗德的遗体。由于被肢解得太厉害，仅艾迪丝本人能够辨认，因为"尸体上的某些印记只有艾迪丝才知道"。一般来说，战场上标准的肢解方式是砍头、挖内脏以及阉割——砍去阴茎和睾丸。盖伊主教只提到"砍下一条腿"，这个表述实在是太文雅了。

这种说法似乎被威廉的反应所证实。根据马姆斯伯里的威廉记载，威廉得知哈罗德国王的最后遭遇后显得既愤怒又恐惧。他想知道是谁干的。找到元凶的时候，威廉迅速褫夺了他的骑士身份并让他以不光彩的方式告老还乡。虽然威廉是一个冷酷无情的战士，他还是觉得此类暴行令胜利蒙羞。

后世之人与威廉的看法一致。最后，我们很难确认哈罗德是被弓箭射中了眼睛，还是被诺曼暴徒肢解。也有可能他遭了两重罪。几个世纪以来，人们习惯于相信"弓箭射眼"这个相对不那么恐怖的死法。对于盎格鲁-撒克逊社会来说，诺曼征服是一场灾难，意味着奴役、饥荒、种族暴行和羞辱——事实上，这是英格兰历史上最残忍的岁月。在经历这样的一段创伤后，难怪整个社会想要寻求某种"治愈"。对历史进行"再织绣"或许有助于实现这一目标。

"贝叶挂毯"用70米的证据告诉我们，历史可以是你心中想象的那个样子。第二次世界大战期间，人们将挂毯存放在安全的地方。纳粹历史学家看到了这张当时已略微收缩、长约64.45米的艺术品。1940年，德军占领诺曼底以及法国北部，希特勒正准备入侵英国。一些德国学者被派往贝叶。毕竟，举世闻名的"贝叶挂毯"描绘了"横跨英吉利海峡的最后一次胜利"。学者们奉命研究有什么经验能够从中汲取。

海因里希·希姆莱是希特勒的心腹、德国秘密警察盖世太保的头目和党卫军创始人。学者们向他呈上了一份鼓舞人心的报告。他们称，挂毯中所织绣的装饰动物源自德国神话。更有利的是，整个故事所传达的信息正好符合德国的三种民族特性：战斗之悦、战争之爱以及带有武士气概的对敌人之敬。学者们得出结论，挂毯虽然产自英格兰，但其中叙述的实际上是"一种德国式的英雄故事"，"希特勒万岁"。

◎ 1070年："清醒者"赫里沃德和"诺曼枷锁"

在黑斯廷斯获得胜利后，私生子威廉摇身一变成了征服者威廉。1066年圣诞节，他在"忏悔者"爱德华修建的伟大教堂举行加冕仪式，正式成为国王威廉一世。诺曼底公爵深知，从法律和血缘角度，他对王位的声索资格不够。因此，他试图给盎格鲁-撒克逊加冕礼增加一个新的环节——请人们高呼拥护他的统治。当聚集在教堂中的人们被用英语和法语问及，他们是否自愿接受威廉为国王时，在场者都遵从地高呼"国王万岁"。但在教堂外面，威廉的诺曼骑士误判了人们发出的喧闹声。或许骑士们当时都很恐慌，又或许他们需要一个制造恐慌的借口。他们骑在战马上四处踩踏，放火点燃周遭的房屋，屠戮任何没能逃脱的盎格鲁-撒克逊人。

英格兰的首个诺曼君主或许可以强迫威斯敏斯特大教堂内的人们支持他的统治，但发生在教堂附近的纵火事件清晰地揭示了征服者威廉的统治本质——他的权力建筑在武力之上。威廉的首个新年计划是在泰晤士河岸边建造一座木制城堡，这是伦敦塔的雏形。这位新来者的意图很明显，就是要让英格兰人清楚知晓他们现在的新主人是谁。修建城堡是威廉统治的一大特征。饱经风霜的诺曼石塔和工事一直留存至今，成为带有浪漫主义色彩的标志性建筑。但对当时被征召修建城堡的盎格鲁-撒克逊人来说，这事儿一点儿也不浪漫。他们挖壕沟、堆土丘，为城堡奠定坚实的根基。接下来，他们要在上面修筑堡垒和工事，并在堡垒内度过余生。

征服者威廉在当政的21年中修筑了数百个城堡。但凡哪里出现麻烦或不满，诺曼人就会骑着战马前去教训暴动者，然后在当地建一座城堡，确保类似的事情不再发生。他们一开始以木头为材料，用削尖的木头拼成木栅栏，后来把建筑材料换成了石头。如果哪个部落尤其喜欢惹麻烦，诺曼人就会在被荡平的盎格鲁-撒克逊房屋原址上建起城堡。

有证据表明，征服者威廉原本也有安民的打算。他试着学习英语，并留任了许多英格兰本地的郡县官员。新国王的早期公文中出现过盎格鲁-撒克逊高级官员的名字，他们在宫廷中仍受信任并居于高位。然而，威廉1067年返回故乡诺曼底、视察当地情况的时候，英格兰爆发了一系列叛乱。哈罗德和埃迪丝·斯旺内克的三个儿子试图在德文郡和康沃尔郡起兵。甚至连前来东海岸袭扰的丹麦人都发现，本地人反对诺曼人，但对他们表示欢迎。再往北一点的地方亦有叛乱发生。位于威尔士边界的麦西亚人和向来桀骜不驯的威尔士人联手反抗诺曼人。

现在到了威廉施展颜色的时候了。返回英格兰后，他率军在中部和北部地区扫荡，毫不留情地镇压那些反对他的人们。许多村庄都被烧毁和废弃，导致此后很多年都无人在此居住。焦土政策或是种族清洗，你可以用一切恐怖的词汇形容当时的镇压。那是个充满饥荒和眼泪的年代，被称为"诺曼枷锁"的暴力统治深深地烙在英格兰的民间记忆里。

有一处抵抗力量仍在坚持。在剑桥郡和林肯郡交界的沼泽地带，有许多荒芜的湿地和潟湖。根据阿尔弗雷德大王留下的传统，一些本地的残余力量在此继续抵抗。彼得伯勒的赫里沃德是一位盎格鲁-撒克逊绅士，由于土地被诺曼人侵占，他和一班自由战士们撤退到伊利附近的东安格利亚沼泽继续抗争。

赫里沃德曾一度得到该地区丹麦入侵者的帮助。1070年，他和丹麦人联手袭击了彼得伯勒修道院。后来，威廉收买了丹麦人，盎格鲁-撒克逊人只好孤军奋战。赫里沃德的游击战成为本土抵抗的象征。这位盎格鲁-撒克逊绅士利用该地区的沼泽和浓雾，不断地给笨重的敌人制造麻烦。关于赫里沃德骁勇善战和足智多谋的传说越来越多。他还给随身佩戴的传奇宝剑取名为"大脑啃食者"（brainbiter）。他始终保持警醒、善于躲藏，成了盎格鲁-撒克逊民族追求正义的永恒代表。这位民间英雄也因此获得了属于自己的绰号——"清醒者"赫里沃德。

并非每个盎格鲁-撒克逊人都对赫里沃德抱有好感。编撰彼得伯勒版本《盎格鲁-撒克逊编年史》的教士，对赫里沃德竟然和丹麦人同流合污，以"不留给诺曼人"为借口洗劫修道院的做法十分愤怒。他充满讽刺地记录称："他们居然说这么做是出于对修道院的忠诚！"威廉认为赫里沃德等人是在亵渎神灵，于是决定采取行动。威廉知道诺曼人面对大量积水的沼泽地带没有胜算，因此下令用木桥和土堤等构筑围坝，这些遗迹我们今天还能在伊利附近看到。诺曼人凭此手段逐渐消灭了抵抗力量。《盎格鲁-撒克逊编年史》记载："违法之徒皆被绳之以法。"不过，赫里沃德一如既往地行踪不定，最后得以顺利逃脱。

接下来发生的事情成了谜。根据一处记载，由于赫里沃德的英勇，国王威廉最后赦免了他。这似乎不像征服者所为，特别是威廉为镇压抵抗消耗了大量资源、克服了许多困难。另一种说法是，赫里沃德被懦弱的诺曼杀手用长矛刺穿了背。不管是根据以上哪种说法，"清醒者"赫里沃德自此从历史进入了传说。我们不知道他活了多久，何时死去，但在不到一代人的时间内，他的故事就被收入到一本名叫《著名士兵逃犯赫里沃德功勋集》的拉丁故事集中。

这本故事集部分植根于真相，但将赫里沃德的事迹做了很多加工，不少故事都带有疯狂的幻想成分。但诺曼人和盎格鲁-撒克逊人很喜欢这些故事，有人大声用拉丁语朗读的话，他们会认真倾听，或者听人即时翻译讲述。故事情节大多沿袭了老式的套路和结构。其中有这样一个令人振奋的片段。有一天，赫里沃德回到家里，突然发现那里全是诺曼人。他弟弟的头颅被砍下来挂在门口的柱子上。接下来的故事情节和《柳林风声》中"尤利西斯归来"一章很像，或者说与鼹鼠、河鼠和狗獾从邪恶的鼬鼠和白鼬手中夺回蛤蟆府邸类似。赫里沃德当晚悄悄返回家中，奇袭了这帮诺曼人。他在仅有一人帮助的情况下，杀死了为首的诺曼人和他的15个同伴，并将他们的头颅砍下来，挂在此前他弟弟头颅被展示的地方。

上面的故事算得上是冒险小说了——主人公取得的成就完全属于一厢情愿。但或许就是因为这个原因，故事受到了热烈欢迎，特别是盎格鲁-撒克逊人围坐在火炉边取暖的时候，他们很喜欢听人把这些故事娓娓道来。

◎ 1086年:《末日审判书》

征服者威廉在1085年已经将近60岁了。他的日常作息早就固定下来。身处英格兰时,他一般会在韦塞克斯的故都温彻斯特过复活节。这里仍然是他平时工作的大本营。圣灵降临节的时候他则前往伦敦,那里是英格兰的贸易枢纽并逐渐发展为国家首都。他喜欢在位于威尔士边境的格洛塞特过圣诞节。威廉不知不觉中已经统治英格兰20载。1086年新年这一天,他决定是时候统观一下形势了。《盎格鲁-撒克逊编年史》这样记载:

> 国王同他的臣僚们就国家形势进行了深入探讨,包括英格兰是由何人、以何种方式定居。然后国王派员深入到英格兰的每个郡县,调查各地的土地面积、牲口数量以及国王每年应收取的税收。

用今天的话来形容"诺曼征服"就好比是一次"公司收购"。相对于生活在英格兰的大约200万盎格鲁-撒克逊人和丹麦人,诺曼人只有两三万,数量很少。但他们成了"公司"的管理层和实际控制者。现代公司的管理层会在并购后掌控公司的会计体系,而诺曼人则试图控制土地。威廉想要知道英格兰国土上的每个人都拥有多少土地以及这些土地的基本面貌。

在全国范围内进行调查的产物就是这部《末日审判书》。当地人之所以这样称呼它,其实是带有一种抱有敌意的"玩笑"。他们抱怨威廉的调查侵犯了每个人的生活,将他们的秘密公之于众。就像是在上帝的审判日。人们在全面掌握情况的国王面前,没有任何办法逃避税赋。

《末日审判书》共计900页、200万字,用拉丁文手写而成。其中极为详尽地描绘了英格兰全境和威尔士部分地区超过13000个地方的情况。《盎格鲁-撒克逊编年史》称:"记录得如此完备,没有任何一寸土地、一头牛或一头猪被遗漏。"撰写上述编年史的修道士显然是盎格鲁-撒克逊人,因为他们不无讽刺地标注:"即便是转述这些信息的行为都令人觉得可耻,威廉却毫无羞愧之意。"

这些挑剔的修道士清楚底线所在。《末日审判书》的实质是支配权和钱。威廉是英格兰每一寸土地的主人。尽管盎格鲁-撒克逊人耕作土地的方式不同,但他们现在都不再是土地的主人。他们对国王负有义务,是国王的佃户,需要为使用土地这一"特权"提供"服务"。"服务"的形式可以是一筐鸡蛋、几只小鸡、一点培根或蜂蜜、几条鲱鱼或者是钱财,也可以在国王对外宣战时提供兵役。

这种做法在几个世纪后被称作"封建主义"。这个词来源于拉丁文feudum,意思是"费用"或"报酬"。经济学家亚当·斯密1776年首创"封建体系"的说法,而此时封建主义早已成为历史。自此,人们将这一问题的讨论上升到近乎哲学的高度。实际上,威廉和诺曼人通过这种野蛮的做法将英格兰的土地分封殆尽,其做法与土地掠夺无异。《末日审判书》十分清楚地记载了,1087年主要的土地所有者几乎都是诺曼人或法兰西人。盎格鲁-撒克逊人与土地没什么关系,他们只是侵略者的佃户。

今天距离英格兰被征服已经过去900多年。那时的人们必须接受和他们语言不同之人的统治,被迫为使用自认为属于自己的土地支付费用,甚至可能在与统治者的讨价还价中殃及自己的亲属。那时有两套法律,一套适用于诺曼人,另一套对本土居民有效。威廉的法律给予"所有和我一起来到英格兰或在我之后到来的人"特殊保护。

法律上的歧视可以在我们当今使用的语言中得到反映。现代英语中混杂着不少盎格鲁-撒克逊人的古英语和诺曼人使用的法语词汇。比如说到"控制"和"权威"——秩序、警察、法庭、法官、审判、判刑、监狱、惩罚、处决等词汇都来自法语。在我们描述食物时类似的"语言隔离"情况依然存在。如猪、牛、羊等词汇来自古英语,因为辛勤喂养他们的是盎格鲁-撒克逊人。但如果说到品尝,现代英语中的猪肉、牛肉、羊肉等词汇都可以在法语中找到影子。从这我们不难看出,是谁培育了土地的果实,又是谁在享用它们。

英国国家档案馆位于伦敦西南部皇家植物园附近,今天你可以在档案馆的通风玻璃和混凝土大楼里看到《末日审判书》。它是英格兰年代最久远的公共档案,每个人都有机会一睹其容。第一个以这份文献作为证据解决的法律纠纷发生在11世纪90年代,就在《末日审判书》编撰后不久。今天在事关英格兰土地所有权的问题上,《末日审判书》仍具有法律效力。它曾在经过防鼠处理的铁箱中保存了数个世纪,今天这部四卷本的文献依然被小心翼翼地保存在一个恒温、防震的玻璃箱中。

这些几乎呈粉红色的羊皮纸看上去很软,墨迹已经变成褐色,上面的人名用锈红色字迹标出。比如,有一个叫利奥菲斯的人,她是威尔特郡克诺克镇的一名盎格鲁-撒克逊女居民,专门"为国王和王后制作金色刺绣品"。我们也能从中得知,1066年国王爱德华离世时,戈黛娃夫人戈姬富在伍斯特所拥有的庄园面积。此外,赫里沃德1071年发动叛乱并逃亡时,他的土地占有情况亦有据可查。

《末日审判书》是一部"活历史"。这部规模庞大的调查文献一开始被称为《国王卷》或《温彻斯特书》(以其制作和存放地为名)。不到一个世纪后,它就被冠以这带有"野蛮"色彩的"昵称",并被一直沿用至今。盎格鲁-撒克逊人也许暂时失去了土地,但显然他们对文献名称拥有最终的发言权。

◎ 1100年：威廉·鲁弗斯的神秘之死

国王威廉一世死于征服途中。1087年盛夏，他率军攻打塞纳河畔的芒特镇，因为那里有人胆敢对诺曼领地发动袭击。正当诺曼人洗劫芒特之时，有个燃烧物突然致使威廉的坐骑受到惊吓，后腿直立了起来。征服者当时已经60岁了，身体明显超重。那匹马后仰的时候，前鞍穿透了他柔软的肚皮，刺进了肠子里。威廉一世因为内出血被抬走，教士们聚集在他身边，等候威廉一世为自己的帝国布置后事。

威廉有三个儿子，但他对他们都不怎么感冒。他经常嘲笑大儿子罗伯特的个头矮小，给他取了个昵称"库尔特霍斯"（短袜子）或"詹贝隆"（小粗腿）。父子俩已经多年没怎么说过话。由于诺曼人实行长子继承制，威廉不会阻挡罗伯特成为诺曼底公爵。但他挑选次子鲁弗斯作为英格兰的统治者。老国王临终前命令鲁弗斯尽快渡过英吉利海峡。威廉赠给了第三个儿子亨利一大笔钱——5000英镑。亨利现场就点算了起来，以确保这笔遗产没有缺斤少两。

威廉咽下最后一口气之前，下令释放所有犯人，并给一些选定的教堂捐钱——这是他通向天堂的门票钱。威廉的追随者预料到他的大儿子和二儿子之间可能将爆发冲突，因此都竭力保护好自己的财产。侍从们则抓紧攫取威廉的个人财富。征服者最终的耻辱发生在他的遗体被塞入小尺寸的棺椁之时——遗体内由于腐败聚集大量气体，此刻被挤炸了。

征服者威廉受人尊敬，有时也令人感到畏惧，但鲜有人爱戴他。威廉·鲁弗斯将继承父亲的传统。他的名字意思是"红色的威廉"，这和他红润的肤色有关。从迷信观点看，这样的肤色意味着血气和火焰。历史学家对鲁弗斯的头发究竟是姜黄色还是淡黄色有不同的意见，但他们对他拥有女巫般的红肤色没有分歧。鲁弗斯则利用这一点，公开对宗教表示蔑视。他曾在一次大病初愈后自问，既然上帝让他如此遭罪，他为何还要祈祷？当主教、修道院院长等高级教士死去的时候，鲁弗斯拒绝任命新的人选，从而把他们的土地和收入据为己有。难怪那个时候著述历史的教士对他评价都不怎么好。根据他们的评论，"红色的威廉"在英格兰历史上是个"坏国王"。

事实上，鲁弗斯对英格兰的统治十分有效。按照诺曼人的风格，可以称得上严厉了。他击败了哥哥罗伯特对英格兰领土的声索，甚至还前往诺曼底发起了反击。鲁弗斯还在伦敦富有雄心地开展建设。他建造了第一座跨越泰晤士河的石桥，并沿着河在"忏悔者"爱德华的威斯敏斯特宫里修建了一间巨大的宴会厅。

威斯敏斯特大厅一直保存到了今天，成为议会大厦里最古老的一部分。这间高顶宽阔的大厅在数个世纪中被用于法庭审判。1910 年以后成了国王和王后驾崩后灵柩停放的地方。2002 年 4 月，有两万多人排队穿过这座威廉·鲁弗斯 900 年前修建的大厅，向女王的母亲伊丽莎白王后做最后告别。

红皮肤的国王十分喜欢狩猎，这是所有诺曼君主的共同爱好，也是英格兰臣民的一大不幸。英格兰境内有 70 多片森林被划成王室的狩猎保留地，在其范围内国王的"森林卫士"严格执行特别的森林法。如果发现任何人捕猎鹿、野猪等，此人就将受到挖去双眼或肢解等严厉的处罚。即使仅携带弓箭入内，也会遭到惩罚。在开阔地和村庄等王室森林区域内生活的人们不许养狗，除非将狗的前爪砍掉三个指头，以断绝其捕猎能力。这些年里，兔子和野鸡首次出现在英格兰。它们被诺曼人引进的目的是增加狩猎乐趣。不过对于盎格鲁-撒克逊农民来说，这些新物种和王室驯鹿一样，不过是消耗庄稼的"有害动物"。

温彻斯特南部的新森林令人格外懊恼。这片森林是最近把农民和村庄迁走后才划定的。1100年8月2日，威廉·鲁弗斯在那里狩猎的时候，一桩神秘事件发生了。那天傍晚，太阳正在落山。国王把眼睛遮住以躲避阳光，他的狩猎队伍分散在森林的不同地方，等待有人将驯鹿驱赶到射击范围内。国王和他最偏爱的狩猎伙伴、诺曼贵族沃尔特·蒂雷尔待在一起。蒂雷尔射术精湛，但一贯精准的他那天没有射中驯鹿，却直接命中了鲁弗斯的胸膛。鲁弗斯尝试把箭拔出来，却只折断了箭杆。他倒地的时候箭头扎得更深了。

接下来发生的事情表明这不是一次偶然的事故。蒂雷尔骑马快速奔出了森林，向着海边而去。他在那里坐上船驶向了法兰西。国王一直躺在森林的地上，直到有个当地农民将他放在马车上，沿着颠簸的道路送往温彻斯特。马姆斯伯里的威廉多年后记载称："国王的血滴了整整一天。"

蒂雷尔的奇怪行为或许仅仅是出于恐惧，但威廉的弟弟亨利的表现却与恐惧完全挨不上边。亨利那天也在狩猎队伍中，和蒂雷尔的姐夫们吉尔伯特以及克莱尔的罗杰一起待在森林的另一个角落。我们不知道是谁将国王的死讯带给了亨利，但他的反应和蒂雷尔一样快。他迅速赶往温彻斯特控制国库，并在次日宣布继承王位。然后，亨利一世又前往伦敦，于8月5日在威斯敏斯特大教堂正式加冕。这时距离他哥哥鲁弗斯的死才过了三天，鲁弗斯之前在温彻斯特也是被草草安葬的。

编年史家对于鲁弗斯的死因十分确信，称他为一位因为藐视和压榨教会而被上帝惩罚的君主。根据马姆斯伯里的威廉记载，鲁弗斯故意让12座修道院的院长空缺——"没有牧羊人"，而这些修道院的收入全部被他占为己有。因此，上帝要打击这个"不可救药的灵魂"也就不足怪了。

今天，我们可以重新审视证据，判断一下当时是否存在阴谋策划者。鲁弗斯的弟弟亨利后来牢牢坐在英格兰王位之上，沃尔特·蒂雷尔从未因为涉嫌杀害"红色的威廉"而被调查。令人感到奇怪的是，新国王垂青倚重的亲信中，就包括蒂雷尔的两位姐夫吉尔伯特以及克莱尔的罗杰。

◎ 1120年：亨利一世和白船

征服者威廉的小儿子亨利在继承王位的十年前，曾经前往诺曼城市鲁昂剿灭那里的叛乱。那是1090年的晚秋，亨利在战斗结束后邀请叛军首领登上高耸的塔楼，俯瞰城墙并欣赏美丽的河流和周围的绿树林。刹那间，亨利突然将那人从窗户推了下去。

亨利一世即位时32岁，在兄长鲁弗斯遭遇神秘的狩猎事故后，他展现出了决断和坚毅。现在，他打算夺取另一个兄弟罗伯特·库尔特霍斯在诺曼底的领地。1106年，亨利在贝叶南部的廷谢布莱击败了罗伯特。战斗进行的那天是9月28日，恰巧和1066年征服者威廉在苏塞克斯登陆的日期重合。因此，亨利在40年后终于再次统一了父亲跨越英吉利海峡的帝国。亨利一世先后把罗伯特送往韦勒姆、德维兹、布里斯托尔和卡迪夫关押。罗伯特在他28年牢狱生活的最后几个月，在卡迪夫学习了威尔士语。

罗伯特·库尔特霍斯曾感叹："老而未亡之人最可悲。"他最终死于1134年，时年80岁。罗伯特的陵墓至今还能在格洛塞特教堂见到。

"国库"（Exchequer）这个现代词汇最早可以溯源至亨利一世统治时期。国王对金钱看得很紧，我们曾提到他亲自点数父亲在病榻上许诺赠予的遗产，也目睹他在兄弟死后直接前往国库点财。亨利一世是400年来第一位因为理财精明而未留下任何债务的国王。1106年过后没过多久，亨利一世发明了一种革命性的新式政府理财工具，这也反映出日益上升的君权。这是一种类似棋盘的格子（chequered）布，借鉴自中世纪东方的算盘。人们会把筹码放在不同的格子里，就仿佛赌场主管将赌注筹码押到赌桌上。每年的复活节和米迦勒节（9月29日），王室和郡县官吏会分别将代表税入的筹码放在格子布上清点计算。今天掌管国库的内阁成员也被称作财政大臣（Chancellor of the Exchequer）。如果我们足够幸运的话，还有资格签发支票（cheques）。

1120年的时候，亨利一世已经掌控了一个财源充沛、横跨英吉利海峡的帝国。他经常乘坐自己的大船——又被称作"蛇形船"——往返于英格兰和诺曼底之间。当时的商人和贵族们也常搭乘类似今天渡轮的中世纪船只横渡这条海峡。普通乘客收费两便士，带马的骑士则收费12便士。那个时代的挂毯和画作里描绘的渡船都是带有条纹的帆船，桅杆、绳索、舵柄、铁锚等一应俱全。渡船的船首一般都装饰有龙或其他野兽形状的船首像。

1120年11月末，亨利一世正打算从诺曼港口巴夫勒尔启程的时候，一位名叫托马斯·菲茨斯蒂芬的年轻海员找到了他。托马斯的父亲斯蒂芬曾当过征服者威廉的御用船长，并载着他前往1066年那次与哈罗德的历史性交锋。后来，斯蒂芬也一直负责为威廉驾船往返于海峡两岸。现在，他的儿子托马斯建造了一艘令自己十分自豪的全新"蛇形船"，被称为"白船"。托马斯愿意把此船献给国王，作他渡航的工具。

亨利一世已经定好了航行计划，但他建议将乘坐新船的机会留给自己的儿子和继承人威廉。威廉当时只有17岁，他身上承载着众多希望。人们亲昵地称他为"埃塞林"，这个古老的盎格鲁-撒克逊头衔的意思是"适合王位的人"。其中的缘由在于，他的母亲埃迪丝·玛蒂尔达的祖辈来自阿尔弗雷德大王的韦塞克斯家族——拥有备受珍惜的英格兰王族血统。威廉有一天将继承这个庞大的帝国。

亨利扬帆启程返回英格兰，留下威廉和一大批年轻的宫廷贵族乘坐"白船"紧随其后。其中还有威廉的表兄弟理查、表兄妹玛蒂尔达·杜珀奇——他们是亨利一世和埃迪丝·玛蒂尔达的众多婚外私生子女中的两位。"白船"起锚后，船上的人们情绪激昂，乘客和船员们自由地豪饮。

夜色降临时，船长接到了王子的命令——必须加速赶上前面国王的船。

"白船"上的50名划桨手奋力劈波斩浪、驶离港口。突然，夜幕下的"白船"猛烈地撞到了一块隐藏在海面下的岩石。这块岩石所处的是一个著名的危险区域，每天退潮时岩石就会浮出水面，涨潮时又被重新淹没。今天，在巴夫勒尔的峭壁上向海面望去，仍然能够看到水面下那块深色的黑影。不过，托马斯船长和他的许多乘客一样，那天晚上都喝了不少。当木制的船壳撞在岩石上的时候，船只几乎顷刻间就覆没了。由于离岸上的距离不远，300多名乘客和船员的求救声被当成了醉饮后的狂欢声。有记载称，前方载着国王的船上也听得见喊声，但人们没有理会身后的声音，在夜色中继续向英格兰驶去。

"白船"是中世纪的"泰坦尼克号"。这是当时一艘备受瞩目的"高科技"船只，因为鲁莽地追求速度，而在首航中撞上了原本可以预见的自然障碍。落入寒冷海水中的乘客都是上层社会的精英。盎格鲁-诺曼编年史家奥德里克·维塔利这样描述那时的情景：

> 月光饱满，持续照射了约9个小时。水手们能看得清海面上的一切。船长托马斯沉入水中后，又竭尽全力浮出水面。他看到前方许多人都紧抓漂浮的船梁，想起了自己的职责，问道："国王的儿子怎么样了？"传来的答复是，"他已经和同伴们沉入了海底"。托马斯绝望地说道："那我活着也没有意义了。"他宁愿选择赴死，也不愿忍受国王因为失去爱子而对他发出的痛苦咆哮，或接受长年的牢狱之灾。

奥德里克对于"满月"的描述并不准确。1120年11月25日的月亮应该是轮新月，所以那天晚上一定很黑。他的消息可能直接或间接来自沉船事故的唯一幸存者，一位来自鲁昂的屠夫。此人上船主要是为了向那些欠他钱的宫廷成员催债。在那个平静、寒冷的夜晚，许多落水之人都没能挺过去，但他幸免于难，这多亏了他当时身穿的那件厚重的山羊皮外衣。次日早晨，三个渔夫将他从水中捞了出来并带到岸上。

第二天，国王亨利一世在英格兰感到有些迷惑，他没能看到"白船"靠岸，甚至地平线上也没有船的影子。灾难消息很快传来，许多宫廷贵族都发现自己有家人或朋友遇难。管家、侍从、斟酒人、妻子、丈夫和孩子，很多人都没能逃脱厄运。大家都在哀伤，没人敢把这个可怕的消息告诉国王。整整一天一夜过去了，一个小男孩抽泣着，被推到了国王跟前。亨利一世意识到一定发生了什么，突然摔倒在地上。他是如此悲痛，以至于被人搀扶着回到房间独自哀伤——这位严厉的国王不在乎在公众场合展示他的弱点。

在爱子死后，国王亨利一世一如既往地忙于治国，同时也给自己找了些乐子。他创立了英格兰首个动物园，在里面养了他尤其钟爱的狮子、蜥蜴和刺猬。但他也承认，噩梦时常在夜晚袭来，他惊醒后会跳下床去取自己的宝剑。亨利一世会梦见他的子民——那些劳作、战斗和祈祷的人们——正在攻击他。征服者威廉精明、严厉、精打细算的小儿子带给了英格兰和诺曼底强有力的政府。然而，"白船"的沉没意味着亨利一世不再拥有合法的男性继承人。"埃塞林"的溺亡不仅是亨利一世的个人悲剧，也将引发英格兰历史上第一次真正意义的长期内战。

◎ 1135—1154年：斯蒂芬和玛蒂尔达

国王亨利一世对七鳃鳗情有独钟，这是一种鳗鱼形状的小生物，靠吸食其他鱼类的血液为生。七鳃鳗在中世纪称得上是一道美味。亨利的御医担心这种油脂较多的寄生鱼类会对消化系统不利，将其从王室菜谱中剔除了，但国王难以抵制它的美味。1135年11月底的一天，亨利一世在诺曼底地区鲁昂附近的一处森林狩猎。当晚，御厨为他准备了一整盘七鳃鳗。已经67岁的国王享用之后浑身发冷痉挛，没过多久就在12月1日星期日一命呜呼。

此时距离白船的悲剧性沉没已经过去了15年。亨利一世仍然没有解决由于他唯一儿子"埃塞林"威廉之死所带来的继承问题。1127年，他设法让贵族们向自己的另一个合法子嗣——25岁的女儿玛蒂尔达宣誓效忠。老国王为确保贵族的绝对忠心，安排他们在四年后重复了上述宣誓行为。由一位女性控制盎格鲁-诺曼王国那些信奉男权至上的贵族，这原本并非完全不可行。但玛蒂尔达做的两件事情将此毁于一旦：一是她嫁给了安茹的杰弗里——此人是一位年轻且富有雄心的贵族，但为许多诺曼人所不齿；二是她所采取的高压政策。亨利一世临死的时候她还在和自己的父亲吵架——这不是第一次了。玛蒂尔达在国王驾崩时的缺席让她付出了沉重代价。她行动迅捷的表兄——布卢瓦的斯蒂芬抢占了先机，此人是亨利一世的妹妹阿德拉的儿子。

布卢瓦的伯爵们控制了诺曼底以南的地区，他们都是富有权势的人物。诺曼人试着和他们保持良好关系。斯蒂芬性格友善亲切，受到许多盎格鲁-诺曼贵族的欢迎。1120年，他拒绝加入"埃塞林"威廉等年轻人的"豪饮之船"，从而侥幸逃过了厄运。那个时候，斯蒂芬大概只有

20岁出头。编年史家就他决定不登"白船"给出了两点解释:要么是他不喜欢过量饮酒,要么他当时正在闹肚子。

或许闹肚子是个借口,因为这并没有阻止他当晚登上国王乘坐的船。斯蒂芬的脑子转得很快,他在1135年12月意识到自己有机会争夺王位,于是仿效他的舅舅们威廉·鲁弗斯以及亨利一世,拼命地朝着国库的所在地温彻斯特奔去。三周后,英格兰首位也是最后一位名为斯蒂芬的国王在威斯敏斯特大教堂加冕。加冕日正好赶在了圣诞节前夕。

不过,玛蒂尔达遗传了她父亲的残忍和固执,绝不愿意就这样不经一战而让表兄窃走王位。接下来的20年里,我们看到斯蒂芬和玛蒂尔达为争夺英格兰和诺曼底的控制权而争斗。他们各自都在加紧募兵、贿赂城镇中的主教和贵族,以巩固自身力量。玛蒂尔达先是俘获和囚禁了斯蒂芬,接着斯蒂芬又反过来包围了她。1141年冬天,玛蒂尔达和她的追随者戏剧性地逃离了牛津城堡,她们身着白衣,在大雪掩护下没有被辨认出来。玛蒂尔达掌权的时候,专横的作风让很多人疏远她。斯蒂芬得势时,却又显得过于软弱和好脾气。

贵族们一开始认为,他们是这场家族内斗的获益者。他们利用蔓延的不安局势解决旧有的纷争,改换阵营时毫不顾忌,保持忠诚变成了十分罕见的事情。《盎格鲁-撒克逊编年史》用下面这段著名的文字来描述在内战撕裂下这个国家所遭受的痛苦:

> 每个有权有势的人都给自己建造城堡,借此抵御国王……他们强加给这个国家不幸的人们沉重负担,强制他们劳作。城堡建成后,他们在其中驻扎恶魔和邪恶之人。普通的男女百姓,但凡被认为可能有点钱,他们就会不计日夜地将其掠来投入大牢。为索取金银,他们残酷地虐待这些百姓。他们还将掠来的百姓倒挂,用烟雾熏他们。或者绑起这些人的头和手,在脚上挂上25公斤左右的甲

胄。他们用带结的绳子系在百姓头颅上,不停地系紧,直到绳子嵌进了头皮。他们还把百姓关进满是毒蛇和蟾蜍的地牢……如果悲惨的人们实在没有财物可以压榨,他们就会烧毁整个村庄。因此,你很容易在行走了一整天后,仍然无法找到有人烟的村庄和被开垦的田地。即使存在曾经开垦的土地,也不会长出任何作物,因为土地都被这些行为糟蹋了。人们公开感叹,上帝和他的圣人们都已陷入沉睡。

上面生动的文字是在1154年写就的,写作地点就在低地沼泽边缘的彼得伯勒。这里有家修道院,是最后仍在印制《盎格鲁-撒克逊编年史》的场所。后来在斯蒂芬统治末期,这家修道院也停止更新、印刷此书。我们这里引用的文字,显然是僧侣们对周遭受到残酷破坏的忠实记录。在这段被称作"斯蒂芬大乱世"的时期,英格兰的其他地方遭到破坏的程度可能不会如此严重。但到了12世纪50年代初期,人们已经开始感到厌倦。贵族们拒绝为任何一派卖命打仗,寻求和解的呼声越来越强烈。

在那个时候,玛蒂尔达阵营的领头人是她强有力的儿子红头发亨利·普朗塔热内。他的名字取自一种亮黄色的金雀花(plantagenesta)——安茹伯爵的象征。亨利的领地位于诺曼底西南部,安茹的统治者们曾在这里和诺曼人长期争斗。玛蒂尔达和安茹的杰弗里之间的婚姻一度阻碍了她的事业。杰弗里1151年去世后,亨利继承了称号,并同阿基坦的埃莉诺完婚。后者的广阔领地位于安茹南边,包括加斯科尼和富庶的产酒区波尔多。

亨利1153年来到英格兰的时候只有20岁,但通过继承和联姻,他控制了法兰西几乎一半领土,包括大西洋沿岸法兰西西部的大部分地区。亨利拥有足够的军队镇守这些地区。那年冬天,他就继承问题和斯蒂芬达成协议，老迈的斯蒂芬将在余生继续留住王位。事实上，他的"余生"仅仅持续了一年。1154年12月，玛蒂尔达的儿子登基成为亨利二世。他是英格兰新的金雀花王朝的首位统治者。

玛蒂尔达从未有机会享受她的继承权。她最接近女王的时候是在短暂执政时期被称为"英格兰夫人"，但她比斯蒂芬多活了数年，有幸目睹自己的儿子成为新国王，统治一个从哈德良长城延伸至比利牛斯山的庞大帝国。

◎ 1170年：大教堂里的谋杀

亨利二世和他的大法官托马斯·贝克特是最亲密的朋友。在人们看来，这两人十分情投意合。金雀花王朝的新君主在1154年继位时只有21岁。托马斯是个伦敦商人的儿子，他当时已经30多岁了，但年龄和身份的差异对他们过从甚密的交往丝毫无碍。两人一起狩猎、下棋，还都是工作狂。金雀花王朝在英格兰和法兰西的领土广袤而分散，亨利二世要把国家治理好面临不小的挑战。托马斯在国王登基后不久就被任命为大法官，主管王室的文书室，负责起草各类官方文件和信函。一位文书吏回忆称，在托马斯口述文书前，他至少得准备60支羽毛笔，有时甚至多达100支。笔尖必须提前削好，因为一旦托马斯开始口述，他就不会留给别人任何时间。

在亨利二世治下的安茹帝国，一切事务几乎都要由托马斯经手。他沉浸在达官显位所带来的荣耀中。托马斯还仿效亨利二世的祖父亨利一世，豢养了许多奇异动物，包括猴子和一对狼。他还训练这对狼捕捉王室森林里的其他野狼。1158年，托马斯前往法兰西为亨利二世的一个女儿洽谈婚事时，排场很是奢华。路人惊叹道："大法官的排场尚且如此，那国王自己出行时该是何等荣光！"

亨利二世有时会故意取笑托马斯的排场。有一个冬日，两人一起骑马行走在伦敦大街上，国王看见一个穷人在寒风中瑟瑟发抖，认为他需要一件外衣，托马斯也点头称是。这时，亨利二世一把夺过大法官华丽的猩红色皮毛大衣，两人还因此"争抢"了好一会，最后以托马斯让步而告终。

亨利二世为曾经动荡不堪的国家带来了法律和秩序，他对此颇为自豪。他十分鄙夷地以"混乱时期"称呼前任国王的统治，就好像斯蒂芬从来不曾当过国王似的。在亨利二世统治下，由丹麦人引进的陪审团制度有了明确的法律地位并自此根深蒂固。"巡回审判"也是这个时候出现的。从字面上看，"巡回审判"这个词来自诺曼法语"召集会议"，意思是国王派出法官前往全国各地，他们召集法庭以实施"普通法"——适用于所有自由人的法律。

但教会是个例外，他们有自己的法庭和法律。如果一名教士杀人、强奸或是偷窃，他只要援引"教士特权"，就可以免受"普通法"的绞刑或肢裂等惩罚，仅需接受教会法庭的审判。但教会法庭最多只会将其褫夺教职、逐出教门并判其悔过。也就是说，"普通法"止步于教会的大门外。此外，许多教士都是大地主，土地收入丰厚，拥有自己的随从甚至雇佣军。虽然他们向国王效忠，但同时坚持认为，上帝以及他在世间的最高代表罗马教皇是至高无上的。他们忠于上帝甚于向尘世间的国王宣誓。

1161年坎特伯雷大主教去世时，亨利二世看到了解决问题的机遇。

他决定把这个职位授予最好的朋友托马斯。这样托马斯一方面可以凭借他的能力和对国王的忠诚摆平教会，另一方面还可以继续留任大法官。但令国王和所有旁观者惊讶的是，新任大主教坚持辞去大法官一职，并很快开始为教会权利而摇旗呐喊。托马斯公开反对国王开征针对主教和男爵们的新税。至于困扰已久的教会和"普通法"之间的矛盾，托马斯主张教士不能被判处死刑。在他就职后，这位亨利二世在"尘世间的志同道合者"转身一变，成了国王虔诚、尖刻的反对者，致力于抵制国王让他就任此职以便实现的变革。

是什么改变了托马斯？从古至今，人们一直在探讨这位优雅的大法官令人诧异的剧变。阿尔弗雷德·坦尼森、艾略特等剧作家和诗人创作了不少作品，描述这一从密友到宿敌的转变故事。托马斯好像获得了"重生"，从国王之人变成了上帝之人。不过，教会中也有人认为，托马斯的转变并不彻底。他张扬的性格中有夸张和善于表演的一面，无法抵制吸引公众的目光：他喜欢名声。不论是作为国王光耀的宠臣，还是上帝虔诚的仆人，他都完全进入角色，有时候甚至入戏太深。

伦敦主教吉尔伯特·福利奥特评价托马斯："他一直是个蠢人，也将始终是个蠢人。"福利奥特继承了比德主教以降的宽容传统，清楚地知道在教会和国家之间寻求妥协的重要性。同其他高层教士一样，他公开反对新任大主教的冥顽不化。

在托马斯的字典里绝对没有妥协二字。他从上帝的旨意出发，与国王展开了一系列对峙，双方的矛盾在1164年10月达到了顶峰。当时，托马斯带着一帮教士和一位武装侍从抵达北安普顿城堡，准备听取国王的控诉。他坚持要手握一个银制大十字架，展现其在国王面前仍然受到上帝的庇护。支持亨利二世的男爵们认为托马斯违背了对国王许下的誓言，冲他嚷道："伪誓者，叛徒！"

"重生"的托马斯毫不客气，他不顾圣徒的举止禁忌，称一位负责为国王物色情妇的男爵是"拉皮条的",喊亨利二世的私生兄弟为"私生子"。为逃脱追捕,托马斯趁着天未亮从城堡的一个没有看守的大门逃出。他乔装奔向英格兰南海岸,从那里乘小船前往佛兰德斯,并辗转逃至法兰西。

在逃亡的六年中,托马斯和亨利二世在法兰西见了三次面,双方尝试弥合彼此的分歧。每次见面,两人的情绪都很激动。1170年7月,在卢瓦尔河畔的一处空地上,托马斯过于激动,他跳下马,跪在了亨利二世面前。国王见状也下马扶起托马斯,并托住老朋友的马镫,帮他重新回到马上。

但他们这一次见面也没有停止争论。话题与亨利二世在那年夏初为大儿子所举行的立储典礼有关。在托马斯缺席的情况下,亨利二世找来了约克大主教、伦敦主教吉尔伯特·福利奥特以及其他一些主教为王子祝圣。要知道,这本是坎特伯雷大主教的特权。尽管这让托马斯感到不悦,但他最后仍同意返回英格兰。

托马斯回到坎特伯雷后,在教堂内主持了当年的圣诞祷告。他谴责那些参加非法立储典礼的主教们,"让他们被耶稣基督所诅咒",说罢还将蜡烛扔在地上。

此刻,亨利二世在诺曼底也怒不可遏。"就没有人能帮我摆脱这个强横的教士吗?"据说,愤怒的国王当时如此喊道。

实际上,这些话可能是几个世纪后人们杜撰的。两年后,托马斯的随从、一位亲历者爱德华·格里姆教士称,亨利二世当时的情绪更加愤愤不平,他其实喊的是:"我到底养的是怎样的寄生虫和叛徒,让他们的主子被出身如此低贱的教士羞辱!"

国王的四个骑士把这句话当成是行动指令。他们穿过英吉利海峡来到肯特。这些人首先在索尔特伍德城堡短暂驻留,然后向坎特伯雷进发,到达大教堂时已是1170年12月29日,此时大主教刚用过午餐。下午三时，访客们被引至托马斯的卧室。为展现礼仪姿态，他们首先卸下了剑带。然而，托马斯故意怠慢他们，尽管他本人至少认识其中的三位骑士，但依然对他们充满鄙夷，并拒绝被骑士们带往温彻斯特。

双方的争执逐渐升级。骑士们挥舞手臂，愤怒地将厚重的手套拧成结。领头的骑士雷金纳德·菲茨乌尔斯命令大主教的随从们退下，在被拒绝后，他带着自己的人离开卧室去取武器。托马斯看到骑士们离去显得好像有些失望。他喊道："你们难道以为我会逃走？我回到坎特伯雷不是为了逃生。我就在这里，为上帝而战。我要和你们搏斗到底。"

托马斯的一个随从对他有些埋怨："为何要激怒这些骑士，不如跟着他们一起走？"托马斯答道："我意已决。我十分清楚自己想要做什么。"随从叹息道："上帝啊，希望你的选择是对的。"

下午四时，托马斯走进教堂。天色已晚，室内光线晦暗不明。在蜡烛光照下，教士们大多已完成了祷告，做晚祷的市民陆续抵达。此时，骑士们正在教堂外的回廊中摩拳擦掌。随后，他们冲进了教堂，大声喊道："叛徒在哪，大主教在哪？"

托马斯回应道："我就在此。我不是国王的叛徒，而是上帝的教徒。"

我们之所以得知接下来在教堂中发生的对话和戏剧般的细节，是因为在那个12月的傍晚，至少有四位托马斯的随从记录下了悲剧的发生。这是第一手记载，相信在很大程度上也符合事实。有一位随从承认，搏斗开始时他躲在了圣坛背后。爱德华·格里姆则比较勇敢，在骑士们挥舞着剑砍向托马斯时，他就站在大主教身边。身强力壮的托马斯把骑士们一个个摔倒。正当格里姆拿起一块盾牌准备保护托马斯时，一把利剑砍向了他的手臂，在触到骨头后弹起来，最终落在了托马斯的头上。

根据格里姆的记载，托马斯的头部很快又受到第二次攻击，但他仍然笔直站立。在经历第三次攻击后，托马斯跪倒在地，以受难者的低沉语调说道："以耶稣的名义，为了保卫教会，我已做好迎接死亡的准备。"

格里姆继续描述着可怕的细节。之后的一击砍开了托马斯的颅骨，"带着白色脑浆的鲜血以及混着血色的脑浆"溅落在大教堂的地上。一个杀人者喊道："骑士们，够了。这家伙不会再站起来了。"

目击者的记述表明，虽然如此暴力的行为令人震惊，但最初很少有人将托马斯的被杀视作殉道。不少人认为正是因为托马斯自己的强烈反抗，激怒了原本打算将他带走的骑士，使他们成了杀人犯。一些人甚至认为，托马斯傲慢自大，蓄意挑起了灾难。

在场有人愤怒地说："他想当国王，甚至想成为比国王更重要的人物。那就成全他吧！"

不过，当人们为埋葬托马斯而褪去他满是血迹的外衣时，一个惊人的发现改变了大家的态度。有人不禁大声说道："看，原来他是位真正的教徒！"

◎ 1174 年：国王的忏悔

如果托马斯·贝克特死时身穿的是丝绸内衣，他也许永远不会被视作殉道者。奢侈的服饰将证实所有关于他虚荣自负的负面传言。但在 1170 年 12 月 29 日傍晚，教士们为埋葬托马斯而褪去他满是血迹的外衣时，他们的发现和所谓的"奢侈"截然相反。被杀害的大主教从颈部到膝部贴身穿着的，竟是一件由山羊的粗毛所编织的衬衣——这是教徒们保持谦卑的象征。虔诚者在身穿粗毛衬衣时，要忍受极度的痛苦和瘙痒，以此作为对自己的惩罚。而托马斯更将自我惩罚推向了极端。他的那件粗毛衬衣上布满了蛆虫和虱子。

从这一刻起，人们开启了"造圣"的过程。据说，在听到托马斯身穿粗毛衬衣的消息后，几乎所有的人都震惊了，只有托马斯的私人牧师和精神挚友——默顿的罗伯特觉得很平常。他负责陪同托马斯进行私人祷告。托马斯每天要前后三次脱去厚重的粗毛衬衣，这样罗伯特就可以用鞭子使劲地抽打大主教的背部，直到抽出血印。如果罗伯特抽不动了，托马斯会用指甲用力地划自己的皮肤。

从现在的眼光看，我们或许可以将托马斯对世界的挑剔态度，归因于他令人震惊的自虐行为。不过在1170年的那个傍晚，坎特伯雷大教堂的教士们明白，事实清楚地表明，死去的大主教是位圣徒。托马斯通过折磨自己的身体，从而达到控制肉欲的目的。在生命最后一刻，托马斯选择的赴死方式和献身地点，足以使他超越世俗升入终极世界。这位殉道者死后，教士们立即用盆接住他的鲜血，将他安葬在坎特伯雷大教堂的地窖中。入葬时，托马斯手执牧杖，他光耀的衣袍之内仍然是那件粗毛衬衣。

整个欧洲都被这起发生在大教堂的谋杀深深震惊了。消息最远传至冰岛，并在那里演绎为"托马斯传奇"。人们用简单化的解释来描述托马斯和他的旧友之间复杂的爱恨关系。金雀花王朝的亨利二世被描述成罪恶的元凶。教皇宣布托马斯为圣徒，要求亨利二世国王做出忏悔。

1174年夏天，亨利二世身披自己的粗毛衬衣谦卑地前往坎特伯雷。他在托马斯的墓前，一天一夜没有进食。旁观的普通朝圣者将国王悔过的消息传播了出去。国王还让在场的每位主教抽打他三杖，并下令坎特伯雷大教堂的80位教士每人再打他三杖。接着，亨利二世在脖子上系上一个玻璃瓶，瓶内的水溶有托马斯的血。他将这个瓶子一直带回伦敦，放置在床边。

此后的数个世纪里,"坎特伯雷之水"一直是无数云集托马斯之墓的信徒们的必买品。这珍贵的紫色液体据说不仅能恢复盲人的视力,还能治愈瘸腿。大教堂周围的街上到处都是纪念品商铺,售卖圣徒的徽标和彩色头像。托马斯的墓地散发着珠光宝气,周围悬挂着不少来此朝圣之人留下的拐杖——这是信徒得到拯救的象征。于是,坎特伯雷从一个默默无闻的地方变成了欧洲最重要的宗教圣地之一,与罗马、耶路撒冷、圣地亚哥-德孔波斯特拉以及欧洲大陆的其他朝圣圣地比肩齐名。

英格兰人以这位本土的宗教英雄而自豪,认为他提升了英格兰在基督教世界的精神地位。王室对赞颂托马斯尤其热忱。亨利二世的三位公主分别嫁给了西西里、萨克森和西班牙的卡斯蒂尔王国的统治者。她们积极修建礼拜堂、制作装饰画,推广对英格兰圣徒的崇拜。这位敢于挑战她们父亲权威的固执己见之徒不再是恶人,而成为英格兰身份的象征。接下来的岁月里,人们尊称这位伦敦商人的儿子"圣托马斯"。

人们发起对托马斯的崇拜,坎特伯雷成为朝圣圣地,这或许为输掉同教会斗争的亨利二世提供了些许安慰。实际上,国王输得很惨。除当众忏悔,他还同意英格兰教会继续独立于"普通法"之外,"教士特权"将继续保留数个世纪。从现代人的角度,托马斯似乎不值得为"教士特权"而舍生取义,但面对自认为不公平的权威,这位大主教敢于站出来,勇于为信仰献出生命。不论是身穿山羊毛所编织的粗毛衬衣还是丝绸内衣,托马斯最终选择的是走一条英雄之路。

◎ 1172年：河畔的外带食物

威廉·菲茨斯蒂芬是托马斯·贝克特遇害的目击者。1172年，他这么描述英格兰金雀花王朝的首任国王治下的繁华都市伦敦：

> 伦敦塔屹立于城市东部，它宏伟而结实，外墙根基深入地下，墙的灰泥中掺杂着野兽的血。城市西部有两座异常坚固的城堡，由一条绵延的高墙连接。七扇大门点缀在高墙间。沿着墙的北面，每隔一段距离就有一座塔楼。城南曾经有着类似的城墙和塔楼，但泰晤士河的水流受洋流影响，十分湍急，经过河水长期冲刷，城墙被逐渐毁坏。伦敦周围的郊区有不少花园，种满了树木，宽敞而美丽。伦敦北部是宽阔宜人的草场，河水流淌其间，驱动水车发出悦耳的声音。

菲茨斯蒂芬将这段描述作为一本介绍托马斯生平书籍的开场白。他想以此来介绍托马斯这位英雄成长的背景。作为一名伦敦市民，他显然对这座英格兰最大的城市充满自豪，他赞颂城市的基督教信仰，赞颂这里干净的空气，赞颂它能令人们在此安居乐业：

> 复活节期间，人们沿着泰晤士河举行竞技运动。其中一项是将盾牌系在河中一根坚实的木桩上。多人划桨驱动着一条小船向其驶来，船首站着个年轻人。他必须用长矛猛击盾牌，确保在长矛被折断的同时，自己依然能够站立不倒。如果长矛未被折断，年轻人却落入了河中，船将照常继续向前驶去。

城北的湿地在冬天都结了冰。许多年轻人在冰上找乐子。一些人先跑起来蓄力，然后两脚分开，沿着冰滑行好一段距离。还有一些人坐在磨石形状的冰块上，被另一些跑在前面的人拉扯着向前滑行。有时因为速度太快，他们都栽倒在冰面上。熟悉冰上运动的人会将动物的胫骨系在脚踝上，并用铁杆向后撑，以推动他们前行。他们的速度可以快得像天空中飞翔的鸟儿一样。

如果12世纪的英国设有旅游推广署，那么菲茨斯蒂芬是写作旅游推广手册的理想人选。他是个有强烈主见的人，认为伦敦的男人以捍卫荣誉而出名，女人则因为贞洁而享誉海内外。对于上述结论，他并没有具体的证据支撑，但在他的笔下，伦敦有一处设施听起来确实既现代又方便。

在泰晤士河畔的伦敦，人们可以从船上或酒窖里买到酒喝。这里有一处公共餐厅，每天都供应着用煎、烤、煮等方式制成的现成时令食物，还有各种大小的鱼。穷人可以买到一般的肉制品，富人则可以买到精致的肉食，如鹿肉或各种鸟肉。如果疲惫的旅行者不愿意造访城中的居民，不愿意为购买、加工食物的冗长过程而等待，他们会奔向河畔的这座餐厅，这里有他们要的一切。人们如果想吃得精致些，大可不必费力气寻找鲜鱼或珍珠鸡，因为所有的珍奇食物都在河畔餐厅等待着他们。

◎ 1189—1199 年:"狮心王"理查

在英国议会大厦外,矗立着"狮心王"理查的雕像,他是唯一一位获得这份殊荣的国王。这个雕像比真人还大,国王身穿盔甲,威风凛凛地骑在马上,向上下议院之间的停车场方向举起宝剑。理查是一位强壮的英格兰国王,一位英雄,也是唯一被抓住并投入外国监牢的英格兰统治者。民间流传的关于他的传说并不叫人感到惊奇。根据中世纪的一个传奇故事,他在牢中同抓住他的神圣罗马帝国国王的女儿谈情说爱,国王因此大怒,决定制造一起"意外事故"。他下令将私人动物园中的一头狮子饿上几天,然后让它"逃"到理查的牢房。听说这个计划后,悲痛欲绝的公主乞求她的爱人逃走,然而理查不但没逃,反而向她要来了40块丝绸手帕。他将这些手帕绑在右前臂上做好防护。在那头野兽冲进牢房时,他把手臂塞进了狮子的喉咙,在它的胸腔中找到心脏,并用手拽了出来。他大踏步走向国王的宫殿大堂,将仍在跳动的心脏扔到国王面前的桌上,令国王大吃一惊。他接着将盐撒到这块还在跳动的生肉上,很享受地全部吃掉了——"狮心王"名副其实。

理查于 1189 年继承了父亲亨利二世的王位。在那之前两年,理查发誓要参加十字军并加入东征。他进行"圣战"的誓言正是他戎马一生的写照。100 多年来,信仰基督教的欧洲怀有难以抑制的冲动,想要将穆斯林赶出巴勒斯坦。穆斯林控制了前往耶路撒冷、伯利恒以及其他基督教圣地的道路。"圣战"骑士认为,他们的信仰是唯一正确的,他们消灭非基督徒的战斗是正义事业。如果他们冒着生命危险参加战斗,就可以有更大机会升入天堂——十字军东征是流血的朝圣之旅。他们投身于复仇的冲动和解放的召唤,目的地是一个易被定位同时却很遥远的地方：在自以为是的杀人行为中，这些要素是永恒的组成部分。

当时的基督教要确保对欧洲人的思想和心灵进行最强有力的控制——这种控制力体现在欧洲大陆石结构的伟大教堂中。普通基督徒将非信徒视为巨大威胁。理查甫继位就刻下了英格兰首次以宗教的名义对少数族群进行暴力迫害的印记——生活在伦敦以及其他一些城镇的犹太人遭到了袭击。作为帮助诺曼人筹备作战经费的中间人，他们随着诺曼人来到英格兰。他们向社区其他人提供银行服务，向商人、地主还有教会提供贷款并赚取利息。英格兰许多大教堂和修道院是用犹太人放贷的钱修建起来的。

可是，财务依赖引发了借贷人的怨恨，他们利用这些外国人穿戴的陌生服饰、饮食习惯和其他一些非基督教的行为当作复仇的借口。杀死放贷人也是一种清理债务的简单方式。在诺福克郡的林恩和林肯郡的斯坦福，包括绅士和骑士在内的本地一些当权者，带头掠劫犹太人的财产。约克的犹太人社区有几百人之多，许多犹太人躲进城堡塔楼并设置了路障。他们不仅被暴徒团团围住，还被那些本该保护他们的治安官给围住了。因为害怕妻子和孩子们可能遭到强奸或伤害，一些犹太人杀死自己的亲人，然后放火烧了塔楼自杀。

为了个人声誉，理查亲自设法阻止反犹太主义的暴行，并确保约克袭击的行凶者受到惩罚。然而，当他第二年随同十字军东征到达巴勒斯坦的时候，面对遇到的穆斯林异教徒并没有心慈手软。

1191年6月，他带领军队抵达阿克港。来自几个欧洲国家的十字军一直围攻这个港口，却徒劳无功。理查坚强的个性和组织有序的部队，立即为他赢得了有效的攻击指挥权。五个星期之内，这座城市投降了。这是欧洲十字军东征两百年历史中，取得的伟大而又为数不多的胜利之一。理查由此成为基督教世界的"纯金"英雄。可是，当发现阿拉伯人迟迟不执行投降协议的时候，他毫不犹豫地将2700名人质押解到城前示众，然后全部杀掉。

正是因为怀有对这种杀戮的民间记忆，导致本·拉登、萨达姆·侯赛因、奥马尔·穆阿迈尔·卡扎菲等阿拉伯领袖将侵略中东地区的现代西方国家，尤其是英国和美国，称作"十字军"。他们发现了一种直接的历史联系，认为美国资助并大力支持以色列这个现代国家，是西方世界对十字军东征失败的报复。总体而言，中世纪居住在巴勒斯坦的阿拉伯人对当地的基督徒以及居住在此的少数犹太人抱有宽容态度。相比之下，基督徒对阿拉伯人却没有这么宽容。萨拉丁作为穆斯林军队的库尔德首领以英勇著称。尽管萨拉丁的士兵同十字军战士一样，都因为宗教狂热而团结在一起，但他以礼节和慷慨对待敌军领袖。穆斯林认为，在"圣战"中死去的人将会立即进入天堂。

理查在他16个月的战斗中，没能夺取主要目标耶路撒冷。但他占领了阿克和一条狭长的土地，为基督教施加影响提供了立足之地。在近身肉搏中，他显示出王室"兰博"的能力："在腿上没有盔甲的情况下，他率先冲到海里……一路强有力地战斗到岸上。"根据记载，"狮心王"1192年8月收复雅法时对敌人毫不留情。"这位杰出的国王用手中的弩不加选择地将敌人射倒。他那些出类拔萃的随从，在沙滩上追赶逃跑的敌人并将他们砍倒。"

理查获得了斗士的声誉，这一半是由于他出色的组织能力，一半是因为勇敢善战。多亏他重视后勤保障，在所有的十字军部队中，吃喝补给最好的就是英格兰军队。在离开伦敦之前，国王安排生产，交付了六万只马蹄铁——大部分来自于迪恩森林的铁匠铺，还有林肯郡、埃塞克斯郡和汉普郡的14000头熏猪。他是个实事求是的人，很少为情感所困。在英格兰的时候，有人献给他一把在格拉斯顿伯里发现的非凡古剑，据说是亚瑟王的王者之剑。但在抵达西西里岛的时候，理查用这把神剑交换了四艘补给船。"狮心王"忙着创造属于自己的传奇，不需要借用别人的传奇。

关于"狮心王"最令人难忘的传说，发生在他从圣地返乡的路上。为躲避地中海开阔海域的冬季暴风雨，他命令船只紧靠海岸航行。1192年12月，他在亚得里亚海北部（现在的斯洛文尼亚）遭遇海难。为返回英格兰，他选择从陆路向北走，进入了奥地利大公利奥波德的领土。他们曾在阿克包围战中有过争执。这位英格兰国王和他的随从人员用兜帽和斗篷乔装成返乡的朝圣者，但却被抓住并投入杜恩斯坦城堡的地牢。这座城堡建在高高的峭壁之上，俯瞰多瑙河。

理查在牢里没被关太长时间。作为基督教世界最著名的斗士，理查是个引人注目的交易筹码。他将被送到利奥波德和日耳曼皇帝面前，后者便是"40块手帕"故事中的国王。直到一年之后，英格兰才交出了要求的10万克朗银币赎金，以赎回这位在外流浪的国王，这相当于三年的税收。因为这次囚禁，衍生出了饥饿狮子的传说和宫廷乐师布隆德尔的故事。

理查一世迷恋音乐。他喜欢在礼拜堂中给唱诗班当指挥，他还以阿基坦宫廷行吟诗人的风格来创作民谣。他是在阿基坦长大的，总认为那里是他的家乡。据说，他在布隆德尔的帮助下，创作了一首民谣献给一位宫廷贵妇。布隆德尔是他忠诚的乐师。布隆德尔刚听说主人被抓，就立即启程前往神圣罗马帝国。他每经过一座城堡，就会吟唱那首民谣的头一句。最后，他终于来到杜恩斯坦城堡，并在那里听到优美动听的声音从地牢中传出。这是在告诉他，理查一世活得很好。

正如丝绸手帕和狮子心脏的故事，这个传说也是在理查一世去世几十年后出现的。人们后来回想起那位参加十字军东征的国王被囚禁一事，他们宁愿选择相信虚构的故事，而忘记国王的赎金使英格兰遭受了史无前例的损失。人们为资助这次已结束的十字军东征，已经支付了一大笔钱，赎金税更是雪上加霜。此后，理查一世一回到欧洲，就立即同法兰西开战，为支付战争费用，人们承担了更加沉重的赋税。想到这些中世纪的人们成为可怜的牺牲品，我们可能会露出高人一等的笑容。但在这个时候，还是想想当代我们上缴的税金是如何被使用的吧。2003年春天，托尼·布莱尔发誓要不计一切代价支持英国军队在伊拉克作战。尽管人们对这场战争怀有疑问，但民意测验显示，人们就使用纳税人的钱为此事埋单达成了广泛的共识。谁能为爱国主义定价呢？

在民族情绪的驱动下，人们放弃了理性。似乎这最可能用来解释为什么多年以来英国人始终对好战的"狮心王"充满热爱、崇敬之情，肖恩·康纳利先生便在电视荧幕上扮演了"狮心王"一角。事实上，英格兰的这位英雄国王不会说英语。他的母语是法语，他认为自己是安茹人，继承发展了他父亲亨利二世和母亲阿基坦的埃莉诺的法兰西王国。他在围攻法兰西的查洛斯城堡时受了箭伤，于1199年驾崩，时年只有41岁。理查一世临终前，要求在他死后取出内脏并撒盐保管，和他父母一道埋葬在安茹的方德霍修道院中。作为最后一步，他还要求人们取出他那著名且硕大的"狮心"并送往诺曼底，而非英格兰。

理查一世留给英格兰一个永恒象征，体现了他所代表的尚武精神。英格兰的十字军战士在圣地战斗时，经常听到法兰西士兵大声呼喊他们的主保圣人圣丹尼斯。英格兰人决定，他们也要有自己的主保圣人。从圣阿尔班到最近成为圣徒的坎特伯雷的圣托马斯，他们本可以向一大群英格兰殉道者祈求神助。但是，这些圣徒中没有一个是足够善战的。于是，他们将目光落在了一位当地殉道者身上。圣乔治是个基督教殉道者，可能有土耳其或阿拉伯血统，公元303年左右在巴勒斯坦的吕大去世。几个世纪之后，关于他的传说流传开来。据说，他为拯救苦难中的少女，杀死了一条恶龙。就在此时此刻，白色大地上出现了一个醒目的红十字，这成为他的象征。这则故事显然为理查一世所津津乐道，国王在圣地将他本人和他的军队置于圣乔治的保护之下。

圣乔治真正成为英格兰的主保圣人，是几百年之后的事了，而且他不是英格兰专属的主保圣人。葡萄牙将他视为保护圣徒，伟大的意大利海港城邦威尼斯和热那亚也一样。理查一世和圣乔治有相似之处，他们的精力都过于分散。在理查的十年统治期间，他在英格兰的时间只有短短六个月。因此，一位非英格兰人的国王，帮我们选定了一位非英格兰的圣人——这算得上是混血种族的象征了。

◎ 1215：无地约翰和《大宪章》

"狮心王"理查的父亲亨利二世临死前命人专门绘制了一幅画，画面里一只老鹰被它的幼崽啄死。"它们就是我的儿子"，亨利二世这么评论老鹰的幼崽。

这幅画就挂在国王在温彻斯特的宫殿里。画中的一只小鹰立在父亲的颈上，随时准备啄它的眼睛。老国王说，这只最坏的小鹰就是约翰，也就是他最小的儿子——"是我倾注最多精力的小儿子"。亨利二世预见到，这个他最宠爱的儿子总有一天会背叛自己。

事实的确如此。亨利二世有四个成年儿子（其中小亨利、杰弗里两位先于父亲离世）。由于担忧最小的儿子得不到任何财产继承，老国王给他取了个昵称——"无地约翰"。这位慈爱的父亲将其他儿子的土地各抽出一部分，打算分给约翰，这引发了王室内部的矛盾。中世纪的王室内部纷争多起源于此。1189年，愤恨的理查率军征讨体弱的父亲，逼迫他交还本属于自己的土地。他的军队在法兰西不断壮大，因为很多人都认为追随老国王没有前途，跟着"狮心王"理查却有百利而无一害。"你们在失败的国王伤口撒盐"，亨利二世哀叹道。

亨利二世死前几天被迫投降。他只有一个愿望，就是想看看到底是谁在最后时刻背叛自己，转向支持理查。这位老人最后得偿所愿，名单上的第一个名字就是约翰。

约翰背叛了一个家庭成员后，马上就打算对另一位下手。如果理查是英格兰历史上的魅力王子，那么约翰就是彻头彻尾的大反派。理查1189年率十字军东征出发后不久，约翰就开始盘算夺取王位了。当理查在德意志被俘获和囚禁的消息传来，约翰和法国国王腓力二世串谋让理查一直在牢狱中待下去。

"照看好你自己，魔鬼马上就要出笼了"，他们的阴谋失败后，腓力二世警告约翰说。不过，也许是骑士精神使然，"狮心王"理查回到英格兰后，最终还是决定赦免求饶的弟弟。理查告诫约翰："别再妄想了，你只是个孩子。"说完后，国王就带着这个27岁的"孩子"一起享用了一顿刚捕获的新鲜三文鱼大餐。

1199年，"狮心王"理查死后无嗣，约翰终于得以继承王位。对很多人而言，新老国王的统治并无太多不同。贵族、城镇居民和农民仍在被反复征税，以满足约翰为收复家族领地在法兰西进行的战争。不过，理查二世的征服大多以辉煌的胜利告终，约翰却屡遭败绩。教会编年史家对约翰持负面评价，将其刻画为懒惰、奢华的国王，毕生偏爱珠宝，还把很多时间浪费在床上。根据他们的记载，"柔软之剑"逐渐成为约翰的拉丁语绰号。

教会人士是带有偏见的目击者，因为在约翰治下，他和教会的争斗从未停止。1205年，由于约翰不接受教廷关于新任坎特伯雷大主教的人选，双方的分歧再度激化。教廷决定褫夺整个英格兰的教权。英格兰的教堂被关闭，教堂里的钟声也不再响起，教士们整整六年不得履职。从此，没有人从事洗礼以及婚礼和葬礼祷告。人们只能悄悄地请教士来家中为孩子施洗、为儿子成婚。弥撒祷告仍然每周进行一次，但地点必须在教堂之外阴冷潮湿的院落中。教士仅在逝者的床前为其做祷告，之后人们只能自己将亲人埋葬在沟渠或荒地里，并用自己的即兴祷告来弥补教士的缺席。

如果宗教是人们的"鸦片"，那么英格兰民众在六年里得不到任何"拯救"。人们害怕自己的灵魂将不再是不朽的存在。他们担心教会的不欢迎态度将令自己的子孙被魔鬼所控制，他们也担忧缺乏必要的葬礼仪式，自己可能将无法升入天堂。对于一个以信仰为基础的社会，被教会排斥在外令人十分悲伤难熬。就在不久前，英格兰还被教廷视作"英雄国度"，如今却被斥为异类。

1209年，约翰被教皇驱逐出了教会，这是比褫夺英格兰教权更加严厉的惩罚。其耻辱足以将约翰打入地狱，永世被诅咒。除一名主教外，其他教士都逃离了英国。最终，约翰决定屈服。他同意了教皇对坎特伯雷大主教的提名，教权褫夺令遂于1214年年中被解除。但那年夏天，英格兰又遭遇了军事失败，这不能不让人联想起与"上帝的审判"有关。约翰早就将诺曼底拱手让给法兰西国王。1214年7月27日，法军在布汶战役大获全胜，这一损失由此成为永恒。

中世纪国王铲除异己的情况并不少见，但约翰的做法堪称奸险。约翰登基后不久就囚禁了兄长杰弗里的儿子阿瑟。后来再也没人看见过他。当约翰听见一位贵族提到阿瑟的失踪时，他立刻下令囚禁了这位贵族和他的一个儿子，两人最后都饿死在牢狱中。国王给人的印象是完全不顾公义，谁敢和他叫板就不会有好下场。上述做法连同他的军事失败、教权被褫夺以及无休止的征税，终于催生了1215年具有历史性意义的重大事件。

那年1月，一群心怀不满的贵族聚集在一起，呼吁恢复他们"古老并已成为习俗的自由"。他们心中所想的可能是国王"无准备者"埃塞尔雷德和他的贵族及主教们在1014年签署的契约。该契约规定国王必须实行良善的统治。这一理念后来被征服者威廉的两个儿子威廉·鲁弗斯和亨利一世分别在1087年和1100年所重申。当时二人都是着眼于为自己向温彻斯特挺进并最终夺取王位争取支持。约翰的批评者们正是拿着亨利一世的登基宪章作为自己的模版。

1215年春天，贵族们打算动手了。他们在林肯郡的斯坦福德集结，随后向南行进，队伍在途中不断壮大。5月17日，同情者将他们领入伦敦。对伦敦的占领迫使约翰接受讲和。经过初步讨论，双方于6月中旬在泰晤士河畔邻近温莎的一片草地开始谈判。这片草地名叫兰尼米德，意为"湿润的草地"。经过多日艰难谈判，终于诞生了著名的《大宪章》以及一份措辞积极的和平宣言。

历史把《大宪章》浪漫化了。人们将它称作是一份奠定自由、具有深远影响的文件。事实上，在许多方面这部宪章的目的是为了保护富裕土地主的权益，他们已经厌倦了被征收重税的生活。这些人当然不是为劳苦的农奴和奴隶而奔走。但无意之间，贵族们所争取的权利具有了普世意义。

宪章第39条写道："除非得到法律审判"，"任何自由之人均不能以任何形式被抓捕、囚禁、剥夺财产、宣布非法或流放"。这一对公平和正义的呼唤在此后岁月中将得到有力的回响。接下来的条款进一步做出说明："我们不能向任何人出卖，也不能否定我们的权利和自由。"

其他的条款明确了封建地主及其继承权，确保城镇的自由，并给予商人自由旅行的权利。宪章还对备受憎恨的庇护王室狩猎权的法律进行改革，并尝试约束地方官员滥用权力。第35条首次统一了全国的度量衡，这对商人和消费者而言是一大利好。

监督宪章执行的议事会成了分歧的焦点。约翰拒绝让这样一个非王室的机构侵犯他神圣的权力。那年秋天，英格兰陷入了内战。次年春天，腓力二世派遣其子路易率兵驰援英格兰的贵族——如果英格兰能够侵略法兰西，为何不能反其道而行之呢？在约翰统治的最后一段时间里，他在国内四处奔波，徒劳地试图镇压叛乱。

最后一战发生在10月，地点是东安格利亚充满雾气的湿地。国王的辎重马车试图穿越那里4.5英里长的内内河河口（当时内内河流域被称作威尔斯特里姆）。此地今天就在沃什湾的威斯贝赫附近。约翰误判了潮汐的方向，他的马车和辎重被上涨的潮水所淹没。珠宝、黄金、银质高脚酒杯、酒壶、大烛台，甚至约翰的王冠和登基礼服都被沃什湾的潮水席卷而去。直至今日，约翰王丢失的珠宝仍是尚未被发现的宝藏。

国王染上了痢疾。在被林恩镇民众用篝火烤制的食物款待了数周后，约翰显然有些撑坏了。根据一位编年史家的记载，国王的药方是吃大量的桃子和鲜榨苹果汁。最后，人们用柳条制成的担架将国王抬到了附近的内瓦克镇，在这里，"无地约翰"于1216年10月18日咽下了自己的最后一口气。

教会编年史家对教权被褫夺始终耿耿于怀，他们认为正是约翰拒绝履行基督教的义务才导致了这一灾难。他们对约翰的灵魂将要归于何处毫不质疑。一位史家写道："地狱是个糟糕的地方，但约翰的出现将令那个地方更加一塌糊涂。"当代"价值中立"的历史学家们对这一充满个人情感的判断并不赞同。他们认为国王约翰统治时期完备的王室记录是其行政管理富有效率的表现。

约翰费尽艰辛的王室记录为我们观察他的个人生活提供了有趣的资料。在东安格利亚被潮水卷走的物品中就包括玻璃，国王应当是打算将其制成窗户，安装在即将造访的城堡里。约翰显然是个善于享受的国王。从上述记录中我们还得知,威廉每天给他的洗浴侍从的工钱是半个便士,国王洗浴的那一天他还能再赚到数个便士的小费。约翰在同时代人中是很爱清洁的——他每三周就洗一次澡。王室记录中的另一个条目值得注意,国王在起夜时会身着"一件长袍"。这么看,约翰应当算得上是首个拥有睡袍的英格兰国王了。

◎ 1225年:盗贼王子霍布霍德

1225年,王室法官抵达了约克郡。他们要在那里处理的一桩案件同一位名叫罗伯特·霍德的盗贼有关。霍德没有出现在法庭上,于是法官们宣布没收他的世俗财产。这些财产大约价值32先令6便士,在13世纪差不多可以维持一个人一年的基本生活开销。尽管如此,霍德仍然逃之法外。他的罪行被以"霍布霍德"(Hobbehod)的名义记录在案,并被留存至下一年。这个名字可能指的是"罪恶的霍德",或者干脆就出自"罗伯特·霍德"的错误拼写。

上述故事是我们现存最早的关于罗宾汉的史实依据。今天这位活跃于舍伍德森林的侠盗尽人皆知。不过,1261年伯克郡的法庭记录显示,还有一个名叫威廉·罗布霍德的逃犯。此后,"罗布霍德"或"罗宾汉"等称呼也开始出现在历史记录里。不管这位侠盗是否真实存在,他的事迹如此有名,以至于"罗宾汉"成了中世纪法外之士的代名词。在这些人中，有的是自寻恶名，有的则是因生活所迫而沦为盗贼。15世纪时有位教士抱怨称，人们宁愿听罗宾汉的故事，也不愿聆听祷告。

罗宾汉和他的欢快伙伴们的故事对人们有着不竭的吸引力。但在他们身处的时代，这些人自身还有另一番意义。如果一个人被视作违法，却迟迟不出现在法庭，那么他的一切财产和土地都将被没收，只能在法外靠运气过活。如果此人不幸被抓获，可以不经审判即处以绞刑。而如果他拒捕，则任何人都有权将其处死。看来，成为一名法律上认定的逃犯的确是件危险的事儿。不过，人们对绿林侠盗们的生活十分着迷，因为他们能够按照自己的法则行事。特别是他们身处的树林专属于国王，只能被用于狩猎。每每想到这一场景，就更加让人感到刺激了。

罗宾汉出现前不乏英雄盗贼或抵抗斗士的故事，比如被诺曼人剥夺土地的盎格鲁-撒克逊贵族赫里沃德。但罗宾汉比赫里沃德的社会等级要低上一两级。当时的人们认为他属于"自耕农"（yeoman）阶层，这个词来源于丹麦语。也就是说，罗宾汉是绿林中的自由农民，和大自然和谐共生。这一与"美好生活"有关的原始哲学足以让"霍布霍德"（罗宾汉）成为工人阶级的英雄。他应该算得上是最早的"绿党"战士了。

人们今日造访舍伍德森林，还能看见那棵巨大的、空心的橡树。这据称是罗宾汉和他的伙伴们躲避邪恶的诺丁汉郡郡长的地方。不过令人遗憾的是，在侠盗们活跃的12世纪晚期，这棵树连橡子都不是。国王理查的确在1194年3月身处诺丁汉郡。当时他刚从十字军东征的被俘中获释。诺丁汉郡支持王子约翰取代理查，这里的城堡是约翰支持者最后的抵抗地。

理查很快在城堡前架起了绞刑架，并处决了不少抵抗者。这些抵抗者之所以负隅顽抗，大概是因为他们根本不相信理查还能最终回到英格兰。

抵抗者派人议和时，理查问他们："现在你们可以看得清清楚楚，我不是就在这里吗?"

城堡中的抵抗者投降后,国王决定在舍伍德森林中狩猎一天以示庆祝。不过没有历史记载表明,国王当时遇见了罗宾汉。他也同样不可能碰到小约翰、传教士塔克、威尔·斯卡莉特或者其他"快乐的伙伴"。要等到16世纪,玛丽安夫人的角色才出现在罗宾汉主题的民谣、化妆舞和莫里斯舞里。她一般是由一位男演员扮演,以达到让人发笑的喜剧目的——这是哑剧的早期示例。在"霍布霍德"第一次缺席法庭300多年后,这位剥夺他人"闲钱"的人物总算被赋予了严肃的社会意义。他在早期都是以欢快的盗贼形象示人,但到了1589年,我们首次读到记载,罗宾汉的追随者们原来是在"劫富济贫"。

于是,"罪恶的霍德"成为英格兰抵抗专制的象征。这位绿林中的弓箭手、正义的缔造者,在福利国家诞生前就设计出一套财富分配方案。这不能不堪称是罗宾汉传说中带有高贵和浪漫色彩的部分。但颇具讽刺意味的是,这位让英国人在数个世纪中为之激动的英雄,竟是从盗窃财物起家的。

◎ 1265年:西蒙·德·蒙特福特和他的"谈话场所"

《大宪章》没有随着约翰国王的离去而在1216年10月退出历史

舞台。相反，约翰的死让《大宪章》和君主制重获生命力。约翰的继任者是他九岁的儿子亨利。贵族们对这个孩子即将继承王位抱有期待，这也冲淡了他们和国王之间的矛盾。与整个国家为敌的是约翰本人。很少有人对前来帮助叛军的法兰西军队抱有好感。人们经常说，1066年以后就没有外国军队涉足英格兰领土。可是在1216年5月的时候，法兰西军队居然在英格兰东南部横行霸道。在约翰统治的最后那段时间，法王的儿子路易居然把宫廷带到了伦敦。

为了赢得国内民意，驱逐法兰西侵略者（他们最终于1217年9月离开英格兰），年轻的亨利三世的辅政大臣们很快重新颁布了《大宪章》。他们对一些条款进行了修订和删减，移去富有争议的内容，比如设立25名贵族组成的议事会这样曾引发内战的条款。同时，他们也承诺新国王将按照余下的条款进行统治。我们的小国王次年在威斯敏斯特召开会议，再一次颁布了《大宪章》。1225年，《大宪章》被第三次确认，这一年亨利17岁。他被认为已经适合正式承担治国的角色。在经过三次颁布和确认后，国王和子民之间订有契约的观念已经深植人心，这也成为法治的基础。后世的法学家编订英格兰法律的时候，将1225年版的《大宪章》收录为《法令全书》的第一篇。

麻烦的事情在于，新国王根本没有一丝接受问责的意图。亨利三世是个不会被规则条文束缚的君主。父亲在自己的国家居然要偷偷摸摸地躲藏，他对父辈的悲惨结局感到羞辱。金雀花王朝的新晋君主致力于实现绝对而荣耀的君权。他认为，统治者的神圣名义是上帝所赋予的，他具有足够神性，可以仅凭指尖的触碰救治病人。

亨利三世统治期间的一项主要工程是重建"忏悔者"爱德华时期的威斯敏斯特大教堂。亨利将原教堂拆除，重新设计为高耸的哥特式样。他希望这座教堂既是见证过去历史的庙堂，又成为英格兰国王壮丽未来的象征。亨利将"忏悔者"爱德华尊为王室权力的守护神，把他的灵柩重新安葬在圣坛后面的神龛中，这是新教堂的核心部位。亨利甚至把"忏悔者"爱德华的画像挂在卧室里，以确保他在入眠前最后一眼和醒来后第一眼看到的都是这幅画像。

凡是欣赏过威斯敏斯特大教堂穹顶的人，都能感受到亨利三世对建筑的卓越鉴赏力。不过，他的判断力在其他方面明显不足。一位宫廷弄臣曾评论称，亨利就像耶稣基督一样，从出生的那天起就十分英明。但在编年史家马修·帕里斯的描述里，亨利有着"中等身材和结实的体格，他的一个眼皮向下耷拉着，掩盖了眼球中的一些深色部分。他孔武有力，但行动鲁莽"。

在英格兰贵族眼中，亨利在选择顾问和宠臣方面尤其鲁莽。这些人和他的王后普罗旺斯的埃莉诺一样，都来自法兰西南部。在英格兰过去几任君主的宫廷里，法兰西人的影响都不小，这也反映出征服者威廉的权力基础。但是约翰王接连失去了诺曼底、安茹以及阿基坦，只保留了波尔多附近的产酒区加斯科涅。在重夺失地方面，亨利和他的父亲都只是说说而已。他所进行的战争、富有雄心的重建计划以及奢华的宫廷生活，使他完全陷入了债务危机。我们可以预料亨利的解决方案——征税。不过，由此带来的反应也同样可以预料。

在亨利三世酝酿崇高的王权思想时，变革的呼声也在空中回荡。异见阶层的人数越来越多，他们所倡导的"王国共同体"理念正在成形。这些人大多在日益增多的教会学校以及牛津和剑桥镇上刚刚兴起的学院里受过教育。他们中很大一部分会在毕业后前往教堂从事神职，也有一些人在国库以及其他逐步壮大的政府部门任职。国王的"文书官"对他们的职业感到十分自豪。他们认为应当以追求良善有效的政府为目标。但如果连国王自己都不认同这点，那该如何是好？

对如何控制不可靠的君主，《大宪章》里隐含着解决方案，那就是设立由25名贵族组成的监督议事会。在亨利三世的漫长统治期间，人们对他的不满也在积聚，把《大宪章》里这个关键内容付诸实施的呼声越来越高。1258年，这位51岁的国王试图把自己的一个儿子推上西西里国王的宝座，但这次昂贵的对外冒险导致亨利三世的政府完全破产。事到如今，在贵族们的压力下，亨利三世最终决定让步。由他所指定的12个人和12名反对派贵族在牛津会面，敲定了一份兰尼米德式的安排，确保"王国将按照他们认为最好的方式进行治理和改革"。

1258年6月11日，在全国灾难深重之际，24人议事会正式召开会议。上一年庄稼的收成糟透了，随着"饥饿月份"七月的临近，饥荒日益蔓延。马修·帕里斯写道："由于食物短缺，数不胜数的穷人丢了性命。死尸因为饥荒而肿胀发青，五六个一堆躺在泥泞街道旁的猪圈和粪堆里。"

极端时期催生了极端的应对举措。1258年夏天，英国出台了"新政"。24位贤人所起草的《牛津条例》事实上将英国的治理权从亨利三世转移到了一个"15人委员会"。这些人有权任命政府大臣，控制国库，监督郡吏和地方官。此外，他们还能"本着善意为国王提供治理王国的建议"。《牛津条例》和《大宪章》一样，都是英格兰宪政史上的里程碑。它们以国王名义颁布，但将国王作为个人可能存在的弱点同君主的至高无上地位区别开来。对君主而言，他的职责是捍卫全体人民的福祉，捍卫"王国共同体"的福祉。

在24位聚集在牛津的贤人以及此后的"15人委员会"中，有一位是莱斯特伯爵西蒙·德·蒙特福特。他的性格和托马斯·贝克特一样专横易怒。他们俩还有一点很相似，开始的时候都是国王的亲密朋友，最后却成为国王的死敌。多年前，西蒙曾经秘密追求亨利三世的妹妹——另一位埃莉诺，并赢得了她的芳心。西蒙从不惧怕挑战他的内兄，曾在公共场合和亨利三世发生激烈争执，最后以自己获胜告终。亨利三世对西蒙其实有些畏惧。有一次，国王在泰晤士河划船，突然间下起了暴风雨。他感到很害怕，于是下令寻找最近的靠岸地点，此地正好是西蒙的居所。西蒙出来迎接国王的时候，亨利三世坦率地承认："我知道自己害怕打雷和闪电。不过，伯爵先生，我对你更加畏惧。"

西蒙来自法兰西北部，和"狮心王"理查相似，都成长于军事环境中。他和理查均曾前往圣地参加十字军东征，西蒙在战斗中的表现可圈可点。他是个善于鼓舞人心的将军，也是位虔诚的斗士。他经常在半夜醒来，花上数个小时默默守夜和祈祷。他最好的朋友是林肯主教罗伯特·格罗斯泰斯特。此人曾写过一部论著，专门阐述良治和专制的区别。西蒙有些自以为是，多年来始终认为自己的内兄不过是个胆小鬼和专制者，只有他本人知道如何实现正义的统治。

在《牛津条例》颁布后，西蒙毫不妥协的态度导致他和其他贵族发生了矛盾。他曾问道，为什么只有国王需要接受外部的制约？如果其他贵族滥用自己的权威，导致平民百姓受苦该怎么办？毋庸置疑，上述观点是贵族们不愿意听到的。亨利三世在贵族的帮助下，推动教皇免除了国王对《牛津条例》所做的承诺。西蒙和贵族的联盟也因此分崩离析。他的批评者不无正确地指出，西蒙不过是在利用名声为自己的家族谋求利益。1261年10月，这位伯爵带着反感出走法兰西，发誓不再回来。

但不到两年，西蒙就又踏上英格兰的土地。亨利三世恶习不改，人望每况愈下。在那个卫生条件有限的年代，肥料和粪便等污秽之物一般都堆在街上。有一次，王后乘坐王室驳船溯泰晤士河而下的时候，伦敦市民将街道上的粪便等从伦敦桥上向王后投掷过去，以表达他们的愤怒。在此背景下，西蒙呼吁恢复《牛津条例》的效力，人们对此纷纷响应。1263—1265年间，英格兰陷入了内战，西蒙是打着改革旗号的一方。1264年5月，西蒙和王室的军队在萨塞克斯丘陵的刘易斯正面相遇。他命令士兵们首先平躺，双手交叉祈祷，然后再穿上带有十字架的"圣战"盔甲。西蒙本人曾在一次事故中摔伤了脚,他是坐在战车上前往战场的。尽管他的军队人数严重不足,但士兵们的士气极其高昂。西蒙最终俘获国王的长子爱德华(其名取自忏悔者爱德华)作为人质,并开始将《牛津条例》付诸实践。

根据上述条例,国家应该定期召开议会(Parliament,来自法语,意为"谈话场所")。西蒙于1265年1月主导召开的议会让他名垂青史。这并非是议会首次举行,早在1236年这个词汇就被用来描述国王召集的由贵族、主教等参加的资政会议。议会和盎格鲁-撒克逊时期召集的"贤人会议"(Witan)也有相似之处。但是,我们不能想当然地认为,这一扩大的王室顾问会议和现代意义上有着自己的独立属性和永久建筑的议会是一回事。在13世纪,议会的召开完全凭着国王的喜好。不论国王身在何处,他都可以随时召开议会。在这个意义上,与其说当时的议会是一种制度,不如称之为孤立的事件。

1265年1月,来自每个郡的两名骑士以及约克、林肯和部分被选定市镇的各两名市民(市镇代表)史无前例地齐聚伦敦。他们同贵族、主教和教士们一道商议国是。这次议会的召开,为我们当今这个掌握终极政治权力的立法机构埋下了种子。与会各方还讨论了一个重要议题,那就是如何处置在刘易斯战役中被西蒙俘虏的爱德华王子。

对这些乡绅和市民而言,讨论未来国王的命运是个过于令人兴奋的话题。但在当时的气氛下,这样的讨论难以为继。西蒙的追随者们对介入如此重大的事件颇为胆怯。正在此刻,25岁的爱德华王子趁机逃脱,重新指挥王室军队迎战西蒙那早已疲惫不堪的队伍。双方于当年8月在伊夫舍姆相遇,战斗的结果早已注定。

在远超自身人数的王室军队逼近之时,西蒙大声呼喊:"上帝啊,请怜悯我们的灵魂。因为我们的身体属于这灵魂!"西蒙在接下来短暂而血腥的屠戮中被杀。他的睾丸被砍下来挂在鼻子上,他的身体被肢解,双手、头颅和双脚被送往国内各地，作为对胆敢犯上者的警示。然而，西蒙的梦想没有消逝。他遗体的其他部分被埋葬在伊夫舍姆，此地后来成为一处圣地。有人宣称见到了奇迹，有人为这位法兰西出生的勇敢无畏、不合时宜、自以为是的大人物谱写了赞歌。毫无疑问，西蒙在同王室的争夺中曾经中饱私囊，但在他所追求的愿景中，至少包括一个更加公平、更富代表性的国度。

他的追随者高唱："西蒙，西蒙，你只不过是在沉睡。"人们梦想，西蒙有朝一日终将醒来，伴随他觉醒的还有英国人追求自由的伟大事业。

◎ 1284 年：不说一个英文单词的王子

1265 年 5 月，王位继承人、未来的爱德华一世被困在赫里福德城堡中充当人质。自从前一年 5 月的刘易斯战役以来，他的叔叔西蒙·德·蒙特福特就一直将他软禁在屋内。这是一种比较恭敬有礼的拘留，这位 25 岁的王子事实上并非囚犯。所以当一个马贩子将很多匹马送到这个城堡的时候，看守们觉得带这位年轻的王子出去看看也没什么关系。他们于是带他走到城堡下面比较开阔的地方，王子向他们展示了高超的骑术。这个健壮的年轻人，个子超过六英尺高。他让每一匹马都轻快地踏起步来，旋转、疾跑、鞭策它们前进，还猛拉缰绳命令马儿突然停下或转弯，直到除了一匹马之外，所有的马儿都筋疲力尽。然后，他跳上最后那匹依然精力充沛的马，扬长而去，奔向自由。

精明的计算、杰出的体能，这是爱德华一世的特质。他于 1272 年继承王位。他的父亲亨利三世，是到当时为止所有英格兰君主中在位时间最长的，但同时，在他统治期间，王室的权威和财力却降到了最低点。所以爱德华一世最终得以继承王位的时候，他很用心地将自己打造成一名改革家，准备推行一些西蒙所支持的议会准则。爱德华一世还将目光投向了英格兰以外的地方，他看到了这个岛屿最远方的海岸，雄心勃勃地想要赢得对整个不列颠岛的控制权。这样一个宏伟的目标，成就了他治下的不朽故事之一。

诺曼人在理论上总是声称对威尔士有统治权，但是在 13 世纪中期，当地的自由斗士们对此进行了一系列激烈抗争。在威尔士，当地抗争者自称为"王子"（tywysogion），在官方文件中这个称呼被翻译成拉丁文，意思是"领导者"。所以，传统敌人英格兰人把他们唤作威尔士"王子"。在一系列成功且残忍的军事行动中，爱德华一世击败了最后两位威尔士"王子"，并环绕威尔士西北部修建了一系列巨大的石头堡垒。这些堡垒至今仍屹立在那里，象征着建造者技艺的顶峰。1284 年春天，爱德华一世带着他已怀有身孕的王后埃莉诺，亲自来到卡那封堡垒的建筑工地，远眺安格尔西岛。

据说，在征服威尔士之后，爱德华一世向威尔士人承诺，他将带给他们"一位出生在威尔士、不说一个英文单词的王子"。那年 4 月，王后埃莉诺如期生了个儿子，名字也叫爱德华。在卡那封城堡的城垛上，爱德华一世作为骄傲的父亲，向威尔士人介绍新出生的王子——这个新生儿确实什么话都不会说。对国王爱德华一世的这个小玩笑，威尔士人非但没有感到被侮辱，反而觉得十分高兴。自那时起，英格兰王位的继承人，就都被称为"威尔士王子"，这延续成了传统。

这个传说大约在两百年后才第一次被记录下来。上述婴儿王子确实出生在威尔士。然而,那时候的卡那封城堡,没有什么城垛,只是一个泥泞的建筑工地。更重要的是,这位新出生在卡那封的爱德华,并非他父亲的继承人,这份荣耀属于比他大11岁的哥哥——阿方索王子。直到1301年,在阿方索王子去世后,这位未来的爱德华二世才在他17岁生日前,在林肯郡被钦命为威尔士王子。要知道,林肯这个地方和卡那封一样都很遥远。爱德华二世成为国王之后,他并没有称他自己的儿子、未来的爱德华三世为威尔士王子。而且在以后的数个世纪中,许多英格兰王位的继承人也没有被赐予这个头衔。

事实上,直到20世纪,一位王位继承人才在威尔士被授予"威尔士王子"称号。1911年,善于鼓动人心的威尔士政治家大卫·劳合·乔治,为达到特别目的伪造了一出中世纪仪式,其中包括一个带条纹的"十字军帐篷"和一套王子服装。未来的国王、17岁的爱德华八世将此称作"荒谬可笑的装扮"。1969年,查尔斯王子穿了一套更加传统的军装,而"十字军帐篷"被一个透明的玻璃天蓬替代了,因为这更加便于电视直播。电视解说员向全球数以百万计的观众介绍称,这项传统仪式始自1284年的国王爱德华一世。

爱德华一世是个令人印象深刻的人、一名瘦高的战士和一位彻底的王者,他的绰号是"长腿爱德华"。像他的曾叔祖"狮心王"理查一样,他参加了前往巴勒斯坦的十字军东征,并展现出过人的勇气和组织力。他深爱妻子埃莉诺,带着她一同前往圣地。当她1290年在北安普敦郡去世的时候,国王安排送葬的队列带她返回伦敦。为纪念这一时刻,他下令在队列路过的每一站,都要用石头修建高大、装饰华丽的十字架。抵达威斯敏斯特大教堂之前的最后一站位于查令街附近。今天在伦敦的查令十字街站前面,就伫立着一个十字架的复制品。

爱德华一世的脾气暴躁也很出名。当子女让他不满意的时候,他会打孩子们的耳光。王室史书记载,1297年,他将女儿伊丽莎白公主的冠冕扔进火中，随后冠冕被送去修理。威斯敏斯特大教堂中他的墓碑上刻有拉丁文：Malleus Scottorum，即"苏格兰之锤"。但是，他没能像成功征服威尔士一样征服苏格兰。经历多场血战之后，他被苏格兰民族英雄"勇敢的心"威廉·华莱士以及罗伯特·布鲁斯击退。

这些失败并不能阻止爱德华一世的臣民将他视作英格兰的英雄。他们甚至称赞他的偏执行为，虽然至今这仍是他名誉中不可磨灭的污点。他向苏格兰发起失败的军事行动，并修建威尔士城堡。在此过程中，国王发现自己陷入财务危机，他决定孤注一掷。像理查一世这样的君主，一般会反对社会偏见，设法保护生活在英格兰的犹太商人和放贷者，但在1290年，为获得议会的大额补贴金，爱德华一世同意将犹太人驱逐出英格兰。据估算，当时大约有3000名犹太人居住在15个社区。一些人被杀害，许多人遭到抢劫，而爱德华一世则因为迫使犹太人放弃房产，获利约2000英镑。

正是信仰的丑陋一面，促使"长腿爱德华"参加十字军东征。在犹太驱逐政策出台之前，有个犹太人向议会申诉一名犹太男孩被迫受洗成为基督徒。对此，爱德华一世不认为有什么问题。据史书记载，"国王不想取消施洗礼"，"任何人不得就此询问，国王也不会采取任何行动"。

当你望着查令街精美的十字架，可以思考一下爱德华一世的这句评论。

◎ 1308 年：皮尔斯·加韦斯顿和爱德华二世

人们用"身材秀美、体力充沛"来形容卡那封的爱德华。英格兰首位"威尔士王子"在23岁以爱德华二世的称号登基时，受到了广泛欢迎。1308年2月底，他和年轻的王后、法王腓力四世的女儿伊莎贝拉一道，走过威斯敏斯特大教堂的回廊时，人们的目光都聚焦在国王背后的一个人身上。此人名叫皮尔斯·加韦斯顿，是位来自加斯科尼的年轻骑士。新国王在其加冕礼上给予加韦斯顿特别待遇，赐他手持王冠和"忏悔者"爱德华之剑的殊荣。加韦斯顿身披镶嵌珍珠的王室紫袍，其盛装显然是专门为了出席这一重要场合。一位编年史家记载，加韦斯顿的服饰十分华丽，"他更像是战神马尔斯，而非芸芸众生的一员"。还有传言称，爱德华二世十分欣赏加韦斯顿，专门从即将和伊莎贝拉举行的结婚礼品中挑选了一些赠给他。王后的亲戚们回国后抱怨，爱德华对加韦斯顿的好感似乎甚过对自己的妻子。

爱德华二世的父亲爱德华一世被誉为好战的"苏格兰之锤"。他对自己的儿子和年轻、爱炫耀的加韦斯顿过从甚密十分恼怒。由于加韦斯顿是老国王信任的一位骑士之子，他有幸在王子居所被安排了一个房间。但据说他和王子经常一起调皮捣蛋，两人共同出入酒馆并欠下了不少债务。1306—1307年间，爱德华一世在卡莱尔忙于进行对苏格兰人最后一次不成功的征讨。在此期间，王子居然建议将若干位于法兰西的王室庄园赐予加韦斯顿。老国王出离愤怒，使劲将爱德华王子的头发拽了一撮下来，并命令将加韦斯顿流放。

爱德华二世登基后，首要关切的就是尽快让他的朋友加韦斯顿返回国内。1308年1月，距离国王加冕只有数周，他前往法兰西迎娶伊莎贝拉的时候，下令加韦斯顿镇守英格兰。让几乎所有贵族愤怒的是，爱德华还将富庶的伯爵领地康沃尔赠给加韦斯顿。

爱德华二世对加韦斯顿不计后果的爱慕激情，成为动摇英格兰君主制的数起重大事件中的第一起。在中世纪的英格兰，同性恋很不被认可。人们将其视作异端的一种形式——如同前往地狱的门票。有足够证据显示，许多僧侣和教士也够资格获得上述门票。人们通常不会直接提及这种"不自然的罪行"，而是把它与《圣经·旧约》中大卫王和约拿单彼此间的爱慕相比，称之为"对女性之外的爱"。具体到爱德华二世对加韦斯顿的爱慕，当时的编年史家认为两人的行为有"过度之嫌"，"超越了分寸和理性"。还有记载称，一则流言广为传播，"国王爱上了邪恶的男巫师，对其爱慕的程度超越对自己的王后，尽管王后是位如此美丽优雅的女性"。

必须强调的是，爱德华二世和加韦斯顿两人关系的细节并不为人所知，就像其他王室寝宫中发生的事情一样。我们不能忘了，国王和伊莎贝拉育有四个子女。有人认为，爱德华二世和加韦斯顿的行为是检点的，他们两人的关系如同相互信任的兄弟。当然，如果爱德华二世不让个人情感影响他的公共角色，也许上述事情就不会成为问题。其他的国王处理同性关系上就没有如此棘手。很多人都相信威廉·鲁弗斯（1087—1100年在位）是个同性恋者。他没有孩子，也没有情妇。"狮心王"理查也是同样如此，尽管近来的传记作者们对此颇有争议。无论他们有什么嗜好，这些君主们都没有让私人情感影响他们的国王风范，或者更重要的是，没有影响他们在对外赠予土地以及其他昂贵物品时所做的决定。

然而，爱德华二世展现出来的特点，被广泛视作和国王的行为格格不入。一开始的时候，爱德华二世穿得像他的朋友加韦斯顿一样奢华。他很喜欢游泳、赛艇等不同寻常的运动，而这些项目让他显得有些屈尊，因为国王一般会让别人给自己划桨。爱德华二世在马厩中蓄养了一头骆驼，他还有一系列普通人的喜好，包括锄地、用茅草做房顶、修建围墙和篱笆，以及像铁匠一样捶打铁砧。当今时代，英国人或许会中意于一位喜欢自己动手（DIY）的国王，但在14世纪，这些喜好被视作反常，更别说国王还同马夫、农夫等过从甚密了。

人们最大的抱怨还是国王对加韦斯顿过多的偏爱。贵族们在议会中要求国王流放他的宠儿，爱德华二世的回应却是赏赐他更多的城堡和庄园。他确实勉强同意让加韦斯顿前往爱尔兰，以国王代表的名义在那里待上一阵。不过国王对他的离去明显感到焦躁不安，不惜率领全部宫廷侍从去布里斯托尔和他告别。加韦斯顿不在时，爱德华二世事无巨细地为他操心，包括亲自惩罚那些擅闯怀特岛上加韦斯顿居所的人。

为约束国王的失常行为，议会于1311年向他提交了一套条例，其内容以西蒙·德·蒙特福特的《牛津条例》为蓝本。出人意料的是，爱德华二世居然同意了对自己权力的限制，但条件是他的宠儿不能受到任何影响。

强健壮硕的加韦斯顿没能起到好作用。他在比武格斗中以击败其他贵族为乐，并经常在他们的伤口上撒盐，用诋毁性的绰号称呼他们。比如，他把格洛塞特伯爵称为"婊子养的"，称莱斯特伯爵为"骗子"，称沃里克伯爵为"阿登的黑猎犬"。沃里克伯爵愤怒地说："就让他喊我为猎犬吧，总有一天这只猎犬会咬他一口。"

1311年提交的条例最终被议会批准，国王只能勉强接受。条例的精髓与《大宪章》以及西蒙·德·蒙特福特倡导的《牛津条例》一脉相承，给王权设置了严格限制。其中明确规定，国王不经贵族允许不能离开英格兰，议会必须至少每年召开一至两次。显然，条例直接针对的是加韦斯顿，他很快被第二次遣送出国。不过，他随后又悄悄地返回国内。有人在当年11月底传言，国王的宠儿正"躲藏和逃窜于康沃尔、德文、萨默塞特和多塞特等郡"。圣诞节的时候，加韦斯顿公然和爱德华二世一道出现在温莎。

对本就义愤填膺的贵族们来说，这是最后一根稻草。他们根据1311年条例的授权召集军队，而爱德华二世和加韦斯顿则奔向北部，募集自己的军队。两人后来在纽卡斯尔被围困，爱德华逃往约克，加韦斯顿向斯卡伯勒奔去，但在那里被贵族们包围。由于缺少补给，他只好投降。在得到确保安全的承诺后，加韦斯顿被护送前往南部。但就在行进到班伯里附近时，他们被沃里克伯爵伏击了。伯爵将国王的宠儿带回到自己的城堡，兑现了"咬他一口"的承诺。1312年6月19日，加韦斯顿在沃里克和凯尼尔沃思之间的布莱克洛山被砍头。

爱德华二世最宠爱的"兄弟"被杀，这让国王感到异常痛苦，也引发了人们对他的同情。两年后，爱德华二世终于做了国王本该做的事情，率领军队向北征讨苏格兰。但1314年6月，他在爱丁堡和斯特灵之间的地带遭遇大败。罗伯特·布鲁斯在班诺克本勇敢而精明的胜利，铸就了苏格兰历史上的伟大神话。对英格兰来说，此战失利再次给爱德华二世的权威带来沉重打击。1316年初，在林肯郡召开的议会上，国王卑微地决定将国家交给贵族治理。

麻烦的是，爱德华二世给自己又找了一位"加韦斯顿"。休·德斯潘塞是个富有雄心的年轻宫廷人士。他的父亲也叫休，曾经担任爱德华一世的顾问，并仍握有相当权力。德斯潘塞父子来自威尔士边境地区，他们利用自身权力千方百计扩充土地。英格兰的贵族们再次团结起来，试图对王室宠臣的权力施加限制。这一次的情形还增添了新的因素。1325年，爱德华二世早已不堪忍受的妻子伊莎贝拉，在前往法兰西的时候抓住机会，公开宣布反对先后拿加韦斯顿和小德斯潘塞羞辱自己的丈夫。伊莎贝拉结识了一位名叫罗杰·莫蒂默的情人，此人是个很有权势的威尔士贵族。莫蒂默曾在1322年起兵反抗爱德华二世和德斯潘塞家族，由于兵败被囚禁在伦敦塔中。后来，他幸运地得以逃往法兰西。

1326年，莫蒂默和伊莎贝拉在英格兰登陆，随同他们的只有数百人。但他们拥有一张王牌——伊莎贝拉的长子、13岁的王子爱德华。作为王位继承人，这个男孩代表了未来的希望。伦敦市民热烈欢迎王后。据一位编年史家记载，"王国全境的人们"都对王后的事业表示支持和拥护。在接下来的大规模起义和反抗中，德斯潘塞父子被逮住并处决。至于爱德华二世的宠儿小德斯潘塞，人们在赫里福德的一个梯子顶端砍下了他的生殖器，并在他眼前烧掉。

英格兰人民现在要尝试一件他们从未做过的事情——通过法律手段废黜国王。教士们做了一些前期准备工作。1月初，赫里福德主教对伦敦的教众布道称："愚蠢的国王将会毁了他的臣民。"随后，由主教、贵族、法官、骑士和市民组成的议会聚集在威斯敏斯特。1327年1月15日，坎特伯雷大主教向他们宣告："人民之声即为上帝之声。"在全场贵族、教士和民众一致同意后，他宣布国王爱德华二世被褫夺王室封号，"从此不再统治英格兰的人民"。王位将由爱德华二世的长子小爱德华继承。于是，爱德华三世成了首位由议会任命的英格兰君主。

这个消息还需通报给爱德华二世本人，他此刻被囚禁在凯尼尔沃思城堡。由一些贵族、教士、骑士和市民组成的代表团立即出发前往米德兰兹地区。爱德华二世当时身披黑袍。一位名叫威廉·特拉塞尔的兰开斯特骑士向他宣读了议会的决定，爱德华二世听到消息的时候几乎晕厥了过去。他十分痛苦地回应称，没想到臣民们如此厌恶自己，以至于拒绝他的统治。但他将接受民众的意愿，因为取而代之的是他的儿子。第二天，特拉塞尔代表整个王国宣布不再效忠卡那封的爱德华。王室管家也将侍从撤回，仿佛国王已经驾崩了似的。代表团返回议会后，宣布新国王的统治从1327年1月25日开始生效。

爱德华二世现在已经正式卸任国王，他被囚禁在偏远的伯克利城堡，俯瞰布里斯托尔北边的塞文河。或许随着时间流逝，他的囚禁生涯能变得轻松些，可以到附近做点喜欢的事情，比如挖一条小沟或者打一块马蹄铁。不过，才过了几个月就发生了两起试图"营救"他的事件。在王后的情人莫蒂默看来，让爱德华二世活着太危险了。1327年9月，有位信使奉命前往伯克利城堡。两周后消息传来，此前身体一直健壮的爱德华二世突然病亡，时年只有43岁。一些教士、骑士和市民从布里斯托尔和格洛塞特被请来查验尸体。他们报告称，没有发现打斗和暴力痕迹。这些人被告知，爱德华二世死前的那天晚上肚子不太舒服。

但在伯克利村流传着另一种说法。9月21日夜里，有人听见从城堡里传来了凄厉的惨叫声。数年后，一位名叫约翰·特里维萨的人揭露了他所认定的事实。此人在事发当年还是个孩子，多年后成为爱德华二世的狱管伯克利勋爵托马斯的牧师。由他来解开这个谜团应该是合适的。特里维萨记载称，死去的国王身上的确没有生病或暴力痕迹，因为爱德华二世的死因是"被一根烤肉叉戳进了身体后面的隐秘部位"。

◎ 1346年：为自己赢得荣誉的王子

1330年秋天，贵族们被召集到诺丁汉参加议会特别会议。敕令以国王的名义发出，但人人都知道18岁的爱德华三世此时并未真正掌权。对这位年轻君主牢牢施加控制的是他母亲的情人罗杰·莫蒂默。在爱德华二世被废黜后的三年，莫蒂默自封了一块伯爵领地，并且大肆炫耀自己的土地和财富。

莫蒂默无情地铲除异己，这也让他广受憎恨。贵族们骑马穿过诺丁汉城门时，发现伯爵的威尔士弓箭手正在城堡的城垛上威严地注视着自己。这座城堡耸立在特伦特河畔的岩石之上，伊莎贝拉王后、莫蒂默和被他紧盯着的年轻国王就身处其中。

伯爵有所不知，城堡所在的岩石上面有不少洞隙。爱德华三世想出个办法，可以缩短自己的"监护期"。1330 年 10 月 19 日，一个星期五的夜晚，一群贵族从秘密通道潜入城堡，迎接他们的是年轻的国王。随后，爱德华三世把他们带进莫蒂默的卧室。据说，国王亲自用一把战斧劈开了门。就在潜入者刚刚解决两名守护伯爵的骑士之时，王后冲进了卧室。

"我的好儿子，好儿子，可怜可怜我亲爱的莫蒂默吧！"然而，没人理会王后的呐喊，潜入者将"亲爱的"伯爵从秘密通道押了出去，而那些威尔士弓箭手们对此竟一无所知。第二天，爱德华三世宣布自己完全摄政，同时启程返回伦敦。莫蒂默在那里以一系列罪名被定罪，包括企图谋杀爱德华二世。11 月 29 日，伯爵像普通罪犯一样，在泰伯恩的榆树下被施以绞刑。按照法律规定，叛逆之人将被处以挖空内脏和分尸的极刑，伯爵算是逃过了一劫。爱德华三世对自己的母亲伊莎贝拉也表现了克制，将她送到诺福克郡的莱辛城堡安度晚年。根据王室记载，国王送给伊莎贝拉一头烤野猪、一对可以用蓖麻籽喂养的鹦鹉以及大量从加斯科尼进口的美酒。

富有决断力和宽宏大量是爱德华三世的特点。他是英格兰最具活力的君主，而他大部分精力都投入到战争中，特别是被历史教科书称作"百年战争"的那场大战。事实上，所谓"百年战争"是持续进行、为期超过 100 年的一系列战斗的总称，其根源是英格兰对法兰西领土的声索。在 14 世纪 30 年代，争议聚焦于加斯科尼，这块富庶的领土是亨利二世大约两个世纪前，凭借同阿基坦的埃莉诺联姻而为英格兰获取的。

加斯科尼地区位于法兰西的西南部，比利牛斯山脉以北。该地区十分繁荣，因为其盛产醇美的红酒为英格兰国王贡献了不少收入。14世纪的时候，英格兰人对加斯科尼红酒的人均饮用量要高于今天。加斯科尼人虽然说自己的语言，但对他们和英格兰之间获利丰厚的关系十分满意。英格兰国王很遥远，比身处巴黎的法兰西国王更不容易对其施加干涉。不过，法王已经把英格兰人赶出了诺曼底和安茹，正慢慢蚕食英格兰在法兰西西南部占据的领土。双方在加斯科尼边境地区爆发了多次激战。1337年5月，法王腓力六世孤注一掷，决定收复加斯科尼全境。爱德华三世则针锋相对，通过其母亲伊莎贝拉的血缘关系，对法兰西王位提出声索。

爱德华三世1330年登基后赢得不少令人瞩目的军事胜利。他是位富有魅力的领袖，外表俊朗，修着黄色的尖胡子，同时代的人评价他"拥有上帝的脸庞"。他喜欢格斗比武，经常和身边的人一道切磋战斗技艺，这些人也成为他军事团队中的核心成员。从征战苏格兰开始，爱德华三世扭转了他父亲不利的战事记录。他首先赢得了哈里顿山大捷，此地位于特威德河畔的博威克附近。英格兰和威尔士的长弓兵在此役中大发神威，给予苏格兰人重大打击。

长度为两米的长弓比黑斯廷斯战役中使用的弓箭更长、更重，给14世纪的军事策略带来革命性的变化。威尔士人在同英格兰人的战斗中首先领教了其厉害。长弓射出的箭能够射穿铠甲，凭借极富穿透力的铁尖，甚至能刺穿厚厚的橡木门。爱德华三世很有热情，要求村民们每个星期日和宗教节日都练习箭术。议会甚至通过法令，禁止人们玩骰子、斗鸡等娱乐活动以及从事板球、曲棍球等运动，因为这会分散人们练习箭术的精力。足球就更加不被允许了，这项运动有可能诱发暴乱和骚乱行为。

相比之下，法兰西法律完全禁止农民们习武甚至携带武器，法兰西人的军事战略都是围绕骑士设计的。小镇克雷西位于英吉利海峡法兰西一侧海岸的附近，1346年英法两军在此相遇，他们之间的区别显现了出来。法军人数远超英军，据估计，大约是30000人对10000或15000人。法军中还包括约6000名挥舞十字弓的热那亚雇佣军。十字弓是一种由木柄和生铁制成的恐怖武器，其射程和速度都胜于长弓，能给敌人以致命一击。但十字弓手每分钟只能射出四箭，长弓兵则更加灵活，在同样时间内可以完成八次甚至十次发射。更糟糕的是，法兰西骑士对他们国王请来的雇佣军十分不屑，甚至在战场上踩踏十字弓手。

法兰西骑士的傲慢态度似乎注定了克雷西战役的结果。1346年8月26日傍晚，自称为"法兰西之花"的骑士们抵达克雷西山丘的脚下，来到了英军阵前。他们忽视国王要求在夜晚扎寨、不得进攻的命令，在太阳下山的时候就向山丘上的英军冲去。英格兰长弓兵没有浪费一支弓箭，他们即使没有瞄准骑手，也会向战马射去，导致法军伤亡惨重。根据战役史家让·勒贝尔的描述，战死和受伤的战马堆在一起，就像"一堆猪猡"。

正当法军在混乱中畏缩时，又被爱德华三世的另一件秘密武器所打击——来自威尔士和康沃尔的"刀手"。这些人仅仅装备了短刀或匕首，其绝招是匍匐到敌军战马之下，用刀划开马腹。他们很好地利用了黄昏的掩护，悄悄爬到敌军阵中，"躺在地上击毙了许多敌人，包括伯爵、男爵、骑士和乡绅等"。

直到第二天早晨，英格兰人才意识到他们取得了怎样一场辉煌的胜利。爱德华三世派出自己的传令官——他们是识别敌军盾徽的好手，在战场的尸体堆中找寻、统计。传令官们一共识别出超过1500名被杀的贵族和骑士。除此之外，可能还有大约10000名敌军士兵和十字弓手。和贵族们受到的对待不一样，这些士兵的人数没有被精确统计。在阵亡敌军中包括波西米亚国王瞎子约翰。他是率军前来支援法军的，在战斗中命令骑士们领着自己向前冲锋，"这样我就能用自己的剑砍向敌人"。人们发现他的尸体时，缰绳仍把他和其他骑士捆在一起。这也成了此次胜利中的一个传奇故事。

另一个传奇故事和爱德华的儿子、16岁的威尔士亲王爱德华有关。据说他在战斗中身披一件黑色铠甲。冲锋的法军将他击倒在地上后，这位"黑王子"被自己的旗手救起来，并披上了威尔士战旗。请求增援的信使很快被派往爱德华三世的指挥部——一个可以鸟瞰战场的风车房。然而，国王拒绝派出援军，他说道："让这个孩子为自己赢得荣誉吧。上帝保佑，我希望他能拥有所有荣光。"

后来援军终于抵达的时候，人们发现威尔士亲王和他的旗手以及同伴们"正斜倚长矛和刀剑，在长长的尸体堆边安静地休息，等待撤退的敌军重新发起进攻"。有人取来了波西米亚国王的王冠，上面插着三根鸵鸟的白色长羽毛。从此以后，"黑王子"将它们作为自己的标志随身携带。他还采用了国王瞎子约翰的座右铭——"我服务"（Ich Dien），这后来为历届威尔士亲王所沿用。

◎ 1347 年：加来城的市民们

英格兰人在克雷西的胜利震惊了欧洲。让·勒贝尔写道："曾经没有人高看英格兰人,也没有人赞扬过他们的勇毅。但在爱德华时代,英格兰人的实力得到了检验,他们不愧是最出色、最勇敢的战士。"

事实上,英格兰人的胜利与其说是民族性格使然,不如说得益于先进的军事科技。英格兰和威尔士的弓箭手步履轻快,机动性极佳。他们受训于村庄中的开阔绿地,在射箭比赛中脱颖而出。法兰西骑士因此面临巨大挑战。对英格兰而言幸运的是,法兰西人花了很长时间才弄明白战败的原因。爱德华三世的确是位十分精明的领袖,克雷西之战以后,他决定继续向北行军并攻打加来城,此点得到了再次印证。

英格兰国王明白,如果他想在法兰西领土占据一席之地,需要在英吉利海峡的对岸一侧物色一个可靠的深水港。在晴朗的日子里,人们可以从多佛瞭望加来。如果能够夺取加来城,英格兰人就将扼守海上要冲,控制贸易,并有机会解决日益严峻的海盗问题。爱德华三世也明白,从克雷西直接围攻巴黎太过冒险,而把加来变为英格兰港口,可以令他巩固和延续克雷西之战的胜果。

当然,加来城可不是那么容易拿下的。这个港口拥有沙丘和沼泽等牢固的天然屏障。作为带围墙的城镇,加来不仅是贸易中心,也享有半军事化地位。中世纪的统治者一般会提供便利措施,吸引居民到战略位置重要的要塞城镇生活。他们清楚,如果要塞被攻击,居民们将奋起反抗。这意味着,如果加来城被围攻,生活在其中的男人、女人甚至孩子都将投入战斗,因为他们不指望城镇失守后能够得到从轻发落。

爱德华三世准备好打一场旷日持久的攻坚战。当时火药已经在欧洲战争中使用,但初期的大炮在火力和射程上都不足以摧毁城墙。爱德华三世决定在守城者的弓箭射程之外建立据点。他盖了不少木棚屋,为了过冬,还把王后和宫女们带了过来。他不仅对自己如此,也鼓励士兵们把妻子接来。此外,商人们每周从佛兰德斯赶来两次,专门为英军组织贸易集市。

加来城内的生活却不那么舒适。被围攻初期，市民们还能通过海上走私等方式搞到物资，但爱德华三世很快对港口进行封锁。1347年6月底，也就是围攻近一年后，英格兰人俘获了一名企图突出重围的法军信使。在他的随身物品中发现了一把斧头，这显然是为了防止被俘所备。同时，还有一封加来守将约翰·德维耶纳爵士写给法王的求救信：

> 陛下，您在加来的子民以马肉、狗肉和老鼠肉为食。他们一无所剩，只待相互为食的那一天。尊敬的陛下，如不尽速驰援，此城必将陷落。

爱德华三世读完此信，用自己的封印封口，将其送往收件人处。

四周后，法王腓力六世率军终于出现在加来城附近的沙丘地带。城中响起了欢呼声和喇叭声，城堡的塔顶升起了国王的鸢尾花旗，忍饥受饿的市民们也点起了篝火庆祝。到了第二晚，篝火的火势似乎不那么旺了。第三晚，援兵还没到，篝火只剩下火星，城墙内传来了哀号声。

腓力六世的队伍驻扎在桑加特。这个地方在21世纪初臭名昭著，因为数以千计的非法移民以此为起点偷渡到英国。但腓力似乎不像这些偷渡客一样，迫切地希望突破英格兰的"防线"。在发现英军营地井然有序、补给充足后，腓力决定撤退。

法王撤退后的次日，约翰·德维耶纳爵士前来向英军求和。他几乎无力站起来，骑着一匹快要饿死的瘦马出了城门，交出佩剑和加来城的钥匙。他的脖子上系着一根绳索，等待着被处以绞刑。在他身后还有一些骑士和市民，他们都步履蹒跚，自愿受死，但求其他市民能被赦免。

爱德华三世动了恻隐之心。据记载，是王后艾诺的菲莉帕劝他饶恕加来人。1347年8月4日，英格兰国王及其军队进入了加来城。他们命令所有加来人离开，没收城内全部财产。他们还从英格兰运来一批定居者，在城镇外围修筑了一系列堡垒。此后两百多年，加来城将属于英格兰。

◎ 1347—1349 年："肯特小美人"和嘉德勋章

在加来城外驻扎的漫长的 11 个月中，爱德华三世也在给自己找乐子。为庆祝克雷西战役胜利，他举行了一场大型舞会。宫廷中的女性都身穿华丽的礼服参加，其中一位的吊袜带（garter）——用于固定长袜的蓝色丝绸物件——突然松了并掉在地上。国王此刻酒兴正浓，捡起地上的吊袜带，将其系在自己的腿上。

尽管一个世纪后才出现了相关的记载，但爱德华三世的上述招摇之举在历史上留了名。如果那个吊袜带松了的女性是王后，人们也没什么可评论的。但王后菲莉帕当时正怀有身孕，应该不在舞会现场，或是在舞池之外。可以确认的是，国王对女性有着偏爱。一些历史学家认为，1347 年的那天，他的目光其实停留在一位著名的美人身上——肯特的琼，她是索尔兹伯里伯爵的夫人。

虽然那年只有 19 岁，但这个了不起的年轻女性已经同时拥有两位丈夫。这一年，"肯特小美人"卷入了重婚官司，她必须向教皇说清楚，作为一名骑士的夫人，她为何且如何又嫁给了一位伯爵？教皇的决定是，她必须回到自己的首个丈夫托马斯·霍兰德爵士的怀抱。琼从这桩婚姻中尽可能地给自己谋好处。在霍兰德1360年逝世前，她生育了五个孩子。次年，琼又和时年31岁的黑王子坠入了爱河。他们孕育了两个孩子，其中一位就是未来的国王理查二世。"肯特小美人"将成为英格兰历史上第一个兼具美貌和争议的威尔士王妃。

在1347年的时候，上面所述的事情还属于未来。不过，国王所拾起的蓝色吊袜带的主人吸引了许多人注意，有人对她有所非议。爱德华三世觉得有必要发表自己的看法，他用中世纪的法语宣称："心怀邪念者可耻。"这句话也可以简单地理解为"不许再取笑了"。

第二年，爱德华三世回到温莎城堡。他创制了一个新的骑士勋章——嘉德勋章（Order of the Garter），从而使蓝色丝绸吊袜带成了典礼仪式上非同凡响的焦点。被授予该勋章的骑士一共有24人，他们将有幸和国王一起坐在圆桌上。四年前，爱德华三世就曾在温莎城堡举办过圆桌晚餐。当时，亚瑟王已经是英格兰家喻户晓的民族英雄。如今，爱德华三世通过把圆桌晚餐固定化的做法，意图把自己打造为"后世的亚瑟王"。

蒙茅斯的杰弗里是位生活在牛津的威尔士教士，得益于他的著作《不列颠诸王史》，亚瑟王的神话在过去200年被广泛传播。这本书成为中世纪英格兰最畅销的历史书，至少有220部手抄本留存至今。杰弗里将威尔士魔法师默林的故事融入亚瑟王的传说中，并使之符合英格兰的主流叙事。亚瑟王传说一直追溯到英伦各岛被巨人占据的"阿尔比恩时代"。

终其一生，杰弗里的奇异故事被正统编年史家谴责为"无耻粗制的谎言"。其中不少故事确实如此，比如巨人的传说。他笔下的历史有点像现代文献电视片，把事实和想象交织在一起。杰弗里关于英格兰国王李尔（可能来自民间神话）和辛白林（原型是前罗马时期的英格兰酋长库诺比莱纳斯）的传说将为威廉·莎士比亚带来启发。杰弗里的全部传说与英格兰的社会想象力颇为契合，因为在那个时候，人们寻求民族使命和自身认同的意识正在不断生长。

这正是爱德华三世希望通过设立嘉德勋章达到的目的。在克雷西大胜后的几个月，爱德华三世在英格兰各地举办了一系列圆桌巡回仪式，包括温莎、雷丁、埃尔特姆、坎特伯雷、巴里以及埃尔特姆等。每次仪式举行时都伴随着市集、帐篷林立、旗帜飘扬，售卖食品和饮料的亭子四处可见。人们欢快地注视着贵族夫妇们在草地上开心起舞。这些圆桌巡回仪式是为了隆重庆祝在法兰西赢得的胜利。这胜利不仅有力地提振了民众士气，也让人们对征税的官员们可以好言相待。

国王还办了一件事。1349 年 4 月 23 日，这天是圣乔治日，旨在纪念被十字军请回的屠龙圣人。虔诚但略显无力的圣徒"忏悔者"爱德华，作为一位真正的英格兰圣人，将继续坐镇威斯敏斯特大教堂。但在温莎的礼拜堂，被授予嘉德勋章的骑士在这一天将向土耳其战士乔治致敬。爱德华三世称呼这些嘉德骑士为"圣乔治的兄弟"。从此以后，人们开始接受圣乔治为英格兰的守护圣人。

爱德华三世的"骑士兄弟会"是英格兰首个绅士俱乐部。这一做法在欧洲被广泛效仿。法兰西短暂推行过"星辰勋章"，勃艮第公爵创立的金羊毛骑士勋章持续时间则更长一些。今天，世界上几乎所有国家，不论是共和国还是君主国，都有以奖章和绸饰作为象征的荣誉制度。列宁勋章、菊花勋章、大象勋章——这些都是十分庄严而重要的荣誉。爱德华三世为这个国家的社会荣誉制度注入了一丝略带"丑闻"意味的幽默感。你甚至可以想象，国王一边打量着舞池里的"肯特小美人"，一边对整个儿看上去有些荒诞的事件露出了嘲笑的神情。

◎ 1348—1349 年：黑死病

1348 年夏天，当英格兰还在狂热地庆祝胜利的时候，一艘来自法兰西加斯科尼的商船，停靠在韦茅斯湾的梅尔科姆港。6 月 23 日，时值圣约翰节前夜，这是举国庆祝丰收的节日，这一天村庄里会燃起篝火，少女们穿戴鲜艳的服饰。然而，一种病菌正随同水手们一道离船上岸，沿着牲畜贩子的道路蔓延开来，穿越市集，经过庄稼正在成熟的多塞特郡乡村，演变为一场全国性灾难。

几个世纪以后，这场灾难被称为黑死病。当时的人们称之为"传染病"或者"大瘟疫"。无论哪一种称呼方式，描述的情景都十分黑暗。"我看到死亡像黑色烟雾一样来到我们当中，"威尔士诗人尤安·格辛写道，"一场瘟疫让年轻人的生命戛然而止，这是一种漂移不定的现象，对美丽的面孔也毫不留情。"

格辛本人也感染病菌倒下了。英格兰和威尔士差不多总计 500 万居民中，有三分之一的人同样倒下了。这位诗人用以下文字描述那可怕的症状：

> 我感到腋窝里十分疼痛，真糟糕！全身就像火在烧。头疼欲裂，让人大声喊叫，手臂沉重无法抬起，身上长出了令人痛苦的凸起和白色肿块。有的像苹果，有的像洋葱头，这一小块脓肿不放过任何一个人。这令人难受的感觉还在不断加重，就像正在嗞嗞燃烧的灰烬，冒出灰白色的烟雾。

500 多年之后，这些造成灾祸的病菌，被法国细菌学家亚历山大·耶尔森于1894年提取并识别出来——因此这种病菌被命名为耶尔森氏菌。但这种病菌的传染性，从一开始就被发现了。肺部疫病主要由受感染的肺通过呼吸向外传播，将引发可怕的窒息，导致患者口吐泡沫状鲜血死亡。腺鼠疫病则主要通过黑鼠和跳蚤传播。黑鼠是一种行动敏捷的生物，能够在船舶系泊绳索上跑来跑去。这种疫病的症状之一，是诱发黑鼠和跳蚤的饥饿感，使它们更倾向于去啃咬。当黑鼠在14世纪英格兰茅草屋顶的房椽上蹿动时，被感染的跳蚤会从它们身上掉下去，落到下面的人类身上。

疫病的症状是腋窝、腹股沟的淋巴结肿大，即腹股沟淋巴结炎，这就是格辛所说的"苹果"和"洋葱头"。几个小时后，或者最多几天之后，患者就会死去。他们会感到呼吸困难。根据当时人们的描述，"身体里面有一种令人作呕的尸臭味"。其他症状包括高烧、急性腹痛以及身体上长出蓝黑色的斑点。

"病人的亲属像对待狗一样对待他们，"一位记录者写道，"把食物放在病人的床边给他们吃，然后所有人飞一样地逃走。"另一位记录者讲述了"父母是如何拒绝探望或照顾他们的子女，就好像孩子不是他们亲生的"。

这样的创伤促使所有欧洲人进行痛苦而深刻的反省，这一点并不令人惊讶。法王腓力六世要求巴黎大学医学院给出官方解释的时候，他得到的答复是：上帝发怒了，你们注定要遭受一场毁灭性的灾祸。这一灾祸吸收了海水，创造出一种看不见但十分致命的"瘴气"（miasma，来自希腊语，意为污染或污秽），吸进有毒瘴气的人就会感染疫病，无一幸免。

英格兰人将疫病很大程度上归因于上帝的惩罚，修道院记录者甚至将问题指向王室竞赛活动中的放荡行为。比如，在骑马比武场次轮换的时候，女性拉拉队员会为观众进行表演，她们中有人像男人一样身着凸显身材的紧身衣。

"我们的信仰并不坚定,"托马斯·布林顿抱怨说,"在世人眼中,我们的品格并不高尚。"他是一位伟大的传教士。14世纪七八十年代的时候,他在肯特郡的罗切斯特大教堂布道坛上大声进行谴责。

疫病甚至连国王本人也没有放过。爱德华三世还没到13岁的二女儿琼,当年9月在波尔多病倒了。她正在前往西班牙的路上,准备同卡斯蒂王国的继承人佩德罗成婚。她随身带了嫁妆,其中还包括她自己的那张红色绸缎覆盖的大婚床。

爱德华三世以一位父亲对另一位父亲的名义,在致阿方索国王的信中写道:"如果我们因为遭遇不幸感到痛苦,内心凄凉,没有人会感到惊讶,因为我们也是人啊!"

在1348—1349年首次袭击英格兰之后,这种疫病于14世纪结束前又五次回到这里,分别是1361年、1368年、1374年、1379年和1390年。由此产生的灾难性后果影响到人们生活的方方面面。在三分之一甚至一半的劳动力受到疫病侵袭的情况下,从农田耕种方式,到与封建服役和婚姻有关的规章制度,都需要改变或放宽。结果是导致了更少的佃户、更少的配偶和更少的规定。在人们的观念中,这场疫病是由通过空气传播的瘴气所引发。因此,大多数房屋紧闭门窗,装上了遮板和厚重的挂毯。频繁的沐浴不再是时尚,因为人们以为,热水将令毛孔张开,更易于感染这一空气传播的疫病。

近来医学研究表明,黑死病的部分影响一直持续到今天。研究艾滋病的医生发现,有某些人不管接触多少艾滋病菌,都永远不会被感染。这些人相对而言十分稀少,主要是欧洲白人,特别是瑞典人。他们的共同点是具有一种名为CCR5-delta32的基因突变。医生猜测,这些人的祖先恰好是在14世纪感染了疫病但成功活下来的那些人。在没有黑死病侵扰的非洲和东亚人中,这种基因突变并不存在。

以腋下淋巴结肿大为标志物的腺鼠疫，至今依然存在。如果诊断得足够早，这种病可以用抗生素进行治疗，但每年全世界依然有2000例死亡病例。最近一起发生在马达加斯加的病例表明，这种病菌对抗生素具有耐药性，这令人担忧。艾滋病、非典型肺炎、致命的流行性传染性感冒等各种疫病，现在依然发生在我们身边。

◎ 1376年：瘟疫时期一位医生的临床方法

约翰·阿德恩之所以赢得声名，主要是因为他发明了一种特殊的诊疗方法，专门用于治疗中世纪骑士的"难言之隐"。那个时候，骑士们要整日整月坐在马鞍上。克雷西战役的马背英雄们就是这样在英法两国之间骑了个来回。骑士们虽然有看似光鲜的职业，但不得不忍受肛瘘这样的职业病。此病的症状是一种很折磨人的脓肿，就长在从脊椎底部到肛门之间。阿德恩发明了治疗肛瘘的外科技术。他的办法是切除脓肿，再用鸦片缓解痛苦。1376年，他发表了自己的治疗方法，这篇文章可以算得上是最早的职业医学论文之一。其中提到的基本治疗原则沿用至今。

阿德恩喜欢实践，他的医术是在英法战争时通过治疗英军士兵而练就的。令他颇为自豪的是，自己懂的医学知识要比旧的医学教条多得多，这些教条可以一直溯源至古希腊时代。不过，阿德恩也承认自己早年曾犯过错误。有一次,他试着用砒霜粉治疗大腿扭伤,导致病人的腿骨受损。好在那个时代尚未实行医疗赔偿。人们非常清楚,自己可能会在任何一次治疗中丧命,他们对医生所能做的一切都心存感激。

经历了砒霜粉的失败后,阿德恩调配出了"清淡"些的药方,主要成分是羊脂肪,他还为其取名"人民之膏"。此后,他开始专门研究草药。他将绿色月桂、蜂蜜和公猪的猪油混合制成膏状药剂,用来治疗痛风。阿德恩声称仅用了一剂药方,就在一夜之间让一位患痛风的教士痊愈。此外,他还用鸽子的粪便和蜂蜜配制出治疗肾结石的药膏。这些药剂对现在的人们好像有些不合时宜,但阿德恩的病人却很买账。他在治疗时口中念叨的"咒语"似乎也起到了镇定效果。比如,黑王子的弟弟莱昂内尔的婚礼宴会上有不少人过于放纵,产生了酒后不适。阿德恩用他最受欢迎的一条"咒语"治愈了这些人的宿醉症,他还将此"咒语"用于治疗癫痫,据说不乏成功的病例。

阿德恩认为,一个好的医生不应该夸耀自己,也不应该评论同业者。医生在讨论病人康复的前景时,应该尽量采取谨慎、谦虚的态度。此外,他一直保持自己的指甲清洁。至于收费问题,阿德恩同意应向富人尽可能高收费——因为高昂的价格有助于树立他们的信心。对穷人则应该给予免费治疗,这是医生高贵的职业属性使然。不过,这并不妨碍医生在给穷人治病时获得鸡鸭相赠。

医生在病榻前适当地夸奖病人总不会有错,有些医生甚至还讲笑话逗病人开心。而如果医生把病人的家人拉到一边耳语,这反倒会引发病人的焦虑。同样,医生也不宜和病人家中的女性过从甚密,他应该避免在公众场合和女主人拥抱,以免引发不必要的质疑。

瘟疫到来的时候,阿德恩不会假装自己找到了解决办法。对心脏病患者,他开出的是金粉和珍珠粉等昂贵药方。他还会劝告同业者不要去医治康复无望之人。如果坚持医治他们,就是拿自己的金钱和名声冒险,甚至还有可能被指控蓄意下毒。

阿德恩对他发明的战场药物十分自豪，特别是一种被称作"爱之血"的治疗弓箭伤的药。据说要制成此药，最好是在处女座时段（8月中旬至9月中旬）的满月时分抽取20岁处女的血，然后和没药树、芦荟以及其他成分相混合，再和橄榄油一起煮沸。但是，医生们此后不得不采用一种红色粉末来替代处女血。阿德恩对此的解释是："当此时代，20岁的处女已经越来越罕见了。"

◎ 1377年：农夫皮尔斯的梦想

这是一个夏天，太阳十分温暖。我穿着破旧的羊毛衣服，把自己打扮成牧羊人的样子。我就像一个生活随性的隐士，开始游荡在宽广的世界里，寄望于听到令人惊奇的事情。五月的一个清晨，我来到莫尔文山，就像存在魔力一般，一件奇怪的事情发生了。那个时候，我已经走得筋疲力尽，在一条小溪的宽阔岸边躺下休息。我将身子倚在水边，眼睛盯着水面，听见溪水流淌的声音如此美妙。于是我睡了过去，做了一个不可思议的梦。

农夫皮尔斯的故事就这么开始了。这是一首漫长的史诗，取材于爱德华三世统治后期那个为黑死病所困、每况愈下的时代。我们在其中读到了僧侣和修士的故事，看到了骄傲的贵族和身着毛皮大衣的市镇新贵，也遇见了在日益没落的教区里难以为生的穷困教士。当然，还有我们的这位农夫。皮尔斯是一位勇敢、直言、好心肠的人，他想弄懂眼前这个世界的意义。

《农夫皮尔斯》是威廉·朗兰的毕生之作。朗兰是个特立独行的穷困教士，他花了很长时间用口语来写作和修改这部他唯一的作品。朗兰出生于伍斯特郡的莫尔文山，诗歌里的第一个梦境就发生在那里。但随后他就前往伦敦，以给富人咏唱弥撒曲和誊写法律文书谋生。他当时肯定很难养活自己的妻子基特和女儿科莉特。他们一家生活在康希尔，也就是现在伦敦桥和英格兰银行之间的地方。朗兰在诗歌中有很多地方其实描述的是自己，他本人就是那个做梦者。这首长诗是我们所了解的关于他的一切。根据主人公威尔的自述，他是一个瘦高个儿，不受人待见。他有时穿得破破烂烂，像个乞丐，据说这样做是为了体验穷人的生活。当他见到高傲自大、自以为是的人，对他们总表现得张狂无礼并以此为豪。

在诗中的第一个梦境，朗兰梦到了一群老鼠。它们十分害怕一只经常拍打欺凌它们的专横猫——"时常用爪子抓挠我们，把我们牢牢控制在股掌之间，让我们无所适从"。在一只年长的老鼠提议下，它们开始商讨一个民间传说的老法子：把铃铛系在怪兽的领子上，这样就能有效地提醒和保护自己。但它们很快就面临一个著名的悖论——究竟谁能去给那只猫系上铃铛？

朗兰写道："这个梦的意义，你们必须自己去体会。因为我没有勇气告诉你们真相。"

对生活在14世纪的朗兰的读者来说，答案并不难猜。诗人指的是那个时代议会的情况。专横猫就是国王——年迈体弱的爱德华三世，他已经占据王位半个多世纪。老鼠们则是组成议会的骑士和市民阶层。

在克雷西战役后，英格兰在同法兰西的战争中一度进展顺利。1356年，黑王子代替父王率领英军克服重重困难，在普瓦捷取得了辉煌胜利。法王约翰二世被俘，法国为此付出了巨额赎金。然而，1369年以后战事急转直下，英军屡次撤退，失去了不少土地。黑王子患上了重疾，年迈的爱德华三世在王后菲莉帕去世后，深受情妇爱丽丝·佩勒斯的影响。王室不停地向民众征税，而这一切还发生在黑死病肆虐之际。

1376年召开的"良善议会"试图阻止这一趋势。他们选举产生了一位议长——这在议会历史上还是首次。他负责主持议会辩论，议员们以此为契机对包括佩勒斯在内的国王近宠和王室大臣提出尖锐批评。议会希望国王"自食其力"，而不是继续压榨人民。我们这里描述的议会，恐怕就是那只年长的精明老鼠所指的铃铛吧。不过没多久，以爱德华的小儿子冈特的约翰为代表的"猫"，将议长逮捕并废除了"良善议会"通过的法令。

朗兰笔下的老鼠不无讽刺地评价道："即使我们杀死了猫，另一个和它一样的动物也会继续抓挠我们。我们暗中的小动作无济于事。不如对猫不管不问，别再着急向它出示铃铛。"

《农夫皮尔斯》与其说是一首政论诗，不如说是一次"精神冒险"。朗兰想表达的是，生活的目的在于探寻真相。真相最后将以美好的形式呈现，那就是和爱一样长存于人们心中的情感。这位经常穿成乞丐的样子体验穷人生活的诗人，对人世间的不公正极为关注。在他的诗中，对14世纪英格兰一些人的生活有着独特的描述：

> 如果我们放眼四周，最穷困的人们是我们的邻居——地牢中的囚徒，以及生活在陋屋中的穷人，他们的孩子嗷嗷待哺，地主却拼命催租。他们赚来的微薄收入都用于偿付租金，或者买牛奶和燕麦填饱孩子们的肚子。他们自己则终日饥肠辘辘，饱受寒冬摧残。无

数个不眠之夜,他们起身晃动屋角孩子们的摇床。天还未亮,他们就开始梳理羊毛,进行各种洗刷和修葺……

有许多人和他们一样受苦,终日饥渴难耐,却尝试各种办法隐瞒自己的窘境。他们耻于乞讨,不愿意乞求邻居们帮忙。我看够了他们的苦难。家中有那么多人指望着他们微薄的收入,有那么多孩子需要抚养,但他们没有足够的钱购买衣服和食物。与此同时,教士们却在享用美味的烤鹿肉。这些穷人也许能分得一些面包和稀啤酒,最多还有几片冷肉或者腐鱼。

通过《农夫皮尔斯》以及此前提到的牧羊人卡德蒙的短诗,我们难得有机会倾听到很早以前英格兰普通老百姓的声音。以朗兰的作品为例,他们的声音充满了愤怒。用不了多久,这些人的声音以及愤怒将会以更强烈的方式表现出来。

◎ 1381年:"疯狂的大众"

亚当耕种,夏娃织布,谁注定就是绅士?

布莱克西斯高地郁郁葱葱,在这里可以俯瞰伦敦。1381年初夏,许多人聚集在高地上,他们听到约翰·布尔发出以上质问时十分激动。

这位充满激情的牧师描绘出这样的一幅图景：亚当正在田地里辛勤耕种，而在他们由泥巴和藤条制成的简陋小屋中，妻子夏娃用织布机将成捆的羊毛纺成纱线。布尔的听众完全明白他的意思。

布尔大声说道："所有人在一开始的时候都是平等的。让一些人奴役另一些人，这是邪恶之人主张的不公正行为。因为如果上帝想要让一些人驱使其他的人，他在创造世界之初就会划清这种区别。"

布尔的布道指向的是一个饱受瘟疫袭扰的国家。他激动的听众们既忠心地服从于农场主，也对上帝十分恭敬。但在1348年、1361年、1368年、1374年以及此后五年，他们反复遭到瘟疫惩罚。同时，那个年代的人们也拥有前人没有的自信。根据残酷的经济学理论，在瘟疫中幸免于难的人们生活水平实际上获得了提高。急剧减少的劳动力意味着高工资，如果你还能有些积蓄，可以购买一些便宜的土地。现代考古学家发现，在当时的普通人家，精致的金属器具逐渐取代了陶器。更高的生活水平、较低的租金和更加多元化的经济，这一切都来源于老鼠背上的跳蚤。在发生上述变化的背景下，人们对社会正义的呼吁也愈加强烈。

布尔问道："他们能否说清楚，除了为自己的开销而驱使我们辛勤劳作，他们有什么理由比我们更有资格当主人？"

发生在1381年的大起义，其目的是为打破封建束缚的循环。在这一体制下，农奴把自己的劳动、忠心乃至他们的全部都贡献给本地的农场主，以换取土地和人身保护。出于这个原因，后世的人们也称这次起义为"农民大起义"。

但根据历史记录，或许称其为"纳税人起义"更贴切些。因为起义的领导者和喉舌们，如约翰·布尔、瓦特·泰勒、杰克·斯特劳等都交纳了可观的赋税。他们来自一个向上流动的自耕农阶层，绝非一般意义上的农民。他们是加入陪审团的乡村领袖，起义最初爆发的地方也不是英格兰的贫困区域，而是富庶的郡县。比如盛产水果的肯特郡以及伦敦附近、以财富和进步思想闻名的埃塞克斯郡。

当时的人们普遍相信,国家的最高层出了问题。爱德华三世死于1377年,这是在"良善议会"发生困局之后。他将王位传给了年仅十岁的孙子理查二世。威廉·朗兰笔下那只做梦的老鼠叹道:"我听见父亲说,如果那猫是只小猫,宫廷里的情况肯定会很糟糕。"

由于理查还是个孩子,宫廷事务被他叔叔——冈特的约翰所把持。之所以这么称呼此人,是因为约翰出生在王室对冈特进行访问之时。与他的哥哥,也就是理查二世的父亲"黑王子"相比,约翰缺少魅力。"黑王子"的英年早逝叫人悲哀,因为他被广泛视作一名改革者。与此形成反差的是,约翰以自己疏远民众为荣。他废除"良善议会"改革措施的时候曾问道:"他们认为自己是这个国家的国王和王子吗?他们难道忘记了我是多么富有权力?"

约翰继续同法兰西以及苏格兰作战,由此产生的巨大花销导致税收不断增加。最让人受刺激的是1380年推出的"人头税"(poll tax)——这是四年中出台的第三种税了。顾名思义,人头税就是按照人口的数量收税,这是一种全新的征税方式。此前,税收是向每家每户征收的,被称作"什一税""十三税一""十五税一",也就是从家庭财富中抽出一定比例交税。但人头税出台后,人们就需要按照家庭人数计税。如果你结婚了,或者父母和你生活在一起,又或者孩子年龄超过14岁,都会自然地增加你的税负。

毫不奇怪,在征税者造访的时候,在许多人身上"合乎时宜"地发生了家庭成员"失踪"的情况。1377—1381年间,33%的成年人口神秘地不见了。王室政府不无正确地怀疑有人逃税,他们派出了具有拘捕权力并有武装力量护送的官员前往各地,意图将逃税者绳之以法。

1381年5月底,有一队官员来到了埃塞克斯郡的布伦特伍德。这成了大起义的导火索。这队官员由本地议员约翰·班普顿带领,他们传唤此地居民的代表解释为何出现税收赤字。但来自福宾、科灵厄姆、斯坦福勒霍普等村庄的代表们认为自己受到了威胁，拒绝合作。班普顿带领的武装人员企图拘捕村民的时候，场面失控了。他们被村民们赶出了布伦特伍德，班普顿为保命逃到了伦敦。

没过几天，埃塞克斯郡大部分地方都爆发了起义，数千抗议者向着伦敦挺进。在肯特郡，扛起起义旗帜的是个名叫瓦特·泰勒的人。他早前曾生活在埃塞克斯郡，但起义发生的时候身处梅德斯通。从首都的东北方向到东南方向，各地的起义活动出人意料地协调良好。泰勒也许是其中的一位关键联络人物。

6月10日，一个星期一，泰勒带领4000名起义者前往坎特伯雷。他们在信徒做弥撒时闯进了大教堂，要求教士们废黜大主教西蒙·萨德伯里。由于萨德伯里是王室政府的主要成员，泰勒的追随者谴责他是个"作恶多端、将被砍头的叛徒"。在这些年里，极端的宗教思想和社会革命的思潮总是肩并肩滋长。牛津大学的哲学家约翰·威克里夫教导人们，他们可以在没有教士帮助的情况下，凭自己找到通向上帝的道路。教士的财富、权力和世俗深为威克里夫所谴责。威克里夫的信徒们很多都是穷人，他们被称作罗拉德派，在中古英语里的意思是"说话含混不清的人"。这和他们不停地自己念诵祷告词有关。

起义者们到达伦敦后，很快找到了萨德伯里大主教的下落。此人和国王的司库罗伯特·黑尔斯爵士一起躲在伦敦塔内。人们把这两人从塔中拖出来斩首。他们的头颅被挂在杆子上，被人举着朝威斯敏斯特大教堂的方向游街。接下来，血腥暴力事件不断，起义者找到了更多替罪羊，包括从佛兰德斯和伦巴第来到伦敦的移民商人，他们取代犹太人帮国王筹款。冈特的约翰很幸运当时不在伦敦，而在外征讨。不过，人们将他在泰晤士河边的豪华官邸洗劫一空。起义者还要求国王的母亲琼亲吻他们。据说这位曾经的"肯特小美人"凭借其美貌启迪爱德华三世创设了嘉德勋章。现今她年事已高,面对起义者因受到惊吓昏了过去。

王室中敢于在此刻挺身而出的是那只"小猫"——14岁的国王理查二世。1381年6月15日,这个小男孩骑马前往伦敦西北部史密斯菲尔德的牧场。和现在一样,当时那里也是肉市。国王个头虽小,却十分自信。他的身边是200多位侍臣和近卫兵,面对的是牧场另一边数量大得多的起义军。

泰勒骑着一匹小马从起义军的队伍中自豪地走出来。他只身一人,带一把匕首自卫。泰勒下马的时候半屈着膝,用一种略带粗野和玩笑的方式捧起小国王的手,说道:"我的同胞,祝愿您舒心愉快!"

起义军向伦敦进发时的口号是"为了国王理查和真正的老百姓"。因为他们和今天的人们一样,对君主有一种天然的幻想。那就是君主作为个人是不会犯错误的。王室错误的始作俑者是国王的顾问们。国王从内心里是人民的朋友。泰勒向小国王做出许诺:"我们将会是好伙伴。"

理查二世显然对泰勒的没大没小感到不悦,问道:"你为什么不回到自己的乡村?"国王所谓的"乡村"指的是泰勒生活的家乡。面对国王的直接驳斥,起义军首领火冒三丈。他狠狠地发誓,除非他们的要求得到满足,他和他的伙伴们绝不会离开。紧接着,泰勒宣读了他的檄文:

> 除了国王之外,所有的人都将平等。英格兰将不再有农奴。全体人民都将自由并处于同等状态。教会的世俗财产将被充公。教士们可以拥有合理数量的财富,供满足生活之用。但其他财产都将分割给教区民众。

这段充满自由主义但不具可行性的讲话,比有史以来任何人在直面国王时提出的要求都要大胆。如果泰勒真像编年史家记载的那样,如此流利而有力量地向国王陈述人民的要求,那他的确是个口才和胆识都很了不起的人,不愧为起义的关键人物。不过,接下来发生的事情备受历史学家们争议。是否有人设计让泰勒入套?还是他自己的傲慢导致了最终的结局?

根据一位编年史家的记载,泰勒结束讲话的时候喊人拿来一瓶水,他当着理查二世的面"用很粗鲁和令人厌恶的方式漱口"。另一位史家称,泰勒当时把匕首从一只手丢到另一只手上,"如同孩子玩耍一样,看上去他像是会突然抓住机会刺向国王"。

这时候,一个王室随从大喊道:"泰勒是全肯特郡最大的小偷和抢劫犯!"这句话激怒了起义领袖,或许这是那个随从有意而为。泰勒拿起匕首刺向了他。此时,伦敦市长出手干预,泰勒竟把匕首转向了市长。如果不是市长在衣服里面还穿着铠甲,他可能会受重伤。不过,这也说明王室到史密斯菲尔德应该是有备而来。

国王的近卫兵看不下去了,他们很快把泰勒按倒并砍了他一刀。泰勒在受到致命伤后挣扎着爬到马背上,向着起义军的方向奔回去。但在交战双方中间的无人地带,他一边呼喊着救命,一边摔下马来。起义军中愤怒的弓箭手们准备拉弓射击,就在这个时候,他们看到小国王骑马驱前,以个人的名义呼吁他们一道前往邻近的克拉肯韦尔继续商谈。

即使考虑到王室编年史家的记录可能存在夸张成分,理查二世的勇敢理性也确实让人印象深刻。他化解了一个可能导致大规模流血的危机。此前,形势一直有利于起义军方面,但国王的表现推动形势逆转,朝着对王室积极的方向发展。

泰勒的追随者们把他们重伤的领袖带到邻近的圣巴索洛缪医院救治,但伦敦市长下令把他拖出医院斩首。从此之后,再没人敢上前取代泰勒的领袖位置。一位观察人士称,来自肯特郡的起义者被人引导着,经伦敦桥返回了家乡。

其他地方的起义仍然如火如荼。在圣阿尔班、剑桥、贝里圣埃德蒙兹等地,商人和工匠揭竿而起,将他们的市镇从本地教会手中解放出来,成为独立治理的社区。在诺福克郡,爆发起义的不仅包括市镇还有农村。不过到了六月底,王室的军队朝着埃塞克斯郡进发,他们无情地镇压了遇到的所有抵抗。根据记载,大约有 500 人因此丧命。还有更可信的数据表明,约有 31 位起义领袖被逮捕、审判和绞死。

年轻的理查二世后来宣称:"你们以前是乡下人,现在仍然是。你们将继续被奴役,不会再像从前那样,而将面临更加严苛的条件。"

史密斯菲尔德的年轻英雄撤销了他所有的让步,因为这是在起义军的压力下做出的。在他的价值观里,压力之下做出的承诺不算数。理查二世在史密斯菲尔德展现出来的卓绝勇气,植根于他的神授君权,这也将一直成为他身披的统治外衣。后来,约翰·布尔、杰克·斯特劳都被逮捕、审判并绞死。在当年年底召开的议会上,骑士和乡绅们抓紧重新确认种种社会限制措施。而这正是当年激发大起义的原因。那些起义者曾标榜高尚的自由平等理念,现在人们终于可以安全地将他们嘲笑为"疯狂的大众"了。

议会再也没有试过征收人头税,至少在此之后的 609 年中没这么做过。玛格丽特·撒切尔的保守党政府曾按照人头征收社区税,但整个国家对此十分不情愿。选民册上再次出现了神秘的"失踪"——光伦敦就有 13 万人。同样,抗议人群再次来到首都,走向街头发起抗争。1990 年,抗争者成了胜利的一方。撒切尔夫人被她的同事们抛弃,而这些人为的是保住自己的政治生命。她的继任者约翰·梅杰很快就放弃征收人头税,并在接下来的大选中获胜。

我们今天所享有的民主和咨询过程其实源于那遥远的年代。从为盎格鲁-撒克逊诸王提供咨询的"贤人会议",到无助的"无准备者"埃塞尔雷德不情愿地接受首个社会契约,自由的绿苗开始茁壮生长。诺曼征服看上去是个挫折，不过也丰富了英格兰多元的文化，特别是她有力、微妙的语言：我们发现，许多关于英格兰且最具英格兰特性的事物，其实都来自于海外。

我们在"农民大起义"中听见了对自由和平等的呼唤，其喊声至今仍在回响。我们也看见这些要求被残酷地压制。向前迈两步，向后退一步。亚当还在耕种，夏娃也仍需要织布。瓦特·泰勒向国王理查二世所提出的要求——"全体人民都将自由并处于同等状态"，这是一个还要等上很多年才会接近实现的目标。然而，黑死病所带来的经济力量，吊诡性地对英格兰劳动力产生了影响。假以时日，这股力量将催生出全新的生活方式和思考方式。

◎ 1387年：杰弗里·乔叟和母语

　　四月时分，甜蜜的阵雨飘落，
　　穿越干旱的三月，浸透了万物的根部。

杰弗里·乔叟的《坎特伯雷故事集》以14世纪末泰晤士河边一个春天的早晨开篇。鸟儿在吟唱，万物在复苏，一群旅行者正聚集在泰巴旅店里。这家旅店位于伦敦桥南侧，用木质材料装潢，住客的房间都环绕在一个庭院周围。乍听起来，乔叟的"英语"显得有些陌生，但揣摩他的辞藻，我们可以从中体会到自己说话的节奏和韵律。当我们像600年前的人们一样大声朗读时，这种感觉尤其明显："这时，人们渴望走上朝圣之路……"（Thanne longen folk to goon on pilgrimages...）

朝圣之旅就相当于中世纪的"旅行团"。在乔叟的想象中，这就好比是一群度假者在呼吸乡间的空气，锻炼他们的体魄，放松自己的精神，而目的地是英格兰顶级的旅游景点——圣托马斯·贝克特的陵墓所在地坎特伯雷。我们的度假者中包括轻轻吹奏风笛的健壮磨坊主、给宠物狗喂食的高雅女修道院院长、上衣被锁子甲锈迹所沾染的潦倒骑士等。阅读乔叟的作品就如同穿越时光，感受被我们称作中世纪的日常生活，感受人们的肌肤和衣服，甚至闻到他们带有韭菜和洋葱味儿的呼吸。对他们来说，中世纪就意味着"现在"。

为了活跃气氛，泰巴旅店的老板哈里·贝利建议举行一场故事比赛，胜利者将获得免费晚餐。这为我们提供了绝好的机会，得以同潦倒的骑士、高雅的女修道院院长、健壮的磨坊主以及商人、船长、厨子和其他20多位信徒打照面。他们是从理查二世时期的三四百万民众中精挑细选出来的代表。乔叟把自己也当作朝圣者的一员，讲述了一个故事来娱乐大家。不过，他还没怎么开始就被老板哈里给打断了："天呐，老实说，你讲的故事连屎都不如！"通过上述词句，乔叟所擅长的俗言俗语也被留存在英格兰的民间记忆中。每当提到《坎特伯雷故事集》，人们的眼睛就为之一亮。他们还记得，上学时老师如何尴尬地解释"屎"为何物，并刻意回避那个"屁股被伸出窗外的故事"。

乔叟还讲了另一个故事。有位男修士在梦中造访了地狱。他高兴地发现地狱中一个修士都没有，并因此得意地下了结论：男修士们一定全都去了天堂。一位天使立刻纠正了乔叟："哦，不。我们这多得是。"说罢，天使对魔鬼说："抬起你的尾巴，让这位修士看看你的屁股下面……"这时，两万多名男修士从魔鬼的屁股下面跑了出来，像愤怒的蜜蜂一样绕着地狱飞来飞去。最后又飞回到他们温暖而舒适的"永恒小窝"。

乔叟笔下的旅行者们聚集在一起，为的是参加教会发起的朝圣仪式。他认为，教会就像是规模庞大的"国有产业"，控制着中世纪英格兰的学校、医院以及信仰。而此时，教会已陷入了深深的麻烦。尽管他作品中的朝圣者包括一位虔诚的牛津教士以及一位真心对待教徒的教区教士，但同时也有一些只想通过传教捞取好处、过腐化生活之徒。比如，热衷于吃烤天鹅肉的世俗教士和脸上长着粉刺、收取信徒贿赂的教会法庭传唤者。还有一位卖假赦罪符的人。他把枕套当作圣母玛利亚的面罩，把猪骨头当成圣物。这位中世纪的"保险推销员"号称，只要买了上述"圣物"，就能确保直升天堂。

乔叟略带风趣但不留情面地为我们描绘了一个万物均可售卖的国度。40多年前，在黑死病席卷之下，英格兰人口减半。到了14世纪末，这种腺鼠疫又多次爆发并造成令人痛心的悲剧。生还者们更加激烈地争夺资源。人们的工资在上涨，清空了人口的土地价格却在下跌。乔叟写作《坎特伯雷故事集》前，有好些年都居住在伦敦的阿尔德门（意为"旧门"）地区。这里位于伦敦城墙六座大门中最东边的那一座附近。他从窗边向下望去，见证了不断变化的生活场景：1381年，埃塞克斯郡的愤怒民众挥舞着砍刀穿过阿尔德门。正是这些"疯狂的民众"上演了历史上著名的"农民大起义"。而在瘟疫肆虐的年代，载着成堆尸体的运尸车从楼下颠扑而过，朝城外的石灰坑驶去。

乔叟用一种"重现生机"的语言来生动地刻画当时"重现生机"的生活，这一语言就是诺曼征服后统治者曾企图压制的英语。《坎特伯雷故事集》著于1387年至乔叟去世的1400年之间。这是最早的一部用当代人能看懂的英语写作的作品。300多年来，英语在英格兰民众特别是乡绅群体中流传了下来。即使在说法语的英格兰贵族家庭，盎格鲁-撒克逊妇女也会用本土语言和孩子们进行沟通。英语之所以流传，就在于其母语的地位。在瘟疫过后的这些年里，英语再次振兴。1356 年，伦敦市长下令将英语作为市政会议的官方语言。1363 年，英格兰大法官首次用英语宣布议会开幕——而非使用海峡对岸敌人的语言。

乔叟欢快、友善的作品为当今世界提供了某种先兆。在他的字里行间，我们追寻着英语无法阻挡的传播轨迹——从英格兰推广至整个世界。我们也将目睹旧的宗教被排斥，新的宗教走上前台。当人们改变对上帝的看法之际，他们也会彻底改变对国王和世俗权威的态度。人们磨砺他们的语言，并释放他们的心灵。在此过程中，他们将开启自我解放的未知历程。

◎ 1399 年：国王理查二世的废黜

上一次我们提到理查二世时，他还是个 14 岁的孩子。在"农民大起义"的高潮时刻，面对瓦特·泰勒和起义者们，他向自己的士兵喊道："先生们，你们会和他们一样攻击自己的国王吗？我将成为你们的首领。"此刻正值 1381 年 6 月，"疯狂的民众"愤怒地聚集在伦敦城墙外的史密斯菲尔德牧场上。理查二世刚愎自用的叔叔——冈特的约翰不在伦敦，正忙于和苏格兰人议和。理查二世的顾问们面对敌人战战兢兢，但这位还是个孩子的国王显得坚决勇毅，他念完祷告词便策马向挥舞砍刀的敌人飞奔而去。

在纯粹的信仰引领下,理查二世勇敢地迎来了属于他的著名胜利。毫不奇怪,他在成长过程中一直很看重自己的地位和权力。这位年轻人从十岁开始就当上了国王。在等待晚祷时,他会花很长时间坐在王座上,头戴王冠,一言不发。觐见的人们都要屈膝、低头。此前的英格兰君主满足于被称为"阁下",而人们对理查二世必须尊称"陛下"。

理查二世坚信自己的君权是神授的。他的肖像画看起来就像基督坐在金光闪闪的王座上——这也是现存最早的英格兰国王肖像。亚美尼亚国王造访伦敦时,理查二世下令在午夜时分打开威斯敏斯特大教堂的大门。在烛光闪烁照耀下,他自豪地领着拜访者参观自己的王冠、权杖和其他王权象征物。

然而,国王在公共场合的宏大铺张不过是为了掩饰他自身的不安全感。他从小就口吃,成年后身高达六英尺。理查发怒的时候脸颊会泛红,金雀花家族的标志性黄发也伴随着摇动,这场景着实令人害怕。有一次,他用剑刺向一位胆敢顶撞自己的贵族,并砍中了另一位贵族的脸颊。面对议会对其顾问的批评,国王宣布不会因为议会的要求哪怕"解雇御厨的任何一个仆人"。国王不顾议会的抱怨,自豪地宣称不再需要上院和下院,因为英格兰的法律就存在于"他的嘴里和胸中"。

理查二世的梦想是以一种不需要被任何人问责的方式进行统治。为此,他和法兰西议和,使被称为"百年战争"的一系列英法之间的战斗暂时告一段落。理查认为,没有战争就意味着没有额外的赋税,因此也就不需要再召集议会。

当代一些历史学家对理查二世摒弃议会的做法嗤之以鼻。他们认为他的做法打乱了英国迈向民主的步伐——理查二世治下的22年里议会仅召开了6次。不过,理查的子民可能并不觉得这有什么不合适。相反,议会召开后征税者往往会很快出现在乡镇里。从这个意义上说,一位不向人民征税、让他们能够安居乐业的国王倒不乏可圈可点之处。

理查二世浮华炫目的统治方式没能为他赢得朋友，他也从不摆出亲近普通民众的样子。正是他自以为是的统治方式导致了自己的垮台。冈特的约翰于 1399 年去世，终年 58 岁。他的兰开斯特公爵领地是当时英格兰最大的一块。理查二世迫不及待地要将叔叔的土地夺过来。此时，冈特的儿子亨利·博林布罗克因为和另一个贵族发生争执，被下令流放，十年之内不得返回。

博林布罗克的名字取自他 1366 年出生时所在的林肯郡的一座城堡。他和理查同岁，两兄弟在宫廷里一起长大。"农民大起义"期间，愤怒的起义者在城外大声聚集、叫喊，二人则躲在伦敦塔里，共同度过了一段恐惧的经历。一些起义者曾试图进入塔中抓住亨利。幸好他奋力逃脱，避免了像坎特伯雷大主教那样被拖出去暴打、随后砍头的厄运。

亨利和他的王兄一样虔诚。1390 年他 24 岁的时候就曾和条顿骑士团一道，向立陶宛传播基督教。1392 年，亨利还前往耶路撒冷朝圣。他是个厉害的角色，是历次比武竞技的佼佼者，绝不会坐等自己的家族财产被剥夺。对中世纪的贵族而言，土地具有神圣的意义。许多人在亨利和国王的争执中都选择支持前者。如果连最大的兰开斯特公爵领地都能被国王轻易没收，那还有谁的土地是安全的呢？

1399 年夏天，理查打算去平定爱尔兰的叛乱。他的堂兄亨利抓住了机会，此前亨利已在法兰西流亡了九个多月。他率军在约克郡登陆，立刻受到了诺森伯兰侯爵以及他的儿子"暴躁者"亨利的欢迎。亨利·博林布罗克很快就控制了英格兰中部和东部地区，具备了夺取远大于自己家族地盘的实力。理查从爱尔兰返回后，不得不面对这一近似"政变"的局面。

1399 年 8 月，国王站在威尔士北部的弗林特城堡城墙之上，目睹他的堂兄率兵沿着海岸线前进。理查二世悲哀地叹道:"我的日子屈指可数了。"他最终被俘,并被护送回伦敦,囚禁在伦敦塔中。理查连续三次拒绝让位给亨利,但最后还是不得不屈服。他坚持不将王冠直接交给亨利,而是选择将其放在上帝的土地上,象征着把王权交还给造物主。

理查随后被押往约克郡阴暗的庞蒂弗拉克特城堡,在那里只待了数月就丢掉了性命。这是因为,一次发生在圣诞节的假借理查之名的起义令新国王觉得,让理查活着实在是太危险了。根据莎士比亚的剧作《理查二世》,这位被废黜的君主英勇地迎来自己的最后一刻。他在打斗中杀死了两位行刺者,然后才被杀害。事实可能未必如此戏剧化。官方记载称,理查以绝食相抗争,他的食道慢慢萎缩。不过,他的支持者认为,理查是被蓄意饿死的。不论如何,这位33岁的前国王死于饥饿。还有记载称,他饿极之时居然绝望地咬自己的手臂。

> 安慰的话不要说了……
> 我们且坐在地上,
> 细说君王们死亡的故事!

在这部写于200多年后的剧作里,莎士比亚从理查二世的故事里得出一个简单的道理。理查也许性格存在缺陷,但将一位君主废黜的做法打乱了神授的秩序。剧作家清楚地了解此后发生的事情——理查和亨利的家族纷争跨越了世代,后世的人们将其称为"玫瑰战争"。

◎ 1399年："转过身来，迪克·惠廷顿"

1399年底，亨利四世在接管他的新王国时直截了当地承诺，他与任性的前任们不同，将依靠"明智和谨慎"之人的指引进行统治。理查二世因为不接受顾问们的建议而被诟病，他的绰号是"不听劝告的理查"。在刚开始的时候，亨利召集参加王室委员会的人包括主教和贵族。

那年12月8日，新国王请来了不同职业的专家——一位商人。这是王室委员会中首次出现这一职业的人士。这位名叫理查德·惠廷顿的爵士曾是伦敦市的一名绸布商和放债人，后来担任过伦敦市长。事实上，他曾至少三次当选市长。

每逢圣诞节，迪克·惠廷顿（"迪克"[Dick]是"理查德"[Richard]的缩写。——译者注）的冒险故事就会吸引大批观众前往剧院和教堂大厅。我们经常会看到，有个穿紧身衣的小女孩扮演迪克，从格洛塞特郡来到伦敦找寻发财机会，但最后因为发现街道并非由黄金铺设而失望离去。迪克在和他唯一的朋友——一只猫一道坐下来休息的时候，突然听见背后传来伦敦的钟声。

钟声似乎在传递信息："转过身来，迪克·惠廷顿，三度伦敦市长的荣耀在等着你！"

迪克重新振作起来，返回伦敦并在市议员菲茨沃伦的家中找了份工作。他在那里和菲茨沃伦的美丽女儿爱丽丝相爱。但不幸很快就降临到他头上，有人错误地指控迪克偷窃了一条名贵项链。迪克觉得自己最好还是选择离开，他开走了菲茨沃伦的一条船，前往柏柏尔海岸做起了绸缎生意。在那里，迪克的猫受到了本地苏丹的宠爱，因为它能捕捉宫廷里的老鼠。迪克也因此被赏赐了大量黄金珠宝。他带着财宝衣锦还乡，赔偿那条丢失的项链不成问题。人们此时才发现,项链原来是被猫的致命天敌鼠王盗走的。爱丽丝和迪克终于成婚,迪克也兑现了伦敦钟声的预言,在此后三度担任伦敦市长。

这个故事的许多情节都是真实的。年轻的理查德·惠廷顿是家中的第三个儿子,无望继承财产。于是,他在14世纪60年代离开格洛塞特郡的庞特里村,前往伦敦找寻机会。他在那里确实给一位名叫休·菲茨沃伦的爵士当学徒,而这位爵士也确实是个从事名贵布料贸易的绸布商。他正是从北非的柏柏尔地区进口布料。迪克自己后来也成了绸布商,他为理查二世和亨利四世供应奢华的布料,也为亨利的两个女儿提供金丝织物作为嫁妆。他还成为王室家族亲近的"银行经理",在他们缺少资金的时候给予慷慨透支。15世纪初前后,迪克至少为理查二世、亨利四世以及他的儿子亨利五世提供了不下53笔贷款。他经常拿王室珠宝作为抵押,有一次不慎丢失了一条项链,最后只得自己赔偿。

迪克分别于1397年、1406年和1419年三次当选伦敦市长。作为市长,要想名垂青史必须受到民众爱戴。迪克就是如此,他反对贪婪的酿酒商们为牟取不当利润,出售被稀释的啤酒,也反对破坏旧城墙和纪念碑的做法。迪克的政策还带有绿色可持续发展的色彩,他禁止在泰晤士河使用非法的"鱼梁"——一种带网眼的捕鱼篮。因为这一捕鱼器具的网眼太小,连最小的鱼苗都不放过。

迪克对待泰晤士河也有不那么善良的时候。他在遗嘱中留了一笔钱用来兴建"惠廷顿的长屋"。这是一种设有128个蹲位的巨型公共厕所。其中,男女各占一半位置,一字型排开,中间没有任何阻隔和隐私遮挡。这间"长屋"横跨在泰晤士河畔的一条沟渠之上,大约就在今天的坎农街附近。当年这里经常有潮水涌来,会冲刷掉污浊之物。迪克1423年去世时没有子嗣,他的财富被慷慨地捐给伦敦的贫民救济院、医院和慈善场所。

和事实有点对不上的是那只猫。没有任何证据表明，迪克拥有过宠物，更别提一只可能赢得柏柏尔苏丹青睐的捕鼠猫了。猫出现在这个故事中要等到200年之后了，其情节可能是被早期戏班的演员所引入。

塞缪尔·佩皮斯在1668年9月21日的日记中记载："萨瑟克集市又脏又乱，但在那里可以观看关于惠廷顿的木偶剧，算是个不错的去处。"

精明的猫最早出现在早期的埃及和印度神话中。葡萄牙、西班牙和意大利的寓言里也有猫为主人们赢得财富的情节。另一个类似的童话剧《穿靴子的猫》，讲述的也是一只诡计多端的猫帮助自己贫困的主人神奇致富的故事。

专家们把上面的故事称作"迁移的神话"。将一只毛茸茸的四脚小伙伴的可爱意象，与英格兰最大放债者迪克的致富故事相结合，或许能够减少人们对黑死病疫情结束后崛起的商人阶层的嫉妒。这些新的权贵在金钱至上的年代大行其道。在我们所处的时代，迪克凭借自己的雄心和幸运传说，为剧中扮演他的明星们提供了永恒的原型。他们的共同特点是，虽然出身一般，但背井离乡在大城市里打拼，靠着自我努力最终取得成功。

◎ 1399年：亨利四世和他的特级初榨油

1399年9月，议会的议员们大喊"同意，同意，同意"，首次欢迎亨利四世成为他们的国王。国王要求他们再喊一次，因为他觉得第一轮

"同意"的声音还不够大。当时，被废黜的理查二世还活着，囚禁在泰晤士河下游约一英里远的伦敦塔中。这位新国王心知肚明，他对当天聚集在威斯敏斯特的人们说，自己十分清楚，他们中有些人可能对他登基持保留意见。

对亨利四世来说，这可能是个玩笑，他的幽默感带着自嘲。然而，他篡夺王位的事实将成为他统治期间挥之不去的主题。为筹备10月举行的加冕典礼，他制作了一顶新王冠，在环形底座上镶嵌了多个拱形饰物。从那时起，英格兰国王和女王就将佩戴这顶王冠。他委托人写了一本书，强调英格兰加冕仪式所用物品的重要性。在受膏礼上，他使用了一种非常有名、非常令人信服的油。这是理查二世在日益痴迷王权的时候发现的。据说，圣母玛利亚亲手将此油赠给圣托马斯·贝克特。

这种神奇的油对篡权者做出了判决——亨利四世此后几个月一直受到此油招来的头虱折磨。他统治的前半期消耗在击退挑战者的战斗中，特别是来自诺森伯兰郡、难以对付的珀西家族。他们在北部地区密谋反对他，是至少三次危险叛乱的幕后主使。这位英格兰国王还不得不在威尔士对付富有魅力、奋起反抗的欧文·格林德尔，后者让威尔士的"红龙"旗帜在诸多城堡和雾气弥漫的凯尔特山巅猎猎飘扬。

亨利四世在一系列战役中干脆利落地击败了敌人们，这证明他是一位英勇的军事领袖。但他没能充分享受胜利。1406年，在他40岁的时候，这位健壮、带有双下巴的君主被一种神秘的疾病击倒了。这令他难以移动，口齿不清。

现代医生认为，亨利四世应该是连续多次中风。在他统治的后半段，他的头脑和身体逐渐丧失了机能。他不遗余力隐瞒病况，发信件给地方治安官，命令他们逮捕那些传播国王病情谣言的人。主教们收到的信函，则是要求他们为国王恢复健康而祈祷。他感到沮丧，称自己为"可怜而有罪的人"。亨利开始相信，他的救赎是要像年轻时一样，再次前往耶路撒冷朝圣。

国王感到悲伤的原因之一，是他和大儿子蒙茅斯的亨利之间发生了冲突。这位王子是个英勇坚强的斗士，曾同他的父亲并肩征战，打败了珀西家族。他还带领军队同欧文·格林德尔战斗。他不是莎士比亚笔下那位风流放荡、热爱喧闹的"哈尔王子"。但他经常不耐烦地批评生病的国王。1410年，他将国王的顾问撇在一边，控制了王室委员会一段时间。看起来他甚至可能想迫使父王退位。

1413年，老国王在威斯敏斯特大教堂祈祷的时候，因病重而晕倒。他被抬到主教房间，安置在炉火边的草垫上，陷入了深度昏迷。根据中世纪习俗，他的王冠被放在枕边。侍从们以为他已经咽下了最后一口气，就将一块亚麻布覆盖在他的脸上。此时，威尔士亲王拿起王冠，离开了房间。

突然间，亨利四世苏醒了过来。他坐起来的时候，那块亚麻布从脸上滑落。他下令调查王冠去哪里了，被唤至父亲床前的王子对此没有拐弯抹角。

"阁下，"他说道，"我和所有人都认为，您似乎已经离开这个世界了。所以，我，作为您的第一顺位继承人，取走了属于我的王冠。"

"如果我没有王冠，你又有何权利染指它呢？"国王表情扭曲地反驳道。

理查的篡权者从未丧失罪恶感——也没有丢掉他的幽默感。国王环顾房间，询问他身在何处。他得知自己被抬到了以耶路撒冷命名的房间。

"感谢上帝，"他说道，"很久以前就有预言称，我将死于耶路撒冷。"

◎ 1415 年：阿金库尔战役——"我们是高兴的少数人"

新国王亨利五世是位 25 岁的急性子。他对疾病缠身的父亲感到不耐烦，对其他人也没好脾气。据说，有一次他看到一位罗拉德教派的铁匠正在遭受火刑，亨利五世让人把铁匠从火堆里抬了出来并令他忏悔。当铁匠拒绝这一要求后，国王又把他重新投入了火堆。

亨利五世认为自己是上帝的战士，他留着军人的发式：将头部两侧和后面的头发削去，只在头顶上留着深褐色的一簇头发。这位年轻战士的眼睛宛若杏仁，炯炯有神。他带着热烈的宗教信念投入了英法之间旷日持久的纷争。

1415 年 10 月 24 日，一个大雨滂沱的星期四深夜，亨利五世向他的士兵们宣告："我的希望在上帝。如果我们的事业是正义的，无论我们的队伍人数多寡，上帝终将使我们获胜。"

亨利五世此时身处法兰西北部的阿金库尔村，他眼前的将士为数不多、士气低迷且正被敌人包围。英格兰人已不安地发现，他们返回加来城的道路被人数远超于己的法军截断了。有人估计当时英军只有 6000 人，而法军人数达到了 20000 甚至 25000 人。亨利五世的获胜前景渺茫。雪上加霜的是，他的士兵中有不少人患上了痢疾。这是盘尼西林出现在战场前士兵们经常要遭的罪。法军当晚格外自信，以至于他们开始丢色子，以决定从次日被俘获的英格兰贵族身上敲诈多少赎金。

与法军军营中的嘈杂和欢声笑语形成对比，英军军营里则是一片寂静。亨利五世正在给他数量有限的士兵们打气。"他四处发表激动人心的讲话。"一位名叫耶汉·德·瓦夫林的法兰西骑士曾参与那场战斗，他留下了亨利五世为士兵们鼓劲的记录：

> （国王说）他们应该铭记自己出生于英格兰。那是他们被抚养长大的家乡，是父母妻儿生活的地方。他们应该竭尽全力，快乐地回到自己的家。国王还告诉士兵们，法军为避免自己和战马被射杀，放话称要砍下俘获的英军长弓兵右手的三根手指。

英军士兵中有近4000名长弓兵，是其他士兵的两倍。他们将在次日的战斗中发挥极其重要的作用。

法军选择了战场的位置。这是一片开阔地，附近都是稠密的树林。然而，法军骑士身披重甲，周围的树林阻挡了他们的步伐，令他们在英格兰长弓兵的射程之下无处遁逃。前一夜的大雨使地面泥泞不堪，加重了骑士行进的困难。最终，成批的骑士被箭雨射杀。弓箭遍插在战马和骑士的尸体上，其上的白色羽毛在战场上显得格外引人注目。有人称，当时的场景就如同下过一场大雪一般。

英军的伤亡很少，不超过200人。法军有超过7000人阵亡，许多贵族的阵亡方式让他们的后代难以忘怀。亨利五世由于担心遭到反扑，下令处决了数百名已经投降但尚未缴械的法兰西贵族，他认为留着这些人也是威胁。直到今天，在法国人眼中，阿金库尔战役都是背叛传统骑士精神的耻辱的代名词。如今人们去参观那个古战场时会被告知，此地不仅仅有数千战士阵亡，更代表着"某种战争理想"的陨灭。这恐怕算得上是现代大规模战争的前奏吧。

对英格兰而言，阿金库尔寓意着一种完全不同的国家神话。伦敦的人们敲锣打鼓欢迎亨利五世的军队凯旋。儿童们身着天使的服饰，成群的鸟儿被放归天际，人们还制作了大卫战胜歌利亚的塑像。这一切都清晰地表明了胜利的意义。

"我们是高兴的少数人，我们是兄弟。"莎士比亚日后将阿金库尔战役描绘为勇敢的少数战胜多数的经典，并以此说明英格兰人在人数不占优势的情况下完全可以做得很好。1940年同样的情况再次发生。在不列颠空战中，英国独自面对强大的德国。丘吉尔感动地提到皇家空军飞行员这关键的"少数"。新闻机构还以莎士比亚的剧作《亨利五世》为蓝本，资助演员劳伦斯·奥利维耶拍摄了一部阿金库尔战役的彩色影片。影片开头的字幕写道："谨以此片向我们的空中军团致敬。"

亨利五世的个人英雄主义深深植根于他的宗教情结。他梦想着英法两国在上帝的指引下获得联合。怀抱着圣战雄心的亨利五世与此前的"狮心王"理查一样，都有着英勇无畏的领袖风范。他和理查还有一点相同，他们都不能远离战场，而且都过于年轻地在攻打法兰西的一座小城堡时殒身。坏疽夺去了理查的性命，亨利五世则是在围攻莫城时患上了痢疾，并因此宣告不治。国王的尸骨被运回英格兰，棺椁上覆盖着他的"死亡面具"——以他的头部、脸部和上身为模型，用蒸煮过的皮革制成。

亨利五世临死前，曾提出要看叙利亚和埃及的港口地图。他正阅读第一次十字军东征的历史，为前往巴勒斯坦的伟大远征做准备。亨利五世谋求将英法两国联合起来的宗教热情，要远远超越现代足球和橄榄球球迷简单的狂热之情。但有一点是古今同享的，这就是亨利五世的"V型手势"。据说该手势指向敌人时是为了表达蔑视。尽管没有确凿的证据支撑，但有人认为这个手势源于15世纪的英格兰长弓兵。他们摆出这一手势，是为了展示扣动弓弦的手指并未被砍掉——因此也有了该手势的现代戏称："阿金库尔的致敬。"

◎ 1429年：奥尔良少女贞德

亨利五世赢得著名的阿金库尔战役时，圣女贞德只有3岁。她出身于一个富农之家。在今天法国东部边陲洛林省默斯河畔的栋雷米村，依然能够看到贞德家那幢用坚固石头搭建的房屋。

现在的洛林省和德国交界。1415年，这里是具有独立倾向、雄心勃勃的勃艮第公爵的领地。公爵的地盘一直从富饶的低地国家延伸到瑞士。贞德所居住的村庄正是勃艮第人经常劫掠的目标。他们和英格兰人结盟，趁着法王的羸弱，瓜分、蚕食法兰西的领土。

亨利五世在阿金库尔战役之后又取得了不少胜利，这很大程度上要归功于法兰西统治者的无能。法王查理六世长期患有疯癫症，经常在宫中像狼一样吼叫。他还幻觉自己是玻璃做的，担心他人靠近和推搡会让自己倒地摔裂。王太子则对进入房屋里面感到恐惧，担心房子会倒下来砸在自己身上（在拉罗谢尔镇就发生过类似的事情）。

王太子的头衔（Dauphin）字面的意思是"海豚"，相当于英格兰的王位继承者威尔士亲王。威尔士亲王的饰章上有三根羽毛，法兰西王太子的徽旗上则画着一只海豚。但在15世纪早期，王太子多变犹疑的形象与海豚的欢快和精灵格格不入。他的宫廷里充斥着欧洲臭名昭著的人物，比如患有恋童癖的吉尔斯·德·拉伊——他是传说中蓝胡子的原型，在其城堡中发现了50多具儿童的尸体。

法兰西当时陷入了内战。国王和王太子龃龉不断，英格兰则从中渔翁得利。1420年，神志不清的查理六世废黜了他同样不着调的儿子。5月20日，英法双方签署《特鲁瓦条约》，法王屈辱地承认英王亨利五世为其"摄政和继承人"，并将自己的女儿许配给英王。也就是说，在赢得阿金库尔战役五年后，亨利五世即将迎来荣耀的一刻，他有望成为史上首位同时戴上英法两国王冠的国王。但亨利五世在1422年8月驾崩，比他的岳父查理六世早了六周，把两个王位留给了他年仅九个月的儿子。

三年后，13岁的贞德第一次在她的家乡栋雷米村听见上帝的召唤。她事后回忆："大约在一个夏日午时，我在父亲的花园里听见了那个声音。它从我的右侧传来，向着教堂飘扬过去。每次听见这声音，都伴随着光束照来。光和声音来自同一方向，那是一束伟大的光。"

现在如果任何人说出类似的话语，很可能会被送往精神病院，并被诊断为精神分裂症。但贞德对召唤她的声音十分确信。"当连续三次听见这个声音后，我确信那是天使之声，它总是正确地指引着我。我对此深信不疑。"

贞德的故事之所以奇妙，就在于这个十来岁的姑娘让周围越来越多的人开始相信她。正如她的天使所说："你就是上天选定拯救王国的人。"

这正是分裂和消沉的法兰西所期盼听到的声音。经过数月努力，贞德终于争取到觐见王太子的机会。从技术上说，王太子应该已经是查理七世了，但他迄今仍缺乏担任国王的勇气。贞德身着男性服饰出现在王太子面前，立刻引发了现场轰动，她的讲话让忧郁的王太子十分激动。据一位在场的人说，未来的国王在听完贞德讲话后显得"容光焕发"。他随后命令一些博学的神学家对贞德进行测试，贞德表现得十分自信。

"你相信上帝吗？"一位神学家问她。"是的，我比你更了解上帝。"她回答道。

贞德身负上帝的旨意，这一点在1429年春天得到了证实。贞德17岁时驰援驻扎在奥尔良镇的法军。英军已经把那里包围了六个月之久。

贞德出现的时机再好不过，英格兰人那时已经被疾病困扰得疲弱不堪，勃艮第盟友也抛弃了他们。就在贞德抵达后不到十天，英军撤退了。

对于英军一方所认定的"战略撤退"，他们的对手解读为"圣女"所带来的光荣胜利。贞德象征着法兰西已经失去但即将重获的"贞洁"。在战友们面前，贞德毫无避讳地宽衣、穿衣。许多士兵都承认看见了她"美丽的乳房"。但令人吃惊的是，这丝毫唤不起他们心中的任何"邪念"。

贞德听见的声音告诉她，要把自己武装成上帝的士兵。她身披的那件特制铠甲确实有助于塑造一个激动人心的形象，贞德的神话也因此广为传颂，她的威信越来越高。贞德带领法军士兵们前往教堂礼拜，禁止他们骚扰、掠夺行军途经市镇的平民。

在圣女贞德的感召下，成百上千的志愿者们纷纷参军。而曾坚信上帝就在他们一边的英格兰人则士气低沉，他们开始渐渐相信贞德的神话。然而，1430 年 5 月，贞德不幸被勃艮第人俘虏。英格兰人和勃艮第人对此欢呼雀跃，"就像俘获了 500 名战士"。法国传记作家蒙斯特勒莱曾写道："他们从未如此惧怕一位战场指挥官。"

英格兰人很快设立了教会法庭，以女巫之罪判处贞德死刑——她穿着男性服装的习惯被当作证据。如果法兰西的王太子像对待其他战俘一样设法营救她，也许贞德还有被赎回的希望。但王太子并未对曾经的救命恩人施以援手。1431 年 5 月 30 日，贞德被英军士兵押往鲁昂的集市广场，她被绑在火刑柱上活活烧死，时年只有 19 岁。一位在场的英格兰人说道："一个如此神圣、善良的人就这样被烧死了，我们因此感到堕落。"

数个世纪以来，英格兰人对百年战争的记忆大多停留在克雷西和阿金库尔战役的胜利之上。但或许是由于圣女贞德的作用，116 年的战争以英军失败而告终。有记载称，贞德殉难的时候天空中出现了一只白鸽。

法兰西人民将此视作上帝的眷顾。他们鼓舞起士气,更加坚毅地投入战斗。截至1453年,英格兰曾经占有的伟大法兰西王国,只剩下一个带围墙的港口城市加来。

关于圣女贞德那令人难以置信的冒险经历,在今天看来依然具有十足的吸引力。数个世纪以来,她至纯至简的信仰为不计其数的作家和剧作家提供了启迪,尤其是在当下这个不信仰上帝变得时髦的时代。

◎ 1440年:小伙伴们的提示书

对哈利·波特的现代读者们来说,金斯林的杰弗里所编撰的英语-拉丁语词典中那长长一串拉丁语单词,读起来一定十分枯燥。不过,他的这本名为《小伙伴们的提示书》的词典堪称英格兰最早的一本适合儿童阅读的书籍了。

杰弗里是一名男修士,他的家乡是今天被称作金斯林的一座诺福克郡小镇。"提示书"读起来就像是一位善良校长的作品。里面的拉丁语单词都是中世纪的好学生所应知应会的,其中许多词和宗教有关。同时,为避免显得过于严肃,杰弗里也引入了玩具、比赛和游乐场游戏的名称。我们从中读到了布艺木偶、四种不同的陀螺、儿童铃铛;读到了毽子、网球、跳背和三种追跑游戏;还读到了秋千和跷跷板(杰弗里将其称作"愉快的摇晃游戏")。

这一切让我们有机会窥见中世纪儿童的生活。中世纪的书籍大多是给成人阅读的——许多编年史都记载着战争或者关于宗教的争论。但是杰弗里把我们带进了儿童的世界，告诉我们孩子们在忙什么和想什么。

近年来，伴随着金属探测器的哔哔声，中世纪的儿童世界显得更加真实了。"泰晤士河淤泥探索者"是一群喜欢在泰晤士河低潮的时候，在河床淤泥中探索搜寻的人。这个名称受到了维多利亚时期在河岸上找寻零杂物品的儿童启发。20 世纪 80 年代，伦敦迎来了大开发时期。这些人在城市的建筑工地四处搜寻，终于找到了令人意想不到的宝藏——一大批古代玩具。

一位名叫托尼·皮尔森的"泰晤士河淤泥探索者"发现了数百个锡制小物件，最早的可能制造于 13 世纪 50 年代——包括微型的水壶、盘子、厨具甚至鸟笼。他和同伴们还找到了几乎可以用来填满布偶房子的小玩具，其中有包括盔甲骑士在内的金属士兵。这个骑在马背上的小人物是用模子制作出来的，所以这个玩具当年应该经过了批量生产。

我们凝视着画像里的中世纪儿童，他们回望我们的表情总是带着拘谨和严肃。然而，在杰弗里"提示书"的字里行间，在"泰晤士河淤泥探索者"的当代发现里，我们找到了孩子们欢笑愉快的证据。由于所有的玩具都由成人制作，并且很大程度上是父母和慈爱的亲友们买来作礼物的，我们可以断定，中世纪的成年人一定对迷人的儿童世界十分认可和珍惜。

◎ 1422—1461年：兰开斯特家族和亨利六世的两次当政

亨利六世是英格兰历史上最年轻的国王，继承父亲亨利五世的王位时只有九个月大。根据记载，这个小男孩在第一次出席议会开幕的时候只有三岁。怪不得他当时"尖叫、哭喊、到处乱爬"。

可问题在于，在这位国王执政的50个跌宕起伏的年头里，他似乎从未长大。一位当代历史学家称，亨利六世从一个童年迈向了另一个童年，"中间没有任何过渡阶段"。

这个评价有失公允。亨利六世是个善良而虔诚的人，他资助兴建了英国建筑史上的两颗"明珠"——伊顿公学高耸的垂直礼拜堂，位于泰晤士河温莎段的一侧，以及剑桥大学国王学院的礼拜堂。亨利六世还经营着一个华丽的宫廷，他的幼稚有时让人觉得愉悦。描述宫廷礼仪的"王室典籍"记载，亨利六世和他的法兰西王后安茹的玛格丽特有这么一则趣事。据说他俩在一个新年的早晨起得很早，但在接受新年礼物后，两人都不肯起床，待在床上开始摆弄起礼物来。

亨利六世极为缺乏国王应有的骑士精神和战争追求。他18岁的时候，也就是从父亲的托孤重臣手中接过治国大权的第三年，曾经面临统率英军在诺曼底征战的任务。但亨利六世决定派表兄弟替自己前往战场，因为他觉得指导建造伊顿公学需要处理大量事情。毫不奇怪，亨利六世后来因为多愁善感出了名。有一天，他骑马经过伦敦城墙的克里普尔门，震惊地发现拱门的行刑柱上挂着一具腐烂的尸体。当听到那个人是因为对"国王陛下不敬"而被处死的时候，他喊道："快把他抬走，我不希望任何基督徒因我之故遭此残忍对待。"

对亨利六世而言不幸的是，尊重人权并不属于中世纪国王的职责。人们需要的是强硬有力。在没有警察和军队的年代，统治者依靠自己身边的贵族网络维持法律和秩序。如果老百姓对君权失去信心，就会把希望寄托在本地贵族身上。人们会穿戴自己所属贵族的制服和徽章。这段战争纷乱的时期广为人知的名字，正来源于这些竞争者的徽章。

莎士比亚的戏剧《亨利六世》第一部分有一幕令人难忘，它描述了英格兰贵族在一个花园里选择红色或白色的玫瑰，以分别代表他们忠于兰开斯特家族或约克家族。事实上此事并未发生，这完全是莎士比亚的杜撰。关于这段1453—1487年发生在英格兰的连绵战争和王朝更替，我们称之为"玫瑰战争"。上述名称也是后来的发明，出自19世纪的浪漫主义小说家沃尔特·斯科特之手。约克家族的人或许偶尔戴过玫瑰徽章，但没有证据表明兰开斯特家族的人也戴过。在1471年的巴尼特战役中，兰开斯特家族居然自相残杀，因为他们无法辨认自己的徽章。在那些年里，如果仅从士兵战斗中的穿戴和旗号判断，那么他们可能进行的是"天鹅、野猪、大熊、狮子、星星、太阳、雏菊"等战争。

当然，约克和兰开斯特家族的确围绕权力、金钱和土地等相互争夺。这两大家族都源于国王爱德华三世。兰开斯特家族要追溯到兰开斯特公爵冈特的约翰，约克家族则团结在冈特的弟弟约克公爵埃德蒙的后代周围。莎士比亚认为，麻烦开始于冈特的儿子亨利·博林布罗克废黜他的表兄理查二世之时。不过，如果有一位坚定而富有决断的国王，又或者亨利五世能活得长一些，留下的王位更加巩固，约克和兰开斯特家族应该会团结一心。如果不是亨利六世在多年心智衰减后最终疯掉的话，他也还是有可能避免麻烦的。

根据记载，1453年8月，国王因为受到"突然惊吓"陷入了昏迷。这很像他的外祖父法王查理六世。此人经常像狼一样嚎叫，并幻想自己是由玻璃制成的。16个月后，亨利逐渐恢复知觉，但他垮掉的身体成为战争的导火索。不过，随着战争和各种阴谋接踵而来，亨利六世反倒成了无关紧要的角色。1461年2月，在第二次圣奥尔本斯战斗中，亨利六世突然发狂地对自己唱歌，完全不顾周围的危险。不出意料，他在那年晚些时候被废黜了。取而代之的是高大英俊的约克家族候选人，年轻的爱德华四世。

在这场政权更迭中，发挥关键作用的是最具实力的英格兰贵族——沃里克伯爵理查德·内维尔。他曾在战斗中佩戴大熊徽章，携带一根破烂不堪的权杖。沃里克伯爵并不觊觎王位，但他控制着大片庄园，有能力募集强大的军队，历史上人们把他称为"造王者沃里克"。那时候，有人曾这样评价英格兰人："他们有两个统治者，一个名叫沃里克，另一个的名字我忘了。"

15世纪60年代末，沃里克伯爵和爱德华四世闹翻了，"造王者"成了他保护的人的敌人。为取代爱德华四世，沃里克把废黜的亨利六世从伦敦塔里又请出来，后者在那里度过了六年时光。1471年春天，复辟国王在伦敦接受人群的致意。他神志不清、目光呆滞，腿被系在马上，被人护卫着走过齐普赛街。亨利六世从来就不善于游行展示，他穿着一件老旧的蓝色天鹅绒袍子，看上去让人感到有些不舒服，有人嘲讽他"就像没衣服换了一样"。编年史家约翰·沃克沃思如此形容这次衣着破旧的表演——"更像是一出闹剧，而不是为了赢得人们对国王的忠心"。

这是"造王者"的最后一招了，不过是一个输招。沃里克伯爵没能打败爱德华四世的反击，最后在一次战斗中被杀。爱德华四世重新夺回了王位。

至于可怜的亨利六世，他的命运已定。两周后，人们发现他死于伦敦塔内。历史上，爱德华四世是重要怀疑对象。亨利六世可能是被谋杀的，不过官方的解释也有一定可悲的合理性。对这位继承了两个王国、两次当政又两次失去王位的国王来说，离世的原因可能纯粹是因为"刻骨悲伤和多愁善感"。

◎ 1432—1485年：都铎王朝的源起

如果说"玫瑰战争"是男人们的战争，最终结束这场混乱争斗的却是女人们。15世纪后期的王室系谱图，就像一只疯狂的蜘蛛所编织的网，很多人都有权声索英格兰王位。需要凭借女性的直觉，才能在这乱糟糟的一团中理出头绪。母亲和妻子们用她们的感情编织出一种王位继承的新模式——最终，她们选定了一个最不可能发生的解决方案。

欧文·爱普·梅雷迪思·爱普·西奥多是个口才流利的威尔士绅士，他获得了亨利五世的遗孀凯瑟琳王后的青睐。15世纪20年代，他是王后的仆人——很可能负责管理衣橱——作为一个威尔士人，他没有姓氏。他名字中"爱普"的意思是"某人的儿子"，所以他的名字是欧文。他是梅雷迪思的儿子，也是西奥多的儿子。

在他俘获了这位遗孀王后的心之后，欧文需要有一个姓氏。后来有传言说，当这个精力充沛、来自威尔士的衣橱负责人在泰晤士河中裸浴的时候，凯瑟琳王后在暗中偷看，并对她所见到的情景感到满意。

整个宫廷都十分愤慨，并且还为此展开官方调查。可是，凯瑟琳王后迷上了她的欧文。1432年，他们的婚姻得到了官方承认。"西奥多"

（Tydwr）变成了"都铎"（Tudor）。在欧文的人生中，他一直为他凭借爱情所获得的地位和财富深感自豪。30年后的1461年，欧文在莫蒂默十字路战役中被敌人团团包围。他满不在乎地走向敌人的军团，洋洋得意地说："这个将要放在树桩上（接受斩首）的头颅，将再也不能躺在凯瑟琳王后的膝盖上了。"

从一开始，都铎家族就怀着同这个世界对抗的态度。凯瑟琳和欧文生了两个儿子，埃德蒙和贾斯珀，他们被人们看作是在王室中寄巢而生的杜鹃鸟。但王太后执意将她的威尔士血统的儿子同她头胎所生、具有王室血统的儿子亨利六世一同抚养。这位年轻的国王比他同母异父的弟弟们年长九至十岁，而且很喜欢这两个活泼好动的弟弟。1452年，他赐予两个弟弟贵族地位，埃德蒙成为里士满伯爵，贾斯珀则为彭布罗克伯爵。这两位年轻的都铎家族伯爵，地位居于英格兰所有伯爵之前。亨利六世没有子嗣，据传闻，他考虑让埃德蒙作他的继承人。这位新任的里士满伯爵还被赐予在盾牌上使用一种王室徽章。

几年以后，都铎家族的势力更加壮大了。埃德蒙迎娶了12岁的玛格丽特·博福特，她本身对英格兰王位也有继承权。作为冈特的约翰的曾孙女，玛格丽特夫人成了这个时代最非同凡响的女人之一。她身材小巧玲珑，眼睛明亮有神，在她捐资修建的教育机构中，至今仍能看到她的画像。她是一个学识渊博的女子，将《师主篇》的一部分翻译成英文。这是15世纪早期一本关于心灵修养的指南，德意志修道士肯彭的托马斯在书中教导人们，通过明智地接受生活的烦恼来获得心灵的平静。"烦恼时常会驱使人们寻求自己的内心世界。让人们想起，自己是被放逐在此处。这世上没有什么值得相信。"

玛格丽特夫人身材瘦小，然而她的思想和身体却都很强大。她在13岁之前结了婚、怀了孕、丧了偶——埃德蒙死于瘟疫。在埃德蒙的弟弟贾斯珀照顾下，在他位于威尔士西南角彭布罗克、荒凉而向风的城堡中，玛格丽特生下了埃德蒙的儿子亨利。但是，很可能因为她年纪轻、骨架小，她生产时患上并发症，并因此丧失了生育能力。她将余生全部精力放在了儿子身上。她充满爱意地称呼亨利为"我尘世间唯一的欢乐"。尽管在当时情况下，他们无法生活在一起。

这个年轻人通过他的母亲拥有了继承英格兰王位的资格。同时，通过他的祖母，法兰西人凯瑟琳王后，进一步拥有了间接继承权。因此，对亨利·都铎来说，英格兰是个危险的地方。他的成长过程几乎都在流亡，其中大部分时间在他叔叔贾斯珀的陪伴之下。他四岁的时候就同母亲分开，20年来没能见到母亲。

玛格丽特夫人从未放弃将儿子送上王位的心愿。她为自己用心挑选了一个结婚对象，这成了都铎家族问鼎王位的"杀手锏"。她后来还为儿子精心安排了一桩婚事，以确保他的王位继承权无可置疑。1472年，她嫁给了托马斯·斯坦利爵士，这是位大地主，在柴郡、兰开夏郡以及英格兰西北部的其他地方拥有很多庄园。斯坦利家族精明狡猾，他们在当地所从事的"帝国经营"，是那些年中英格兰国内无序争斗的缩影。斯坦利家族是玛格丽特夫人的同盟军，为她的儿子亨利·都铎角逐英格兰王位这一最高荣誉发挥了至关重要的作用。

◎ 1461—1470 年、1471—1483 年：约克家族的商人国王爱德华四世

引人注目的爱德华四世，同他不走运的对手亨利六世一样，享有曾经两次统治英格兰的"殊荣"。在"造王者"沃里克伯爵的帮助下，这两个人分别于 1461 年和 1471 年轮流当了国王，结果却变成了一场王位分时享用的耻辱闹剧。然而，爱德华四世打败沃里克伯爵并解决了亨利六世之后，这位国王又统治十几年。这些年里，英格兰处于承平、繁荣时期。爱德华四世还取得了另一项卓越成就，成为 150 年以来首位驾崩时没有负债的国王。事实上，他还为继任者储蓄了一些钱。

爱德华四世是英格兰第一位也是最后一位商人君主。他是个"厚颜无耻"的经销商，有时会拍拍普通百姓的肩膀，开开下流玩笑。他创办了自己的贸易业务，向意大利出口羊毛和锡，进口酒、纸、糖和橙子等地中海货物，并从中获取可观利润。他以庄园管家的敏锐眼光经营王室领地。在需要和商人搞好关系的时候，他是熟谙经商礼仪的大师。

1482 年的一天，爱德华四世邀请伦敦市长、市议员以及其他一些市长带来的重要人物，前往位于埃塞克斯郡的沃尔萨姆王室森林。在这个今天的高尔夫球场地，国王招待他们晨猎，然后带他们"来到一个用绿枝和其他悦目的材料制成的、精美牢固的乡间别墅。里面已经摆好了桌椅，市长及其随从人员被安排坐在桌前，享用各种各样的美味佳肴……还特别奉上了赤鹿肉和小鹿肉"。午宴过后，国王带着客人们继续打猎。几天之后，还将两只雄赤鹿、六只普通雄鹿以及一大桶加斯科尼酒送给他们的妻子。

爱德华四世将六个伦敦市议员封为巴斯骑士，他也由此发明了一系

列富有诱惑力、实则虚无缥缈的现代荣誉。同嘉德勋章一样，巴斯勋章本来也是军事荣誉。巴斯的本意是册封成为骑士时举行的一种沐浴净化仪式。于是，国王将这一"诱饵"送给他想要拉拢的富有的城市平民：一位放债人跪下的时候还是比尔·布洛格斯，在宝剑触碰了肩膀之后，他站起身来，摇身一变成了威廉爵士。

爱德华四世认为每个人都有价格——包括他自己在内。1475年，他带领军队越过海峡，在亚眠附近的皮基尼同法王会面。他们迅速签订休战条约，爱德华四世随即带队返回英格兰。为获得7.5万克朗的头期款和5万克朗的岁币，他愉快地出让了英格兰国王与生俱来的权利，即对于法兰西领土的声索。这可是他的先祖们多年浴血奋战取得的战果。

《皮基尼条约》为英格兰带来了和平与繁荣，但没能带来什么荣耀。爱德华四世的统治平淡无奇，连莎士比亚都不愿为此写一部戏剧。这可能就是爱德华四世有时被称为英格兰"被遗忘国王"的原因之一。然而，温莎城堡中富丽堂皇的圣乔治礼拜堂，是他留下来的纪念。亨利六世在山谷下面的伊顿公学兴建了一所礼拜堂，爱德华四世当初建造圣乔治礼拜堂，就是为了把亨利六世比下去。王室史书从一个有趣的视角记载了这位耽于酒色的君主如何恣意地在他的豪华宫廷中生活。每天早上国王起床之后，会派一位仆人跳上他的床，来回滚动，将用凤尾草和稻草制成的凌乱床褥熨帖平整。

1483年，爱德华四世在垂钓时着凉感冒，意外地卧床不起。几天之后，他就驾崩了，年仅40岁。假如这位见利忘义但又很能干的君主能再多活几年，他的大儿子爱德华五世——当时只有12岁——也许就可以在他留下的遗产基础上继续统治下去。结果却是，爱德华五世和他的弟弟很快就在他们"体贴"的叔叔理查的授意下被关进了伦敦塔。

◎ 1474 年：威廉·卡克斯顿

说起玫瑰战争，在 15 世纪的英格兰，人们其实很少看到战旗上镶有玫瑰图案。那么，现在让我们近距离地观察一下"战争"本身。历史教科书通常将 32 年的时间跨度划给所谓的"玫瑰战争"。但在这段时间里，有很长一段和平的时光。事实上，真正的战斗仅仅持续了 13 周。尽管战斗本身激烈、血腥，但结束后并没有造成太大的破坏和动荡。

15 世纪 70 年代，有一位叫菲利普·德·康米尼斯的法兰西旅行者来到英格兰，以下是他的观察。"英格兰有一项传统，战胜者不会进行屠杀，特别是不会杀害普通士兵。"在这场缺少战斗的奇怪战争中，战败的贵族往往面临被残忍处决的厄运，"但对国家、老百姓和房屋等财产而言，很少因此受到损害。"普通士兵在战争结束后不久就返回家园，继续在土地上耕作。

城里的人们生活也一如往常。贸易和商业蓬勃发展，契约、账目和文件的起草需要受过良好教育的劳动力。文法学校则承担了为新兴的劳动力阶层提供英语和拉丁语教学的任务。整个 15 世纪是文法学校大发展的时期，它们的产生催生出对低价书籍的巨大需求。为满足这一需求，一项比谁当国王更为重要的发明应运而生。

威廉·卡克斯顿是生活在弗莱芒繁华的贸易城镇布鲁日的一位英格兰商人。1469 年，他刚刚写作完成一本书。卡克斯顿和理查德·惠廷顿一样，是一位喜欢身着昂贵服饰的绸布商人。他也热衷于书籍，喜欢收集罕见藏本。写作是卡克斯顿的乐趣，他使用鹅毛笔在羊皮卷上笔耕不辍。他刚完成的这本书是关于古希腊城邦特洛伊的历史。此刻，卡克斯顿快要迎来自己 50 岁的生日，他突然觉得有些疲惫："我的笔快要磨坏了，感到自己眼花手沉。"对他而言，把这本书誊抄给更多感兴趣的朋友几乎难以想象。因此，卡克斯顿打算在印刷术方面做一些尝试。这项技术由约翰内斯·古腾堡于 15 世纪 40 年代在莱茵河谷率先发明。

卡克斯顿从布鲁日沿东南方向行进，最终到达古腾堡近 30 年前工作的地方。在亲自研习印刷术后，他回到布鲁日做起了自己的出版生意。1474 年，他的《特洛伊史》成为首部用英语印刷的书籍。两年后，卡克斯顿将印刷术引入英格兰，在威斯敏斯特大教堂辖域内的查普特宫附近开了一家商铺。

卡克斯顿挑选店铺地址的眼光不错。在威斯敏斯特宫和查普顿宫之间的大道上，经常穿梭着律师、教士、廷臣和议员——他们是英格兰爱好买书的精英。这位曾经的绸布商对畅销书的直觉也颇为敏锐。他策划出版的第二本书与象棋有关。此后，他连续推出了法英字典、伊索寓言的译本、几部广受欢迎的传奇故事、马洛里所著《亚瑟王之死》中卡米洛特的篇章、一些教科书、一本英格兰历史、一部名为《世界奇迹》的百科，以及乔叟长盛不衰的作品《坎特伯雷故事集》。

500 多年后，卡克斯顿首版的一本乔叟作品成为世界上卖得最贵的书——拍卖价高达 460 万英镑。在 15 世纪，新书印刷也具有显而易见的商业吸引力。一些附庸风雅之人甚至雇佣誊抄匠将卡克斯顿的印刷版重新誊写为手抄本。教会和政府则对印刷出版业造成的新思想广泛普及感到警惕。

卡克斯顿的革新在后来的几个世纪中极大促进了思想的多元化，但在另一个重要的方面，其作用是促进了标准化。卡克斯顿喜欢在出版物上撰写个人序言，用以和读者分享新书的背景。在其中一篇序言中，他描述了作为英格兰首位大众出版人的困惑。当时，卡克斯顿正在书房中寻找下一个出版项目，碰巧拿起一本刚问世的法语版维吉尔作品《埃涅阿斯纪》。读了一会，他迫不及待地决定把这本伟大的史诗翻译成英语。但在拿起笔译了几页后，卡克斯顿突然产生一个疑问。身处英格兰不同角落的读者是否能理解他的翻译？因为"每个郡所说的英语都各不相同"。

卡克斯顿讲了个故事。一艘载着英格兰商人的船停泊在泰晤士河口，商人们打算上岸寻觅早餐。有个商人向一位肯特郡的妇人购买"鸡蛋"（eggys），得到的答复却是她听不懂法语。这位商人感到有些恼怒，因为他只会说英语。不过，当他的一位同伴念出"eyren"的发音时，妇人很快就取来了装着鸡蛋的篮子。卡克斯顿感叹道："如今人们究竟该如何拼写鸡蛋？是 egges 还是 eyren？"

即使在上面的描述中，你也可以注意到，卡克斯顿自己用来拼写鸡蛋的词是"egges"而不是"eggys"。随着他后来出版的书越来越多（1491年他逝世时达到了 100 部），卡克斯顿自行决定了词汇该如何拼写。他的许多拼写方式反映了他熟悉的英格兰东南部语言习惯。事实上，他对来自肯特引以为豪——"我从不怀疑，这里的英语丰富而又质朴，不逊于英格兰其他任何地方。"

卡克斯顿和他之后的出版人所做的拼写决定不少都十分武断。他们在用字母反映读音时没有遵循统一的规则，时至今日我们依然能够感受到其后果。比如，你会惊讶于为何要把"绷带""缠绕"（wound）在"伤口"（wound）上，为何"咳嗽"（cough）和"关闭"（off）的韵调相似，为何"树枝"（bough）的尾音和"奶牛"（cow）相近，以及为何你会在看到衣裤被"撕裂"（tear）后流下"眼泪"（tear）。对于这些困惑，你应该感谢威廉·卡克斯顿。

◎ 1483 年：伦敦塔中的王子们

爱德华四世 1483 年 4 月驾崩时，他的大儿子爱德华正在威尔士边境的勒德洛，履行其作为威尔士亲王的职责。这位 12 岁的王子理所当然地被拥戴为国王爱德华五世。人们开始筹备他前往伦敦登基的事宜。但就在当月 30 日那天，王子一行在距离伦敦只有一天行程的地方被他的叔叔格洛塞特公爵理查给截住了。此地名为斯托尼斯特拉福德，位于今天米尔顿凯恩斯的郊区。

理查是爱德华四世的弟弟。当时他 30 岁，充满精力且富有雄心，正以十分高效的方式治理英格兰北部。理查宣称发现了一个针对新国王的篡位阴谋。他决定保护好自己的侄子，将小国王护送到伦敦。爱德华五世抵达后在主教住处短暂驻留，随即被送往伦敦塔中的王室房间。6 月 16 日，国王 9 岁的弟弟约克王子理查也来到此处。

但仅仅十天后，叔叔理查就宣布两个男孩的地位非法，自己登上了王位。尽管理查的说辞十分拙劣，但不妨碍他在 1483 年 7 月 6 日正式登基，成为国王理查三世。人们从此再也没有看到过这两个男孩重获自由。《伦敦纪事》中有一则记载，有人看到两个孩子那年夏天在伦敦塔中嬉戏狩猎。除此之外，年轻的爱德华五世和他的弟弟就从历史中彻底消失了。

国王理查三世对王子们下了手，很少有人会对这一事实产生怀疑。但直到近两个世纪后才有可靠的证据证明确实发生了谋杀。有个工人在对伦敦塔的台阶底部进行挖掘时，发现了一个木箱子，里面装着两具儿童的骨骸。稍高一点的孩子背部着地，其上的那个孩子则面部朝下。一位目击者写道："他们的骨架不大，周围还有一些布料残存。"

当时的国王查理二世下令进行调查。几乎所有人都断定骨骸属于小国王爱德华五世和他的弟弟,他们是在1483年被邪恶的叔叔所杀害。1678年,他们的骨骸被隆重安葬在威斯敏斯特大教堂的一块黑白色大理石祭坛之下。

多少年来,历史学家和医学家一直试图确认这两具骨骸的真实性。他们是否真正属于所谓"伦敦塔中的小王子们"?即使事实如此,有何证据可以证实他们是被人谋杀,甚至是被自己的亲叔叔杀害?这一争议如此巨大,以至于在1933年,当今女王的祖父、国王乔治五世决定开棺验证。

两位医学专家在检验后得出结论,这两具儿童的骨骸几乎可以确认就是理查三世的侄子们。他们的身材都比较瘦削,指骨也不大。从牙齿来推断,年纪大些的孩子在11—13岁之间,小一点的大约9—11岁。英国解剖学会主席、牙科专家莱特教授表示,从两具骨骸的下颌和其他部分看,两个孩子应该有亲缘关系。他甚至认为,大孩子面颊骨上的血迹是由窒息所造成的。

关于受害者窒息而亡的结论,与1514年托马斯·莫尔爵士对两个孩子死亡的首份详细描述相吻合。莫尔是在事件发生30年后写下这份记录的,他的结论经过大量第一手研究,并掺杂了一些被他称为"神意推测"的内容。莫尔称,在理查授意下,有两个男人在午夜时分潜入了王子们的卧室。"突然用衣物蒙住王子们,并使劲将枕头塞入他们的嘴中。没多久,王子们就窒息而亡,把自己无辜的灵魂托付给了上帝。"莫尔接下来描述了杀人犯是如何将尸体埋在了台阶下面,"深深地埋入土中,上面堆砌着不少石头"。

我们还将在以后的章节中提到托马斯·莫尔。他的名字成了博学和勇于坚持原则的代名词。莫尔未及出版的记录并非在他人的指使下完成。尽管他对理查三世不抱好感,但还是尽可能在记录中试图将事实和谣言加以区分。但是,莫尔的研究被他人用作商业和政治用途——最明显的体现就是威廉·莎士比亚的作品《国王理查三世的悲剧》。这部戏剧最早在1597年上演,由此也催生了英国戏剧史上最恶毒的一个人物,其名言是"良心无非是挂在懦夫嘴边的词汇"。

在莎士比亚的剧作中,国王毫不留情地下令杀害自己的两个侄子以及其他任何反对自己的人,甚至有一次说出了那句有名的"砍掉他的脑袋"。僭位者心灵的邪恶也反映在他扭曲变形的外表上。根据16世纪的迷信说法,理查在他母亲的子宫中整整待了两年。他出生时牙齿已经长全,头上也有黑发,而且还丑陋地驼着背。

在现实中,国王理查三世身材瘦削而健美。他的肖像也表明,这是一位长相英俊的男人,尽管可能一个肩膀显得比另一个略高一些,但显然不是传说中的驼背。现代的X光测试表明,那个高一些的肩膀是后来补画上去的。理查是一位虔诚的基督徒——某种程度上是位清教徒。他还是个颇有效率的行政管理者。虽然他无情地铲除包括侄子们在内的一切挡在王位之前的人,但他绝非莎士比亚笔下的精神分裂者。几乎可以肯定,民间关于"驼背家伙"的说法是在有意贬低他——这算得上是历史上最成功的"诽谤"了。在过去数个世纪中,也有不少人说过理查的好话,我们对此不应感到惊讶。1924年成立的理查三世研究会是整个英语世界最为活跃的历史俱乐部,在英国和北美地区都设有分支。

英国人的公平竞争精神在理查三世研究会的会员身上得到充分体现。他们努力不懈地要为自己的英雄挽回名誉。其中最为重要的一条理由是,将理查三世和他失踪的侄子们关联在一起的说法缺乏实实在在的证据支撑。莫尔自己也曾写道,王子们的尸体最初被掩埋在伦敦塔的台阶之下,但随后又被挖出来移葬在别处。既然如此,研究会的会员们相信,17世纪70年代发现的骨骸有可能并不属于王子们——不排除他们甚至逃离了伦敦塔。

至于 1933 年的所谓专家们，会员们认为，他们的技术经不起现代法医学的检验。举个例子，仅凭某块年代久远的骨头上的一处血迹，很难认定是窒息所致。1984 年，有个电视节目花了四个多小时播出一场法庭辩论。著名的律师和历史学家对现存证据进行了详细考证和激烈辩论。理查三世是否谋杀了伦敦塔中的王子们？对这个问题，陪审团们的结论是理查"无罪"。

辩论无疑还将继续下去，直到某种带有结论性质的新证据被发现。例如，现代 DNA 分析或许可以证实，1678 年以来在威斯敏斯特大教堂中安葬的骨骸是否和小王子们的父亲爱德华四世有关，而后者的陵墓就位于温莎。尽管如此，依然没人能告诉我们究竟是谁加害了这两个孩子。

理查三世的同时代人似乎并无疑虑。根据编年史的记录，"人们纷纷议论，是国王（理查三世）将老国王爱德华的孩子们置于死地"。

一位名叫多米尼奇·曼奇尼的意大利旅行者写道："在小国王从人们的视野中消失后，但凡提起他，人们都会落下泪水，认定他是被人谋害的。"

中世纪的老百姓对高层政治阴谋和权力争斗并不感到奇怪。在过去的两个世纪中，英格兰目睹了三位国王被废黜（爱德华二世、理查二世、亨利六世），他们都是在不利的局面出现后被剥夺了王位。但对孩子、特别是自己兄弟的亲骨肉下手，这样的做法逾越了底线。尽管判定理查三世谋杀罪成立的证据缺失，但他至少在抚养、照顾孩子们的问题上出现了严重失职。他甚至从未尝试给出一个说法来加以掩盖。

某种意义上讲，在围绕"伦敦塔中王子们"所进行的讨论中，理查被轻易地放过了。年纪小一些的孩子的确是位王子，但大一点的那位却是正式登基并被完全认可的国王。直到 1483 年春天他和自己的叔叔在斯托尼斯特拉福德见面的那一刻，他一直都是国王爱德华五世。理查三世未能在现代"电视审判"中获罪，但他在自己所处的那个时代被认定有罪，他将很快为此付出完全代价。

◎ 1484 年：猫和老鼠

理查三世的篡位令整个欧洲蒙羞。法兰西王国的首相罗榭福尔以明显不满的语气对三级会议（法兰西议会）说："看看爱德华死后英格兰都发生了什么！他的孩子都已成人，竟然惨遭屠戮。凶手不仅免受惩罚，还在人民的支持下坐上了王位！"

事实上，英格兰老百姓对这位自封的君主并无特殊好感。理查三世统治之初，大力铲除异己，连续处决了五人。这使得伦敦的气氛变得不那么轻松。在一份发往地方的时事通讯上记载着："出麻烦了，人们之间彼此猜疑。"

新国王在其宠臣的帮助下治理国家。这些人是如此不受欢迎，有首著名的打油诗是这么形容的：

猫、老鼠
和洛佛尔，一只狗
他们主宰着英格兰
这个野猪治下的国度。

这首诗中的"猫"指的是威廉·凯茨比爵士。他是一个极其聪明、敏锐的律师，被任命为下院议长，其职责是确保所有议员都和新政权统一步调。"老鼠"是理查德·拉特克里夫爵士。他是理查三世最资深的亲信。弗兰西斯，也就是洛佛尔勋爵，他的家族徽章上有一只银色的狼狗。他和理查三世曾一同生活在"造王者"沃里克伯爵的宫廷中。"野猪"暗指理查三世本人，他的徽章上有一只白色的野猪。

现在很多漫画家都喜欢嘲讽统治者。1484 年的情形却大不相同。当局抓捕了威廉·科林布恩爵士——威尔特郡的一位乡绅。他就是那位胆敢拿起笔炮制上面那首讽刺诗并将其钉在圣保罗大教堂门上的"始作俑者"。科林布恩和西部郡县的一些乡绅被指控策划暴乱。其他人最后都被赦免了，唯独他因为"诋毁国王和他的大臣们"受到了特殊对待。他被吊在绞刑架上，还没咽气就被阉割并掏去内脏。

科林布恩把幽默感一直保持到最后，这令他青史留名。据说当行刑者试图掏出他的内脏时，科林布恩仍未断气，他长叹一声："主啊，我真是烦恼不断！"

◎ 1485 年：博斯沃思之战

1485 年夏季的一天，法兰西编年史家菲利普·德·科米内在法王的宫廷上遇见了亨利·都铎。当时，这位年轻的威尔士人已经流亡了

20多年。他往来于布列塔尼公爵领地和法兰西,从一个城堡辗转到另一个城堡。亨利知道如何精打细算地过日子。他告诉科米内,从5岁开始,自己就像一个逃犯一样活着。

现在,生活的一切都将改变。在忠诚的叔叔贾斯珀帮助下,亨利打算向英格兰的王位发起冲击。自从两年前理查三世夺取王位后,越来越多的英格兰人将他们的支持投向了海峡对岸的这位年轻人。亨利的母亲是玛格丽特·博福特夫人,他的祖父欧文也与法兰西王后凯瑟琳有一段浪漫的婚姻。上述关系使他成为理查三世的最佳替代人选。

8月1日,亨利率领1000多名士兵横渡英吉利海峡,这其中还包括他用借来的资金雇佣的法兰西长枪兵。他们的目的地是威尔士西南端贾斯珀的老家,那里也是亨利出生的地方。7日,一个星期日,他们在米尔福德港靠岸,计划继续向北行军穿越威尔士,并在途中不断壮大力量。我们后来得知,当地的诗人将他们形容为"受天命眷顾之人"。

不过,本地民众的回应离亨利的期待相去甚远。很少有威尔士人甘愿冒着生命危险投身亨利的事业。更大的失望还在后面。他在抵达英格兰中部地区的什鲁斯伯里时发现,原本寄予厚望的继父,也就是他母亲的第三个丈夫、斯坦利的领主托马斯碰到了麻烦。理查三世抢先一步,将斯坦利的大儿子作为人质控制了起来。

斯坦利家族对即将发生的战役显然具有决定性影响——他们是这一地区的主要庄园主。但是他们可不是靠撞运气获得如今的地位,以往的战争中,斯坦利家族惯于在形势最后明朗时才决定出手。在1485年的盛夏,这正是他们的如意算盘。8月22日,星期一,亨利·都铎与理查三世的军队终于遭遇。尽管亨利的军队在人数上远远落后于国王,但在斯坦利家族按兵不动的情况下,国王这一边也难以指望获得援军支持。

习惯上人们认为博斯沃思之战的地点距离莱斯特不远,但现代研究表明,两军对垒之处应该位于现在的A5公路和曼赛特村交界处以西数公里。这里位于考文垂以北,也是1400多年前布狄卡女王英勇抗争罗马人的地方。A5公路实际上是沿着罗马占领时期的华特灵古道的方向,将伦敦和北威尔士相连接。因此,在亨利被充满不确定性的命运指引、率领法兰西长枪兵迎战理查三世之时,他其实是沿着罗马军团的旧道在行进。

史料记载,战斗前的那晚,理查三世做了许多噩梦。不过,他在战场上表现得很坚毅、勇敢。他披上国王的铠甲,将王冠套在头盔之上。战斗开始后,理查三世在亨利·都铎军队的后方发现了对手的旗帜,于是下令全军发起冲锋。他喊道:"今天我要么战胜敌人,要么以国王之尊战死沙场!"

对于亨利为何要选择待在队伍的后面,有不少猜测。一种谨慎的观点认为,他是为了在形势一旦不利时能够尽量减少损失。他还将叔叔贾斯珀安排在更加靠后的位置,以掩护自己可能的撤退。然而,亨利最终被他的法兰西长枪兵所拯救。这些长枪兵使用了一种英格兰的冲锋骑兵从未见过的战术。他们用长达五米多、带着金属尖头的棍棒快速组成一面防御墙,将亨利围在里面。当理查三世的骑兵冲向这堵防御墙时,国王从马背上摔了下来。一位身临现场的雇佣兵在战斗次日记录下当时的场景,这封手稿后来在19世纪被发现。其中描述称,理查三世愤怒而沮丧地大声喊道:"今天就是这帮法兰西叛徒毁掉了我的王国!"

面对此刻的战场形势,斯坦利家族决定出手了。一开始托马斯本人还打算再观望一阵,后来他的兄弟威廉爵士果断地将军队调往战场,追击理查三世的士兵,并将国王团团围困。理查三世继续抵抗,英勇地拒绝了部下让他骑马逃生的请求。

"一匹马,一匹马,我愿用整个王国换一匹马!"莎士比亚在《理查三世》中对驼背的国王进行了戏剧般的描绘。国王当时叫喊着要重新登上一匹战马,与亨利发起决斗。剧作家对理查三世英勇无畏的描述算是对得起国王本人。根据当时目击者的回忆和记载,理查三世的确战斗到了最后一刻,直到他被对手砍倒和制服。王冠从他的头盔上坠落,被斯坦利爵士捡了起来。斯坦利将金光闪闪的王冠置于亨利的头上。"先生,此刻我敬推您为英格兰国王。"

与任何一场战斗一样,胜利者后来成了掠夺者。斯坦利从死去国王的帐篷内拿走一切中意之物,包括一条王室挂毯,并将其放置在自己的住所。这条挂毯将永久见证斯坦利家族在博斯沃思战场上果断但并不光荣的表现。此外,理查三世美丽精致的祈祷书属于亨利的母亲玛格丽特夫人。亨利自己则选择留下那顶璀璨的王冠。

理查三世的尸体被扒光了衣服——"仅仅留下掩盖私处的布料",横放在马背上,他的四肢向下悬着。"人们像对待野猪一样处理他。他的尸体被拉扯着,在污泥四溅中前行。"最后他被拖到了莱斯特的灰衣修道院安葬,"没有安排任何荣耀和神圣的葬礼"。

50多年后,这所修道院在"解散修道院"法令颁布后遭到破坏,理查三世的陵墓也被损毁。今天,据信被囚禁在伦敦塔中的小王子们的遗骨,被荣耀地安放在威斯敏斯特大教堂里。而理查三世的遗骨则在16世纪30年代的某一天,被扔进了莱斯特郡的一条河中。

◎ 1486—1499 年：两件麻烦事

1486 年 1 月 18 日，28 岁的博斯沃思之战的胜利者、新国王亨利七世，决定迎娶 19 岁的约克公主伊丽莎白。她是关在伦敦塔中际遇悲惨的王子们的姐姐。这桩婚事由亨利的母亲玛格丽特·博福特一手操办，主要目的是化解兰开斯特家族和约克家族刻骨铭心的血仇。

然而小王子们的神秘失踪导致了奇怪的后果。没人能确信他们的命运如何。如果他们确实被谋杀，那么谁才是罪魁祸首？尽管理查三世的嫌疑很大，但王子们的尸体并未被发现，因此他们遭投毒的说法无从证实。此后多年里，阴谋论不时在英格兰泛起。这是一个属于王位觊觎者的年代。

首先登场的是朗贝尔·西姆内尔。此人是位牛津商人的儿子，被本地雄心勃勃的教士理查德·西蒙兹所利用。西蒙兹将他这位 12 岁的门徒带到爱尔兰，宣称西姆内尔就是沃里克伯爵爱德华，也就是理查三世的年轻侄子。在 1487 年圣灵降临节的那个星期日，一些持不同政见的爱尔兰贵族在都柏林为"国王爱德华六世"加冕。

真正的爱德华此时正被囚禁在伦敦塔中。亨利七世登基后将防止沃里克伯爵夺位作为优先任务。他下令把伯爵从伦敦塔中押解出来游街，以证明王位觊觎者的虚假身份。那年 6 月，西姆内尔和他的爱尔兰追随者在兰开斯特郡的弗尼斯登陆。亨利七世立即率军北征，像平复往年的动乱一样将叛军击败。

都铎家族取胜后的反应与从前大不相同。亨利七世并没有处决假冒的"爱德华六世"，反倒是在王室厨房为西姆内尔谋了个差事，让他负责翻转烤牛肉的扦子。这个小男孩很好地履行了他的职责，并很快得到擢升。他后来负责照料亨利七世所宠爱的猎鹰，成了王室训隼人。

亨利七世以富有人道色彩和带幽默感的方式对待西姆内尔。我们从中可以看出新国王的一点处事方式——他不杀孩子。他甚至饶了西蒙兹的命，后者是这个男孩背后的主使，一直觊觎坎特伯雷大主教的职位。但如果亨利七世能表现得再严酷一点就好了。因为没过几年，他又碰上新的王位觊觎者。这次的觊觎者宣称自己是约克公爵理查德，也就是关在伦敦塔里年纪小一些的王子。他宣称自己是在哥哥被谋杀后，从伦敦塔里奇迹般地逃了出来。

"国王理查四世"——如果确实如此，他应该是亨利七世的妻弟——后来承认，实际上他只是一个名叫柏金斯·沃贝克的无名小卒。此人来自尼德兰的图尔奈，是位船夫的儿子。然而，各方还是情愿相信他就是理查三世的侄子。人们为他举行宴会、邀他一起狩猎，还筹款帮他雇佣军队。苏格兰国王詹姆斯四世甚至为他寻觅了一位迷人的妻子——国王自己的表妹凯瑟琳·戈登夫人。

1497年秋天，沃贝克觊觎王位的六年冒险经历以伤心结尾。他试图在英格兰西部发动叛乱，但最终失败。他在汉普郡的比尤利镇被俘时承认了自己卑微的身世。国王听到他认罪后再次发了善心，邀请沃贝克和他美丽的苏格兰妻子加入宫廷。次年夏天，沃贝克试图逃跑，亨利七世也仅仅是让他重新认罪。但沃贝克的第三次逃跑企图令国王对他彻底失去耐心。1499年11月23日，这位王位觊觎者被处以绞刑。数日后，真正的王位候选人、倒霉的沃里克伯爵在伦敦塔所在的塔山被斩首。

亨利七世给沃贝克的贵族遗孀一笔津贴，让她担任王后的侍女。凯瑟琳夫人后来成了都铎宫廷里的知名人物。她先后嫁给至少三个丈夫，一直活到1537年。事实证明，国王在1499年的震慑举措起到了预想的效果，此后再无王位觊觎者出现。

◎ 1497年：鱼与航船

> 1492年，哥伦布扬帆游弋蓝色之海，发现了这块大陆。大陆充满自由，为你们所热爱，也为我所钟爱。

1492年是历史上的一个知名年份。克里斯托弗·哥伦布在这一年"发现"了美洲大陆。但现代考古学家认为，维京人在哥伦布很早之前就横跨了大西洋。在纽芬兰岛的维京人居住遗址，人们发现年限大约在公元1000年的炊具和金属饰品。同样，也有充分理由表明，不少抗风击雨的英格兰人在哥伦布之前乘船到达了美洲。

这些人据信是自布里斯托尔启程。他们从位于英格兰西部埃文河河口的繁华港口出发，首先前往爱尔兰，然后继续向西驶入大西洋。上述英格兰人大多是渔夫，他们的目的是捕捞鳕鱼，以做成腌鱼用来换酒喝。他们还带来关于遥远岛屿的传说，并将其称为"七城之岛"。15世纪90年代晚期，一个叫约翰·戴伊的英格兰商人报告称，他遇见了西班牙的"大舰长"——指的也许就是哥伦布本人。在一份保存于西班牙锡曼卡斯国家档案馆的信函中，戴伊指出，大西洋另一边的新大陆"实际上，如陛下所知，早已被来自布里斯托尔的水手所发现并涉足"。

跨大西洋发现的功劳属于英格兰的说法当然存在争议。英格兰西南部的渔夫们比较不事声张，他们更愿意把秘密留给自己。港口的记录清晰地显示出，在15世纪80年代或者更早的时候，来自布里斯托尔的船队就在离新英格兰和纽芬兰不远的地方，发现了渔业资源出奇丰富的大浅滩渔区。但他们并不想招惹来太多竞争者，唯一的兴趣是在一些地方设置标记，作为进入渔区的引导。因此，哥伦布保有了1492年发现新大陆的荣耀。不过，使用"发现"一词来描述抵达一块早就被成百上千，甚至数万北美土著印第安人居住的大陆，无疑是错误的用法。

根据信史记载，布里斯托尔人真正涉足美洲大陆是在英格兰王室的资助之下。大约在1494年，一位叫胡安·卡博托的意大利航海家来到国王亨利七世的宫廷。与哥伦布一样，卡博托来自热那亚，他十分擅长为世界大发现做推广。他挥舞着航海图和一个引人注目的地球仪，试图说服亨利七世给予他一张许可证，以"寻找和发现任何直至此刻不为基督徒们所知、属于异教徒的岛屿、国家和地区"。

谨慎的国王不打算为这项计划掏出哪怕一分钱。相反，要想获得王室的许可证必须付出代价——20%的利润。尽管如此，胡安（他现在被称作约翰·卡博特）还是享受到了优惠，从新世界带回的一切商品都被特许免于征税。于是，他来到布里斯托尔寻觅投资者。他在那里搞到一条小木船——"马修号"，还招揽了18名水手。他们中的大多数都是"健壮的布里斯托尔水手"。

对于英格兰西南部这些排外的小伙子来说，他们会选择和一个意大利外人一起合作，这颇令人感到惊讶。不过，这些在神秘的大西洋上一起出生入死的伙计中存在一种兄弟之情。卡博特善于使用观星等最新航海技术，他的船员应具备四个星期以上不见陆地却依然不慌张的心理素质。

事实上，横跨大西洋的旅程用了五个星期。1497年6月24日，在离开英格兰35天后，"马修号"上的人们终于看到了陆地。船在今天纽芬兰和拉布拉多或新斯科舍的岸边落锚。卡博特很谨慎，他和一帮水手划桨登陆。他们在岸上发现了生火的痕迹、一些用来捕猎的陷阱、用来织网的针和一连串延伸向内陆的脚印。显然，附近有人类活动。不过，卡博特并不急于见到他们。约翰·戴伊日后写信给他的西班牙"大舰长"："考虑到卡博特只和为数不多的人同行，他不敢贸然前往内陆，仅在弓箭的射程范围内活动。"

登陆者们插下了四面旗帜：代表亨利七世的圣乔治旗、教皇旗、威尼斯旗（卡博特是威尼斯市民）以及一面专门为当地异教徒准备的十字架旗。接着，英格兰水手们就出发去追寻更大的乐趣。这里的水域到处都有鱼群在游弋。卡博特后来对米兰大使夸耀："在那捕鱼根本不需要任何渔网。水手们只需将身子斜靠在船边，把石头放在鱼篮里，然后让篮子自然下沉等待鱼儿自投罗网。"

大约在7月中旬，船长和水手们启程回国。他们航行时采用和先前来时同样的"航位推测法"，也就是保持对恒星的特定角度行驶。实际上就是沿着同一纬度在弯曲的地球表面前行。15世纪的水手们已不再接受"地球是平的"这一陈规。他们航海冒险技术的基础就在于相信地球是圆的。

8月23日，卡博特回到伦敦，向国王报告了自己的发现。一向锱铢必较的国王立刻赏给他10英镑——相当于当时人均年收入的4倍。亨利七世还承诺给予这位航海家每年20英镑的终身退休金，由布里斯托尔港的关税收入给付。不过，卡博特没有机会领取这笔钱。次年，他又开启了新的向西航海的征程。正如都铎王朝的历史学家波利多尔·弗吉尔无情的描述："他所发现的新陆地，不过是大海的最深处。"卡博特和他的航船最后毫无痕迹地消失在大海深处。

卡博特的命运无法阻挡其他探险家。1501年，亨利七世又委任了六名布里斯托尔人向西航行。他们最后带回了北极的猎鹰——或许国王会将这些猎鹰交给朗贝尔·西姆内尔驯服，还掠来一些卡博特四年前避免接触的土著人。一位史家记述称："他们身披兽皮，吃着生肉，说着没人能懂的语言，行为如同野兽一般。"

猎鹰、鱼、爱斯基摩人（因纽特人自16世纪末就被如此称呼）都足够有趣，但不能与黄金、珠宝，尤其是西班牙人从哥伦布发现的大陆所满载而归的白银相提并论。70年后，英格兰人才下定决心在大陆北部落脚。1507年之后，这块大陆在地图上被冠以"美洲"之名。

谢天谢地，爱斯基摩人在英格兰待得很愉快。他们似乎为自己找了个裁缝，因为在他们身披兽皮出现在亨利七世宫廷仅仅两年后，有人就发现英格兰首批新世界的移民在威斯敏斯特宫附近闲庭信步。"他们身着英格兰绅士的服饰，不再貌似野兽，人们甚至难以将他们和绅士区分开来。"

◎ 1500年：榨干财富

国王亨利七世统治的大半时间里，坎特伯雷大主教约翰·莫顿一直担任首席大臣。历届坎特伯雷大主教构成了中世纪英格兰最重要的教会政治家群体。他们往往出身贫寒，极具天赋，在教会的教育体系中靠能力脱颖而出。对莫顿而言，他的考验是完成为国王筹款的艰巨任务。

据说，为了给国王募集资金，莫顿的手下采用了一种资产调查手段，令他们的目标无处遁逃。如果有人看上去很富裕，他显然必须为国王的金库做贡献。如果相反，他表现得很节俭，那他一定是将财富藏了起来。不论哪种情况，此人都必须缴款。被调查者的这种境遇就好像面对一把双股干草叉，此人就算逃过了一个尖头，也难逃被另一个尖头戳穿的结局。

和历史上的许多轶事一样,"莫顿的干草叉"与真实情况不完全相符。130多年后,哲学家弗朗西斯·培根发明了上述名词。当时的历史记载充分表明,莫顿其人并未使用这种叉子。然而,这位大主教的确竭力满足国王对金钱的渴望。除了帮助国王收紧议会的征税权外,莫顿还发起征收"恩税",也就是臣民为向国王表忠而自愿缴纳的税款。毫不奇怪,这一变相的强制征税很快就被人们冠以"恶税"之名。亨利七世自己也逐渐赢得了守财奴的"美誉"。忠于国王的波利多尔·弗吉尔曾写道:"在晚年,国王全部的美德都被贪婪所遮掩。"

亨利七世的资产账目就是证明。国王仔细审核完每一页账目后,都会在页脚留下自己的缩写签名。亨利七世会在自己需要的时候出手阔绰,特别是为展示他的王恩浩荡。1501年11月,他花了14000英镑(相当于今天800多万英镑)购置珠宝,用于长子阿瑟和阿拉贡的凯瑟琳在圣保罗大教堂举行婚礼。凯瑟琳是西班牙国王费迪南德与其妻伊莎贝拉之女。为庆祝婚礼,国王在威斯敏斯特宫连续十天大宴宾客并举行竞技比赛,宫殿大厅的墙上挂着昂贵的阿拉斯织物饰品。

两年后,亨利七世再度出手阔绰。这次是将玛格丽特公主嫁给北方的苏格兰国王詹姆士四世。陪同公主的随行人员包括2000名骑手、数名身穿华丽服饰的贵族以及价值16000英镑(相当于今天900多万英镑)的珠宝。事后证明,亨利七世对子女的婚姻安排都产生了重要影响。玛格丽特公主的婚姻在日后导致了英格兰斯图亚特王朝的建立。而阿拉贡的凯瑟琳在其夫阿瑟1502年去世后,嫁给了阿瑟的弟弟亨利。这一婚姻也将带来历史性影响。

亨利七世于1509年4月驾崩,时年52岁。他治下的英格兰政权稳定。今天你可以在威斯敏斯特大教堂看到他的遗容面具。他脸型瘦削,目光犀利,容颜看上去富有智慧。但他的嘴保持紧闭,根据同时代人的描述,这是"为掩饰数量稀少、布满黑渍、质地欠佳的牙齿"。他荣耀地躺在威斯敏斯特大教堂南侧宏伟的礼拜堂里。礼拜堂本身就是都铎王朝奢华的象征。在他身旁躺着王后约克的伊丽莎白。不远处是他的母后玛格丽特·博福特夫人，正是这位夫人费尽心思、倾尽全力将自己的儿子推上了王座。

礼拜堂的石柱上雕饰着双玫瑰，寓意着战争后红白玫瑰家族创伤的愈合。红白色两朵玫瑰合二为一，焕发出崭新的生命力。礼拜堂的一扇彩色玻璃窗上画着一顶被荆棘覆盖的王冠。有传说称，在博斯沃思的战场上，亨利七世正是从一处荆棘丛中拾起了王冠。实际上，当时的记载并没有提到荆棘丛，只是说王冠是从地上被拾了起来。然而，如果说是亨利七世把英格兰从荆棘丛生的环境中拯救出来，这样的评价并不为过。

◎ 1509—1533年：国王亨利八世的"大事"

亨利七世的节俭统治结束了。接下来粉墨登场的是他的儿子、血气方刚的新国王亨利八世。亨利八世如喷薄旭日般君临英格兰。他只有17岁，身材匀称健美，是整个国家的竞技英雄。

看着新国王打网球的姿态，一位仰慕者赞叹道："世界上最美妙的事情莫过于欣赏他的比赛。雪白的皮肤透过最精细布料制成的衬衫，焕发着光泽。"这位高大、充满活力的年轻国王还加入到皇家弓箭手的比武行列。他射出的箭"正中靶心","超过了所有的对手"。他还是个绝佳的骑手和摔跤冠军。音乐声响起时,他总能准确地拨动鲁特琴的琴弦。近来的研究表明,亨利八世甚至会踢足球。这一运动经常被视为过于粗鲁,并不适合出身高贵的人。2004年2月,有人在重新检视他的衣柜清单记录后发现,除了45双天鹅绒鞋子外,国王还有一双特制的足球靴。

国王的另一面在登基三天内展现了出来。善于寻找替罪羊将成为他统治的一大特点。国王决定公审理查德·恩普森和埃德蒙·达德利。这两位都是他父亲最有效率也最不受人欢迎的敛财者。他们只不过是遵从王命罢了,但亨利八世决定对他们施以极刑。国王很快就开始大肆挥霍他父亲精心储蓄的财富。1509年6月,亨利和他高贵的西班牙新婚妻子——阿拉贡的凯瑟琳正式加冕时,面具舞会、摔跤比赛、盛装游行等庆祝活动持续了多日。

凯瑟琳比亨利年长4岁,这是她的第二段婚姻。她曾于1501年11月嫁给亨利的兄长阿瑟。但那年冬天还没结束,凯瑟琳就成了寡妇。年轻的亨利取代阿瑟成为威尔士亲王,并同凯瑟琳定了亲。亨利登基后的首桩大事就是要正式迎娶凯瑟琳。1509年6月11日,两人在格林尼治举行仪式,交换婚戒和誓言,由此开启了幸福的子嗣生育历程。1511年新年之际,经历过一次流产的凯瑟琳为亨利诞下一名男婴。国王的喜悦之情难以言表。人们点燃烟火,欢庆的礼炮声从伦敦塔方向传来。这位自豪的父亲和民众打成一片,还允许他们将自己王袍上的金色字母"H"和"K"撕下来作为纪念品。

然而,这位名为亨利的男婴在不到两个月后就夭折了。"失望"这个词将在此后的分娩经历中和凯瑟琳如影随形。生于1516年的女儿玛丽,成为凯瑟琳数次不幸生产后的唯一健康幸存者。经过十年没有男性子嗣的婚姻,亨利开始思忖,难道是上帝的不悦导致了这一切?

国王觉得自己在《圣经》中找到了答案。根据《旧约·利未记》第 18 章,"不可与兄嫂发生关系,她是你兄弟的妻子"。在第 20 章中明确提到了后果,"人若娶弟兄之妻,这本是污秽的事,羞辱了他的弟兄,二人必无子女"。不过,在亨利和凯瑟琳 1504 年定亲时,教皇特准上述禁忌无效。其依据是《旧约·申命记》中看似矛盾的教义,即认为迎娶兄嫂是一个男人的义务,要帮助扶养兄长的余脉。对凯瑟琳而言,她一直坚信自己完全可以自由选择嫁给亨利。因为在她同 15 岁的阿瑟短短五个月的婚姻中,二人从未同房过。

整个 16 世纪 20 年代,凯瑟琳依然没能为亨利产下男性子嗣。她的丈夫开始相信人们关于凯瑟琳是在撒谎的传言。据说,阿瑟在新婚之夜曾满意地喊道:"给我一杯啤酒!"

在亨利八世看来,解决方案其实很简单。既然教皇可以确认这桩不合时宜的无嗣婚姻,他也能取消婚姻的合法性,从而使英格兰国王能够迎娶其他的妻子传宗接代。1527 年春天,36 岁的亨利终于找到合适的新人选。他爱上了安妮·博林,一位比他年轻十岁的美人,后者深色的眼眸中透出迷人的魅力和坚定的使命感。

就在亨利下定决心操办这桩新的婚事之际,意大利所发生的事件令教皇很难再给他任何帮助。那年 5 月,罗马被查理五世强大的军队攻占。查理五世是哈布斯堡王朝的统治者,也是凯瑟琳的侄子。他已控制了西班牙、尼德兰、德意志大部以及意大利,现在又加上了教皇国。查理五世绝不可能让自己的姑母被英格兰国王休弃。

迄今为止,亨利放心地将离婚的事情交给托马斯·沃尔西大主教来处理。就像亨利七世时期的莫顿大主教一样,富有天赋的沃尔西一直帮助亨利打理国家。不过,在罗马发生权力更迭后,这位出色的大主教显得颇为无助。他还因为将安妮·博林唤作"夜乌鸦"而得罪了这位很有权势的女人。终于,在掌控英格兰政府大权 14 年后,沃尔西落了个声名狼藉的下场。他在因叛国罪被指控后,吓得一命呜呼。亨利八世接管了汉普顿宫。这座辉煌的宫殿位于泰晤士河下游的里士满,是沃尔西大主教给自己建造的。亨利还开始启用那些持反教皇派观点的人士担任顾问。

顾问中的主要一员就是安妮·博林本人。她的阅读品位十分激进,曾在 1530 年的一天向亨利推荐宗教改革家威廉·廷德尔的近著《一个基督教徒的服从》。沃尔西大主教的继任者大法官托马斯·莫尔曾将此书斥为"不服从之书"。廷德尔这本小书的副标题是"基督教统治者应该如何治理"。他认为,既然《圣经》没有提到教皇(或主教、修道院院长、教廷以及教会的一切世俗权力和荣耀),那么教会就应该像国家一样,服从于一位"真正的基督教君主"的管理,而不是接受所谓"罗马主教"的干预。

亨利若有所思地说道:"这本书值得我和所有国王好好一读。"其中蕴含的方案有助于解决他那件有些麻烦的"大事"。在亨利看来,国王作为英格兰教会的统治者,难道不能裁决自己的婚姻无效,从而确保王室子嗣的存续?

安妮·博林的兄长乔治·博林在 1530 年夏天对一位到访英格兰的罗马教会官员表示:"英格兰不在乎罗马教皇。在他的王国里,国王就是绝对君主和教皇。"

博林兄妹是都铎王朝正在壮大的乡绅群体的一部分。这一群体的主要成员是地主和商人,他们的信仰比较传统,对罗马教皇没有特殊的偏爱,也看不上教士阶层的法外特权以及轻易得来的财富。当时有一篇名为《乞丐的祈求》的讽刺文章,据说是有人冒称英格兰的乞丐向国王上书。文章指出,乞讨是教会的专长。教士的乞讨本领如此高强,以至于抢了真正乞丐的饭碗。这篇文章抱怨称,教士窃取了土地、财富,甚至良民的妻子和女儿。他们几乎偷走了整个国家。

1529年秋天，在议会召集并即将通过一系列具有历史意义的立法之际，反教皇派的情绪被调动起来。不满的世俗民众被要求提供清单，上面写满他们对教会的抱怨。在1532年5月编成的清单上，尽是人们对平日自以为是、贪得无厌、充满世俗意味的教会的攻击。

这正是国王想要听到的。亨利八世一边阅读着清单，一边感叹道："我原以为教士是我国完完全全的臣民，但我现在发现他们最多只算是半心半意。"

在这点上，国王和主导议会的许多商人、律师、乡绅和土地主们想法一致。他们认为，英格兰必须掌控自己的教会。1529—1536年间，议会通过了一系列法令，将教会生活和经营的许多权益归于王室。

事情最直接的结果是，亨利八世终于可以抛弃凯瑟琳并迎娶安妮·博林了。从长期看，这些新法令产生的影响远远超出了亨利和他期待子嗣的愿望。1533年出台的《上诉限制条令》中明确宣称："英格兰是由神圣的国王所统治的帝国。国王拥有全部、完整的权力，不受任何外国势力的影响。"

亨利的"大事"最终比包括他自己在内的任何人想象得还要宏大。自此，在上帝之下的尘世，英格兰国王不再屈从于任何人。

◎ 1525年:"让光芒闪耀吧"——威廉·廷德尔和英格兰《圣经》

从根本上来说,亨利八世同罗马教廷的历史性分手缘起于世俗权力,而与精神信仰无关。即使16世纪30年代初,在亨利大声斥责教皇对英格兰教会权威的同时,圣歌依然萦绕在广大的英格兰教区里。人们也继续沿用流传数个世纪的天主教仪式。

在欧洲大陆,信仰发生巨大变化。1517年10月,一位出生于矿工家庭的神学家和哲学教授马丁·路德成为德意志的反叛教徒。他将自己著名的《九十五条论纲》钉在了萨克森的维滕贝格教堂大门上。路德对罗马教会的物质主义十分不满,在《九十五条论纲》中他集中攻击教会售卖"赎罪券"的行为。该券不啻是通向天堂的车票,人们寄希望购买此票以抵消自己的罪恶。路德认为,教皇没有权力宽恕人们的罪行,更别说将这一宽恕权像面包和啤酒一样售卖。信仰本身便能使人得到拯救,人们并不需要教士充当上帝和他们之间的中间人。信众通过祈祷以及阅读《圣经》可以和造物主直接交流。数年间,许多德意志公国都不再认可教皇的权威,而是响应起路德的号召,这催生了历史学家后来所说的宗教改革运动。

亨利八世十分愤怒。他认为路德的观点动摇了子民的忠诚,使人们无心向善。路德的言论传到英格兰时,国王和教皇的关系还不错。在托马斯·莫尔的帮助下,亨利八世向这位异端的德意志人发起口诛笔伐。这为他赢得了"信仰守护者"的称号。当时,这一称号的缩写还被铭刻在英格兰的货币上。1521年,也就是亨利和罗马闹翻前十年,教皇宣布亨利是他在欧洲最欣赏的虔诚君主。在亨利的旨意下,沃尔西大主教组织人们当众烧毁路德的著作，甚至穷追至路德翻译的《新约全书》德文译本。

罗马教会的官方版本《圣经》是圣杰罗姆在公元4世纪用拉丁文写就的。这部《圣经》更适合于博学的教士和学者，但信教的普罗大众对此往往听而不闻，它如魔法咒语般安慰人心，但人们对其中蕴涵的意思往往不甚了了。罗马教会垄断信仰很大程度上就是依靠对拉丁文的独家解读。因此，在这些教士看来，人们可以用自己的语言阅读和解释《圣经》，这是极其危险的。

但这正是青年教士威廉·廷德尔的抱负。16世纪20年代初，他正在格洛塞特郡传教。此地和威尔士接壤，长期以来是罗拉德教派的据点。该教派的信众均为约翰·威克利夫的门徒。早在14世纪80年代，这派人就认为应该用老百姓自己的语言来普及推广《圣经》。威克利夫在和一位反对翻译《圣经》的主流教士激烈辩论时，曾向他高呼："如果上帝借我一生，我将让一位耕地的男孩比你更明白《圣经》的含义。"

廷德尔富有天赋，极其博学。他通晓八门语言，特别是希腊语和希伯来语。当时的英格兰，几乎没人能懂这两门外语。他十分善于用母语创造出诗意的表达，许多译法至今仍脍炙人口。比如说，"社会中坚"（salt of the earth）、"时势"（signs of the times）、"当局"（the powers that be）等。在廷德尔尝试将上帝的语言传授给耕地男孩的过程中，这些生动的词汇从他笔下流淌而出。如果他一时难以找到合适的译法，便会索性发明一个，比如"替罪羊"（scapegoat）、"心碎"（broken-hearted）等。从某种意义上说，廷德尔定义了当今英语的节奏和表达方式。如，"吃喝玩乐"（eat drink and be merry）、"奋力一搏"（fight a good fight）、"温柔的人有福了，因为他们必承受地土"（blessed are the meek for they shall inherit the earth）……

为躲避致力于惩戒异端的沃尔西大主教，廷德尔只能在海外书写上述优美的词句。1524年，他游走于欧洲大陆，在汉堡、布鲁塞尔等地的出版商之间穿梭。大主教指派的盯梢之人如影随形。他们认为廷德尔是一位堪比路德的英格兰本土异端人士。1526年，廷德尔终于在德意志城市沃尔姆斯出版了3000本《圣经·新约》译本。没过多久，这部书就在英格兰流传开来。据说书是赫尔港的水手用装载谷物的木桶走私入境的。四年后，安妮·博林读到了廷德尔的《一个基督教徒的服从》，书中的内容鼓舞亨利八世最终做出与罗马教会决裂的决定。

但在1530年，廷德尔却斗胆从《圣经》的角度对国王的婚姻发表看法。这位彻彻底底的新教徒在《教士的实践》一书中称，《圣经》并没有赋予亨利八世抛弃妻子的权力。

这宣告了廷德尔的死刑。英格兰教会中越来越多的宗教改革派人士开始倡导使用英语《圣经》。廷德尔准确、富有力量的译本是当然的选择。然而，国王对廷德尔居然敢批评他离婚以及迎娶安妮·博林的行为相当气恼。1535年，40岁的廷德尔终于在安特卫普被捕。他被宣判为异端并处以火刑。

1536年10月6日，廷德尔走上了刑场。为显示怜悯姿态，当局特赦他在烈火点燃前被绞死。可是，刽子手没弄紧绞索，廷德尔虽然喉咙被勒伤，却并没有咽气，被活活烧死。他在临死前大声呼喊道："主啊，请张开英格兰国王的眼睛吧！"

刽子手不断地给火堆添柴加火，直到尸体化作灰烬。在当时，烧死异端人士的目的是让他们化为灰烬、随风飘走——他们不能在这尘世上留下任何痕迹。然而，廷德尔留下的远远不止是灰烬："太初有道，道与神同在，道就是神……生命在他里头，这生命就是人的光。光照在黑暗里，黑暗却不接受光。"

◎ 1535年：托马斯·莫尔和他美好的"乌有之地"

年轻的亨利八世喜欢同博学而富有智慧的托马斯·莫尔相处。国王会带着他一起爬上王宫的屋顶仰望星空，讨论星辰的移动轨迹。有一次，国王乘驳船沿泰晤士河而下，突然决定造访莫尔位于河畔切尔西的小屋。莫尔邀请国王共进晚餐，两人在花园中"勾肩搭背地相处了一小时"。

莫尔的女婿威廉·罗珀对莫尔和国王之间的亲密关系印象十分深刻。但莫尔本人却不以为然。他告诉罗珀："孩子，如果我的头颅能够为国王陛下换来一座法兰西的城堡，那么它最终一定会掉落的。"

贴切地说，莫尔是一位文艺复兴之人，在15、16世纪伟大的"重生"事业中发挥了积极作用。在阿尔卑斯山以南，米开朗基罗、莱昂纳多等艺术家已成为文艺复兴的杰出代表。在山以北，莫尔和他的荷兰朋友伊拉斯谟等被誉为"基督教人文主义者"。他们的思想相互碰撞、启迪，产生了深远的影响。1509年，伊拉斯谟将他的著作《愚人颂》献给莫尔。莫尔则报之以自己的智慧结晶《乌托邦》（这个词汇是希腊语"乌有"和"地点"两个词的结合）。

莫尔称，他第一次听到"乌托邦"的故事是在有一天走出教堂门口时。他遇见了一位老水手。"他的脸晒得黝黑，有着长长的胡须，身上的袍子随意地垂落着。"这位带有哲学家气质的水手曾经跟随意大利探险家阿梅里戈·维斯普奇周游世界。美洲大陆就是因阿梅里戈而得名。老水手先是向莫尔历数了欧洲国家当前的种种不是，然后就开始讲起自己在"乌托邦"岛上的见闻。他说，那里从不缺乏生活必需品。人们在市场上看到的所有商品都免费供应。不用担心有人会在实际需要之外索取更多，因为所有人都清楚，他们的需求皆能得到满足。事实上，正是因为对短缺的恐惧，才使动物界变得贪得无厌、巧取豪夺。

和我们今天的星际旅行类似，16世纪的"大发现"之旅也极大地激发了人们的想象力。莫尔笔下的"乌托邦"其实和科幻小说无异。那是一个关于超级完美社会和慈善平等生活的虚无幻想。在那个理想化的"乌有之地"，子嗣众多的夫妇会将他们的孩子交给生育较少的夫妇抚养。律师是被完全禁止的行当。在莫尔看来，这是一个掩盖真相的职业。不过，莫尔本人的财富就来源于律师从业所得。生活在"乌托邦"的人们与自然和谐相处，他们追求健康，最后怀着愉快的心情离开人世。这不啻是对充斥虚伪和弱肉强食的欧洲社会的极大讽刺。莫尔本人曾尝试将一些"乌托邦"思想付诸实践。他鼓励女儿们在他面前辩论哲学。"女性的博学是新兴现象，是对男性懒惰的有力驳斥。"

莫尔富有远见的思想同时带着深深的宗教保守主义印记。他对教皇和古老教会传统十分忠诚。同托马斯·贝克特一样，莫尔也在华丽的外衣之内身披粗毛衬衣。但和贝克特不同的是，他的衣服上没有虱子，因为女儿玛格丽特·罗珀会定期帮他清洗。莫尔和亨利八世都对马丁·路德和他的宗教改革思想感到相当愤怒。他对上述思想的口诛笔伐较国王本人有过之而无不及。在一篇檄文中，莫尔斥责路德是"污秽之物、狗屎和排泄物"。他还称呼这位德意志人是"醉鬼、骗子、猿猴以及反基督者在世间的呕吐物"。

1517年，也就是马丁·路德将自己著名的《九十五条论纲》钉在维滕贝格教堂大门的同一年，莫尔加入了亨利八世的政府，自此开始了针对宗教改革新思想的个人之战。他对威廉·廷德尔翻译的作品极其痛恨，将其斥为"魔鬼狗窝中的地狱之犬"。从国王的宫廷回到位于切尔西的家中，莫尔用整晚来写作讨伐廷德尔、捍卫传统教会的文章。

尽管莫尔和廷德尔对于教皇和圣事的理解不同,但他们在对待与国王妻子相关的问题上是一致的。事实上,莫尔认同廷德尔的观点,即《圣经》没有赋予亨利八世同凯瑟琳离婚的权力。二人的上述观点惹了麻烦,将他们推向国王的对立面。沃尔西下台后,亨利八世邀请莫尔担任大法官。莫尔起先拒绝,因为他能够预见未来的危险。但最后他还是决定接受邀请,条件是亨利八世承诺不将莫尔卷入自己的离婚事件,而由"具备足够良心之士"来决定国王的"大事"。

随着亨利八世和教皇的纷争愈演愈烈,莫尔想要保持超脱几乎是不可能的。16世纪30年代早期,目光锐利的托马斯·克伦威尔主导了国家的政策。克伦威尔曾是沃尔西大主教的手下,他在1534年推动议会通过了《继承法案》,规定人们必须宣誓听从国王的安排,拒绝凯瑟琳和她女儿玛丽的相关权利。由于不同意进行宣誓,莫尔很快被押往伦敦塔。

莫尔的老朋友诺福克公爵是众多试图劝说他改变想法的人之一。他对莫尔说:"伴君总是危险的,希望您迎合国王的喜好,因为让国王不悦就意味着死亡。"

莫尔回应道:"这是您要说的全部吗?恕我直言,我和您在迎接死亡这点上其实区别不大,只不过有先有后而已。"

1535年7月6日早晨,莫尔被押往绞刑架。他至死仍保持着优雅和幽默。在登上绞刑架的台阶前,他对刽子手说:"请您确保我安全地上去,待会下来的事就交由我自己负责。"

数月的牢狱生活令莫尔变得疲惫、瘦削。他头上戴着一顶便帽,衣服显得很宽大,长长的胡须耷拉着。这位前大法官看上去有点像那位他想象中、讲述"乌有之地"故事的老水手。而他所发明的那个岛屿的名字,至今仍然被人们用来形容一个美好但不可能实现的梦幻。

◎ 1533—1537 年：离婚、斩首和病故

1533 年 5 月底，安妮·博林溯泰晤士河而下，准备参加她的王后册封礼。她的船队颇有埃及女王克莱奥帕特拉的排场。安妮所乘的是前王后阿拉贡的凯瑟琳的航船，船上凯瑟琳的王室徽标已被摘除。安妮的衣着表明了她获胜的原因。这位新王后的裙子外面又加了一层垫布，她明显已经怀孕了。再过四个月，她就将诞下丈夫期盼已久的王位继承人。

然而，那年 9 月 7 日出生的孩子是一个女孩，她的洗礼名叫伊丽莎白。从最初起草的信函可以看出，她的出生令人感到尴尬，这显然不在计划之中——有人最后一刻在"王子"（prince）之后加了一笔，变成了"公主"（princess）。庆祝王室继承人诞生的典礼被取消了，国王亨利八世也没有参加伊丽莎白的受洗仪式。这是个不祥的预兆。托马斯·莫尔预言道："安妮·博林也许可以把我们的头拧下来当球踢，但不久之后她自己也会迎来类似的命运。"

1536 年 1 月，安妮的第二次怀孕以流产告终，这时她的命运已无法改变。都铎王朝时期流传着这么一种说法，第一次流产意味着接下来将会有一连串流产，阿拉贡的凯瑟琳就是如此。亨利八世很快就为不能产子的王后安妮找到了下一个继任者。他将目光瞄向了简·西摩尔。简·西摩尔细声软语，温和而又顺从，与安妮坚持己见的复杂性格形成了鲜明对比。

托马斯·克伦威尔是促成安妮和国王成婚的关键人物，现在他又被赋予了解除这个婚姻的重要使命。安妮经常表现得很轻佻，这成了她的致命伤。她和一些男人之间闹着玩的眼神和手势被解读为对婚姻不忠。这些男人被屈打成招，有个宫廷音乐师承认自己犯了通奸罪。安妮的兄

弟也被以乱伦罪起诉。这些都没有根据，但都铎王朝的侍从们知道，要想废掉王后，就必须找到"可信的证据"。1536年5月19日，安妮被押往格林塔。她将成为第一个被处决的英格兰王后。她表现得很平静："我听说刽子手的手法还不错，我的脖子很细。"紧接着，她将双手放在了喉咙上，放声大笑。

亨利八世不想浪费任何时间。在接到安妮被斩首的消息后，国王就乘船溯流而上去见简·西摩尔。他们于次日订婚，并在十天后完婚。1536年6月4日，简·西摩尔的王后册封仪式在圣灵降临节正式举行。她坐在了安妮五周前曾坐过的那把椅子上。

在亨利八世看来，第三次婚姻应该是幸运的。简·西摩尔只有20多岁，性格善良而冷静。她致力于在亨利八世和他的大女儿玛丽之间扮演居中调和的角色，后者因为继承权被让给了伊丽莎白而心有不满。国王终于等来了他所期盼的男性子嗣。1537年10月12日，王后简·西摩尔在汉普顿宫诞下了一个健康的男孩。根据英格兰王室守护圣人"忏悔者"爱德华的名字，亨利八世为王子取洗礼名为爱德华。终于，亨利八世获得了他期待已久的神的眷顾。

但他的妻子在生产时忍受了巨大的痛苦。根据记载，她采用了当时技术上还比较粗糙、有时甚至致命的剖腹产方式。也有说法说她患上了被称为产褥热的产道感染。不管是因为何种原因，爱德华的母亲在他诞生12天后死去。御医们对止住她的失血和感染无能为力。

亨利八世陷入了罕见的巨大痛苦之中。作为国王众多妻子之一，简·西摩尔享受了特殊待遇。三周后，国王举行了盛大隆重的仪式，将她安葬在温莎的圣乔治礼拜堂。据说亨利八世临死前口中还念叨着简·西摩尔，很可能他是打算下令将自己和她合葬在一起。法兰西国王就英格兰迎来健康的继承人向亨利八世致信祝贺。亨利八世在复信中流露出复杂的情绪："神的启示令我同时感到喜悦和痛苦，而这痛苦正源于带来喜悦之人的不幸离世。"

人们很少从表面字义上理解外交信函的意思,对亨利八世的话尤其如此。但这一次,我们可能要相信亨利八世的确说出了他的心里话。

◎ 1536年:恩典的朝圣之旅

16世纪早期,人们的生活中交织着宗教仪式的喜悦和壮观场面——圣人的肖像、彩色玻璃、圣星期四的濯足节和"耶稣受难日"的"爬向十字架"崇拜仪式。每逢圣灵降临节,人们都会在伦敦的圣保罗大教堂塔楼上放飞鸽子,象征圣灵挥动翅膀飞向天堂。这种由来已久的象征和仪式的组合,为大多数人的生活提供了令人满意的安排。英格兰人是一群虔诚的信众,一位欧洲旅行者写道:"所有人每天都去作弥撒。"

弥撒——圣餐礼,将酒和面饼在圣坛献祭——托马斯·马洛礼在《亚瑟王之死》中对此有着生动的描述。这本畅销史书于1485年由卡克斯顿首次印刷出版。当主教拿起面饼,"进来了一个小孩子模样的人物,他的脸像火一样又红又亮,他将自己撞向那块面饼,所有人都认为,面饼经此祝圣之后就代表了圣体"。

这就是"圣餐变体"的时刻。根据天主教信仰,圣坛上的面饼和酒已经变成了耶稣的身体和血液。这是每场弥撒令人惊叹的高潮部分。钟声响起,香气缭绕,人们低下了头。这时,耶稣会以儿童和成人两种身份从天堂降临人间,以被吞食的方式参与这场特别的人间盛会。人们吃掉他的"身体",教士们单独喝下他的"血液"(这种曾经是酒的液体十分珍贵,为防止溅出,不能冒让人们相互传递的风险)。

到 16 世纪二三十年代,福音派追随者路德和廷德尔公开嘲笑这种强有力、但在他们看来原始且亵渎神明的天主教表演。穿着华而不实法衣的凡人,怎么能通过召唤就使圣体降临人间呢?宗教改革令人激动的宗旨要义就是,每个人都可以直接和上帝建立联系。这挑战了神父在宗教仪式中的核心地位。这种思想上的质疑引发了实质性的后果。教士凭什么有权掌控凡间的权力和财产,尤其是修道院的大量田产?到目前为止,教会是英格兰最大的地主。

1535 年,亨利八世的首席大臣托马斯·克伦威尔利用了这个诱人的问题:如果教会因处理世间财产而可能陷入腐败,难道就不能免除教会这个麻烦?于是,克伦威尔派出一组"访问者",突击检查了英格兰大约 800 余家修道院和修女院,并理所当然地发现了他们被派去寻找的东西。懒惰、贪婪和性犯罪,这些问题不难被发现,或者说"被制造出来"。这个国家有 7000 多名僧侣、修女和修士,总有一些证据会证明,其中有些人并未像他们树立的崇高理想那样去生活。克伦威尔的"访问者"得意忘形地向主人上报了不端行为的大量案例,以及一些不大可能出现的圣迹——圣埃德蒙剪下的脚趾甲、圣托马斯·贝克特的小刀。他们匆忙收集的资料,为英格兰历史上最大规模的圈地运动提供了口实。这场始于 1536 年的圈地运动导致小型修道院纷纷解散。

破坏这个国家由来已久的教育、就业和社会福利机构,这一行为不可能不招致反抗。几百年来,修道院代表着人们被教导要尊重的一切事物。1536 年 10 月,在英格兰北部爆发了抗议活动。有大约四万名示威者上街游行,他们举起抗议标语,上面戏剧化地写着基督的"五伤"。他们前来支持天主教这一"教会之母",并自豪地将反抗活动称为"恩典的朝圣"。

对于被解散的55所修道院,这些"朝圣者"着手将其中16处的僧侣和修女恢复原职,并要求承认凯瑟琳王后的女儿玛丽公主的合法身份。他们还呼吁将路德和廷德尔那些引发混乱的书籍销毁,并要求把托马斯·克伦威尔以及他的同盟者、倡导改革的坎特伯雷大主教托马斯·克莱默撤职。这些反抗者对君主的正统地位有着基本的信任。他们认为只要将国王亨利身边的邪恶顾问清除掉,国王便会重新回到原来的正确道路上。

这种忠诚和信任正是他们失败的原因。当亨利八世没能召集足够的军队对付反抗者的时候,他同意对"朝圣者"的要求做些让步,并因此赢得了时间。国王邀请反抗者领袖罗伯特·阿斯克来到伦敦,以安全的方式表达不满。但当反抗者被遣散回到家乡后,亨利八世以1537年初新发生的反抗活动为借口开始实施报复。他向军队指挥官、诺福克公爵作出指示:"我们的乐趣在于,在许多曾进行反抗活动的乡镇、村庄中施加令人恐怖的惩罚,借此达到以儆效尤的目的。"

诺福克公爵冷酷无情地执行国王的命令。坎伯兰郡约70名村民在妻儿面前被吊死在树上。在德比郡的索雷,一所由"朝圣者"重新开放的修道院里,许多僧侣被吊死在修道院尖塔凸出来的长木杖上面。在几个月前曾热情朝他欢呼的人们面前,阿斯克被处决。

反抗者认为,亨利八世本质上是个传统的天主教徒——国王至死都相信圣餐变体论的奇迹——这一点并没有错。甚至在宗教改革取得进展的时候,国王还烧死了一些改革者,他们胆敢暗示圣餐仪式中的面包和酒不是基督的身体和血液,而仅仅是其"象征"。但亨利八世需要充实他的金库。到1540年,英格兰最后一家修道院,即位于沃尔瑟姆的富有的奥古斯丁修道院被关闭。王室从售卖这家修道院的土地中获益13.2万英镑(大约相当于今天的5000多万英镑)。

长期来看，大地主、商人以及从新规则中产生的权贵获益更多，他们占据了全国最好的修道院土地资源。修道院的解散是亨利八世对地主阶级的回报，这有利于将宗教改革的成果永久化。

直到今天，我们在英国乡村的角落里，仍然能够发现奇怪的哥特式尖顶、闹鬼的塔楼以及长期废弃的修道院的遗迹。英格兰北部约克郡的里沃兹修道院、瓦伊河畔的丁登修道院以及位于受风吹袭的北海岸、圣希尔达曾在此布道、基督教诗人卡德蒙曾在此吟唱的惠特比修道院：所有这些鬼魂萦绕的遗迹，以可视化的方式提醒着人们，什么才是曾经英格兰学识、教育和历史创造的中心——这是一种几个世纪以来，对富人和穷人一视同仁予以抚慰和激励的文明存在。

◎ 1539—1547 年：离婚、斩首和幸存

1539 年夏天，亨利八世在泰晤士河举办了一次盛会。两艘驳船在河中整装待发，一艘船的船员代表国王和他的顾问们，另一艘船的船员则身着教皇和主教的猩红色大衣。在亨利八世和伦敦群众注视下，两艘船开始进行模拟战斗，船员们大声喊叫和跳跃。最后的结局不出意料，代表教皇和主教的船员们被打落水中。

真实的世界没有如此简单。1538 年，教皇下令欧洲所有的天主教国家团结起来，对抗英格兰"最残忍和令人憎恶的暴君"。英格兰现在

面临被孤立的危险。托马斯·克伦威尔的解决方案是寻求德意志的基督教大公们的帮助。他知道国王在一年多以前简·西摩尔死后一直在寻找新的配偶：如果安排国王迎娶一位美丽的德意志公主，也许国务和享乐就能二者兼得。

德意志北部有个名为克莱韦的强大公国，首府是杜塞尔多夫。根据初步了解到的情况，这里的公爵有一对适龄妹妹，安妮和阿梅莉亚，她们都是不错的候选人。1539年初，克伦威尔让英格兰大使克里斯托弗·蒙特前往调查她们的容貌。蒙特的反馈比较积极，还送回了两幅本地画师给她们作的画像，供国王钦定。然而，这些画像的真实性是否可靠？

国王的答案是派出他自己信赖的宫廷画师汉斯·霍尔拜因前往克莱韦作画。霍尔拜因是位很有天赋的德意志艺术家，他精确、清晰的画像让我们有机会一睹亨利八世的宫廷人物风采。在接到任务后，霍尔拜因一如既往地高效，用了一个多礼拜就完成了两姐妹的画像。安妮的画像呈现的是一位沉静、美貌的女性，据说亨利八世爱上了这位画中人。事实上，国王已经做出了决定。在48岁这年，他决定迎娶两姐妹中的姐姐——24岁的安妮。霍尔拜因画作中那个温和柔美的脸庞进一步证实了所有他收到的书面奏报。

但亨利八世见到他的未婚妻时，发现安妮的长相实在是再平凡不过。1540年新年这天，他在迎接安妮后"颇为沮丧和忧虑地"说道："我从这个女人身上，看不到半点人们关于她的描述。""我惊叹为何贤人们会如此奏报。"

四天后，亨利八世怀着沉重的心情出席了他的第四次婚礼。他在前往教堂的途中向克伦威尔坦露："如果不是为了整个世界和我的国家，我不会做这件今天必须要做、但没有任何世俗好处的事情。"

第二天早上，亨利八世的心情糟透了，更多抱怨的理由接踵而来。

他冲着克伦威尔吼道:"你当然知道,我以前就不怎么喜欢她,现在我更不满意。从她的腹部和胸部判断,她一定不是个未婚女。"亨利八世还透露了一些不得体的细节,包括安妮有体臭,并描述此事对他的影响。"我既没有意愿,也没有勇气再去做其他的事情……我最好不去触碰这个姑娘,随她去吧。"

国王不能圆房,这可是桩大事。御医被邀来诊断,但他们只能提供老办法。他们请亨利八世别担心,休息一个晚上再看看。然而,国王照办后更生气了,因为情况没有任何好转。安妮以一种近乎可爱的无辜姿态证实了这点。她对侍女们说道:"他来到床前,亲吻了我,然后牵着我上床并对我说,亲爱的,晚安。第二天早上,他再次亲吻了我并向我道别。难道这还不够吗?"

我们之所以知道这些细节,是因为克伦威尔再次得到命令,收拾他自己留下的烂摊子。克伦威尔是个很不受欢迎的人物,为迎合大众而推行激进的改革。他给自己的主子找了个妻子,但被亨利八世斥为"佛兰德斯的母马"。这也成了压垮克伦威尔的最后一根稻草。1540 年 6 月,克伦威尔沦为亨利八世最新的一只替罪羊,他被议会裁定叛国,即将面临绞死和分尸的厄运。如果克伦威尔想要避免这一结局,他需要写下能够让亨利八世和安妮解除婚姻的书面证据。

但最终克伦威尔还是难逃在 1540 年 7 月 28 日被斩首的命运。他在最后一刻留下的书面证据帮助亨利八世取消了和安妮的婚姻。十天后,国王再次结婚了,对象是 20 岁的凯瑟琳·霍华德。她是国王驻守北部的骁勇将军诺福克公爵的侄女。在过去一年中,作为克伦威尔的死敌,诺福克公爵这位信奉天主教的传统主义者,一直设法将凯瑟琳送入国王怀抱,并同时谋划着让他的对手倒台。

不幸的是,和新王后的不凡魅力相伴的,还有她不易满足的欲求。国王和她结婚刚过一年,就有关于王后淫乱的传闻。当霍华德还是个未婚女孩的时候，在诺福克公爵疏于管教的家中，据说她分别和音乐老师亨利·马诺克斯以及表兄托马斯·迪勒姆关系暧昧。成为王后之后，霍华德还雇佣迪勒姆当她的私人秘书。调查发现，在1541年秋天前往英格兰北部的一次王室旅行中，霍华德居然在亨利八世睡着后和另一个情人托马斯·卡尔佩珀厮混。

王室的顾问们向国王出示王后出轨的证据时，亨利八世当众哭泣了。霍华德在次年二月被斩首，卡尔佩珀、马诺克斯、迪勒姆，以及在国王睡着后帮助王后联络私通的罗奇福德夫人一并被处以极刑。

到这个时候，亨利八世已经是座庞大的"人山"了。诺福克公爵形容他，"靠工具和技艺而不是自然力移动身体"。年迈的国王饱受关节炎和胃溃疡困扰，上楼梯的时候需要别人帮助。还有一辆小推车专门负责运送他在汉普顿宫内移动。亨利八世的药单中记录了大剂量的甘草、大黄和其他泻药，还有治疗痔疮的王室专用油。

亨利八世真正需要的是一位可靠而富有经验的妻子。他最后在凯瑟琳·帕尔身上找到了上述特质。帕尔已经31岁，两次丧夫，这让她成为英格兰结婚次数最多的王后。1543年7月，她以明智的方式接受挑战，成为英格兰结婚次数最多的国王之妻。帕尔将国王的孩子玛丽、伊丽莎白和爱德华聚在一起，让王室的家庭生活有了生趣。帕尔对新的宗教信仰抱有同情，除了让自己生存下来，她最大的成就或许是确保两个年幼的孩子爱德华和伊丽莎白，都能受教于倾向宗教改革的导师。

亨利八世在1547年1月28日驾崩的时候，消息被封锁了三天。英格兰从此不再拥有这位充满欲望、自我沉溺、曾经健美壮硕的专制君主，这的确难以想象。从道德层面，亨利八世的统治意味着持续不断的衰退，意味着完全被腐败的权力。不论从任何美德的角度衡量，亨利八世都很难称得上是个好人。

不过，他是个伟大的人，也是英格兰最伟大的国王。如果不提及美德的话，他的成就无可估量。他摧毁了持续数个世纪之久的中世纪教会，他给英格兰的土地所有制带来革命性的变革，他将中央政府的权力提升到前所未有的高度。虽然他像暴君一样统治英格兰，但没有诉诸军队。英格兰的新教会是亨利八世最显著的遗产。在他死后的动乱年代，国家命运也将决定性地被他所依靠的那个机构所影响。他增强了这一机构的作用，并依靠其摆脱罗马的束缚。这个机构便是议会，特别是下院。

◎ 1547—1553 年：男孩国王——"虔诚的淘气鬼"爱德华六世

亨利八世为得到一个男性继承人如此大费周章，他决定作为储君的儿子爱德华必须接受未来国王所需的最好教育。这位少年的导师是理查德·考克斯和约翰·切克，他们都是那个年代顶尖的人文学者。九岁的理查德在 1547 年 1 月继承王位后，导师们加大了培养力度。地理课上，爱德华被要求熟记英格兰、苏格兰和法兰西所有港口以及潮汐和信风的名字。历史课上，他学习亨利六世漫长而灾难性的统治，以鉴取教训。这位"虔诚的淘气鬼"在 12 岁的时候已经能够每天阅读 12 章《圣经》，还能在星期日听取布道时记笔记。爱德华展现出祖父亨利七世的聪慧，他用希腊字母设计出独有的"密码"，以确保无人看得懂自己的笔记。

虽然反对教皇的权威，但亨利八世直到驾崩时都算得上是位传统的天主教徒。不过，他还是接受了即将到来的变化：他为爱德华挑选的两位导师都是知名的福音派教徒。他也十分清楚坎特伯雷大主教托马斯·克兰默的激进信仰倾向。后者正在秘密策划进行宗教改革。亨利八世不同意教士结婚,但克兰默成功地将他已婚的事实隐瞒了亨利近20年。随着国王的驾崩,公之于众的除了大主教的妻子,还有他密谋已久的改革计划。

从此,英格兰的教堂里不再有蜡烛、玻璃彩窗和圣母像。修饰教堂墙壁的彩色绘画也用刷白覆盖。圣灰星期三不再有圣灰,棕榈主日也不再有棕榈。同样,信徒们在耶稣受难日不需要再跪拜十字架。人们还将教堂钟楼上的大钟取下来,圣坛挂布和信徒的礼服都被用来制作马鞍布。在圣灵降临节那天,再没有白鸽从圣保罗大教堂的塔楼飞出。短短六年间,这些变化的确够惊人的。

今天的人们醉心于《祈祷书》中优美、感人的辞藻。这部作品是克兰默在1548—1549年间起草并在1552年修订的。对当时大多数人而言,书中的语言显得有些奇怪和不合时宜。虽然提倡宗教改革的人士希望看到变化,但他们毕竟只是少数人。更多的人则认为,自己被剥夺了终生熟悉和喜爱的东西。

当时的形势已经颇为艰难,通货膨胀正在蔓延。1550年一个便士的含银量只有1500年的五分之一。货币贬值到了如此程度,以至于在铸币过程中人们开始添加红铜。拉蒂莫主教对此感叹称:"硬币都羞愧得红了脸。"在经济的主要领域农业,富裕的地主大量圈地,大批羊群跑到公用土地上,而这曾经是不少农户耕作的地方。

这些新的"被圈占的土地"成为都铎王朝的贵族致富的源泉。对大多数不那么富裕的农民而言,他们的被剥夺感十分强烈。1549年夏天,东安格利亚的农民通过拆除篱笆、捕捉羊群的方式来表达异议。这些人聚集在诺维奇郡的茅斯霍德荒原一棵硕大的橡树之下。他们认为,既然基督选择为人类的自由而牺牲,他们也该站起来打破枷锁。说凯尔特语的康沃尔郡人民已经揭竿而起，由于他们不怎么懂英语，要求恢复使用拉丁语进行弥撒。他们向东行进，围攻埃克塞特郡长达35天。

爱德华的暴戾手下用传统方式对付这些反抗。他们先是许下听从民众请愿的承诺，等募集到足够军队之后，再向反抗民众发起致命一击。不过，爱德华发现在宫廷内部有个人很难对付，那就是他的姐姐玛丽。1549年1月，玛丽已经32岁。她是旧信仰肆无忌惮的捍卫者。按照国王的要求，宫廷内禁止念诵弥撒，但玛丽拒不服从。她宣称："与其让良心受到折磨，我宁愿一死。"

爱德华的官员尝试寻求妥协方案，但这位少年国王拒绝在这一重大问题上退让。该官员评价说："国王即使献出包括生命在内的一切，也不会认同在他看来肯定有违真理的事情。"

国王的姐姐企图软硬兼施："虽然国王陛下远比同龄人更有天分和学识，但陛下在宗教事务上还尚难成为评判者。"

爱德华听完后竟啜泣了起来，这证明他的确还是个孩子。尽管如此，他依然不肯让步，玛丽也一样。她以誓做一名"殉道者"的坚定决心回应国王的眼泪，"即使夺走我的生命，也不能剥夺我的旧信仰"。

姐弟之间的激烈分歧表明，亨利八世顽固执拗的性格在两人身上都有继承。他们意志坚定的胞妹伊丽莎白也是如此。1553年，伊丽莎白即将迎来20岁的生日。三兄妹各自的母亲拥有不同的宗教信仰，这在未来将引发更多纷争。那年春天，爱德华罹患急性伤寒感冒，看起来难以治愈。福音教派的改革计划因此突然陷入危机。爱德华的新教徒顾问们认定，国王命不久矣，玛丽即将继承王位。她就位后一定会立即取消所有的改革。英格兰将再次臣服于罗马教会。面对这一局面，人们该做些什么呢？

◎ 1553 年：简·格雷夫人——在位仅九天的女王

1553 年四五月间，15 岁的爱德华六世躺在位于格林尼治的病榻上。御医们对他精神"萎靡不振"感到束手无策。他们注意到国王的咳嗽十分猛烈、急剧——这可能是肺结核的征兆。此刻，爱德华六世不仅咳血，身上还有溃疡。传言称，国王或许是被人投了毒。御医们为自保不得不正式告诉议会，国王只剩下不到九个月的寿命了。

亨利八世驾崩时，爱德华的叔叔、萨莫塞特公爵爱德华·西摩尔成了辅佐幼年国王的"护国公"。西摩尔是亨利八世珍爱的第三任妻子简·西摩尔的兄长。正是在他的支持下，《新祈祷书》于 1549 年颁布。不过，那年发生的叛乱结束了"护国公"的统治。接下来登上历史舞台的是约翰·达德利。他是狂热的筹款者爱德蒙·达德利之子，后者在亨利八世统治初期被处决。

父亲的命运并没有阻碍约翰·达德利，他继续奔走在辅佐都铎王室的险途上。1549 年秋天，他率军赢得杜辛代尔战役大捷，从而平定了诺福克地区的叛乱。上述胜利也为他日后担任爱德华六世的枢密院院长打开了大门。两年后，达德利为自己谋得诺森伯兰公爵的头衔。鉴于当政的国王是个孩子，这位新任的公爵成了英格兰实际上的统治者。

不过，诺森伯兰公爵的权势完全系于国王脆弱的身体状况。随着爱德华六世的病情加剧，公爵不得不诉诸极端的手段。他劝说年轻的国王改变继承顺序，使王位远离信奉天主教的姐姐玛丽。他青睐的继承人是简·格雷夫人，亨利七世的曾孙女。简十分聪明，且受过良好的教育。她精通希腊文、拉丁文和希伯来文，是个可以依赖的新教徒。简和爱德华一样，出生于 1537 年 10 月。她俩都成长于亨利八世富有改革意愿的王后凯瑟琳·帕尔的宫廷中,并经常一块儿接受教育。

从枢密院院长的视角看,这位年轻夫人最具吸引力的地方在于,她能帮助诺森伯兰家族巩固他们在王室中的地位。1553年5月26日,16岁的简被迫嫁给了诺森伯兰公爵的第四个儿子吉尔福德·达德利。简的父亲萨福克公爵亨利·格雷没有理会女儿的反对意见,因为他还得仰仗诺森伯兰公爵的权势。

诺森伯兰公爵身边许多人都惊愕于他对权力赤裸裸的攫取。克兰默大主教声称他不同意任何改变继承顺序的做法,除非亲自面见国王得到授权。然而,尽管爱德华六世已经神志不清,但他仍然反对英格兰重新追随罗马教廷。国王要求克兰默支持他信奉新教的胞妹,大主教不得已只能服从。其他人也逐渐接受了这一结果。

人们仓促起草王室敕令,宣布爱德华的两个胞姐玛丽和伊丽莎白不再拥有继承权。议会也将很快被召集,以确认新的继承安排。此时,爱德华六世的健康状况一落千丈。他的消化功能已经丧失,头发和指甲大量脱落,咳出来的是难闻的黑痰。死亡最终于7月6日来临,对国王来说,这不啻是一种解脱。

两天前,诺森伯兰公爵召唤玛丽和伊丽莎白前往探望国王。伊丽莎白拒绝步入这一陷阱,玛丽也表现得十分谨慎。当国王驾崩的消息终于传来,玛丽仍然坚称她享有王位继承权,并决定前往东安格利亚的法拉姆灵厄姆城堡暂避。与此同时,诺森伯兰公爵在伦敦宣布女王简·格雷正式即位。他们在号角奏鸣声中穿越伦敦,迎来的却是人们的冷眼。

一位外交使团人士记载称:"没有人表现出任何高兴的样子。当有人高喊女王万岁时,只有寥寥数名弓箭手附和,场面十分冷清。"

在东安格利亚,人心之所向十分明显。本地的乡绅带领他们的骑士和侍从争相前往法拉姆灵厄姆城堡向玛丽效忠。无法上战场的人则贡献出他们的财物或成车的啤酒、面包以及刚刚宰杀的牲口。到7月19日,自愿为玛丽而战的队伍已接近两万人。当玛丽骑着战马向他们表示感谢时，人们将头盔抛向天空。欢呼声是如此震耳欲聋，以致玛丽的坐骑受到惊吓，她不得不下马步行向人们致意。全国范围内越来越多的人站在了亨利八世的大女儿一边，支持玛丽的力量不断壮大。

伦敦没多久就得到了消息，诺森伯兰公爵向北出征以讨伐玛丽。但他的命运已被注定。留在伦敦城里的人们为求自保，决定改投玛丽的阵营。他们恭迎玛丽即位，并悬赏抓捕诺森伯兰公爵。玛丽登基的消息传出后，人们欢天喜地、载歌载舞。夜幕降临，庆祝的篝火熊熊燃烧。一位来自意大利的旅行者写道："人们的喜悦之情令人难以置信，更难以名状。从远处望去，这里简直和埃特纳火山无异。"

1553 年 8 月 3 日，玛丽进入伦敦，人们的庆祝更加热烈了。那时，诺森伯兰公爵已经投降并被投入伦敦塔中，他将很快在月底前被处决。简·格雷夫人也被囚禁了，但玛丽宽恕了她——因为她只是一枚棋子。

但对简·格雷而言不幸的是，玛丽登基后最初的一项决定是同西班牙的菲利普订下婚约。这件婚事很不受欢迎，以至于肯特郡在 1554 年初爆发了叛乱，叛军一直打到伦敦城下。这个"在位仅九天的女王"寄托着新教徒对王位继承的希望。显然，继续留着她十分危险。

1554 年 2 月 12 日，简·格雷夫人被带离监牢，迎接死亡的到来。和她一道赴死的还有她不愿意下嫁的吉尔福德·达德利，以及强行安排这桩亲事的父亲亨利·格雷，使事情呈现出某种诗意般的公平。

◎ 1553—1558年:"血腥玛丽"和史密斯菲尔德大火

将玛丽·都铎送上王位的自发起义,是都铎王朝统治118年中唯一一次成功的起义。1553年夏天,亨利八世和阿拉贡的凯瑟琳之女来到伦敦时,欢迎她的旗帜上印着这样一句话:"人民之声即为上帝之声。"

对玛丽和她母亲在国家同罗马教会分道扬镳时的遭遇,英格兰人大多抱有同情甚至一丝愧疚。两位女性都忠实于她们的信仰,而现在旧的信仰回归了。人们不再隐藏圣坛和弥撒祭服,节日的时候可以在教堂里列队行进和咏唱。

玛丽希望把她强烈的个人虔信投入到实践中。她对濯足星期四的仪式看得很重,用一条过膝的长亚麻裙遮住自己华丽的衣服,谦卑地为贫穷妇女濯洗双足。玛丽还会出现在穷困家庭以及寡妇的家门前,她打扮得不像是女王,而像个随时准备提供帮助的女乡绅。她喜欢和普通村民待在一起,对他们嘘寒问暖,了解他们的生活开销是否足够。如果有人在王室庄园工作,则询问他是否受到侍从们的公正对待。从民间传说中玛丽·都铎的慈善之举来看,这位信奉天主教的女王仿佛是16世纪的特蕾莎修女和戴安娜王妃的合体。

然而,这当然不是"血腥玛丽"被历史记住的样子。在她的信仰深处充斥着狂热和不妥协的情绪。1554年11月30日,将英格兰教会和罗马教会相统一的漫长复杂的法律程序终于宣告完成。议会恢复了中世纪针对异端的法律规定。一旦被教会法庭判定有罪,异端者将被移交民事机关,遭受残酷的火刑惩罚。不到三个月后,这项刑罚便开始实施。

尽管公开烧死异端分子在我们今天看来十分恐怖,但在宗教改革之前，此举被广泛允许，甚至受到欢迎。由于罗拉德教派的行为，火刑从1401年开始被纳入法令。正统且占多数的天主教徒看到持不同宗教意见的人被烧为灰烬，就会感到自己更有可能获得拯救。即使在16世纪30年代亨利八世和罗马教会闹翻的时候，国王也会对部分表现活跃的新教徒施以火刑，这被视作是一种合理的中间道路。但到了16世纪50年代，新教徒已经不再是一支狂热的边缘力量了。他们在信众中虽然居于少数，但人数相对固定且广受尊重。玛丽的宗教狂热情绪将聚焦在这些人身上。

玛丽的宗教热情很早就让她身边的人感到担心。1554年7月，她嫁给信奉天主教的西班牙国王菲利普，这挑动了新教徒的敏感神经。导致简·格雷夫人丧命的肯特郡起义更加坚定了玛丽的决心。尽管菲利普的西班牙顾问建议玛丽不要再继续煽动宗教情绪，但她觉得自己的妥协已经足够。玛丽的许多英格兰顾问都是爱德华六世的老臣，在他们的压力下，她勉强同意暂时保留修道院土地购买者的所有权。但对宗教理念问题，玛丽拒不妥协。1555年2月，火刑开始施行。受刑的异端人士既有地位卑微者也有知名人士，包括格洛塞特郡的前新教主教约翰·胡珀。

当地的行刑机构对如此罕见且专业的处决方式缺乏经验，胡珀因此成了牺牲品。人们执行火刑时只准备了两大捆柴火。由于树枝颜色发青，柴火燃烧得十分缓慢。胡珀绝望地将其中一捆搂在胸前，徒劳地试图加快燃烧速度。但他只有身体的下半部分在燃烧。他大声喊道："上帝啊，再给我添点柴火！"

早期，火刑旁观者甚多。对格洛塞特的居民来说，看着昔日全能的主教在他们面前痛苦地挣扎，这是一种新奇而又残忍的体验。然而，受刑者的极端痛苦也在逐渐改变着人们的观念。人肉燃烧的气味让人倒胃口。当年10月16日，休·拉蒂默和尼古拉斯·里德利两位主教被处决，这也成为好人由于信仰真诚而受难的象征。

里德利曾是伦敦主教，在起草1549年的《公祷书》时发挥了重要作用。拉蒂默是个接地气的教士，因为对穷人抱有同情心而闻名。他将神学和日常生活中的问题联系起来，面向广大受众公开布道。拉蒂默自豪地拒绝像其他激进的宗教人士那样，逃往安全的德意志诸邦和瑞士城邦。受刑那天，他和里德利被绑在同一根行刑柱上，说出了一句话，给玛丽治下的殉道者提供了永恒的激励："放松些，里德利主教。我们今天受到上帝恩惠，在英格兰点燃了一根蜡烛。我相信这烛火将永远不会熄灭。"

拉蒂默被柴火燃烧的烟雾所呛，丧失知觉并很快死去。但里德利这边火烧得慢一些，他的家人用好处收买刽子手，让他系一包火药在里德利脖子上。可是由于火烧得不够旺，没能达到点燃火药的足够高度，从而让里德利惨烈但仁慈地解脱。里德利痛苦尖叫，直到有位刽子手取走了部分潮湿的柴火。这时火焰迅速上窜，里德利将头一低，火药终于被引爆了。

目睹这残忍一幕的还有前坎特伯雷大主教托马斯·克兰默。天主教当局一直试图恫吓他放弃信仰，他们最终得逞了。克兰默不停受到欺凌，面对牢狱压力，他充满了恐惧。他至少签署了六次放弃信仰的承诺书，一次比一次更加绝望。这位英格兰宗教改革的伟大设计师，最后甚至被迫接受了天主教的圣餐变体论和教皇权威。

尽管如此，克兰默仍然难逃一劫。这位大主教曾宣布玛丽的母亲婚姻无效，并称呼玛丽为"杂种"，玛丽惩罚他的决心坚定不移。克兰默被施以火刑的日子是1556年3月21日，刑场位于牛津，也就是里德利和拉蒂默曾经的受刑地。他被带至大学教堂，在那里最后一次公开宣布改变自己的信仰。

不过，克兰默在诵读完当局所期待的开场白后，突然改变了调门。他这样描述自己期待解决的事情："这件大事如此困扰着我的良心。"克兰默接着解释称，他签署的放弃信仰承诺书"违背了我心中坚持的真理"。教堂里爆发出一阵骚动，克兰默提高声调："至于教皇，我拒绝他。因为他是基督的敌人，是反基督的！"

这位白胡子的前大主教被拽出去，很快绑到了行刑架上。刽子手毫不迟延地点燃柴火。火焰包围了克兰默，他向火中伸出那只曾经签署放弃信仰承诺书的"可鄙右手"。

克兰默的死对玛丽的政府而言是一场公关灾难。即使在许多忠实的天主教徒看来，让一个反复承诺放弃信仰的人依然受到惩罚，这是多么不公平。1555年2月4日至1558年11月10日之间，在施行火刑的45个月中，总计产生了283个殉道者，其中有227名男性和56名女性。他们都是因为自己的信仰而被活活烧死的。1558年6月，伦敦市民已经对火刑感到十分愤怒和厌恶。刑场此前设在史密斯菲尔德的圣巴塞洛缪医院门前，此时不得不转至别的秘密场所。在其他地区，形势发展对亨利八世最年长的孩子越来越不利。1558年早期，玛丽的军队被赶出加来港，这是英格兰人在英吉利海峡对岸最后的立足地。玛丽自己也患上重病，最后死于胃部肿瘤。她原先幻想那个肿瘤是个婴儿，是将天主教事业延续下去的希望。

结果完全事与愿违。玛丽的统治以受到民众欢迎为开端，但最终导致英格兰人对天主教延续至今的"仇视"。现在英国国王和女王都不能是罗马天主教徒，他们也不能同罗马天主教徒成婚。困扰北爱尔兰的痛苦仇恨的种子，也可以追溯到史密斯菲尔德的大火。天主教徒玛丽顽固而虔诚，她"帮助"英格兰成为一个新教徒国家。

◎ 1557年：罗伯特·雷科德和他的"智力磨石"

罗伯特·雷科德是个生活在亨利八世统治时期的威尔士人。他在牛津大学和剑桥大学都学习过，然后前往伦敦以行医为业。爱德华六世和女王玛丽都曾向他求医问药。但雷科德为世人所铭记还是因为他的数学成就。1543年，他出版了《艺术基础》一书。这是第一本用英语写作的数学教育书籍，先后再版了50多次。此书为英格兰的学龄儿童带来了诸如以下的难题：如果一匹马有四只马掌，每只马掌上有六颗钉子。你花半个便士买第一颗钉子，一个便士买第二颗钉子，两个便士买第三颗钉子，四个便士买第四颗钉子，如此下去，每次价格都翻倍，那么最终为购买这匹马的马掌钉一共要花多少钱？

当代历史学家亚当·哈特-戴维斯指出，这个问题有两种答案：如果每只马掌都独立计算，也就是每六颗钉子计算一次，一共四次，那么答案是126便士。如果一次性地连续翻倍计算下去，答案则为8388607.5便士（相当于34952英镑）。

在1556年出版的《知识城堡》一书中，雷科德阐述了波兰天文学家哥白尼的一些革命性思想。哥白尼在终生研究天体运行后认为，地球不是宇宙的中心，而是围绕着太阳公转和自转。哥白尼小心翼翼地将这个"异端结论"埋藏在心中。因为根据天主教的信仰，上帝居住的地球才是宇宙的中心。雷科德写作上述书籍时正值"血腥玛丽"统治时期，他也同样谨小慎微地写道："我会将这个问题暂时搁置，留待以后再解决。"

这位威尔士人为人所铭记的创造性发明发生在次年，在他1557年出版的《智力磨石》一书中。在此之前，数学家们演算之后一般会劳神费力地写下诸如"等于"之类的词汇，有时也根据拉丁语的"等于"

(aequalis)缩写为"ae"或"oe"。但雷科德有更好的主意,为什么不使用一个简单的标记呢?为避免枯燥重复这些词汇,他推荐使用一对平行线作为符号:=。

使用这个今天我们称之为"等号"的符号极大地便利了人们的演算。其影响超越了数学领域,加快了天文学家、航海家甚至商贩们的计算过程。有什么比用两道优美的平行线结束演算更令人感到满意的呢?正如雷科德自己所说:"等号的两边现在更加平等了。"

◎ 1559年:红桃女王伊丽莎白一世

1559年1月15日,伊丽莎白一世在威斯敏斯特大教堂加冕成为女王。女王的星相师约翰·迪伊博士选定了这个日期。当她前一天从伦敦城出发的时候,道路两侧站满欢呼的人群。红头发的女王同每一个人握手、讲笑话,还入迷地观看为向她宣誓效忠而举行的游行。当手持《圣经》的真理人像向她靠近的时候,这位25岁的君主热烈地亲吻《圣经》,并将它紧紧地抱在胸前。

伊丽莎白一世举止夸张,派头十足,这非常像她的父亲,而她的风度、性情以及敏锐的黑色眼睛,则像她的母亲安妮·博林。她为人尖刻,爱慕虚荣,有些残忍,骨子里是个都铎家族的人。跟她的祖父亨利七世一样,她既多疑又吝啬。她在青少年时期受到强权的压迫,曾经被人嫌弃并生活在危险之中。她最终坚持下来并以此为荣。在她继位几年后，曾对议员说："感谢上帝！我具备了生存的能力。假如我只穿着裙子离开这个王国，我也能够在任何一个信奉基督教的国家生活下去。"

在她统治的第一天，这位新任女王指定威廉·塞西尔做她的首席顾问。塞西尔做事高效，一直负责管理她的经济事务。她喜欢称其为她的"精灵"。事实上，这位勤奋的女王仆人并非不切实际的精灵，反而是王室轻浮行为的压舱石。每周三天，上午9点整，这位冷面大臣会召集委员会，详细探讨行政管理的细节。一项早期改革措施是收回成色偏低的"粉色"银币，重新进行铸造：两年之内，银币成色得到恢复，政府还从中获取了利润。伊丽莎白一世统治期间，创办了英格兰第一家证券交易所。为了发展国家海运业，以及培养水手，女王治下的英格兰强制规定每周三、周六为"食鱼日"。

然而，在玛丽一世过度的宗教压迫带来创伤的背景下，宗教才是需要解决的首要问题。伊丽莎白一世同她的父亲一样，遵循传统，偏爱神职人员举行宗教仪式时穿用的精美法衣、十字架和烛台。她坚持认为，礼拜日宗教活动最重要的部分应该是举行仪式。她讨厌新教徒允许教士结婚这一新流行的理念，并对他们的妻子表示反对，这一点也很像她的父亲。她拒绝继承父亲"教会最高首脑"（Suprene Head of the Church）称号的时候，英格兰的天主教徒就放心了。她的称号是"教会最高管理者"（Suprene Governor of the Church），两者的区别很微妙。

对新教徒而言，他们很高兴看到克兰默所著的《公祷书》恢复往日地位。在朗读福音书时，他们又再次听到威廉·廷德尔的英文版《圣经》富有活力之声。伊丽莎白一世给双方指出一条妥协之道，她承诺不会给相互宽容的人找麻烦。用弗朗西斯·培根的话来说，她并不寻求"看清人们的灵魂"。伊丽莎白一世试着走出一条宽容的中间道路，这无疑已成为英格兰人品性的一部分。

可是，在她是否需要一位丈夫这个问题上，她同几乎每个英格兰人的看法都不一样，包括威廉·塞西尔在内。一个女人在没有另一半的情况下能过上像样的生活，这在16世纪是不可想象的，更不必说统治国家了。1566年有一个不服从王命的生动案例：议会威胁称，如果女王不嫁人的话，议会就拒绝征税。但是，伊丽莎白一世十分清楚，如果她嫁给外国王子，英格兰就将卷入欧洲的战争，而嫁给本国人，则不可避免地会挑起国内宗室间的猜忌。她常说："我已经献身于一位丈夫，那就是英格兰。"

关于"童贞女王""荣光女王"的强大神话由此形成了——女王身穿繁复而华美的长裙，上面缀满珠宝，这成了神圣的礼服。人们被强制要求向有着白色面孔、风格化的肖像致敬。1563年的一份公告要求，伊丽莎白一世的所有肖像都必须按照批准的模板进行复制。1579年，福音派小册子作家约翰·斯塔布斯因批评女王的婚姻政策而被判处斩去用来写字的那只手。在右手被砍掉的时候，他用左手举起帽子大声喊道："天佑吾王！"

这位残暴任性的君主塑造了英格兰历史上最为辉煌、成功而富有创造力的宫廷。伊丽莎白一世每年都会去乡间巡游——美其名曰夏日度假。宫廷大臣随驾前往，数目可观的车马随行。他们住在地方贵族景色优美、安装了新窗的乡间别墅里，享受他们的免费供奉。

16世纪结束之前，伊丽莎白一世的即位日11月17日被定为国庆日。这一天，教堂钟声响起，人们祝酒庆贺。诗人创作了赞美女王的诗篇《仙后》。女王成为这个富有活力、雄心勃勃国家的象征。到16世纪末的时候，伊丽莎白一世已经60多岁，脸上带有皱纹，牙齿也变黑了，女王的真实形象已经和年轻时的理想化肖像相去甚远，但人们仍自愿对女王保持信仰。

1601年，她会见了一个下院代表团。这些议员热衷于批评她垂暮之年的统治弊病和问题。但是,当女王戴上假发和珠宝,穿上华美的礼服,再次直接做出回应的时候,他们心甘情愿地为她的魅力倾倒。在著名的"金色演讲"中,女王慷慨激昂地说道:"尽管上帝赐予我高高在上的君主地位,但我认为王位的荣光在于,我怀着对你们的爱进行统治……尽管你们过去有过、将来也可能拥有许多更强大、更聪明的君主坐在此王位上,可是你们从来不曾有过、将来也不会有任何一位君主比我更深切地爱着你们。"这位年老虚弱、脾气暴躁的女王时年67岁。对于她的听众而言,她依然是"荣光女王"。他们一个个趋前跪拜,向女王行吻手礼。

◎ 1571年:那是娱乐节目

如果你从南边向伊丽莎白一世女王时期的伦敦走来,将会看到一处可怕的情景。顺着伦敦桥的入口石道,挂着一排饱经风霜的腐烂头骨。这都是犯上者的头颅,有些甚至有几代人历史。几乎每个16世纪的城镇都有类似的悬挂场所,在刻意架起的绞刑架或树上,挂着被处死的罪犯尸体。这些腐烂的尸体摇摇晃晃着,达到警示的效果。伦敦就有不少绞刑架,一位生活在瑞士和德意志交界处的旅行者在1599年记载称,每天有二三十个犯人被法庭判处绞刑。这个数字的确令人吃惊。

伦敦西边的一片空地上竖立着一个被称作"泰本树"(Tyburn Tree)

的刑具，这是首都最繁忙的绞刑架，也是人们的主要娱乐场所。总有不少喧闹的群众聚集于此，争先恐后目睹行刑的盛况。孩子们则坐在父母肩膀上大声欢呼。附近还有亭子售卖水果、派、甜肉等食品和饮料。今天，在伦敦大理石拱门的快餐店对面，也就是演讲者角附近的交通岛上有个铁牌子，这便是"泰本树"的原址。

有如此多的绞刑发生在1571年，以至于人们建造了一个大型的木制装置，一次可以同时对24个犯人行刑。刽子手是个当地屠夫，他会依次把绳子系在罪犯的脖子上，罪犯坐在推车上。等推车移走，罪犯就会被悬空吊起来。这时候，他们的朋友会赶紧跑上前去，抱住他们的腿向下坠，以缩短他们被绞杀的时间。1577年，地形学者及编年史家威廉·哈里森在《英格兰描述》中列举了符合绞刑标准的罪行，包括鸡奸、谋杀、过失杀人、叛国、强奸、偷鹰、巫术、逃兵、拦路抢劫等。

在我们看来，许多伊丽莎白一世时期的娱乐节目都很残酷。1562年，一位意大利旅行者亚历山德罗·马尼奥描述了一场斗兽场的赛事。该赛事发生在一个星期日下午的伦敦。根据当代标准，比赛的站票需要花费两个英镑，坐票四个英镑：

> 他们先是把一匹便宜的马带到场中，有只猴子坐在马鞍上。然后，他们放出五六只小狗撕咬这匹马。接着又换了一些更厉害的斗犬。人们十分开心地看到，马在场中被追逐到处乱跑，猴子紧紧抓住马鞍，每次被咬到的时候都会不停地叫唤。用这种方式让观众娱乐了一会后，那匹马一般都面临被咬死的命运。这时候，他们会分批或一股脑地把几只灰熊带进场内。接下来的场景看起来就不怎么美妙了。最后出现的是一头凶猛的斗牛，它被一根大约两步长的绳索系在场地中央一根木桩上。这是最值得观看的斗兽比赛，不过

对那些斗犬而言十分危险，它们大多以受伤或死亡收场。比赛会一直持续到晚上。

现在我们轻松一些，看看萨瑟克区正在兴建的木建筑——剧院。都铎王朝早期，巡回剧团会在酒馆庭院或贵族家庭表演一些初级戏剧。1587年，英格兰第一座现代剧院——玫瑰剧院落成，它设有露天舞台和木制回廊，事实上是酒馆庭院的扩大版。瑞士旅行者托马斯·普拉特写道："他们在一个升起的舞台上表演，这样所有人都能拥有好视野。位置较好的看台和回廊，价格也更贵。戏剧表演的时候，有人会绕着观众区兜售食物和饮料。演员们都身着非常昂贵和华丽的剧服。"

今天人们可以通过参观环球剧院，感受伊丽莎白一世时期的观剧经历。这座剧院是对1599年在萨瑟克区开办的原环球剧院的重建。那个时候，泰晤士河南岸已经有不少剧院。此地处在伦敦市的管辖范围之外，因为当时伦敦的管理者不赞同上演这些低档次的放纵剧目，认为会把人们从下午的工作中吸引走。最好的剧院都面向西南边，这样人们就能在日落前赶上看剧。对于最好的剧目，剧组会被荣幸地邀请前往伊丽莎白一世的宫廷演出。

威廉·莎士比亚是英格兰剧作家中最知名的一位。他的地位就好比今天的电视节目制作人，这些人不断地生产肥皂剧、惊悚剧、喜剧甚至连续剧。我们现在经常观看关于世界大战和21世纪历史的电视剧目。伊丽莎白一世时期的人们钟情于《亨利六世》第一部分、第二部分和第三部分。为了迎合民众口味，剧作家们经常写一些闹剧，女王本人也很喜欢看。莎士比亚最著名的滑稽剧《温莎的风流妇人》就是在女王的要求下完成的。不过，他们也发明了一种全新的戏剧形式——内省式独白，这也反映出那个年代的人们正变得更加乐于反思和怀疑："活着还是死去，这是一个问题……"

◎ 1585年：沃尔特·雷利爵士和消失的殖民地

沃尔特·雷利是个狂妄神气的人，他来自英格兰西南部，早年当过军人。法兰西在16世纪曾因为宗教矛盾常年处于战争状态。雷利16岁的时候曾跨越英吉利海峡，和法兰西清教徒胡格诺派并肩战斗。后来，他还前往爱尔兰同那里的天主教徒作战。

16世纪70年代晚期，雷利爵士来到英格兰宫廷。他身长六英尺，英俊壮实，下颌突出，留着深色的卷发，还带着两颗珍珠耳环。历史上，他因为十分富有和经常穿着华丽的衣服而出名。对20世纪英国学校里的孩子们来说，雷利一词意味着"坚固的自行车"和"浸在泥水中的披风"：

> 这位雷利船长（根据最早版本的传说）从爱尔兰来到英格兰宫廷。他的衣装占据了自己财产的相当一部分。有一天，雷利看见女王行走到一处积水的地方，不敢再往前踱步。他立刻将自己全新的漂亮披风铺在泥水中，女王轻轻地踩在披风上走了过去。后来，女王赏赐给雷利许多新衣，以奖励他及时提供如此舒适的垫脚披风。

上面这则传说直到80年后才在民间流传开来。类似的事情几乎可以肯定发生过：雷利爵士的盾形纹章上就印着一件华丽的披风。他极力对女王行阿谀奉承之能事，女王对此也甘之如饴。她任命雷利为王室侍卫队队长，对他的"体面合宜"赞不绝口。雷利的确符合体面的标准，但也不完全如此。"他直到临死前还操着一口德文郡方言。"

伊丽莎白一世时代，王宫中越来越多的人被"新世界"所吸引。作为一位来自西南部地区的英格兰人，雷利成为他们的代表。他的表兄弟汉弗莱·吉尔伯特就在一次试图前往中国寻找宝藏的途中消失了。他失踪的地方在纽芬兰岛的诸多浮冰和峡湾之间——今天被称作"西北航道"。弗朗西斯·德雷克、理查德·格伦维尔等探险家认为，进行海盗和私掠活动、俘获西班牙战船、对信奉天主教的西班牙国王（1581年夺取了葡萄牙及其殖民地）发起挑战，以上种种都是在履行新教徒的义务。探索"新世界"的权威是约翰·迪伊博士，他是一位默林似的人物，曾为女王伊丽莎白一世加冕占星。迪伊提出一个关于建立横跨大西洋的"不列颠帝国"的大胆设想。他还认为，那块大西洋对岸的土地不是约翰·卡博特在1497年发现的，而是由一位亚瑟王一般的人物——威尔士王子马多克早在数个世纪前率先找到的。

16世纪80年代初期，迪伊为雷利爵士提供了一幅绘有北美大陆佛罗里达以北海岸线的地图。雷利派人去那里寻找适宜的定居点。1585年，他将探险结果报告给女王伊丽莎白一世：两位印第安土著、一些土豆以及当地土著吸食的奇怪叶子——烟草。

伊丽莎白一世时代的人们认为土豆是一种催情的食物。当约翰·福尔斯塔夫爵士想要和温莎的风流贵妇们调情的时候，就会呼唤"天降土豆雨"。至于烟草，人们将其视为有利于健康的药材，可以帮助将体内多余的体液排出，从而打开身体的毛孔和其他通道。

约翰·霍金斯爵士20年前就把烟草引入到英格兰。雷利把功劳据为己有的做法并不奇怪，他还使用了和"泥水中的披风"类似的噱头。有一次，雷利对女王夸耀，他能够称量烟草被点燃后冒烟的重量。伊丽莎白一世并不意外地挑战了他的判断。于是，雷利取来了天平。他先称量了一些烟草，然后放到烟斗中吸食。接着又称了一下烟灰的重量，算出了其中的差额。雷利还建议，这块发现烟草的土地应该以"童贞女王"的名义被命名为弗吉尼亚。

雷利物色的殖民者们于 1587 年 5 月扬帆前往"新世界"。他们中有 90 位男性、17 位女性和 9 名儿童。这些人还携带了可用于维持"文明生活"的物资，包括书本、地图以及未来总督约翰·怀特的一副盔甲礼服。他们在今天北卡罗来纳州附近的罗阿诺克岛登陆，并同当地的克洛坦印第安人建立了相对友好的关系。但仅仅一个月后，殖民者们就发现他们需要更多的物资补给。于是怀特总督出发回国，打算来年春天再组织一队力量前来增援。

怀特回国的时候，整个英格兰都在忙于应对西班牙人的入侵。雷利爵士虽然是弗吉尼亚殖民地的主要推广者，但他并没有亲自前往那里。现在他又忙于组织舰队抗击西班牙国王腓力二世的"无敌舰队"，因此挤不出任何一艘多余的船。三年后，1590 年 8 月，怀特才在罗阿诺克岛再次落下锚。令他欣喜的是，不远处似乎有烟雾升起，可后来发现这只是林火。岛上寻不见任何殖民者的踪迹。

怀特辛酸地回忆道："我们在岸边落锚并吹响了号角，之后又吹奏了一些熟悉的英格兰曲子，还友善地呼唤他们，但是没人应答。"

怀特找到了当时栅栏和棚屋的遗迹，但发现那里空无一人，只有杂草和南瓜蔓。有一处沙地上还有土著人没多久前留下的脚印。此外，一根杆子上刻着"克洛坦"的字样。怀特曾和殖民者们约定，如果他们决定开辟新的定居点，会在罗阿诺克岛上的某处写下所往之地的名称。然而，他们在附近的克洛坦岛上找了一圈后，没有发现任何人类居住过的痕迹。

考古学家和历史学家后来也在搜寻证据，以证明究竟在雷利"消失的殖民地"上发生过什么。近年来的考古挖掘找到一座堡垒以及一个包含动植物标本的原始科研中心的遗迹，这在北美大陆尚属首次。不过，最直接的线索是在北卡罗来纳州的罗伯逊县发现的，尽管这条线索仍显得有些薄弱。那里的印第安人后裔被称作克洛坦人，在他们所说的方言中有些词听起来很像伊丽莎白一世时代的英语。此外，这些当代的克洛坦人中，有人有着光滑的皮肤和蓝色的眼睛。

◎ 1560—1587 年：苏格兰女王玛丽

在和不列颠岛上的其他王国打交道的时候，英格兰的君主们有时会指挥军队北上，有时则采取和亲政策。亨利七世的女儿玛格丽特·都铎就是上一位派出和亲的公主。她于 1503 年嫁给了苏格兰国王詹姆士·斯图亚特。她那位充满魅力但喜欢惹麻烦的孙女玛丽，将给伊丽莎白一世带来她统治期间为期最长的一桩戏剧性事件。

玛丽的人生从一开始就带有戏剧性。她的父亲苏格兰国王詹姆士五世在她只有六天大的时候就去世了，玛丽终其一生都保留着苏格兰女王的头衔。有一段时间玛丽还具有法兰西王后的身份，这和她简短的第一段婚姻有关。当时她嫁给了法王弗朗索瓦二世，但后者在 1560 年过世，时年 18 岁的玛丽又返回苏格兰，卷入到苏格兰宗教改革的旋涡之中。

年轻的女王受到了约翰·诺克斯的冷遇，后者是苏格兰福音教派的领袖，曾出版一部名为《向恶毒女性吹响的第一声号角》的著作，对女性统治者予以强烈抨击和谴责。在诺克斯的眼中，玛丽的天主教信仰是她的另一大污点，因为在 16 世纪 50 年代初，新教已经成为苏格兰的官方宗教。玛丽必须小心翼翼行事，将自己的信仰局限在宫廷内部。

经过多年微妙娴熟的平衡处事，玛丽迎来人生中的第一次冲动。这连续而来的冲动最终导致她原本颇有前途的人生沦为悲剧。1565年7月，她满怀激情地嫁给自己的兄弟、达恩利勋爵亨利·斯图亚特。达恩利帅气的面孔下掩盖的是一个酗酒、善于妒忌和带有暴力倾向的灵魂。正如达恩利在随后几个月所暴露的，他安排了一伙亲信抓住了玛丽的意大利私人秘书戴维·里齐奥。达恩利的占有欲决定，他不能允许自己的妻子和她的私人秘书过从甚密。怀有六个月身孕的女王，眼睁睁地看着意大利人在她面前被杀害。

玛丽和她的英格兰表姐伊丽莎白一世不一样，伊丽莎白十分聪明地从婚姻的困扰中解脱出来。玛丽却任性冲动、自毁前程。里齐奥被杀还不到一年，她就和另一位喜欢杀人的贵族博思韦尔伯爵詹姆士勾搭上了。此时，达恩利因为早年的放荡生活染上梅毒，已经卧床不起。詹姆士想了个除掉他的办法，但不排除玛丽也有共谋的嫌疑。1567年2月10日晚，她前往爱丁堡的科克欧菲尔德探望自己病重的丈夫，随后在10—11点之间返回霍利鲁德宫。子夜过后两小时，爱丁堡全城都被爆炸声惊醒，人们在花园中发现了达恩利的尸体。

三个月后，玛丽嫁给了博思韦尔伯爵，这几乎证实了她和爆炸事件有关的猜测。玛丽从此不再被视作是一位可以信赖的统治者。那年7月，她被迫退位，将王位传给她13个月大的儿子（达恩利的孩子）。1568年5月，25岁的玛丽屈辱地逃离苏格兰，从此将自己的命运交托给表姐伊丽莎白。

在边境的另一端，伊丽莎白对玛丽戏剧性的一举一动十分着迷，也时常拿自己和玛丽做比较。玛丽比伊丽莎白年轻九岁，许多人都认为她是个美人。伊丽莎白对此颇为嫉妒，她在1564年强迫苏格兰大使詹姆士·梅尔维尔爵士回答一个问题——究竟玛丽和她谁更美丽。尽管被一再逼问，梅尔维尔还是回避了答问陷阱。他最后只是松口称，玛丽的个头稍高些。伊丽莎白听罢得意地呼喊道:"那她长得太高了,因为我既不高也不矮。"

玛丽作为避难者不请自来,给伊丽莎白出了道难题。英格兰不可能出钱甚至出军队帮玛丽夺回王位。因为这意味着强加给苏格兰执着的新教徒们一个信奉天主教的君主。同时,由于血缘关系,玛丽在英格兰王位的继承顺序上仅次于伊丽莎白本人。她也不能被允许离开此地,以免落入法兰西人或西班牙人手中。苏格兰女王必须被以某种形式加以拘禁。

一开始给人们的印象是,作为伊丽莎白的表亲和曾经的君主,玛丽是英格兰的荣誉嘉宾。但实际上,伊丽莎白从未前往探望玛丽——她们始终未曾谋面。苏格兰女王在英格兰北部辗转游走的过程中,很显然是被软禁了。因为对这样一位原本应该深受信任和爱戴的表亲来说,她的随从护卫未免太多了。玛丽从卡莱尔转移到博尔顿,接着又来到斯塔福德郡的塔特伯里。

1569年末的一次转移,让人们更加认清玛丽的确是处在软禁状态。这一年,英格兰北部的天主教徒揭竿而起。他们焚烧《圣经》和《祈祷书》,重建教堂中的圣餐台,用最辉煌的方式进行弥撒。领导叛乱的伯爵们向塔特伯里派遣了一支劫持分队。威廉·塞西尔仅仅在最后关头才成功地将玛丽向南护送至考文垂,因为那里有加固的城墙防守。尽管叛乱没有成功,但苏格兰女王已成为天主教徒们的希望所在。1570年2月,教皇庇护五世正式将伊丽莎白逐出教会,并鼓励所有天主教徒行动起来,废黜这位"异端女王"。如果必要的话,甚至可以将她处死。

教皇的圣谕相当于给玛丽判了死刑。不过,伊丽莎白一世不愿意接受她焦急的顾问们给出的简单粗暴的解决方案。她也不认同情报头子弗朗西斯·沃尔辛厄姆的观点,即除非玛丽不在人间,英格兰不会得到安宁。与此同时,玛丽的随从护卫们不停地将她四处转移,从考文垂到查茨沃思，又到谢菲尔德、巴克斯顿、查特里，然后抵达拉特兰郡的福特林哈耶城堡（现在位于北汉普顿郡）。在玛丽四处迁移的同时，沃尔辛厄姆的秘密情报网从未停止搜集不利于她的信息。终于，在十五年后的1586年10月，他们找到了亟须的证据。

玛丽很不小心，她尝试同天主教徒们串谋，其联络方式是将加密的信函放在防水口袋里，藏在啤酒桶中偷偷运出。但整个计划其实出自沃尔辛厄姆之手，这是他"钓鱼"陷害玛丽的招数。玛丽在福特林哈耶受审的时候才知道，她的信函在送出去几个小时内就被沃尔辛厄姆解密了。

那年12月4日，苏格兰女王玛丽以叛国罪被判处死刑。伊丽莎白一世又一次犹豫了，迟疑数周都没在死刑判决上签字。她还下了截然相反的命令，先是让秘书威廉·戴维森把判决书封起来，接着又说在未得到进一步指令前不得封口。她的顾问们等不及了，偷偷将判决书拿到手并封上了口，在没有通知女王的情况下送往北方。

1587年2月8日，在福特林哈耶城堡的大厅中，玛丽带着尊严走上了断头台。她穿着一件血红色的外衣，用白丝绸蒙住眼睛。大刀砍下的时候，她正在进行祷告。据在场人士说，第二刀砍下她的头颅的时候，人们看见她的嘴唇仍在微动，似乎并未停止祷告。

刽子手大声喊道："上帝拯救女王！"他走下来拿起玛丽的头颅，她红褐色的头发从刽子手的手中脱落了下来。玛丽那脱离了假发、带着灰色发茬的头颅掉到地上，不无唐突地从假发上滚了过去。

伊丽莎白一世在伦敦对表妹的死感到伤心、惊讶和愤怒。她斥责顾问们瞒着自己把死刑判决书送了出去。她还把秘书戴维森送往伦敦塔关了18个月，此人后来再没能继续受宠。伊丽莎白一世和她的父亲亨利八世一样，必要时都不吝惜展现冷酷，也都十分善于寻找替罪羊。

◎ 1588年：弗朗西斯·德雷克和西班牙无敌舰队

"德雷克"这个名字在英语里的意思是一种时常在池塘边看见的水鸟。但在西班牙语里，提到"德雷克"这几个字就能唬住淘气的孩子。因为这个名字的含义是长着钢铁般坚硬鳞片的喷火大龙。16世纪的戏剧家洛普·德维加写道："这条大龙可以抵御西班牙的所有刀剑和长矛。"

在16世纪80年代，在西班牙的港口及其遍布新世界的殖民地，只要听到弗朗西斯·德雷克的名字，就足以引发恐慌。这位出生于德文郡、身材矮胖的海盗发起一系列袭击，掠夺了西班牙的港口、劫掠了天主教教堂。西班牙国王腓力的银块在从安第斯山银矿运往塞维利亚的国库途中也遭到了抢劫。德雷克最出名的一次冒险发生在1577—1580年之间。当时他环游世界，为女王伊丽莎白一世成功声索到加利福尼亚，还满载着财宝回国。难怪女王会授予他爵位。他在伦敦附近的德特福德停泊的"金鹿号"帆船也成了当年人们驻足观看的胜地。

1588年7月20日，德雷克爵士和其他英格兰海军的指挥官正在普利茅斯休整。他们准备迎击西班牙的无敌舰队。这只舰队由西班牙国王腓力二世组建，为的就是惩罚英格兰人的海盗行为和他们的新教信仰。编年史家约翰·斯托在数年后记载称，无敌舰队驶入英军视线时，他们居然还在岸上载歌载舞。

1736年，也就是148年后，首次有说法称，德雷克上船战斗前坚持要玩完一局滚木游戏。这很可能确有其事。1588年的那天，海水潮汐条件十分恶劣，船只几乎不可能在夜晚到来前驶出普利茅斯湾。西班牙无敌舰队的速度也谈不上快，事实上他们的航行近乎行走——每小时大约只前进两英里。他们向东绕了个大弯,朝着多佛海峡驶去,并打算接下来前往尼德兰,同那里的帕尔马公爵和他所率领的陆军会合。

根据民间传说,西班牙大帆船体量巨大,就像海上的木城堡,能够压制英军舰队。但史料表明,双方交战船只大小差不多,吃水量都在 1000 吨左右。不同之处在于船只的设计。英军的大帆船外形顺滑,操控灵敏,特别适于从事私掠活动或是在近水航行。西班牙的战船则外观饱满,行驶稳重,其原本的用途是跨大西洋运输货物。

更为重要的是,英军战舰携带的火药是敌人的两倍。这很大程度上归功于亨利八世,伊丽莎白女王多妻的父亲。他对炮术很有兴趣,鼓励工匠们从铸钟术中汲取建造大炮的技术。据说,在 1588 年海战时用于向西班牙舰队射击的英军大炮,很多都是用大钟熔化后的铜锡合金重新铸造的。而这些大钟就来自于被亨利八世解散的修道院。

通俗历史认为,弗朗西斯·德雷克是击败无敌舰队的主要功臣。实际上,德雷克在战斗首夜差点搅了局——他打破阵型独自追击一艘受伤的敌船。英军舰队的总指挥官是埃芬哈姆勋爵霍华德。他沉着的战术是逼迫无敌舰队沿着英吉利海峡北上,在其航行时不断骚扰。7 月 29 日晚,霍华德致信伊丽莎白女王:"虽然他们实力强劲,但我们的策略是一根接着一根地拔光他们的羽毛。"

同时,英格兰岸上的烽火也被点燃。这套烽火系统的历史要追溯到中世纪时期。直到今天,这些烽火还经常在君主加冕或王室庆典期间被点亮。当年,一连串的山间烽火很快就将无敌舰队来袭的消息传播开来,各郡的民兵迅速集结防卫。在东南部地区,动员人数很快达到 17000 人。伊丽莎白女王专程前往蒂尔伯里,视察民兵们为抵抗帕尔马公爵的陆军进行训练的情况。有一处记载称,54 岁的女王那次身着胸甲,发表了她名垂青史的一次讲话:

> 我是你们中的一员，在焦灼的战斗中和你们同生共死。我的身体属于一位弱不禁风的女子，但我拥有一位国王、特别是英格兰国王的胸怀和意志。不论是帕尔马、西班牙还是欧洲任何一位胆敢入侵我国领土的亲王，我们都对他不屑一顾。不用多久，我们的胜利将会传遍世界，打败上帝以及我的王国和子民的共同敌人。

1588年8月9日，伊丽莎白女王发表这篇讲话时，传遍世界的胜利已经成为现实。数个夜晚前，霍华德把正在燃烧的火船投向了停泊在佛兰德斯的西班牙舰队。在一片混乱中，对方舰队仓促向北逃去，放弃了同帕尔马公爵会合。在英军舰队的穷追猛打之下，西班牙人只能绕远道，行经苏格兰和爱尔兰北部逃回国。包括一些最好的战舰在内，无敌舰队中约有一半船只最后回到了西班牙，但超过11000名西班牙军人战死。这场由许多天主教国家背后出力的"圣战"以耻辱的失败告终。

八年后，德雷克在一次失败的加勒比远征中丢了性命，葬身大海。这个消息传到西班牙后引发了狂欢庆祝。在英格兰，德雷克的英雄故事却不断流传，有些还被赋予魔幻色彩。有传说称，为扩大舰队规模，德雷克将一块木头砍成多个碎块，结果每一块都变成一艘新的战船。

每当国家面临危险时，人们总会唤起对德雷克神话的记忆。19世纪初，拿破仑的军队准备横跨英吉利海峡的时候，有人发现一个据说曾跟随德雷克四处转战的古老战鼓。维多利亚时期的大诗人亨利·纽博尔特爵士于是赋诗一首，诗中呈现出这样一幅画面：在热带地区，老船长正在人生最后一次航行途中。他弥留之际做出承诺，只要英格兰需要，他任何时候都会听从召唤。

> 拿起我的战鼓前往英格兰，
> 将它高悬岸上，

士气低落时请击鼓。
如果在德文郡望见西班牙的先生们，
我将离开天堂之港，
沿着海峡重新将鼓击响，
就像在那许久的从前。

◎ 1592年：约翰爵士的厕所

今天我们用水冲厕所。按下一个按钮，拉下一个开关，然后一切就完成得顺理成章。都铎时期的人们却没这么方便。一些城堡中专门设有"解急之房"，一般建在城堡壕沟的水面之上。迪克·惠廷顿著名的"长屋"就建在泰晤士河边。伦敦桥边的数百间房屋也有一个共同的优点，那就是其厕所中的排泄物能够直接坠入泰晤士河中，尽管这给航行中的船夫带来危险。

对大多数人而言，挖一个洞就可以解决问题。这个洞可以是一块围起来的地，也可以在房子后院的茅屋中。苔藓和树叶是厕纸，铲一抔土就当作是冲厕所。洞被填满后，可以在其上插一根树枝作标记，然后重新另觅一处。

在社会等级的另一端，国王亨利八世有一间和自己地位、风格相符的盥洗室。室内有绸带装饰，数千颗金色的钉子点缀其中。他的"亲密座椅"是个黑色的天鹅绒盒子，内部空间用锡制成。定期清理这个座椅的工作交给专门的"座椅清理工"。

他的女儿伊丽莎白女王或许也有一个类似的装置。1592年，有人向她进贡了一个新的装置。当时，她正和自己的教子约翰·哈灵顿爵士一起待在巴斯附近的凯尔斯顿镇。女王被邀请体验一下约翰爵士的新发明——现代首个冲水马桶。这是一把椅子，只要一拉上面的把手，水就从椅子上方的水箱中落了下来，将排泄物冲走。女王十分喜欢这个装置，专门在她居住的里士满宫中安装了一个。

哈灵顿将他的发明记载在一本叫《埃贾克斯变形记》的书中，这本书里充斥着笑话。事实上，书名本身就是双关语。伊丽莎白时期，俚语"厕所"（jakes）的发音正好和"埃贾克斯"（Ajax）谐音。作者用图画的方式告诉那些有一定动手能力的人，如何花30先令8便士（相当于今天250英镑）自己组装一个冲水马桶。这将把你"最讨厌的私密场所变成和你最喜爱的卧室一样美好"。他在图画中甚至显示，在马桶上方的水箱中可以养宠物金鱼。

哈灵顿的冲水马桶并非首创，古罗马人早就曾使用水箱冲洗排泄物，但他的设计的确来自于其活跃的思想。伊丽莎白这位极具天赋的教子经常通过翻译外国诗歌来娱乐宫廷。哈灵顿从不缺智慧和胆识，于是也难怪他不惮于提到不该提及的东西。比如，以下这首打油诗就出自他的笔下：

> 如果你喜欢韭菜，但讨厌它的气味。吃洋葱吧，
> 你就闻不到韭菜味。
> 如果你要驱散洋葱的气味，
> 吃大蒜吧，这将掩盖洋葱味。
> 要压制大蒜的味道？如果你够聪明，

我只有一个良方。那是啥？放一个屁就管用。

◎ 1603年：遭遇时间的"突然袭击"

1603年3月，可以确定的是女王伊丽莎白一世即将辞世。忠诚的迪伊医生夜观天象，建议女王从白厅搬到位于通风良好的里士满的宫殿去。女王在那里终日半躺在地板上，背靠多个刺绣的靠垫。这位69岁的君主，手指放在嘴里，像往常一样带着厚重含铅的白色妆容，拒绝吃饭、睡觉或更衣。

罗伯特·塞西尔说道："女王陛下，您必须上床休息。"他在1598年父亲伯利爵士威廉去世后，开始担任女王的首席大臣。"年轻人！年轻人！"女王反驳道，"你父亲是了解的，必须这个词不能用在君主身上。"

她统治的最后几年并不令人愉快。战胜无敌舰队获得的巨大胜利带来的却是更多的战事——包括同西班牙，在爱尔兰、法兰西和尼德兰的战斗。战争需要金钱。1588年以后的15年中，征收的关税金额比女王执政的头30年增加了三倍多。秋收不利，物价高涨，贸易低迷。议会强烈地抱怨"垄断"势力的发展。女王向钟爱的人士，比如雷利爵士，发放了专有贸易许可，后者因此控制了锡、铁、纸牌贸易以及酒馆经营许可。钢铁、淀粉、盐以及进口饮水玻璃杯……一天，议会公开宣读了这些由私人控制并征收税金的商品清单。有一个声音传来，带着讽刺的腔调，"难道面包没在清单上吗？"

1601年，心怀不满的公民在伦敦的街道游行，支持埃塞克斯公爵。这位年轻而傲慢的贵族敢于批评并公然反对伊丽莎白女王。女王将他送上断头台，这是都铎王朝最后一次对麻烦制造者采取的标准惩治措施。但是，这没能阻止人们在女王的背后嘲笑她。甚至女王的教子，约翰·哈灵顿爵士，也就是抽水马桶的发明者，也无情地在暗中嘲笑这位君主。他说这位与外界失去联系的女王，"将自己关在宫殿里，远离臣民和仆从……除了宗教节日以外很少公开露面"。沃尔特·雷利爵士更加大胆地说道："女王是位遭遇时间突然袭击的女士。"

伊丽莎白女王总是拒绝提名继承人。她说不愿意仔细考虑她的"裹尸布"。但是到1603年的时候，事情已经很清楚，女王只有一位继承人——苏格兰国王詹姆士六世。他是苏格兰玛丽女王的儿子，现年36岁，已经证明自己是边境以北地区一位精明的统治者。而且他的血统是不容置疑的。他是都铎王朝首位国王亨利七世的玄孙。

塞西尔几个月来一直在同詹姆士秘密通信。从2—3月份，每十英里一站的邮差快马随时待命，这样女王驾崩的消息就能毫无延迟地传到苏格兰。3月23日晚，女王失去了意识，在短暂地醒来后，她于24日凌晨驾崩。当邮差向北而去的时候，吹鼓手、传令官、法官和上院议员已经列队穿过伦敦的大街，公开宣告新任国王为詹姆士一世。

伊丽莎白一世女王的时代，拥有莎士比亚、雷利、德雷克和无敌舰队。她的统治是英格兰历史和文化上最为繁花似锦的时代之一。她的成功大多归功于没有结婚这一精明选择。但这也意味着，她是家族谱系中的最后一位君主。她的继任者詹姆士·斯图亚特以及之后每一位英格兰和大不列颠的君主，都延续了伊丽莎白女王痛恨的敌人——苏格兰玛丽女王的血统。他们不是"荣光女王"的后代。

◎ 1605年:"11·5事件"和英格兰第一位恐怖分子

1605年11月4日下午,盖伊·福克斯潜入英格兰议会大厦对外出租的地下室。此人身形优雅,留着华丽而飘逸的胡须——看起来一点儿也不像是个家仆。当时他身穿黑色罩袍,戴着黑色帽子,脚上的马靴已经捆好了马刺,做好快速逃跑的准备。宫务大臣的卫兵在点着蜡烛的地下室中遇到盖伊的时候,他们相信了他的话。盖伊声称自己是个家仆,名叫约翰·约翰逊——这是他事先拟好的伪名——他当时正在检查墙角堆放的几堆木柴。前来搜查的卫兵离开了,他们没有想到要去搜检木柴后面的东西。如果他们进一步搜查的话,就会发现36大桶黑火药……

这个臭名昭著的"黑火药阴谋",起因于许多英格兰天主教徒对詹姆士一世统治的不满和失望。詹姆士一世是苏格兰玛丽女王的儿子,而玛丽女王是天主教的拥护者和"殉道者",因此他们曾经迫切希望,詹姆士一世能够令天主教徒遭受迫害的状况得到好转。詹姆士一世理所当然地将他母亲的遗体重新安葬在威斯敏斯特大教堂。玛丽女王直到今天依然在那里安息,她宏伟的墓穴与伊丽莎白一世女王的墓穴相邻——这对王室表亲,一个是天主教徒,一个是新教徒,死后享有同等尊荣。

但是,詹姆士一世明白,他必须承认这一现实:英格兰是个新教国家。他抵达英格兰之后不久,就召开汉普顿宫会议,根据数量不断增长的新教徒意愿,对英格兰国教进行审查,清除其中天主教遗留的一些"不纯洁"因素。就教义而言,这位新国王并没有完全满足新教徒的愿望,但他屈从于新教徒的要求,强化了反天主教的法律。因为在伊丽莎白一世时期,执行这些法律的力度相对不足。

这些法律带来猛烈的冲击。无论是谁，只要被抓到参加了弥撒活动，就要被罚款并送入监狱。天主教神父面临监禁甚至死刑，其中许多人因藏身于"神父洞"——富有的天主教徒房子的影壁之中——而幸免于难。天主教徒的孩子不能接受洗礼。临终之人不能接受天主教的涂油礼——这是让临终者安然进入天堂的重要宗教仪式。天主教徒也不能进入大学学习。如果有人不前往当地的英格兰国教教堂礼拜，他就是不服国教之人（也就是"拒绝者"），将面临每月 20 英镑的罚款。虽然对不服国教者罚款的执行情况参差不齐，但在那个年代，罚款 20 英镑是不太现实的。按照当时自耕农或"中等阶层"的法律定义，他们是依靠土地每年能赚取 40 先令，或者两英镑的人。

威廉·韦斯顿神父写道："天主教徒现在发现，他们的祖国和出生地已变为一个残酷无情的国家。"

国家层面的压迫以及挫败、无望等痛苦情绪，促使盖伊·福克斯和十几个愤愤不平的年轻天主教徒策划了一个巨大阴谋，他们想要在一次大爆炸中将国王、王室成员、皇家委员会以及新教徒主导的议会成员统统炸死。现代火药专家曾计算过，盖伊的 36 桶（5500 磅）黑火药本可能在 500 米半径范围内造成严重的结构性损坏。除议会大厦之外，威斯敏斯特大教堂和白厅的一部分也会受到恐怖分子的破坏。当时这场可能发生的大爆炸的破坏力，可以堪比 2001 年 9 月 11 日基地组织恐怖分子劫持飞机撞毁纽约世贸中心的双子塔。

黑火药阴谋策划者打算进行难以想象的杀戮，这一消息在天主教徒圈子里传播。有人感到不得不对外透露这个消息：

> 1605 年 10 月 26 日，天主教贵族蒙蒂格尔大人收到了这封匿名信……阁下，我与您的某位朋友有些交情，故而十分关心您的人身安全……如果您想要性命无忧，我建议您设法不要出席此次议

会……回到乡间安全的地方，等待事件的发生。

黄昏时分，在位于伦敦东北郊霍克斯顿的房子外，一个高个子的陌生人将这封信送到蒙蒂格尔大人的仆人手中。今天，人们可以在国家档案馆看到这封黑暗而令人起疑的信。此信引发学者们的激烈讨论：是谁揭发了这个阴谋？几乎每一个盖伊的同伙都被认为是撰写此信的人，甚至有人猜测可能是国王詹姆士一世的首席大臣、索尔兹伯里伯爵罗伯特·塞西尔所为。他负责在蒙蒂格尔上交信件后调查有关情况。

11月4日下午，"约翰·约翰逊"愚弄了第一批前来搜查的人，但没能骗过第二批人。11月5日早上，也就是议会开会的同一天，第二批搜查队手持提灯，冲进地下室抓住了盖伊。被逮捕之后，他坦白承认想要炸死国王和贵族们。他说唯一的遗憾就是计划没能成功，是"魔鬼而非上帝"出卖了这个计划。

盖伊在严刑拷打后承认，他现年34岁，是个来自约克郡的天主教徒，曾在尼德兰参加西班牙对抗荷兰新教徒的战斗。正如那封告密信一样，他的认罪书今天也能见到：刚开始他的字迹坚定而清晰，在遭受可怕的拷问之后，字迹变得战栗而潦草，几乎无法辨认。审讯结果显示，一旦议会被炸毁，他们准备拥立国王九岁的女儿，伊丽莎白公主，作为统治国家的傀儡。

盖伊和他的同伙被处以叛国者的极刑：他们被绞死、挖出内脏、斩成四段。当议会重新召开时，第一项工作是在每年11月5日设立一个感恩上帝的公共节日，这就是我们现代"焰火节"的起源。

但是愤怒的新教徒不满足于死刑和祷告。托马斯·史密斯爵士是呼吁复仇的人之一，他说："天主教永远也洗刷不了这个血腥的污点和印迹。"在史密斯菲尔德大火半个世纪之后，英格兰天主教徒依然因黑火药阴谋而被妖魔化。随后的几年中，英格兰禁止天主教徒从事法律工作，他们不能在军队中当军官,也不能参加投票选举。1614 年,一位议员提议要求天主教徒戴上黄帽子、穿上黄鞋,这样就可以轻易地识别出他们的身份,真正的英格兰人就可以斥责他们。

幸运的是,这个提议被认定"不够英格兰",而没能继续下去。但黑火药阴谋引发了一个至今仍在讨论的重要道德问题。被压迫的少数人采用暴力手段反抗是否可以被允许?如果你反抗政府,是因为遭受了国家层面的恐怖压迫,那么为什么你才是恐怖分子呢?

◎ 1611 年:国王詹姆士的钦定版《圣经》

1603 年春天,当苏格兰国王詹姆士六世,也就是英格兰国王詹姆士一世,从爱丁堡出发前往南部继位成为英格兰国王的时候,一位苏格兰人在日记中写道:"不再有英格兰,现在是大不列颠。"这位新国王在伦敦首次召集议会,敦促他的英格兰属臣同苏格兰人更加紧密地联合在一起——他倡导"爱之联盟"。同年 11 月 16 日,他签署一项法令,创造了一种新的盎格鲁-苏格兰货币,价值 20 先令,名之为"团结"。遗憾的是,詹姆士一世上述政策是不切实际的。然而,这位国王 1604 年开创的一项持续数年的事业,却在另一种意义上促进了统一,且其影响范围远超英格兰和苏格兰。

1604 年,在汉普顿宫的一次宗教会议上,有位教士提议创造一个唯一可信的《圣经》译本。国王采纳了这个建议。他同意由剑桥和牛津两所大学的学者翻译一个统一的英文版本，经教会神学家审定后，他会亲自予以批准。他自豪地向主教们说道："假如我不是国王，我将是一名学者。"

七年之后，在分属六个委员会的54位翻译者努力之下，国王开创的事业取得了重要成果——带有国王名字的"国王詹姆士钦定版《圣经》"出版了。按照国王陛下的命令，这个最新版《圣经》是在原始文本基础上翻译而来，同以往译本进行过比较和修订，指定在教堂中使用。

250年来，国王詹姆士钦定版《圣经》为全世界说英语的人，树立了语法、韵律和词组的标准——钦定版《圣经》本身就是一门英语语法和文学课程。每个礼拜日，抑扬顿挫地诵读钦定版《圣经》的声音，慢慢渗入到英国人的意识之中，塑造着人们的思想和语言模式——这正是詹姆士国王的译经委员会的意图所在：现存资料证明，他们翻译《圣经》时的想法就是要不断寻找恰当的词汇，不仅读起来顺畅，还要朗朗上口，因为这是一本诵经台上使用的《圣经》，首要目的就是让人读出来、听进去。

威廉·廷德尔的梦想以及此前约翰·威克利夫的梦想终于实现了。这本《圣经》可以被耕田的农家孩子读懂，用词简练、纯朴，词汇量只有8000个单词——审订委员会不断地发现，廷德尔的翻译版本是最好的。他们只是在廷德尔的译句基础上做了少量修改。因此，这个钦定版《圣经》的语句最终有80%来自于廷德尔的翻译版。75年前，廷德尔被亨利八世的密探逮捕，后来被烧死在火刑柱上。

"我们的圣父啊，您的名号是神圣的……"时至今日，在我们这个相对而言非宗教的时代，这些令人铭记的廷德尔-国王詹姆士版《圣经》的语句，依然是英语中最经常重复的句子。

◎ 1616年:"被宠坏的孩子"和父辈移民

1616年春天,伦敦最受推崇的人物是一位从"新世界"来的"异域年轻人"——波卡洪塔斯。她当年28岁,是生活在弗吉尼亚海岸边的阿尔贡金族酋长波瓦坦的美丽女儿。波卡洪塔斯的部落名是马托卡,但家人都喜欢亲昵地叫她"小淘气"或"被宠坏的孩子"。这位"被宠坏的孩子"被邀请前往伦敦,参加弗吉尼亚的詹姆斯敦殖民地建立九周年庆祝活动。这是英格兰在北美大陆建立的第一个永久殖民地,位于切萨皮克湾,也就是在雷利爵士"失去的殖民地"罗阿诺克以北100多英里处。

波卡洪塔斯在伦敦好吃好喝,去了最有名的剧院,还觐见了国王詹姆士一世。新的殖民地正是以国王的名字命名。安排她访问伦敦是弗吉尼亚公司投资者们的一次公关活动,希望以此吸引更多殖民者和合作伙伴。这名年轻女人的经历被人们津津乐道,她皈依基督教,嫁给了殖民地富有的烟草种植商约翰·罗尔夫,并育有一子。后来,波卡洪塔斯因患肺炎(也可能是肺结核)于1617年3月病逝。她被葬在肯特郡的格雷夫森德。在她去世之前,这位印第安人的"公主"就已成为殖民者和土著人群和谐相处的标志。

我们现在知道,所谓和谐相处的企望不过是残酷的梦幻。现代的美利坚合众国建立在对土著人群的系统性摧毁和掠夺之上。我们目前掌握的关于波卡洪塔斯为数不多的可靠事实表明,她的"神话"应该被打上一个问号。1612年,殖民者和本地人进行了一系列残酷的战斗,其间波卡洪塔斯被俘成为人质。今天,美国印第安人的波瓦坦部族仍在为波卡洪塔斯争取权利。根据他们的说法,波卡洪塔斯嫁给罗尔夫这个年纪一大把的富人,根本就不是因为爱情,这是她为了获得自由所付出的代价。

如果要了解横跨大西洋探险带有乌托邦色彩的一面,我们可以看看沃尔特·雷利爵士。他已经67岁,堪称伊丽莎白一世女王时代遗留下来的"古董"级人物。此时,他刚完成一次失败的探险返回普利茅斯。探险的目的是为了寻找艾尔多拉多,传说中位于南美大陆雨林地带的"黄金城"。詹姆士一世统治初期,雷利曾参与了对国王不利的阴谋,并因此被囚禁在伦敦塔中。直到后来他许诺要从"黄金城"带回宝藏才得以获释。但他最终没有找到"黄金城"的下落。更糟糕的是,他对一个西班牙人定居点发动了攻击。对于詹姆士一世而言,为平息西班牙人的抗议,牺牲这个伊丽莎白一世时期的"老古董"似乎并不为过。1618年10月29日,雷利在伦敦新宫院被处以死刑。临死前,他感叹道:"这是一剂猛药,但一定对我所有的病痛都有效。"

这位英格兰海外帝国的著名捍卫者赴死时,只差一步就能看到他的梦想成为现实。1620年9月,英格兰的清教徒移民们从普利茅斯乘坐"五月花"号扬帆启程。他们主要来自诺丁汉郡的斯克鲁比村,信奉清教中的一个叫"分离派"的分支。这些斯克鲁比村的清教徒放弃了净化英格兰国教、使其摆脱天主教"污染"的目标,转而将目光投向海外。1608年他们先是流亡到信奉清教的荷兰。带头的是本地邮局的主管威廉·布鲁斯特和一个狂热的约克郡居民威廉·布拉德福德。布拉德福德后来专门把他们的伟大历险记录下来。

然而在荷兰,布拉德福德、布鲁斯特和他们的同伴并没有受到他们所期待的欢迎。虽然他们在这里被允许信仰清教,但荷兰的行会规则禁止他们经商。从这个意义上说,他们1620年夏天登上"五月花"号,并于当年11月9日抵达现在的马萨诸塞州科德角,既是出于寻求宗教自由,也有经济上的原因。为了更好地进行自我管理,清教徒们起草了

《五月花号公约》，这是美洲大陆第一部用英语写就的成文"宪法"。其中写明，政府权威来源于被统治者的一致认可。由于船是从普利茅斯启航的，他们也把这个殖民地命名为普利茅斯。

此后的 20 多年间，普利茅斯殖民地吸引了两万多殖民者前来定居。他们从此生活在"新英格兰"的这些栅栏村寨中。美国人的伟大节日感恩节也能在这段历史中找到渊源。说起这一传统，要追溯到 1621 年 11 月。那时候，普利茅斯殖民地有近一半人死于疾病和饥荒。当地的印第安人用火鸡宴、玉米、甜马铃薯和蔓越莓挽救了他们的性命。

1621 年的救命故事早有记载。但直到两个多世纪后，美国人才开始定期庆祝感恩节。那是在 1863 年，受布拉德福德所著的《普利茅斯种植园史》启发，亚布拉罕·林肯总统决定弘扬传统，将感恩节定为美国的全国性节日。

以前，我们脑中清教徒移民的形象大多是身着朴素的白领黑袍，鞋上无不系着大扣环。事实上，鞋扣环是在 17 世纪 60 年代才流行起来的。普利茅斯种植园法庭对清教徒移民的遗物有详细记载。他们其实穿得更像"小精灵"。比如，"五月花"号乘客约翰·豪兰去世时，他的旅行箱中有两件红马甲。布拉德福德也有一件红马甲，还有一条绿睡袍和一套系着银扣子的套装。至于斯克鲁比村的邮局主管布鲁斯特，在他的衣柜中发现了绿短裤、红帽子和一件精美的紫上衣。

◎ 1622年：约翰·特雷德斯坎特的"方舟"

约翰·特雷德斯坎特父子是英格兰最早的园艺大师。老约翰是在伊丽莎白一世统治时期声名鹊起的。1609年他受雇于第一代索尔兹伯里勋爵罗伯特·塞西尔，帮助塞西尔美化装饰他在赫特福德郡的新豪宅哈特菲尔德公馆。老约翰还专程赴荷兰采购当时颇为流行的郁金香花。他花了塞西尔不少于80先令（约合今天440英镑）用以购买郁金香球茎。为了寻找更加富有异域色彩的植物，老约翰于1618年参加了一个贸易考察团前往俄罗斯。两年后，他随同英军战舰赴北非打击海盗，从那里带回为园艺家们所青睐的终年耐寒植物紫露草。

但老约翰的兴趣远不止于植物。他旅行的时候喜欢收集沿途的艺术品和古玩。1622年，他成为国王詹姆士一世富有争议的宠臣、白金汉公爵乔治·维利尔斯的园丁。白金汉公爵是海军大臣，或许是出于这个原因，没过多久皇家海军就下令，所有和"新世界"通商的英格兰船只都被赋予搜寻珍宝的任务。关于珍宝的清单由老约翰提供，单子很长且里面大多是些"奇怪的物品"。

老约翰的住所位于伦敦兰贝斯区，泰晤士河把此地同威斯敏斯特分隔开来。到17世纪30年代，他的藏品已经填满住所的多个房间。有一天，老约翰决定将藏品向公众开放。可能是从《圣经》中得到启发，他把英格兰的第一间博物馆称为"方舟"。民众蜂拥而至，他们争相观看各种新奇之物，比如盖伊·福克斯在议会大厦被捕时戴的帽子和拿着的灯笼，以及上千种花草树木。英国人对于这些事物的嗜好一直延续到今天。从电视节目《园丁世界》和《古董路演》的受欢迎程度便可见一斑。

老约翰1638年去世，其藏品由儿子小约翰继承。小约翰是个比父亲更具探险精神的旅行者。他三次横穿大西洋，从"新世界"带回菠萝、丝兰花、红花菜豆以及叶子在秋天会从绿色变为火红色的弗吉尼亚蔓草。小约翰晚年时和一位富有雄心的律师埃利亚斯·阿什莫尔保持合作关系，阿什莫尔帮他为全部藏品编目。但在小约翰死后，他的妻子赫斯特同阿什莫尔的关系不怎么好。

1678年4月的一天早上，赫斯特在其兰贝斯住所中的泳池内溺水身亡。赫斯特并非死于谋杀，但阿什莫尔取得了特雷德斯坎特家族"方舟"藏品的控制权。这些藏品最终构成了位于牛津的阿什莫尔博物馆的核心收藏。今天，我们在那里仍然能够看到盖伊·福克斯的帽子和灯笼。

◎ 1629年：上帝在人间的最高权威

詹姆士一世执政之初，廷臣们对他的二儿子查理敬而远之。这孩子体弱多病，很可能夭折。如果效忠于查理，最后也许会落得个竹篮打水一场空的命运。1604年11月，王子年满四岁时，仍然不能熟练地走路。查理说话缓慢、甚至结巴，詹姆士一世对此感到十分担心。"国王甚至动过念头，想把查理的舌筋给剪了。"

但查理不是个半途而废的人，这位言语迟缓的王子很努力地克服自身的不足。1612年，他那位显然更富才华的兄长亨利死于伤寒。此后，查理更加刻苦了。1625年3月，查理一世继承父亲王位时，已经是位刚毅、讲原则和虔诚的年轻人,并展现出日后成为英格兰最伟大的皇室艺术资助者的品位。然而,查理一世年轻时令人钦佩的坚毅品格,现在逐渐滑向固执和执拗。他满脑子都是一个伟大的念头——"君权神授"。这个念头最后将给他的家庭带来灾难。

查理一世的理念植根于热衷著述的父亲。在詹姆士一世的小册子《自由君主的真实法则》中,他大段引用《圣经》中的篇章,以佐证自己关于君主是"上帝在人间的最高权威"之论点。这个观点被欧洲早期的专制君主们视作理所当然,但自命不凡的詹姆士一世决定将其作为面向"诚实和顺从子民"的说教。人民不能罢免君主,就像儿子不能取代父亲。他得出的结论是"国王高于法律"。

在实际政治生活中,詹姆士一世从未强制推行自己的上述理念。当他从苏格兰南下后,发现那些主导英格兰议会下院的乡绅、商人们很难打交道。查理一世则缺少父亲的敏锐。在他即位后,议会拒绝为他从关税收入中终身拨款,而只同意给付一年的款项。查理一世对此深以为耻。此外,由于王后是法兰西天主教徒,查理一世对教堂里的宗教仪式也颇感兴趣。这些都令清教徒议员们对国王不抱信任。他还倚重詹姆士一世时期的老臣白金汉公爵。几乎所有人都对此表示反感,一位议员抱怨道:"政府需要良谏。"

查理一世既不像他的父亲那样习惯商量着办事,也不似伊丽莎白一世女王那样对议会甜言蜜语。他对议会发起了脾气。1625年8月,国王解散议会,并于次年通过"强制借款"方式为自己筹措资金。这是亨利七世时期的宠臣恩普森和达德利曾惯用的伎俩,但查理一世将借款对象由少数富人扩大到大部分交税群体。首席大法官伦道夫·克鲁爵士对这种不经过议会就借款的合法性提出质疑。查理一世很快便解除他的职务,并把70多位不愿借款的人投入监狱。

议员的先辈们曾帮助亨利八世同罗马决裂。对他们来说,查理一世的所作所为性质严重。詹姆士一世提出"国王高于法律",查理一世则要将这一理论付诸实践。1628年,查理一世因为缺钱不得不再次召集议会。愤怒的议员们立即准备了一份重申基本政治原则的声明——《权利请愿书》,包括未经议会同意国王不得征税、不得随意监禁等内容。查理一世拖延一阵,最后还是签署了这份文件,但他签得十分勉强。就在那年8月,他的朋友和宠臣白金汉公爵在朴次茅斯被暗杀了。

杀人犯是精神错乱的清教徒约翰·费尔顿。议员们经常攻击白金汉公爵是"仇人中的仇人",费尔顿估计是受了上述言论的刺激才对公爵下手的。查理一世责怪那些批评他的议员们是杀人元凶。白金汉公爵的死讯传来,议会爆发出热烈的欢呼声,这深深伤害了国王。他对议会的深恶痛绝已经转变为行动上的针锋相对。1629年春天,双方的对立达到白热化的程度。

问题与宗教有关。约翰·艾略特爵士是一位口才极佳的清教徒议员,他带头反对白金汉公爵和"强制借款",还起草了一份抨击阿米纽斯主义的决议。这里,我们不得不提到荷兰神学家雅各布·阿米纽斯和他的英格兰拥趸们,他们崇尚繁复的教会仪式。查理一世刚刚任命的伦敦主教威廉·劳德就是主要代表。劳德花了很大力气将不少曾被忽略的宗教仪式重新引入英格兰国教。在这场被人们描绘为"高教会派"和"低教会派"的较量中,查理一世站在热衷宗教仪式的那一边。他将清教徒们对阿米纽斯主义的攻击视作对自己王权的挑战,下令位于威斯敏斯特的议会立即终止一切相关辩论。

下院的议员们报以轻蔑的回应,接下来的故事被载入史册。议员们不顾国王的反对继续他们的辩论。议员迈尔斯·霍巴特爵士将议会大厅的门锁上,任凭国王的信使怒气冲冲地敲打也不开。健壮的多切斯特议员登齐尔·霍林斯强行将下院议长约翰·芬奇爵士按在座位上。芬奇被告知,"议长是议会的服务者,不是国王的侍从"。约翰·艾略特爵士起身发言,强烈谴责"宗教的创新"以及国王对议员发言权的干涉,他宣告:"没有什么能够摧毁议会,议会终将取胜。"

"是的、赞成、同意"等叫好声响彻议会大厅。艾略特爵士反对"天主教会和阿米纽斯主义"的决议获得一致赞同,"未经议会同意征税"的做法也遭到进一步抨击。任何反对者或违抗者(当然也包括国王在内),"将被视作王国的头号公敌,并背上'英格兰自由背叛者'的恶名"。

但仅仅两天后,霍巴特、霍林斯、艾略特以及其他六名反对者都被押往伦敦塔。查理一世逮捕了这些异见者,并于3月10日解散了议会。"上帝在人间的最高权威"认为,如果没有议会,他对英格兰的统治会更加顺畅。

◎ 1642年:"我的鸟儿都飞走了"

从1629—1640年,查理一世在没有议会的情况下统治英格兰长达11年之久。开始的几年挺不错,同西班牙和法兰西交好,并和王后亨丽埃塔·玛丽亚一道,保持着井然有序的宫廷生活,艺术、音乐和戏剧等事业蓬勃兴盛。在国王指导下,威廉·劳德对国教教会施以严格管理。劳德1633年出任坎特伯雷大主教后,经常赴教区巡视,确保每位教士、每个教区都遵规蹈矩。他的这套颇为有效的政策被称作"一揽子政策"。能和劳德大主教媲美的是托马斯·温特沃思爵士。此人是前议员,曾帮查理一世管理英格兰北部和爱尔兰，之后成为国王所倚靠的重臣，被封为斯特拉福德伯爵。

时间回转至1628年，温特沃思那时还是代表约克郡的议员。他支持《权利请愿书》，但也认为许多议员同僚们对国王的攻击有些过分了——这个观点不少人都同意。那些为信仰驱使、朴素清苦的清教徒们，甚至在议会中大声呼吁革除英格兰国教主教们的职务。极端主义的危险反倒巩固了温和派对国王的支持。但查理一世的悲剧就在于，他浪费了英格兰人根深蒂固的保守主义情绪和对国王的忠诚。就像劳德大主教事后评论的，查理一世是位"优雅的君主，但他既不知道怎样变得伟大，也无法被辅佐成就伟业"。

通过议会筹集钱款的一大好处，是可以减少国王和纳税人之间的直接冲突。但查理一世采取向港口征税等古老、鲜为人知的方式增加收入来源，并将钱花在大举建造舰船上。这时，正义的国民们不干了。他们决定和国王硬碰硬。为首的是一位名叫约翰·汉普登的白金汉郡富裕地主。他打算用法律手段反对上述税收，实际上他主张国王本人违反了法律。

就像往常一样，宗教因素会引出其他问题，比如法律诉讼程序的公平性。"假面舞"深受国王和王后钟爱。1634年，清教徒律师威廉·普林谴责这一舞蹈"有违道德"。听任查理一世差遣的星室法庭（从早期的王室议事会发展而来）判决割去普林一只耳朵。三年后，"冥顽不化"的普林再次对主教们提出批评。这次，他剩下的那只耳朵也保不住了。

"印刷通讯"是报纸的前身，此时已在伦敦和地方发行。在其宣传效应下，汉普登和普林成了全国英雄。"印刷通讯"的内容多为迫在眉睫的政治和宗教问题，报道基调往往倾向于弱势者。形式上稍落后的木刻画，则为三分之二不能阅读的人群提供了直观信息。有一幅卡通画的内容是这样的：劳德大主教正笑眯眯地用餐，盘中盛着普林被割下的耳朵。

1640年，查理一世又得不情愿地和议会打交道了。他打算把劳德的"一揽子政策"推广到苏格兰，将英格兰《公祷书》强加给苏格兰长老派教徒。这导致"主教战争"爆发，国库很快枯竭。1640年初，反叛的苏格兰人占领了英格兰北部。为应对战事，国王急需筹措资金。但他在议会的批评者们已下定决心，要让国王为此付出代价。

斯特拉福德伯爵和劳德大主教最先成为他们的目标。作为查理一世所谓"11年暴政"的同谋，两人都以叛国罪被起诉。斯特拉福德伯爵的审判于1641年3月举行，他被指控是"国家遭受如此巨大损害的主使和策划者"。他在法庭上的自辩十分有力，几乎可以期待无罪判决。这时，议会想出另外的办法，很快通过了一部《剥夺公民权法案》。以该法案为依据，议会几乎绕过正常的法律程序，直截了当地判决斯特拉福德伯爵有罪。查理一世在签署法案时颇有些犹豫不决。正当此时，大批剃短头发的学徒涌上伦敦大街向国王施压，他们高喊"专制的黑暗汤姆必须流血"。

反托马斯·温特沃思的力量由约翰·皮姆指挥。他是代表威尔特郡卡恩镇选区的一位资深议员，在十多年前《权利请愿书》的抗争中，曾是约翰·艾略特爵士的主要助手。现在皮姆成了议会反王权派的主要领袖。他和苏格兰人联合，对国王保持压力，同时也挑起伦敦"暴乱"。1641年5月10日，由于担心王后和子女的安全，查理一世被迫签署《剥夺公民权法案》。两天后，国王的心腹斯特拉福德伯爵在十多万欢呼的伦敦群众见证下被处死。

取得首战胜利后，议会中的激进派将目标锁定为确保国王不再推行个人统治。1641年2月，议会通过了《三年法案》，规定如果国王不召集议会，那么议会将每隔三年自动召开。不久后，其他法律也相继颁布，改革内容包括：禁止国王不经议会同意就解散议会、废除"船税"、废除判决割去普林双耳的星室法庭、撤销劳德大主教用来控制教会的最高刑事法庭等。

12月1日，反抗的高潮终于到来。议会通过"对王国现状的大抗议书"，历数了不少于204条对国王查理一世及其"11年暴政"的控诉。当下院审议这些控诉条目时，辩论升级为喧嚣混乱的公共事件，其影响堪比斯特拉福德伯爵的倒台。来自埃塞克斯、肯特、萨塞克斯的代表在议会外举行抗议。许多温和派开始警惕起来，逐渐团结在国王周围。皮姆发起的"大抗议书"仅以159票对148票的微弱优势在下院获得通过。

如果查理一世想要尝试妥协，那么这148位对形势感到担忧的议员是足以依靠的力量。同时，上院也极有可能否决"大抗议书"。但我们这位"上帝在人间的最高权威"并不愿意妥协，受挫的自尊不允许他有一刻犹豫。国王对斯特拉福德伯爵的遭遇无比悔恨，深深自责。1642年1月3日，一个星期一，查理一世命令总检察官启动叛国罪诉讼程序，其对象是他在下院的5名尖锐批评者：约翰·皮姆、约翰·汉普登、登齐尔·霍尔斯、阿瑟·哈泽尔里格、威廉·斯特罗德，以及上院中的主要改革者曼德维尔子爵。

第二天，查理和侍卫们冲向位于威斯敏斯特的议会，打算亲手抓捕这些罪犯。这是极其冒险和戏剧性的举动。事实上，国王正中皮姆和他四个同伴下怀，这些人把自己当作诱饵。他们扬言那天早上会在议会现身，但实际上已经逃离，暗中目睹国王从白厅前往议会。

查理一世进入议会大厅后，要求下院议长威廉·伦索尔让座，并交代皮姆和其他人的下落。伦索尔跪在地上回答国王说："除非议会同意，否则对您的问题我只能回答，我没看到，即使看到了也不会说。"这种情况从未发生过。没有任何一位英格兰国王打断过议会下院的议程。查理一世恶狠狠地说："没关系，我想我的眼睛和别人一样好。"他打量着议员席，议员们站在那里一言不发。他们从敞开的大门中看到，国王的侍卫们正摆弄着火枪，还不时做出瞄准姿势。这场大戏最终以虎头蛇尾的方式收场。

查理一世不得不郁闷地承认失败："我的鸟儿都飞走了。"他追捕的五人在设下陷阱后，迅速乘船沿泰晤士河逃离，并在伦敦城里藏了起来。国王垂头丧气地打算离开议会大厅。议员们这时突然壮起胆，告诉国王他们所拥有的权利。他们对着国王远去的背影喊道："免责权！免责权！"

这次对峙是一个分水岭。从此，固执己见的君主和无畏的议会之间不再有任何妥协。六天后的1642年1月10日，查理一世和家人离开了白厅，他们中途在汉普顿宫稍事停留，之后王后亨丽埃塔·玛丽亚带着王室的珍宝前往荷兰，打算在那里筹款。查理一世向约克进发，试图组建一支军队以发动内战。

◎ 1642—1648年："圆颅党"对阵"骑士党"

玛丽·班克斯夫人是名了不起的女性，她孕育了14个子女。1642年8月内战爆发时，守护位于多塞特郡的家族所在地——科夫堡的任务落在她的肩上。她的丈夫是位资深法官和枢密院议员。那年夏天，国王向北进发争取支持之际，约翰·班克斯爵士选择追随国王的脚步。他很快就发现，他和其他跟随国王的人都被议会斥为叛徒。

多塞特郡的议会军指挥官估计，在科夫堡接受班克斯家族的投降不会遭遇什么麻烦。但他从未想到班克斯夫人如此英勇，居然闭门谢客、拒绝投降，就连家族的厨师和女侍应都加入了抵抗队伍。议会军的士兵试图爬上城墙，却被落石和燃烧物挡了回来。即使指挥官悬赏 20 英镑（相当于今天的 2240 英镑），也没人敢继续进攻。这时传来消息，忠于国王的军队已经到达邻近的多切斯特，议会军只好暂时撤退。

三年后，议会军得益于内应的帮助才攻下科夫堡。1646 年 2 月的一个晚上，有位议会军的同谋偷偷打开城堡大门，50 名乔装成保王党的议会军士兵一拥而入。此时，班克斯夫人已经成了寡妇，她的丈夫两年前在牛津郡战死。议会军随后逮捕了班克斯夫人，还将她的家族土地没收，并决定"抹去"科夫堡：他们把火药桶放在城堡主塔楼上并将其引爆。

班克斯夫人的勇敢行为以及科夫堡残存至今的遗迹，彰显了英格兰内战的戏剧性及其导致的毁损。现代研究估计，当年每四五个成年男性中就有一位被卷入内战，150 多个城镇遭受严重损失，11000 多幢房屋被烧毁或损坏，55000 多人无家可归。正是在这些年里，德语"洗劫"（plunder）一词被查理的侄子鲁伯特亲王引入到英语中。几乎 4% 的英格兰人口死于战争以及与此相关的疾病。这个比例甚至高于第一次世界大战。1643 年，布尔斯特罗德·怀特洛克在议会中哀叹道："是谁的鲜血溅洒在我们的城墙上，沾染了我们的土地？"

内战也和玫瑰战争不同。玫瑰战争期间，人们的日常生活还照常进行。而国王和议会的矛盾是关于国家该如何治理的根本性问题。除此之外，深刻的宗教分歧也撕裂了不少家人亲情和朋友关系。17 世纪 20 年代早期，威廉·沃勒爵士和拉尔夫·霍普顿爵士曾在欧洲大陆并肩抵抗天主教徒。现在他们却分处两个阵营。威廉爵士出于他的清教信仰支持议会，拉尔夫爵士则认为必须对国王保持忠诚。威廉曾在

1643年痛苦地致信他的老朋友："伟大的上帝是我心灵的指引者，他知道我做出这个选择时一定会倍感失望。我是如此憎恶这场没有敌人的战争……但是我们都已走上舞台，就必须要扮演这场悲剧赋予我们各自的角色。"

"圆颅党"和"骑士党"原本都不是什么好词。内战开始前，保王党人讥讽那些剪短头发的伦敦学徒为"圆脑袋"。1641年12月末，这些学徒聚集在议会外，呼吁将信奉天主教的主教和贵族从议会上院中驱逐出去。作为报复，议员们把他们的对手同残酷镇压荷兰新教徒的臭名昭著的西班牙军人（caballeros）相提并论。这个词的直译是"骑士"，查理一世觉得和贵族以及骑马沾上了边，听上去不错。于是，鼓励自己的一派人采用"骑士党"的称号。

1642年10月，内战首场大战在埃奇山打响，此地位于保王党的总部牛津郡附近。结果不分胜负。次年，战争的天平倒向了国王一边。但1644年7月，双方在约克城外的马斯顿荒原集结重兵，最后以议会军取胜告终。

议会军指挥官奥利弗·克伦威尔很坦率，他夸耀称："上帝让他们成为刀下鬼。"这位矮壮的乡绅正迅速成为议会军的领军人物。他曾在东安格利亚给自己的士兵们写过一封有名的信，其中这样描述他所赞赏的军人品格："我情愿招募身着黄褐色军服、清楚知晓战斗目标的人，也不愿和那些所谓绅士但一无是处的人为伍。"克伦威尔还向清教牧师理查德·巴克斯特表示："只有宗教才能让人们如此尽情地投入战斗。"

宗教为新模范军提供了启迪。这是一支取代地区民兵的22000人的正规军，由克伦威尔和议会的另一位指挥官托马斯·费尔法克斯爵士共同率领。军人们被要求唱圣歌、听祷告，杜绝饮酒。保王党人轻蔑地称这支军队为"点头军"，嘲笑他们在祷告时不住地摆动脑袋。然而，节制、纪律和信仰带来了战斗力。1645年6月14日，在莱斯特南边的纳斯比，"点头军"取得内战中的决定性胜利。他们俘获了5000多人，缴获价值10万英镑的珠宝和战利品。令查理一世最为不安的是，他的私人信件也被一并没收。没过多久，就有题为"打开国王文件箱"的小册子问世，揭露查理一世曾经策划邀请外国雇佣军，并打算废除不利于罗马天主教的法律。

对克伦威尔以及新模范军中的清教徒来说，国王的行为无异于赤裸裸的背叛。这是国王再不能被信任的铁证。有正义的声音认为，人们应该对"查理·斯图亚特，那个沾满鲜血的人"进行最后清算。

纳斯比战役将查理一世置于军队的摆布之下。在军队看来，他们拥有的天赋神权和国王的并无二致。

◎ 1649年：瞧，这叛徒的头颅！

1647年6月初，少尉乔治·乔伊斯率领500名新模范军骑兵来到北汉普顿郡的霍尔姆比宫。乔伊斯从军前是位裁缝，现在他是一名负责扛旗的骑兵少尉。这次他的任务是抓捕国王。

纳斯比战役沉重打击了骑士党的战斗力量。查理一世曾试图挑拨他的英格兰和苏格兰敌人互相残杀，但没能得逞，最终反被议会军包围。不过议会和军队对如何处置这位狡猾的王室犯人意见不一。军队决定率先行动，他们要把查理一世抓起来。6月3日早晨，国王走出霍尔姆比宫大门，发现乔伊斯少尉正在等候，身后都是全副武装、整齐列队的军人。

国王问道："乔伊斯先生，我为你祈祷。告诉我谁派你来的？"

乔伊斯少尉回答："他们。"

国王又问："在哪里？"

乔伊斯用手指了指背后身着红色军装的军人，答道："就在身后。"

四个月前，军队和议会戏剧般地分道扬镳了。1647年2月，议员们投票打算将新模范军解散，让军人们卸甲回家。当时的英格兰人已经对战争感到十分厌倦，为顺应民意，议会的领导者决定和国王进行谈判协商。

但那些冒死战斗、目睹同伴们在战场上倒下的军人们愤怒了。议会不仅拖欠他们的薪饷，居然还和头号敌人进行谈判，试图让查理一世返回王位，让他的教皇派王后和顾问们重操旧业。那年6月的《军队宣言》中就有这样的抱怨："我们之所以受雇从军，不仅是为切断国家的专断权力，也肩负着捍卫人民正义权利和自由的使命。"

激进思想在战争的年代不断涌现。军队一旦控制了国王，就有了决定英格兰未来统治方式的权力。1647年10月，在伦敦西南部普特尼村的圣玛丽教堂，军队委员会开会讨论下一步行动。会议的议程由平等派设定，他们信奉乌托邦理念，呼吁议员由全体男性公民选出，而不是像现在这样只有有产者和商贩们具有投票权。平等派也希望摆脱上院和君主。托马斯·兰斯博罗上校在开启被后世称作"普特尼辩论"的讨论时郑重宣告："英格兰最穷的人应该和最富的人过上同样的生活。"

克伦威尔的女婿亨利·艾尔顿为大有产者和那些在"王国中拥有固定收益"的人辩护。不过，这具有开创意义的讨论被临时中断了。被安置在汉普顿宫的查理一世听到"普特尼辩论"的消息后深感震惊。11月的一天，他趁着夜色朝着南边的海峡方向逃去。

如果查理一世顺利到达海边并乘船逃往法兰西，不知道历史将发生什么。但这一次，国王走错了方向。由于得到错误消息，误认为怀特岛支持保王党，他朝那里奔去。不久后，查理一世被关进了卡里斯布鲁克城堡。他的失败逃亡揭开了第二次内战的序幕，保王党在肯特、埃塞克斯、约克和威尔士分别起兵。查理一世秘密允诺将苏格兰长老会引入英格兰，以镇压迷途的清教派别。在此诱惑下，苏格兰决定派军南下。

这是压倒骆驼的最后一根稻草。面对查理一世的负隅顽抗，愤怒的议会和新模范军决定再次联手。第二次内战以毫不留情的野蛮方式结束了。查理一世的宫廷教士迈克尔·赫德森被逼到林肯郡伍德克罗夫特厅的屋顶上，议会军拒绝他的求饶，将他和他的随从逼赶到壕沟里。在赫德森试图抓住一根排水管时，他的手指被砍断。接着他被拖出壕沟，割掉舌头，然后被处死。

国王也将面临同样无情的对待。克伦威尔和将军们打算把他送上审判台。由于意识到多数议员仍然对达成某种妥协抱有幻想，他们策划了一次"政变"。1648年12月6日一大早，一伙骑兵和步兵在托马斯·普莱德上校带领下包围了议会两院，他们逮捕或驱逐超过140名主张妥协或对保王党抱有同情的议员。

"普莱德清洗"使最后一幕的上演成为可能。1649年新年，议会中剩下的议员投票决定设立专门法庭，以叛国罪审判国王查理一世。1月20日，审判正式开始。只有一位法官敢承担可怕的责任主持这场审判，他名叫约翰·布拉德肖，来自一个不知名的地方法庭。虽然此人坚定主张共和，但仍然感到害怕，在法官袍内加穿了盔甲，皮毛帽外戴上了铁盔。国王在威斯敏斯特大厅入座时，鄙夷地拒绝摘下帽子。他不厌其烦地反复强调，法庭没有审判自己的权力。他本人比任何法官都更代表人民的自由。国王宣称："如果任由不受法律约束的权力负责制定法律，我不清楚哪位子民能对他的生命感到放心。"

但这无济于事。证人们被相继传唤到庭,他们目睹国王在艾奇山、纳斯比和其他战场召集军队,这证实了国王向议会和人民发起战争。查理一世以"暴君、叛徒、谋杀犯和人民公敌"的身份被判处有罪。"把他的头颅从身体上砍下"将成为他的命运。

十天后的 1 月 30 日,查理一世走向了位于辉煌的宴会大厅外的断头台。这间宴会大厅一直保留到现在,从唐宁街的方向看去,就位于白厅的对面。这是一个刺骨寒冷的下午,泰晤士河也结了冰。国王多套上了一件衣服,以免被人看出他在瑟瑟发抖。

查理一世不无蔑视地发表了一篇长篇演说,谴责有人任意使用刀剑,让他成为"人民殉道者"。他还宣称:"子民和君主是截然不同的。"接着,国王一边对刽子手平淡地问道:"我的头发妨碍了你吗?"一边将垂下的灰发塞进帽中,让脖子裸露出来。

刽子手只一刀就将国王的头颅砍了下来。他弯下身捡起那颗头颅,像往常一样喊道:"瞧,这叛徒的头颅!"不过,在台下的数千人中,少有人发出欢呼声。一个 17 岁的男孩后来回忆称,伴随刽子手喊声的是"如此沉重的叹息声,我从未听过,也不愿再次听到"。

◎ 1653 年:把这个玩意拿走

处决查理一世是英格兰历史上最引人注目的一件事。促成此事的也堪称最了不起的人。直到最后一刻，奥利弗·克伦威尔和其他人同样担心，砍下国王的头将带来极其严重的后果。不过，死刑判决书最终递交给法官签署的时候，正是在克伦威尔的威逼下，才凑够签字的必要人数。他对着摇摆不定之人大声喊叫，甚至把犹豫者的手按在纸上直至其签字。

根据画家塞缪尔·库珀为 50 岁的克伦威尔所画的肖像，我们可以看出他在成为英格兰最有权势之人时的神情。他有个圆鼻子和一对透蓝色的大眼睛，灰色胡须掩盖了嘴唇下方的一颗痣，另一颗如豌豆般大小、黑色发光的痣长在右眉毛上方。克伦威尔告诉画家："镜子不会刻意讨好我。库珀先生，你也该如此。希望你据实作画。"

克伦威尔是个傲慢和谦卑的混合体。他会毫不犹豫地铲除眼前的一切障碍，但有时也会陷入沮丧。一些现代历史学家认为，克伦威尔曾经向流亡的胡格诺派医生蒂尔凯·德马雅尼求医问药，以治疗他的"多愁善感症"。此外，他饱受支气管炎困扰，但克伦威尔的气喘声无法掩盖他热情高昂的演说才能，他的议会演讲总是广受关注。人们还看到，为了让喉咙感到舒适一些，这位代表亨廷登选区的议员有时会套上红色的法兰绒围巾。

克伦威尔笃信自己从事的事业具有正义性，这源于他内心深处朴素的清教信仰，也导致他不可避免地和奉行高教会派政策的查理一世发生了龃龉。有一回，克伦威尔甚至想和数以千计的人一道，前往美洲大陆寻求宗教自由。然而他还是决定留下来，并在议会军中迅速成长，最终被赋予在故乡缔造一个新世界的使命。

查理一世被处决后，经过清洗的议会通过多项法令，废除上院和君主制。1649 年 5 月 16 日，英格兰宣布成为"共和国"，由议会和一个国务委员会统治。克伦威尔就是该委员会的一员。后来，他被任命为共和国军中将，并在 1649—1650 年间指挥军队无情地平定了爱尔兰叛乱。

他在那里残忍屠杀天主教徒,激起的憎恨记忆延续至今。苏格兰人胆敢将查理一世20岁的儿子加冕为查理二世,他们因此遭到同样残酷的对待。克伦威尔保持着傲人的军事胜利记录——胜30次,败0次。每次得胜而归时,人们都像欢迎恺撒一样迎接他。

和恺撒相同的是,克伦威尔难以抵抗政治权力的诱惑。1653年4月,他在一群火枪兵的簇拥下大步迈进议会大厅,用手指着摆放在议长桌上那根象征议会权力的金色权杖,愤怒地大声吼道:"把这个玩意拿走。"

托马斯·普莱德中校1648年将反对审判查理一世的议员从议会中清洗出去后,议会已经变成一个不具代表性的机构。人们将其讥称为"尾闾议会",组成该议会的约140名议员用了四年多的时间讨论如何交还权力。他们仅仅象征性地履行职务,对个人的福利和薪俸却十分在意。克伦威尔恼怒地说:"这不是议会,这不是议会!我将终结你们的任期!"

取而代之的议会表现也不尽人意。"提名议会",又被称作贝尔朋议会(得名于伦敦议员贝尔朋,他是位曾当过皮革商人的教士),其成员都是清教徒,由当地教堂根据每天参与祷告的次数等标准于1653年7月提名组成。该"圣徒议会"仅仅存续了五个月就宣告解散。克伦威尔正面临一种他一直受诱惑但予以抵制的局面。

国王奥利弗一世?克伦威尔的批评者长期指责他要的就是这个头衔。支持者们也敦促他尽快接受王冠。在一个很难想象没有国王的社会,让克伦威尔称王并非是个不可能的选项。但克伦威尔的良心不允许他这么做,这将背叛他所代表的一切理念,军队也一定不会接受。1653年12月,克伦威尔被拥护为英格兰护国公。他接受这个新的称呼时,特意穿了一件普通的黑色外套和灰色的毛绒长袜,以强调这绝非是在加冕。

新上任的护国公坚信,政府应该促进民众的福祉,而不是取悦他们。因此,他用了五年时间在英格兰社会塑造神圣的氛围。内战开始后,议会中的清教徒曾主张依据道德的标准立法,克伦威尔现在要将此付诸实践。1655 年 7 月，他建立了一套军事管治体系，每个地区由一位少将负责。在安息日不准进行赛马、斗鸡、滚木球、狩猎、跳舞、摔跤等项目。任何时候都不得在五月柱前或祈祷时跳舞。12 岁以下的孩子如果说出渎神言论将被罚以鞭刑。乱伦者将入狱，通奸者可能被判处死刑，这在英格兰历史上（国王卡努特时期除外）尚属首次。

最后取胜的是人性。在许多地区，清教徒的规章立法鲜获执行。不过，这些举措不公平地塑造了克伦威尔在历史上的地位。他从未成为国王奥利弗，而是被人们谑称为"扫兴国王"。1658 年 9 月，克伦威尔因患疟疾而病亡，街道上的人们载歌载舞。约翰·埃弗林记载称："这是我见过最愉快的葬礼了，除了狗之外，没有任何人哭泣。"

今天在议会大厦外面树立着克伦威尔的雕像。他一手握宝剑，一手持《圣经》，享受着荣耀的地位。这位"革命之父"实际上揭示出英格兰有多么排斥革命。他让我们永远反对废黜君主，反对军队夺权，反对强加的道德准则。正是由于克伦威尔的成就，许多英格兰的街道都以他的名字命名，其数量仅次于以维多利亚女王命名的街道。不过在爱尔兰，没有任何一条街道和克伦威尔有关。

◎ 1655 年：拉比梅纳西和犹太人的回归

梅纳西·本·以色列决定为犹太同胞们争取信仰自由而努力一把。

在英格兰的共和国时期，他是一名生活在阿姆斯特丹的犹太教拉比。和许多同时代的欧洲人一样，梅纳西对弑君的英格兰所进行的伟大社会试验十分着迷。他注意到，由于在议会获得优势的清教徒们很快就废除了英格兰国教的信仰垄断，内战后各种宗教信仰百花齐放。主教、祈祷书、强制进教堂等带有建制色彩的国家宗教成分被一扫而光。人们从此可以自由选择通向拯救的道路。

政治学家托马斯·霍布斯评论称："《圣经》被译为英语后，英格兰几乎每个能用英语阅读的人都认为自己可以和上帝直接对话，理解上帝的旨意。"霍布斯是个敢说敢做的王党人士，内战时期曾流亡巴黎。他在那里给年少的威尔士亲王查理讲授数学，同时自己还在撰写伟大的哲学著作《利维坦》。霍布斯认为，人的一生是"孤独、贫困、肮脏、残酷和短暂的"。人类需要强有力的统治者——利维坦，将秩序强加给不服从管治的自然界。国王是利维坦的当然选择，但英格兰国王已被摧毁。在查理一世遭处决两年后，这位热衷探究世界的哲学家勇敢地返回英格兰，打算考察"王室利维坦"缺席期间，英格兰社会究竟如何运转。

霍布斯发现，共和国体制下，英格兰处处涌现出新的信仰。许多教派的名字反映了他们的目标。比如，平等派（Levellers）致力于追求社会平等；掘地派（Diggers）呼吁进行土地改革；浸礼派（Baptists）主张成年人应施浸礼；贵格派（Quakers）在听闻上帝之名时会瑟瑟颤抖；浮嚣派（Ranters）则认为人类没有任何过错，人们可以尽情"吼叫"，纵情抽烟、饮酒、自由相爱；马格尔顿派（Muggletonians）的名字取自卢多维克·马格尔顿，他认为自己是《启示录》中提到的上帝证人；第五王朝派（Fifth Monarchists）的理论和《旧约》有关，其信众认为古代世界有四个伟大帝国，现在即将被第五个帝国——基督之国所取代。

霍布斯对这一系列令人困惑的信仰感到手足无措。这些关于上帝的矛盾理念证实了他颇有后现代意味的观点，即生命的核心要义是混沌。

不过，在共和国时期最具"利维坦"色彩的人物奥利弗·克伦威尔看来，多样性是值得欢迎的。他曾说过："即使允许我们中出现伊斯兰教徒，也比因为信仰而受到迫害要好得多。"

在查理一世被处决以及此后的护国公时期，当掘地派和平等派试图威胁财产安全和公共秩序的时候，克伦威尔果断下令军队镇压骚乱。他要求军官们坚决执行新政权的命令。但对于每个人内心的理念，克伦威尔坚定地认为，信仰自由是"期待平静、诚实生活的基督徒"的权利。进一步说，拥有一颗自由的道德心是"自然权利，凡应享有此权利者，皆应获得"。

上述情势为拉比梅纳西·本·以色列提供了指引。1654年，他派自己的儿子前往觐见护国公。次年，梅纳西本人离开阿姆斯特丹来到伦敦，并被允许进行传教。那一年，犹太人已经被爱德华一世从英格兰土地上赶走了350年，人们对他们的偏见仍然存在。的确，关于梅纳西给克伦威尔写信的流言很快开始传播。人们还推测护国公可能会把圣保罗大教堂卖给犹太人，给他们当犹太教堂使用。信奉基督教的商人们也担心，生意会被犹太商人挤占。

克伦威尔十分聪明，他故意不出台正式敕令或对犹太人发出正式邀请，以免加剧人们的恐慌情绪。但他凭借个人权威，确保犹太教徒能和其他宗教团体一样，享受平等的宗教自由。1656年，在伦敦阿尔德加特附近的克里彻奇巷，犹太人开始在他们自己的教堂进行祷告。数年后，犹太家庭的数量已经达到三四十个。许多犹太人都有葡萄牙渊源，他们在伦敦以银行家、黄金和珠宝交易商等身份谋生。自此，持续数个世纪的对犹太人的禁令终于取消了。

◎ 1660年：查理二世和"皇家方舟"

1651年9月，国王查理二世爬上一架简易的木梯子，躲藏在一棵枝叶茂盛的橡树上。这棵树位于什罗普郡的博斯科贝尔宫附近。他用从烟囱内壁扒下的煤灰把脸涂黑，并仓促地剪短了头发。查理二世穿着普通樵夫的衣裤，携带了足够的面包、奶酪和啤酒，以确保自己能在夜色降临后继续支撑。这一年他21岁，正处在流亡途中。18个月前父亲查理一世被处决后，他就开始声索英格兰王位。两天前，从苏格兰就跟随他的王党军队在伍斯特被击溃。圆颅党的搜寻队现在正在扫荡乡村。查理二世日后回忆道："我躲在这棵树上的时候，看到士兵们在灌木丛中穿梭，寻找逃脱者。我还目睹他们不时地向树林张望。"

后来，查理二世很喜欢讲述自己躲在"皇家方舟"中的故事，讲述当时由于脚和鞋子不合适他有多痛苦，讲述他在橡树上的大部分时间都在睡觉。30年后他进一步复述了完整的故事：有一次他在谷物和干草堆后面的谷仓躲命；还有一次他听见马蹄飞踏的声音，赶紧躲到篱笆后面匍匐隐蔽起来。

查理二世逃亡了至少六周时间，首先从伍斯特向北奔，接着又重新向南逃，最后通过萨塞克斯的小港口肖勒姆逃向法兰西。一路上，磨坊主、牧羊人和农夫等普通民众以及富裕的地主们为他提供了避难场所。其中，许多地主都信奉天主教。他们将查理二世安排在曾经藏匿天主教神父的密室中。有人为他的头颅悬赏1000英镑，任何收留他的人都将被处以死刑。但是，这个年轻人在许多人眼中已然就是国王，他不会被轻易背叛。

王冠长久地牵动着英格兰人的感情。面对查理一世"殉难"的震惊消息，人们忘记了他的许多错误。此后进行的一些带有共和色彩的试验让人觉得，重新回到君主制似乎最有助于确保稳定。但是克伦威尔在1658年9月的死，并未直接带来查理二世的复辟。权力仍属于由30000名军官和士兵组成的清教徒军队，他们都激烈地反对君主归来，更别提重新面对偏向教皇的国教教会了。护国公的头衔由克伦威尔的儿子理查德继承，只要内战中的胜利者依然团结一心，看上去查理二世就将继续他的流亡之路。正如他精明的顾问爱德华·海德指出，想要让君主复辟，除非他的敌人——清教徒、议员和军人们——成为"彼此的刽子手"。

事情的发展比许多人想象得要快。理查德·克伦威尔不是块当领袖的料，他缺乏父亲的使命感以及这位老"铁甲军"在同僚和各级军官中的威望。仅仅过了七个月，军队就罢免了理查德。1659年5月，40多名残存的"尾闾议会"议员重新聚集。这批人曾经在"普莱德清洗"和奥利弗·克伦威尔的议会解散中幸免。他们的合法地位穿越了共和国和内战时期，来自有些遥远的1640年。正是在那年，英格兰举行了一次完整的选举。但这些议员的表现比他们上次在位时并不高明多少。1659年底，他们再次陷入了混乱，国家税收无人收取，骚乱者再次呼吁举行选举。

占领苏格兰的英军指挥官乔治·蒙克目睹事态滑向失控。51岁的蒙克是位地道的德文郡人士，也是个难打交道的职业军人。他和许多平民一样，都十分痛恨所谓"刀剑政府的奴役"。那年年底，他在位于苏格兰边境的驻扎地科德斯特里姆起兵南下。1660年2月，他抵达伦敦的时候坚持认为，普莱德"清洗"掉的议员如果不参与，议会将无法正常运作。最终，他为声名狼藉的"尾闾议会"画上了句号。伦敦城里的人们用狂饮和烧烤来庆祝。2月11日夜里，街道上满是烤肉的味道。这是因为人们在城市的各个露天角落翻烤着牛臀肉（牛臀肉 [Rump] 暗喻"尾闾议会" [Rump Parliament]。——译者注），光是在伦敦桥一带就升起了31

堆篝火。

蒙克现在是英格兰毫无争议的统治者，但他拒绝护国公这一称号。他和查理二世开启了谈判，后者的小型流亡政府以荷兰的布雷达为据点。1660年4月4日，查理二世发布了《布雷达宣言》，这实际上就是他宣示复辟的文件。查理二世还精明地听从爱德华·海德的建议，尽量使自己的承诺模糊一些，将他的命运系于"自由的议会"之手。为了"补偿亏欠的良心"，他决定将自由作为馈赠，宽恕所有和议会一道对抗自己的人——签署他父亲死亡书的"弑君者"除外。他还承诺将会给军队足额发放军饷。

接下来的一个月，日志作家和海军行政官员塞缪尔·佩皮斯在海牙附近的斯海弗宁恩加入了查理二世和他的弟弟詹姆斯，同他们一道乘船前往伦敦，并在抵达后受到热烈欢迎。他们乘坐的是共和国时期的海军旗舰"纳斯比"号。这艘船得名于议会军在内战期间的一次重要胜利，但在欢迎晚宴后被正式改名为"皇家查理"号。英格兰重回到王室当政的时代。

在水手们整理绳索准备起航前往英格兰的时候，佩皮斯和即将加冕的查理二世攀谈了起来。这位准国王当时30岁，身材挺拔，肤色较深。他们一起行走在后甲板上。查理二世给佩皮斯留下深刻的印象，"他十分活跃，和我以前的想象完全相反"。佩皮斯难以相信，在短短九年中，查理二世的命运是如此跌宕起伏，"他讲述了自己从伍斯特逃脱的故事……我听到他所经历的困难后，差点落下了眼泪"。

◎ 1665年：选择赴死的村庄

1348年，黑死病席卷了英格兰并在此驻留下来。根据伦敦的"死亡统计"，人们经常因为感染这一疾病而死亡，周期性的疫情暴发先后发生于1563年、1593年、1603年、1625年和1636年。富人们将"死亡统计"当成"休假"的风向标。一旦发现每周疫情死亡人数开始快速上升，他们就打算去乡村度假了。

在拉丁语中，plaga意为"打击"。那个年代，人们经常将疫情感染解读为愤怒的上帝对人间的打击。一种更加世俗的解释是，有毒的气体隐藏在地壳之下，造成类似地球"便秘"的症状。治愈的方法只能是释放出"长期在其肠道中滞留、带有砷的有毒气体"。

现代科学仍然无从解释致命的传染病为何来去无踪。我们知道，腺鼠疫是通过寄居在人和老鼠身上的被感染的跳蚤传播。它的传染不是靠人与人的物理接触或者是呼吸。只有相对罕见的黑斑鼠疫是例外，患者在其生命最后短暂的痛苦时间里呼出的气体带有传染性。跳蚤的成倍增加与季节因素有关：印鼠客蚤（xenopsylla cheopis）在寒冻的季节里冬眠，而在20—25摄氏度的天气里变得活跃起来。不过，没人可以确信无疑地将冷热环境同传染病的爆发相联系。1665年9月疫情再次报复性地袭击英格兰时尤其如此。当时，"死亡统计"骤然升高，月底竟达到了每周7000人。城中的街道响起了铃声，捡尸车的车夫将尸体从各家各户门前收走，运送到城墙外的埋葬地点。如果某一户有人感染，其房屋墙外会被涂抹十字架的标志，家门也会被木板条封死。除了极少数神奇康复的例子外，这实际上宣告了这一户所有人都难逃死亡的厄运。

伦敦之外，疫情跟着印鼠客蚤的足迹传播。据说那年9月到达了德比郡的埃亚姆村。始因是有人给村中的商贩爱德华·库珀寄了一盒裁缝的衣服式样以及一些旧衣服。由于收到时衣服有些潮湿，库珀的佣人乔治·威克斯就把它们放在火炉边烘干。不到三天，威克斯的胸前出现了淤黑的斑点，他很快就在次日死亡。两周后，库珀也跟着他进了坟墓。到了10月底，埃亚姆村已经有26人身亡。湖区的冬天十分寒冷，疫情也因此有所缓解。但到了春天死亡率又大幅上升。1666年仲夏，360名村民中的70多人成了疫情的牺牲品。

埃亚姆村的老牧师托马斯·斯坦利最近被教会所驱逐。随着六年前斯图亚特王朝复辟，安立甘教再次成为英格兰国教。斯坦利是拒绝皈依安立甘教的1000多名清教徒之一。他也因此被剥夺生计的来源。不过，他选择留在埃亚姆村，与年轻的继任者威廉·蒙帕森牧师一道，帮助信众应对恐怖的威胁。

蒙帕森是两个孩子的父亲，正是他的行为让埃亚姆村名垂青史。他劝告信众们听从耶稣在《约翰福音》中的教导："一个人为朋友牺牲自己的性命，人间的爱没有比这更伟大的了。"年轻的牧师认为，与其逃离村庄，让疫情在湖区四散传播，不如整个村庄团结起来相互帮助。这实际上意味着村民们要冒着生命危险，做出巨大的自我牺牲。村民们对此一致同意。接下来的一年里，埃亚姆村成了一个与外界隔绝的疫情聚集地。邻近的村民以及查茨沃思镇的德比伯爵等人也投桃报李，定期在埃亚姆村外放置食品和补给品。最终，德比郡得以免于更大规模的疫情，但埃亚姆村付出了沉重代价，失去了占全村人口四分之三的260多名村民。最后死去的人包括蒙帕森的妻子凯瑟琳，她为照顾病人不顾安危地挨家挨户走动。

最终的葬礼于1666年10月11日举行。蒙帕森估算着损失，"我们的村庄变成了骷髅地"。他在11月写道："如果上帝允许，我希望花一周的时间将全村所有的羊毛衣物施以熏香，使之洁净。"根据现代的隔离手段，这本应是埃亚姆村在面对疫情时首先要做的事情。如果依附在库珀那盒衣物中的跳蚤在第一天就被消灭，村民们也就不会面对这么大的威胁。即使跳蚤没有被完全铲除，如果人们选择离开村子，而碰巧他们的身上没有跳蚤，那么也不必担心疫情会被传染给其他人。

从科学的角度，我们或许可以说埃亚姆的村民们所做的牺牲是无谓，甚至是反作用的。因为他们选择了封闭聚居，这事实上造成人、跳蚤和老鼠同处在相近的范围内，极大地提高了疫情的感染和致死率。不过，就算他们因为无知而造成了悲剧，这又岂能否定村民们勇敢而无私的决定？

◎ 1666 年：伦敦大火

1666 年 9 月 2 日，一个星期天的深夜两点，托马斯·法里诺被一股烧焦的气味呛醒。法里诺是"钦定烘焙师"，他主要负责为海军烘焙饼干，而非为国王制作面包。他居住在普丁巷自己的烘焙坊的楼上，这里距伦敦桥不远。法里诺在闻到气味后迅速跑到楼下，他发现大火如此猛烈，赶紧拽上家人逃走了。经过现代挖掘，人们在普丁巷地下的酒窖里发现了 20 个焦油桶的碳化残留，很有可能是焦油桶爆炸产生的燃烧物点燃了酒馆院子里的干草。

这是一个漫长而炎热的夏天。伦敦以稻草为屋顶的木房子都是干燥的易燃物。此时,东边刮起了一阵暖风。凌晨三时,救火队员已经就位。伦敦市长托马斯·布拉德沃思爵士因为被从睡梦中打扰而感到十分恼怒,他看了看火势,又回到自己的床上,还嘟囔了一句:"撒泡尿就能把这火给灭了!"

当伦敦市长继续沉睡之际,大火已经蔓延到了泰晤士河边,快速吞噬木码头、仓库以及堆积其中的货物,牛脂、油料、木材、煤炭……不一会儿,大火就把伦敦桥附近三分之一的房屋完全烧毁。一位目击者记录道:"大火发出嘎吱嘎吱的声音,就像有千辆铁甲战车,重重地碾过石子路。"火势是如此迅猛,如果鸽子来不及飞走,它们的羽毛很快就被点燃。

星期天午后,布拉德沃思市长由自鸣得意转向恐慌。塞缪尔·佩皮斯发现他正大汗淋漓地在救火一线,脖子上还系着一块手帕。市长喊道:"天哪,我该怎么办,人们都不听我的话了!"

布拉德沃思意图让人们做的事,是诉诸17世纪常用来抵御火灾的办法——将房子掀倒构成防火墙。但他很快遭到城中有权势的房主的反对。最后,凭借来自王室的干预,防火墙政策才得以实行。事实上,直到火势被最终控制前,国王查理二世和他的兄弟詹姆士堪称当天以及此后三天里的救火英雄。国王下令他的卫队投入救火,兄弟俩还亲自扛着铁锹和水桶在街道中忙碌。詹姆士尤其值得称赞,他从早上五点一直忙到午夜。一位市民感叹:"如果市长也能这样做,他的榜样力量早就能使整座城市得救。"

13200座房屋、87间教堂、44座行会厅以及伦敦交易所、海关和布莱德维尔监狱等都被这场起于普丁巷的大火付之一炬。那几个夜晚,火焰直冲云霄,远在50英里外的牛津都能看得到。10万多人无家可归,首都附近不得不架起许多帐篷。由于当时的保险只覆盖船只,大多数人因为得不到任何补偿而倾家荡产。

在这样惨重的灾难前,难怪有人想要打政治迫害的牌。9月底,议员们认定一位天主教破坏者是罪魁祸首。他们还成立了一个调查委员会来证实此事。而证据仅仅是一则流言——有人听见法兰西的鞭炮商和来自伊尔福德、信奉天主教的家庭妇女在私下预测炎热的天气。

实际上,没有任何证据表明这场1666年9月起于普丁巷托马斯·法里诺饼干烘焙坊附近的火灾是蓄意的。一些清教徒试图将罪责归于天主教徒。他们认为,此次事故以及前一年的疫情"打击"都是上帝的惩罚,是上帝对国王和王朝的惩罚。因为仅仅过了数年,国王就不幸地违背了他复辟时所做的几乎全部承诺。

◎ 1678—1679年:泰特斯·奥茨和"教皇派阴谋"

有件事令查理二世十分自豪,他至少有14个私生子女。对享乐的追求也是英格兰复辟时期的时代精神,因为人们刚刚摆脱了清教的种种枯燥烦琐的限制。我们"愉快的君主"会经常和耷拉着耳朵的松鼠一道在公园徜徉,他自信拥有和父亲一样的神授君权。但和父亲不同的是,查理二世戴着一副亲民的面具。内莉·格温曾经是个卖橘子的小贩,后来成为女演员。她是国王众多情妇中最受欢迎的一位。有个著名的例子,面对马车前聚集的反天主教示威人群,内莉曾经将嘲笑声转化为叫好声。当时,红头发的她把头伸出窗外,对着人群喊道:"我是一个信仰新教的妓女！"

约翰·埃韦林写道："查理二世如果不是如此沉迷女色，一定会是位极其出色的国王。"埃韦林认为，国王"总在试图满足各种无法估量的欲望"。

女人和战争亏空了国库。查理二世统治时期，英格兰的税收水平超过了共和国和护国公政体时期，但军事上与克伦威尔当政时相比却相形见绌。1667年6月，一支荷兰舰队驶入泰晤士河口，并溯河而上到达梅德韦河，在那里击沉了大半支英军舰队。荷兰军舰上的炮声在数英里外的伦敦能听得清清楚楚。刚刚更名的"皇家查理"号军舰被俘获并被耻辱地拖往荷兰。

梅德韦河的失利终结了复辟王朝的蜜月期。查理二世小心翼翼地避免解散议会，因为议员多为兴高采烈支持他复辟的保王党人士。每次议会会期即将结束时，国王就会启动休会机制，以确保这些支持者能够在下次议会开始时回来。但这些忠实于国王的商人和乡绅并不喜欢逐渐弥漫于宫廷的罗马天主教氛围，也不愿看到税收被白白浪费。

1670年，查理二世踏上一条危险的道路。为寻求额外资金以减少对议会的依赖，他和表兄弟法王路易十四签订了一份密约。法兰西将为查理二世提供不间断的年金支持，作为回报，查理不仅同意恢复英格兰天主教徒的各项权利，甚至允诺时机成熟后亲自宣布信奉天主教。这一信仰是在他的法裔母亲亨丽埃塔·玛莉亚熏陶下自小形成的。

以上秘密条款是在多佛达成的，这是英法结盟对抗荷兰大交易的一部分。为掩盖自己的背叛行为，查理二世专门派两位大臣前往磋商"掩护"版的《多佛条约》，其中没有任何向天主教"投诚"的内容。然而，纸包不住火。1674年，查理二世在议会发誓，条约没有任何秘密条款。当时，人们看到他的手在不住地颤抖。

国王的问题其实越来越严重，因为虽然他的私生子女很多，但还没有一位合法继承人。他和葡萄牙人布拉甘萨的凯瑟琳的婚姻一直无嗣。尽管他对妻子不忠,却始终没有抛弃她。这意味着王位继承人将是他的弟弟、约克公爵詹姆士。詹姆士和查理二世不同,从不掩饰自己的宗教信仰。1673年,他宁愿辞去海军司令的职务,也不愿意根据《宣誓法》的要求谴责圣餐变体论。英格兰议会通过该法的目的,就是要将一切非国教教徒排除在公职之外。从这个意义上说,英格兰王位的继承人已经公开宣告自己是罗马天主教徒。

在位的国王公然撒谎,他的继位者又有在史密斯菲尔德重启火刑的可能。上述情势下,难怪英格兰新教徒们感到危险将近。1678年10月17日,一件事情几乎要证实他们最大的担心。埃德蒙·贝里·戈弗雷爵士是伦敦的一位知名的地方法官,他的尸体被人丢弃在普里姆罗斯山的沟渠中。当时他脸朝下,一把匕首刺穿了身体。戈弗雷曾是瘟疫肆虐年代的英雄。那时候,他在首都负责监督尸体掩埋和抓捕盗墓贼。有迹象表明,他临死前正从事一项重要任务:调查一个邪恶的"教皇派阴谋"——有人企图谋杀国王,并以詹姆士取而代之。

提出这项"阴谋"指控的是一个名叫泰特斯·奥茨的骗子。此人身材臃肿,曾分别被剑桥大学两所学院开除,还被皇家海军和欧洲的两所天主教学院驱逐。他罪行滔滔,从酗酒到鸡奸无所不及,他还擅长作伪证。根据奥茨的描绘,挥舞着匕首准备向国王行刺的是耶稣会的教士。如果放在正常情况下,这一指控毫无可信度。但戈弗雷爵士被谋杀给"教皇派阴谋"增添了几分合理性。人们将法官的尸体公开展示,有小商贩居然向担心自身安危的民众兜售"埃德蒙·贝里·戈弗雷"匕首,供他们自卫使用。在接下来的社会恐慌中,告密者接踵而来。仅伦敦就有多达1200名天主教徒遭迫害,其中24名无辜男女因叛国罪被处死。

议员和清教徒们都在焦急等待,希望国王的教皇派弟弟被排除在王位继承人之外。这场关于"王位排除"的激烈斗争也初步催生了英格兰的政党。赞同将詹姆士排除在王位外的是清教徒、平民和议员中的激进派，他们被对手讥讽为辉格党。"辉格"原意指"苏格兰长老会的不法之徒"。作为反击，辉格党称呼由国教徒和保王党人组成的对手为托利党。在爱尔兰盖尔语中，"托利"的意思是"天主教强盗"。

不法之徒对垒强盗，辉格党叫板托利党。于是，英格兰的两党政治在相互贬损中诞生了。17世纪80年代早期，这两派人都以各自的党名为荣，他们印制宣传品、资助报纸、遴选候选人，甚至还发布了各自的彩色玫瑰装饰图案——托利党是红色，辉格党是蓝色。经过最初的一系列较量，辉格党在议会中逐渐占据多数。

尽管辉格党人有议席优势，但他们在国王的专断权力面前显得十分无力。查理二世享有的权利和查理一世几乎相同，就好像之前的共和国和护国公政体从未建立过似的。每每辉格党接近通过将詹姆士排除在王位之外的议案时，查理二世就会宣布解散议会。在经过反复三次召集和解散议会后，"排除王位"危机逐步解除。奥茨捏造事实的真相终于被揭露。查理二世统治的最后五年中，他得以摆脱议会的控制而自行其是。

国王有一条指导原则，那就是他"不愿意再次踏上旅途"。归功于查理二世的魅力和善于诱骗，也由于他的子民们极不情愿重开内战，国王在这件事情上获得成功。查理二世再不需要爬到另一棵橡树上避难，也不用再把煤灰涂到脸上。他临死前让一位教士来到跟前，正式宣布重新皈依童年时信奉的天主教。这位"愉快的君主"升天前，还不忘将最后的告别语献给曾经放荡的过去——"不要让可怜的内莉挨饿"。

◎ 1685年：蒙茅斯叛乱和血腥审判

蒙茅斯公爵詹姆斯是查理二世的长子，也是他最宠爱的儿子。他是查理二世首段严肃爱情经历的结晶。这段经历开始于1649年，对象是有着一对深色眼眸、富有魅力的露西·沃尔特，她是位生活在巴黎的英格兰夫人。同年，查理一世被处决。时年19岁的王子突然间变成了悲惨的流亡国王。后来有传言称，查理二世就是在这时和露西深深相爱并秘密结婚。

查理二世总不愿承认露西是他的合法妻子，但他对自己英俊的长子十分青睐，赐予其公爵头衔——这是贵族的最高等级，并安排其迎娶一位富家女。16年后，查理二世还于1679年任命蒙茅斯公爵为平定苏格兰叛乱的英军指挥官。这位30岁的公爵后来得胜而归。

随着"王位排除"危机的加剧，辉格派逐渐将蒙茅斯作为他们的王位候选人。这意味着一位勇敢的清教徒公爵将取代查理二世的弟弟、亲教皇的詹姆士。蒙茅斯本人也很乐意。他开始为争取王位而努力，比如参加民众活动，甚至用手触摸瘰疬病患者。富有魅力的私生子企图颠覆王位继承顺序，查理二世对此感到很气愤，他两次发布正式声明，重申蒙茅斯的私生子地位。

1685年2月，王位由查理二世传给詹姆士二世。人们对此大多报以接受态度，甚至有不少人感到激动。这在"教皇派阴谋"盛行的疯狂岁月里是难以想象的。詹姆士二世没有放弃他的天主教信仰，同时承诺不会做任何违背法定宗教（英格兰国教）的事情。新国王即位时已经52岁，年事相对较高，但他很有能力，比兄长更加认真努力。

蒙茅斯公爵和他的辉格派追随者一起流亡到荷兰，他们完全误判了英格兰的国内形势。那年6月11日，他在多塞特郡的莱姆里吉斯港登陆，随行有82名支持者，还携带了可供上千人使用的物资。蒙茅斯允诺宗教宽容，这吸引了西南部数千名工匠和劳工的支持。然而，本地的乡绅却起兵反对他。蒙茅斯很快就不得不在塞奇沼泽地区避难。800年前，阿尔弗雷德大王也曾在此躲避维京人。但蒙茅斯对地形的掌握远不如阿尔弗雷德，他在一次夜袭中迷失在浓雾里。7月6日早晨，他的队伍被打得四散溃逃。

九天后，"新教公爵"在伦敦被处决。尽管他死前向获胜的叔叔求饶，还提出要以皈依天主教为代价保住性命，却仍然无果。他的行为也背叛了那些当初追随他的萨默塞特郡民众。更坏的事情接踵而来。詹姆士对塞奇沼泽的屠戮以及后续发生的一系列处决仍不满意，他坚持派大法官乔治·杰弗里率领一个司法委员会前往西南部地区，目标是根除那里的反抗分子。

杰弗里率四位法官和一名行刑手前往温彻斯特。当地有位名叫爱丽丝·莱尔的老妪，她是弑君者约翰·莱尔爵士的亡妻。他们发现这位70岁的寡妇窝藏叛乱者，于是将她判处火刑。杰弗里建议爱丽丝向国王乞求宽恕，后者听从了他的建议，但得到的仅是火刑被替换为绞刑。9月5日，杰弗里一帮人来到多切斯特。当地有30多名嫌疑犯拒不承认"有罪"。杰弗里对此十分懊恼，除一名嫌疑犯外，他下令宣判其他所有人死刑。为加快审判进程，他对最后认罪的嫌疑犯显示了怜悯，在总共223人中，只有80人获判绞刑。

血腥审判结束时，有480人获死刑，260人被判鞭刑或罚款。还有850人被输送至殖民地作为劳力，贩卖劳力的利润都被一个团伙攫取，其中就包括詹姆士二世的王后——莫代那的玛丽。杰弗里大法官把被处死者的躯干和头颅用醋浸泡，在西南部地区的绞刑架上展示。那个年代的人看到此情此景，应该不会像此后的人那般震惊。不过，血腥审判的确让我们产生了疑问：对这位新近登基、信奉天主教的国王而言，他在运用权力时还能被人们信任吗？

◎ 1688—1689 年：光荣"入侵"

英格兰现在的君主公开信奉天主教，那些对此感到不悦的人也有些许安慰。因为詹姆士二世不可能活太长。以 17 世纪的标准，国王的年纪堪称老迈。1687 年 10 月，他已经 54 岁，他的兄长就是在这个年纪驾崩的。詹姆士二世的继承人是两个女儿，玛丽（25 岁）和安妮（23 岁）都是坚定的新教徒。玛丽嫁给了荷兰的新教英雄——奥兰治的威廉，他在英格兰王位的继承谱系中也有自己的位置。威廉还领导荷兰人抗击法兰西的天主教帝国雄心（威廉头衔里的"奥兰治"是个靠近阿维尼翁的法兰西小镇，曾经属于他的家族）。

玛丽和安妮都是詹姆士二世第一段婚姻的产物。她们的母亲安妮·海德是查理二世流亡时的顾问爱德华·海德的女儿。安妮·海德 1671 年去世后，詹姆士二世又迎娶了意大利天主教徒、莫代那公爵的女儿玛丽。他俩十分努力地试图生下一位信奉天主教的继承人。莫代那的玛丽在 1674—1684 年间曾十次怀孕，但其中五次都胎死腹中，而生下来的五个孩子也都夭折了。因此，詹姆士二世登基的时候，新教徒们可以很放心，王后不可能给他们带来任何危险。

他们没有注意到的是，玛丽王后多次前往古城巴斯，在那里进行温泉疗养。1687年圣诞节前夕传来令人警觉的消息——巴斯的疗养奏效了。莫代那的玛丽第11次怀孕，并在1688年6月初诞下了一名健康的男婴。他也被命名为詹姆士，并享有威尔士亲王的封号。这位新的王位继承人断绝了他两个信奉新教的姐姐的即位希望。突然间，英格兰似乎将永远被天主教的斯图亚特王朝所统治。

英格兰的新教徒们拒绝承认詹姆士二世的好运——男婴的降生一定是假消息。有许多传言称，那个男婴是一位磨坊主的儿子，当时被偷偷地藏在一个长柄暖床器里，送到了接生床上。还有不少绘声绘色地揭示这个骗局始末的画作流传。詹姆士二世特意安排一些受人尊敬的新教徒当众发誓，这孩子绝对是他的骨肉，但人们还是不愿相信。"暖床器里的男婴"成了历史上最具说服力的阴谋论之一。

詹姆士二世即位三年后，其行为招致了广泛质疑。他曾经允诺不会做有损英格兰国教的事情，但事实表明，他的真实意图是将英格兰拉回到罗马教会的控制之下。到1688年3月为止，詹姆士二世采取了一系列有利于天主教徒的举措，包括将超过1200名国教徒从公职岗位上赶走。虽然詹姆士二世自诩没有偏见，但他的家人都能看出他所谓的"宗教宽容"不过是"教皇派的阴谋"。他的女儿安妮从伦敦写信给人在荷兰的姐姐："现在已经到了一个节点，如果他再这么走下去，我担心没有新教徒能够幸免。"

詹姆士二世之所以敢"踩高跷"，是因为他拥有保守派的权力基础。信奉国教的托利派乡绅曾对詹姆士二世即位表示欢迎，如今看到自己担任的地方治安官职务逐一被天主教徒所取代，特别是这些人还在日益扩大的国王常备军中占据领导职务，他们对此感到十分气愤。6月30日，在威尔士亲王出生不到三周的时候，七位贵族联署了一封密信，寄给玛丽的丈夫奥兰治的威廉，邀请他前来英格兰。

威廉根本不需要有人来提醒，那年夏天他一直在筹备军力——463只船和40000人的军队。此外，他还准备了六万份传单解释自己的意图。他强调，自己并不期望夺取王位。前往英格兰只是为了能够尽快召集自由、合法的议会。同时，对包括威尔士亲王的出生等在内的有关问题进行调查。

威廉率领的荷兰和德意志"入侵军"比1588年西班牙的菲利普国王的"无敌舰队"规模还要庞大。不过，他们1688年11月在托贝登陆时，胜负还很难确定。在他们通向伦敦的道路上有两万英军，尽管威廉的外国雇佣兵想要赢得胜利并不难，但流血会动摇威廉声称代表英格兰人利益的立场，也不利于达到他"入侵"的实质目的——他希望在荷兰与法王路易十四的对抗中得到英军支持。

威廉很幸运，因为詹姆士二世首先乱了方寸。国王被流鼻血和失眠困扰已久，他匆忙率军赶往索尔兹伯里平原，但马上又被迫折返伦敦。在那里他发现自己的女儿安妮加入到姐姐玛丽和姐夫一边。詹姆士二世像李尔王一样勃然大怒，痛斥两个女儿背信弃义。在送走王后和威尔士亲王之后，他于12月11日从一条密道逃离白厅，还耍脾气地将国玺丢到了泰晤士河里。

在这个时刻，肯特郡一伙过于狂热的渔夫搅了局。他们在法弗沙姆将国王逮住并把他送回伦敦。威廉既愤怒又尴尬，很快便将岳父送往肯特，护送者被告知在前往肯特罗切斯特的路上放水，这一次詹姆士二世成功逃脱了。

六周后，也就是1689年2月13日，威廉和玛丽成为英格兰的共同君主。作为条件，他们同意议会颁布《权利法案》。这一君主、议会等各方各取所需的事件在历史上被称作"光荣革命"。总的来说，1688—1689年标志着英格兰议会君主制的确立。自那以后，议会终于取得了对君主的优势地位。这一地位原本在内战中就曾赢得，但在查理二世和詹姆士二世统治时期又短暂地失去了。

事实上，1689年《权利法案》对个人的权利所言甚少。而英格兰君主制真正成为"议会君主制"还需要再等待一个多世纪。詹姆士二世退位后，精明实际的威廉冷静地同议会进行了多番讨价还价，以捍卫自己的君权。他最终保留了任命大臣和控制议会召开时长等特权。这算得上是一场革命吗？1688—1689年期间，英格兰没有经历大规模的基层动荡。然而，在威廉看来，他的"入侵"显然达到了"光荣"的结果。

◎ 1687年：艾萨克·牛顿和宇宙的原理

艾萨克·牛顿于1642年出生于林肯郡的伍尔索普村，那一年正值内战爆发。牛顿出生时个头很小、体弱多病，他的童年也不幸福。在他3岁时，寡妇母亲就改嫁给了一位富裕的教士，但继父并无时间陪伴牛顿。好在善良的叔父资助他在附近的格朗汉姆镇就学。1661年，19岁的牛顿赢得前往剑桥大学三一学院学习的资格。

牛顿不是一个极其出众的学生。1665年，瘟疫席卷剑桥，学生们都被打发回家。在伍尔索普村，牛顿经历了他日后热衷于反复提及的那次"启示"。有一天，他正坐在一棵苹果树下，看见苹果突然掉到了地上。"为什么苹果总是垂直落在地上？"他回忆起自己当时的心理活动。"为什么苹果不向上方或旁边掉落，或者落下时的轨迹并不垂直？"

20多年后牛顿才正式发表他关于重力法则的论文。有人认为他对上述事件的反复描述不过是为了给自己的发现"制造神秘"。然而,牛顿在伍尔索普村休学的那一年还有另一个大发现——光谱,其意义足以令"掉落的苹果"相形见绌。他后来写道:"1666年初,我拿到了一块玻璃三棱镜,想要以此解开光色的秘密。我把屋子里的灯光调暗,只在窗户上留个小孔,让足够的太阳光进入。我将三棱镜放在孔口,让光束折射到对面的墙上。"

当时流行的理论认为,光线之所以在通过棱镜后产生颜色,是因为光沾染了棱镜自身的色彩。但25岁的"学究"牛顿用他在伍尔索普村的研究表明,光色的成因其实和彩虹的原理一样。牛顿为此找来第二块三棱镜。假如棱镜会使光线"染色",那么当光线通过第二块三棱镜时,其颜色应该加深。但事实却相反,光线变得清澈透明——牛顿利用折射原理,使白光的组成色在发散后又重新汇聚到一起。

这项发现确立了牛顿的声名。1672年,他应"伦敦皇家自然知识促进学会"之邀,公开发表自己的观点。这一学会诞生于英格兰内战时期的牛津和伦敦。由于没有固定的活动场所,学会成员通常称呼其为"无形学院"。查理二世国王对科学颇有兴趣,于1662年为学院颁发特许状,并将其命名为皇家学会。在国王资助下,学会为众多出色的精英提供了聚会和交流的平台,其中包括:研究物质化学成分以及气体密度、压力和行为的罗伯特·波义耳;探索显微镜下未知世界的罗伯特·胡克;观测彗星等天体运行规律的埃德蒙·哈雷;建筑家克里斯托弗·雷恩,他正思索如何利用伦敦大火带来的无穷重建机遇,创设出更好适应当时城市生活的建筑形式。

由于牛顿在光学上的成就,他被推选为皇家学会院士。但牛顿起初和学会相处得并不好。这主要是因为"问题童年"导致了他孤僻、不信任他人和易于忧伤的性格。在其他三位性格友善的院士敦促下,牛顿才发表了他最为重要的作品。这三个人是哈雷、胡克和雷恩。1684年的一天,他们坐在伦敦最时髦的咖啡屋里讨论天体的运行规律。不久后,哈雷造访了牛顿,并向他当面请教这一问题。牛顿毫不迟疑地答道:"行星们沿着椭圆形的轨道运行,这是我多年前的发现。"哈雷随后向他索取验算过程,牛顿欣然应允。

其成果就是这部堪称科学史上最重要作品的《自然哲学的数学原理》。牛顿在其中阐述了三大运动定律。第二定律和引力有关,而引力决定了行星以及它们卫星的运动规律,也决定了潮汐的轨迹以及彗星的奇异行为。哈雷利用牛顿的演算,预测了那颗日后使他声名鹊起的彗星——哈雷彗星的运动轨迹。这颗彗星曾于1682年穿越英格兰上空。哈雷提出,1456年、1531年和1607年曾观测到的彗星与这颗彗星很可能是有关联的。

哈雷不仅推动牛顿撰写《自然哲学的数学原理》,还为他编辑书稿。作为出版商,哈雷自己掏钱将这部作品付梓印刷,并帮助牛顿将艰深的思想转化为读者能够接受的表达方式。要知道,牛顿不大擅长表达自己的思想,他的授课总是让听众觉得枯燥。学生们对他在剑桥大学开设的课程就很不感冒,以至于他常常不得不"对着墙壁上课"。

今天,我们将牛顿视作科学家和物理学家的先驱。实际上,"科学家"和"物理学家"的称谓在他生活的时代并不存在。牛顿花了很长时间研究古代神秘的炼金术,也就是如何将基础金属转变为金子。近年来,现代科学家和历史学家发起"牛顿工程",将他平生著作的总计1000多万个词上传到万维网上。根据统计,其中超过100万个词和炼金术有关。还有400多万个词涉及骇人的《圣经》预言,主要是《启示录》中的内容,包括巴比伦的大娼妓、十角兽、世界末日前的四位骑马人等。

不过,在这些听起来古老的叙述中蕴含着激进、前卫的思想。牛顿期待着"上帝之道"同人间野兽和国王的对弈,期待着由此创造出"新的天堂、新的世界和新的耶路撒冷"。牛顿出生在内战时期,他最主要作品的出版和专制的斯图亚特王朝倒台时间差不多。他的身上无疑带有现代色彩。牛顿撰写的檄文序言,帮助剑桥大学捍卫了学校在国王詹姆士二世治下的独立性。牛顿还于1689年当选为新一届下院议员,正是这些议员将威廉和玛丽推上了王位。

更为重要的是,牛顿关于宇宙是依靠逻辑和机械法则运行的结论,深刻改变了人类的思想。牛顿、哈雷、胡克以及他们同时代人的作品构成了哲学和人类认知的基础,将曾经由神意统辖的领域转变成世俗研究的对象。"所有一切都是可能的。"理性、逻辑、演绎将取代盲目的信仰。旧的思想从此被质疑,新的思想如花绽放。从此,上帝再也不仅仅存在于天堂。只要你能够找寻到他,他就存在于我们每个人的心中。这一转变堪称一次思想领域的"光荣革命"。

◎ 1690年:约翰·洛克和"宽容"

1683年冬天,荷兰下起了大雪。严寒之中,阿姆斯特丹动物园的一只母狮子被冻死了。解剖一只异域野兽的机会很难得,荷兰学者们为此聚在一起,与他们一道从事这件工作的还有一位叫约翰·洛克的英格兰医生和哲学家。洛克当时刚抵达阿姆斯特丹不久,他与一位本地神学教授菲利普·范·林堡格的对话很快超出了解剖范畴。他们彼此都对宗教宽容这个议题很感兴趣——这在当时是个敏感话题。范·林堡格鼓励洛克将他的所思所想写下来。

这一年洛克 51 岁,是位寄居荷兰的政治流亡者。他是英格兰萨默塞特郡林顿村一个不知名律师的儿子,在内战时期度过自己的少年时光。查理一世被斩首后,洛克前往牛津大学读书。宗教纷争、军队和议会之间的较量、克伦威尔时期英格兰的动荡,这一切都促使洛克仔细思考什么才是稳定而理性的政府组织形式。他感到,市民社会的核心莫过于在统治者和被统治者之间达成一种公平且行之有效的契约。在这一思想的指引下,他起初对议会邀请查理二世返回英格兰持欢迎态度。

尽管复辟的国王充满个人魅力,但他和父亲一样专制。洛克因此转向了辉格派,也就是反王权的阵营。他成了沙夫茨伯里伯爵安东尼·阿什利·库珀的好朋友和医学顾问。后者领导的辉格派试图制止未来的詹姆士二世登基。当查理二世在 1681 年废置《排除法案》,打算摆脱议会由自己统治国家时,沙夫茨伯里伯爵决定逃亡荷兰。他最终于 1683 年在那里逝世。那年晚些时候,洛克也开始觉得,如果自己前往荷兰会更安全些。于是,在他抵达后不久,就有了他与荷兰学者共同出现在母狮子解剖台前的那一幕。

斯图亚特王朝派来的人在追踪洛克,他不得已用化名在荷兰生活。此时,他开始写作一本令自己日后声名鹊起的哲学著作——《人类理解论》。他在其中写道:"人类智慧的最高境界,就在于谨慎地、恒常地追求真正而稳固的幸福。"

对今天的人们而言,追求此生的幸福是显而易见的人生目标。但在洛克的时代,许多人认为只有死后才能真正遇见和经历自己的"上帝"。他的学说因此被视作异端。洛克关于人应该享受现世生活的观念被不少同代人指责为"无神论"。

实际上,这位哲学家是个虔诚的基督教徒。1685 年,法王路易十四突然废除了1598年颁布的《南特敕令》，取消了清教徒和胡格诺派所享有的信仰自由。为了躲避宗教迫害，胡格诺派教徒纷纷逃离法兰西，光是英格兰就迎来了5万多人。洛克接受了他的荷兰朋友范·林堡格的建议，开始用拉丁文写作《论宗教宽容》。洛克论述称，精神信仰和尘世事务无关。后者仅仅局限于所谓的"民事权益"，包括生命、自由、健康和远离痛苦，以及一些外在的东西，如金钱、土地、住所、家具等等。

一个世纪后，托马斯·杰斐逊将上述论断和洛克另一部著作《人类理解论》中的一些重要观点结合起来，用来武装他追求"生命、自由和幸福"的抗争事业。这些思想反映在美国《独立宣言》中，在全世界引发热烈的反响。

终其一生，洛克都认为保持低调是更安全的行事方式。1689年2月12日，他和玛丽公主同船返回英格兰。第二天，玛丽公主就和议会达成一致，她和丈夫将成为英格兰的联合君主。洛克则小心翼翼，他的一些重要作品都是匿名出版。《论宗教自由》的书页上没有作者姓名，仅有几个混乱排列的字母，暗指"洛克"和"范·林堡格"。只有他们二位知道这几个字母的真正含义。直到1704年9月，也就是洛克去世前一个月，他才在自己的遗嘱附件中承认《论宗教自由》以及其他几部作品出自其笔下。

人们普遍认为洛克的作品阐述了"光荣革命"的核心价值，这点尤其体现在他1690年匿名出版的《政府论》中。洛克提出，未经人民代表的同意，政府不能对人民征税。任何政府的合法性都应由人民赋予。任意武断行使权力的统治者将被视作人民公敌和全人类之害，应得到相应惩处。

今天，洛克主要以他的政治哲学思想闻名。在大学中，洛克被奉为现代西方自由民主思想的主要倡导者，就像马克思是共产主义思想的集大成者一样。但在洛克生活的年代,他还积极投入到启蒙运动的洪流中。他被选为皇家学会院士,并成为学会"实验委员会"的一员。沙夫茨伯里伯爵生病时,医生们决定对伯爵实施颇有风险的肝脏脓肿导流手术,洛克亲赴现场进行指导。最为重要的是,洛克为宗教宽容代言。洛克对英格兰君主威廉和玛丽通过法案,允许"不同意见派"(虽然并非天主教徒)在经批准的会议场所做礼拜感到十分高兴。

"宗教宽容终于以法律的形式在我国奠定下来。"洛克以胜利者的笔触写信给范·林堡格——他的那位因一起参与母狮子解剖而结缘的朋友。"尽管不像你所期望的那样受益面宽广,但仍不失为迄今为止取得的一项重要进步。"

◎ 1690年:"记住博伊恩河!"——奥兰治党人的诞生

1690年7月初,国王威廉三世和他的军官们正在博伊恩河北岸野炊,此地位于都柏林以北30英里。河岸的另一侧集结着詹姆士二世为数更多的军队。此前一年,詹姆士二世从伦敦逃离,现在他企图在忠诚的爱尔兰天主教徒和一队训练有素的法国军人支持下,重新夺回自己的王国。法王路易十四对詹姆士二世的支持,是他在欧洲范围内争取法国和天主教主导权努力的一部分。

这是一次具有重大意义的对决，也是不列颠两位敌手国王之间的最后一次对决。任何一人都有可能在此役中失去全部。当一颗流弹从河南岸射出并击中威廉肩膀，导致他趔趄栽倒的时候，他差一点就输得一无所有。詹姆士二世党人（Jacobites，取自詹姆士的拉丁文 Jacobus）简直无法相信自己的运气。看起来，似乎凭借这一颗流弹，他们就将改变天主教捍卫者在前一年被赶下台的命运。

可是在几个小时内，威廉就一如往常冷静地骑马出现在军中。他的手臂上吊着一根悬带——这既是天意的象征，也是荷兰人威廉卓绝勇气的表现。那一夜，他显示出荷兰人的狡猾精明，派遣一部分士兵沿着河向西奔向罗斯纳里渡口。他们竭力制造噪音，让詹姆士二世党人的哨兵误以为威廉的主力正在大规模调动。

詹姆士二世决定分兵两路，他带领大部队前往罗斯纳里，以挫败来自侧翼的进攻。然而，次日早晨太阳升起的时候，詹姆士二世留在博伊恩河畔的部队，透过河上的薄雾惊异地发现，威廉的大部队仍在原地。他们原本人数大大超过敌人，现在却被威廉的军队反超。那天的一个神秘之处在于，被废黜的国王詹姆士抵达罗斯纳里并发现自己中计后，居然没有快马加鞭向回赶。也就是说，詹姆士二世在决定他和不列颠命运的那一刻，居然奇怪地缺席了。与此形成对比，用绷带扎着手臂的小个子威廉，一路率领并见证着他的士兵渡河向山上攻去，直到取得最后的胜利。

第二天结束的时候，威廉以胜利者的姿态进入都柏林。詹姆士则第三次也是最后一次从不列颠逃亡海外。他终于认命并宣布："我现在决定，让自己离开此处。"

威廉获胜后显得很大方，他允许大约 1.1 万名詹姆士二世的余部自由地前往法国。他们在那里将组成"野鹅军"——在欧洲大陆为天主教事业而不顾一切的外国雇佣兵军团。同时，威廉也承诺爱尔兰的天主教徒,"像在查理二世时期一样,拥有信教的权利和自由"。

然而,爱尔兰胜利的新教徒们不同于他们崇尚宽容的新国王。爱尔兰本地人和征服者的宗教世仇复杂难解,需要从奥利弗·克伦威尔在17世纪50年代的暴行,往回追溯到诺曼人当初的征服。在博伊恩河战斗之前的数月,也就是詹姆士二世控制爱尔兰的短暂时期,天主教徒的表现十分无情。为了报复数个世纪以来的奴役和驱使,他们夺取了新教徒的土地,把新教徒逼回到北部的据点阿尔斯特,特别是德里镇。在那里,本地的学徒男孩们将仅存的燕麦和马肉限量分配,在天主教徒的围攻下坚持了105天之久,直到"比利国王"(比利系威廉的简称,此处指威廉三世。——译者注)将他们解救出来。

现在轮到新教徒报复了。1691年,天主教徒被排除在爱尔兰议会之外。次年,他们失去了留在军队的机会,因为新教徒可以携带武器,但天主教徒不行。此后的年月,天主教徒又陆续被褫夺公职并被严禁建设大庄园——所有这一切都是在残酷地昭示,爱尔兰实际上已成为一个殖民地,天主教徒是二等公民。1720年颁布的《宣示法》规定,伦敦有权否决爱尔兰议会出台的法律,但爱尔兰必须接受威斯敏斯特制定的所有法律。

仇恨带着恶果绵延至今。在博伊恩战斗中,威廉的军队都带着黄色的肩带。时至今日,学徒男孩和戴着圆顶礼帽的奥兰治党人的后代主要聚居在北爱尔兰。他们每年7月都会自豪地游行,以纪念比利国王的伟大胜利。一年一度的"游行季"经常重新点燃爱尔兰的宗教仇恨,并带来苦楚甚至流血事件。

"记住博伊恩河!"在不列颠诸岛的其他人看来,庆祝这场派系战斗的胜利是爱尔兰民族特有的沉迷和依恋。事实上,这场战斗的胜利值得更广泛的庆祝。因为它确保英格兰和苏格兰能够享有"光荣革命"的成果——克制、平等和尊重法律。正是归功于比利国王镇静但有效的行事方式，这些朝前看的积极原则得以确立。有些不公平的是，这位奥兰治国王反倒成了那些至今仍困扰北爱尔兰的落后价值观的象征。

在一个天主教徒聚居区的墙上刻着这样一句话："1690年？让我们重新来一次吧！"

◎ 1693年：不列颠统治海洋——三角贸易

1693年11月18日，托马斯·菲利普斯船长指挥他的"汉尼拔"号在非洲西海岸航行。这时，他发现一件奇怪的事情。一个名叫约翰·布朗的年轻黑人船员竟是位女性。她真实的性别是在生病了之后，随船医生为她进行灌肠手术时意外确认的。

菲利普斯船长立即为这位年轻女性安排了单独的房间，还让随船裁缝给她制作了女性衣物。此前，她已在满是男性的船上生活了好几个月。这要归功于她成功地骗过皇家非洲公司的招募人员，从而在伦敦赢得去几内亚（当时对西部非洲的称谓）沿海城堡驻防的机会。她可能属于在伦敦生活了一个多世纪的非洲黑奴后裔。或许这位女扮男装的20岁年轻人是想借机回到故乡几内亚？但她的真名究竟是什么，她又是出于何种原因使用了约翰·布朗的化名？

很不幸，历史并没有给我们提供上述问题的答案。在以帮助菲利普斯船长洗衣服作为答谢后，"约翰·布朗"与其他真正的男性士兵一道在海岸角城堡（位于今天的加纳）下了船。然后，她就从船长日志和其他的历史资料中彻底消失了。不过，我们可以从她的奇妙经历中管窥一类特殊但并不光彩的贸易往来。这就是跨越大西洋的奴隶贸易，亦被称作是三角贸易。它将在即将到来的下个世纪让数以千计的英格兰人腰缠万贯。

菲利普斯船长发现约翰·布朗之际，"汉尼拔"号正在向南行驶，这是三角贸易的第一段。在那个年代，英格兰奴隶贩子已经有30多年同几内亚打交道的经验。他们的商船会满载着服饰、火枪、刀具、珍珠、镜子、烹饪器具、啤酒、苹果酒、白兰地，偶尔还有马匹。这些商品将被用来购买奴隶——被当地的奴隶贩子和武装酋长掠来的男性、女性和儿童。查理二世时期创立的皇家非洲公司在几内亚沿海地带建设了不少小城堡。"汉尼拔"号所运送的军人正是为了驻守这些城堡，以防掠来的奴隶们遭到攻击。

三角贸易的第二段是将奴隶们向西运输，跨越大西洋送到英格兰在北美和加勒比地区的殖民地。对于"汉尼拔"号上所运载的奴隶们，他们的最终目的地是巴巴多斯岛上的甘蔗种植园。在这段被称作"中程"的运输过程中，奴隶们的生存条件令人触目惊心。一开始的时候，有人会用烙铁在他们的胸部或肩膀烙上字母。据菲利普斯船长称，所烙一般都是船名的首字母。此前还要在烙字母的皮肤处涂抹棕榈油，以减少奴隶的疼痛。大概过个四五天烙印处就愈合了，字母会显得非常平整和洁白。

掠来的奴隶们就像书架上叠放的书本，在贩奴船上摩肩接踵，忍受着污秽和恶臭。平均每八个奴隶就有一位要死于途中。每隔两天，他们会被允许到甲板上放一次风，饮用一品脱水和两品脱汤。但由于周遭的环境满是自己的尿液和排泄物，许多奴隶都因此感染，不时呕吐和腹泻。其他在海上行驶的商船都尽量航行到它们的上风处，以躲避恶臭。

到达大西洋彼岸后，奴隶们被卸下船供人挑选。奴隶主会检视他们的下颌，看看牙齿是否完整，甚至他们的私处也可能被查看。一个名叫理查德·巴克斯特的清教徒曾向奴隶主们表达抗议："你们购买他们，难道就是为了像驱使牲畜一样使唤？以处置动物的方式对待人，这是多大的罪恶！"

但当时很少有人这么认为。非洲奴隶是廉价、耐支使的劳动力，也是巨大的利润来源。约翰·洛克就曾投资皇家非洲公司。许多英格兰政治和法律精英也都是如此。英格兰社会对于咖啡、烟草和朗姆酒（从蔗糖蒸馏而成）等上瘾物质的需求越来越大。只有体力充沛的年轻男性才能适应热带气候，在种植园中从事极其辛苦的劳作，以生产蔗糖、烟草和棉花等。

上述商品即将填满贩奴船。在此之前，人们会冲洗甲板和船舱，确保船在第三段、也就是三角贸易的最后一段行驶时要比以前干净整洁得多。三角贸易全程一般会持续一年到18个月。17世纪90年代，伦敦既是这些赚钱生意的起点也是终点。到了18世纪30年代，布里斯托尔后来居上，每年大约有40趟船经此出发。18世纪末，拜三角贸易所赐，位于默西河口的曾经的渔村利物浦发展成繁华的大都市。它拥有规模宏大的石码头和众多仓库，每年大约有100艘船往来于此。

三角贸易的利润加速了18世纪的英格兰以及此后苏格兰经济的起飞。英国的海外帝国成长和海洋统治的确立也得益于此。正如1740年的流行歌曲《统治吧，大不列颠》中所赞美的那样："不列颠人永不为奴！"

不过，这显然不妨碍他们从事买卖奴隶的生意。

◎ 1701年：杰思罗·塔尔的"条播机"和"矿工之友"

杰思罗·塔尔和许多发明者一样，是个想法古怪的人。1701年的一天，他被自己在牛津郡农场的雇工给惹恼了，因为这些工人拒绝按他的方法来播种红豆草。这种草是一种和三叶草类似的饲料植物，得名于法语，意为"健康的干草"。杰思罗受教于牛津大学，后来成为一名律师。他深信自己有能力"制造一种比工人更加听话的机器，用来播种红豆草"。"考虑到机械与人不同，从不会发牢骚。因此，我绞尽脑汁进行机械设计。"

这位乡村绅士从风琴的响板获得了启发。响板上的沟槽和孔洞让他联想到，红豆草的种子能够以某种可控的比率被播撒到土壤中。杰思罗还在他设计的机器后方加上了耙钉，以便翻动土壤、覆盖种子。他将这台机械命名为"条播机"，"因为把种子放入犁沟的动作被农民们称为条播"。

杰思罗领先于时代。直到一个半世纪后，由工厂生产的机械播种机才在英格兰的农场中普及。但杰思罗的一些想法也阻碍了农业技术的发展——他反对施化肥，认为这会助长杂草。在《马拉锄地法》一书中，他详细描述了自己的发明，呼吁英格兰农民们用科学方法和机械方式耕作。这一思想为历史学家后来所定义的"农业革命"做出了贡献。

高产且低成本的粮食意味着，18世纪的英格兰普通家庭不需要将所有收入都花在面包上，而这恰恰是1789年之前法兰西的情形。英格兰家庭有余钱用于其他花销，经济学家认为，这种购买力的剩余是"工业革命"的重要条件之一。由于人们可以花更多钱购买消费品，也就催生了更多生产这些消费品的工厂。

许多新的工厂开始追求效率，而人们对蒸汽动力的驾驭为此提供了可能性。事实上，技术的突破就发生在杰思罗发明"条播机"的次年。

1702年，一本名为《矿工之友——一种用火力提升水位的引擎》的书在伦敦问世。作者托马斯·萨弗里是一位来自德文郡的海洋工程师，曾发明能够驱动舰船的机械桨。但皇家海军拒绝了他使用机械桨驱动军舰的建议。不过，"矿工之友"要幸运得多。这台萨弗里设计的机器，可以在保障安全的情况下提升康沃尔郡的锡矿开采效率。具体做法是通过煤锅炉加热产生蒸汽，蒸汽冷却后造成的真空将水从矿井中抽取上来。这就好像是一个原始的水泵。

数年后，另一位德文郡的发明者托马斯·纽科门和萨弗里合作，为"矿工之友"加设了一个活塞装置，大大增加了被抽上地表的水量。1729年，纽科门去世时，已经有100多台这样的蒸汽泵在英格兰的锡矿和煤矿中使用。蒸汽泵的横梁位于矿井顶部，伴随着蒸汽的轰鸣声和活塞的嘎吱声来回运动，这称得上是当时令人惊叹的科技成就了。

然而纽科门去世时并不富裕。精明的萨弗里将专利使用权延长到了1733年，涵盖所有能够"用火力提升水位的引擎"。纽科门和杰思罗命运相似，推动了科技的进步，本人却没能从中获利。

◎ 1704 年：马尔伯勒袭击"盲人村"的沉睡法军

1704 年 8 月 13 日黎明，在德意志南部的布林海姆村，一位法兰西军官突然间醒来，惊恐地看见英军身着红白色军装，正列着战斗队形向他走来。军官立刻飞奔回法军大本营，发现士兵们都在帐篷中熟睡——他们认为英军离得还远。之后发生在布林海姆村（字面上意为"盲人村"）的战斗，将成为英格兰自阿金库尔战役以来最伟大的军事胜利。同样，指挥这场战斗的英国将军——马尔伯勒公爵约翰·丘吉尔也将名垂千古。

丘吉尔善于在破晓时分发起突然袭击。1688 年 11 月 24 日清早，他曾率领 400 名军人脱离国王詹姆士二世驻扎在索尔兹伯里平原的军营，加入奥兰治威廉的军队。这是荷兰人"不流血接管"中最关键的"叛变"。在被许以马尔伯勒公爵的称号后，丘吉尔凭借他的想象力、指挥能力和战场领导力开启了光辉的军事生涯。

不过，丘吉尔的傲慢、自负、狡猾和勇敢同等瞩目。他和流亡的詹姆士二世多年保持着秘密通信，甚至在 1694 年将皇家海军对布雷斯特港的攻击计划透露给詹姆士。在同样富有雄心的妻子莎拉帮助下，丘吉尔将国内政治玩弄于股掌之间。莎拉是玛丽女王的妹妹安妮公主的好朋友，她代表丈夫参与王宫中的密谋。

玛丽女王和威廉国王分别于 1694 年和 1702 年去世，安妮公主成了女王。丘吉尔和莎拉这对王座幕后的权势夫妻，竭尽所能扩大自身财富和影响。莎拉承担了新女王私人财富管家、衣柜主管等多个侧近要职。丘吉尔本已是"嘉德骑士"，现在又增添了"女王陛下派驻荷兰的陆军最高统帅"一职。

英法当时处在交战状态。所谓"西班牙王位继承战争",是在癫狂且没有子嗣的西班牙国王卡洛斯去世后引发的。1701年,法国国王路易十四宣布支持其孙菲利普,对包括意大利大部的整个西班牙帝国进行声索。他还得寸进尺,承认詹姆士二世的儿子——詹姆士·弗朗西斯·爱德华·斯图亚特(清教徒们认为此人是被偷偷地送到王室接生床上的冒牌货)为"英格兰国王詹姆士三世"。为对抗法王打造"普世王朝"的企图,英格兰、荷兰和奥地利组成了"大联盟",马尔伯勒公爵丘吉尔负责指挥英荷军队。

约翰·丘吉尔的问题在于,荷兰人认为他们的军队主要任务是防卫,不希望士兵们被部署在远离家乡的地方。因此,丘吉尔往南向摩泽尔河行军时,没有告诉盟军他的全部作战计划。他突然命令部队东转,并进行了一系列急行军。为避开夏季的酷暑和法兰西间谍的追踪,士兵们从凌晨三点一直行军到上午九点。每次停顿间隙,丘吉尔都会预先在当地安排马匹、食物和衣物等补给。比如,抵达海德堡的时候,每个士兵都获得了一双新靴子。8月12日,丘吉尔在与奥地利指挥官尤金亲王会合后,两人来到一座教堂的塔顶,实地侦察位于布林海姆村的敌军营地。他们一致同意次日发起奇袭。

盟军的人数不如法兰西和巴伐利亚联军,但他们能够出其不意,而且丘吉尔在训练中一直给曾经饱受鄙夷的英军士兵灌输持续冲锋的战斗理念。一位法军军官回忆称:"他们行军十分迅速,呼喊声震天,实在让人畏惧。"

那天,法兰西和巴伐利亚联军总计有约20000人伤亡,盟军则为12000人。夜幕降临时,丘吉尔在一张酒馆账单的反面草拟了一条给莎拉的消息:"时间有限,无法尽述,但请报告女王陛下,她的军队荣耀地获得了胜利。"

八天后,这条消息传到伦敦时,整个首都沸腾了。这场胜利一举扭转了英格兰无法在欧洲大陆"离岸"获胜的声名。人们在新建的圣保罗大教堂举行感恩礼,那张著名的酒馆账单被印刷分发。议会投票决定授予丘吉尔马尔伯勒公爵爵位以及一大笔奖金。女王则从位于牛津附近伍德斯托克的王室庄园中分出一大片土地,赐予她好朋友的丈夫。在那块土地上,新晋的马尔伯勒公爵夫妇建起了一座宏伟的宫殿,并以英格兰人称呼"布林海姆"(Blindheim)的发音,将其命名为"布伦海姆"(Blenheim)宫。

此后,丘吉尔又陆续赢得了拉米利(1705年)、乌登纳尔(1708年)、马尔普拉克(1709年)战役的胜利。但在马尔普拉克战役中,有三万名盟军士兵阵亡,丘吉尔自己也承认,"这是一场谋杀般的战斗"。英格兰民众的反战情绪开始不断上升。不久,有人揭发丘吉尔在为军队采购面包中获利,他随后被控贪污。1711年新年前夕,丘吉尔妻子的好朋友安妮女王将他正式解职。

丘吉尔后来因为中风而残疾,1722年逝世前已经身心憔悴。布伦海姆宫仍然见证着丘吉尔的过往辉煌,特别是他取得的那场历史性胜利。这座宫殿也将成为另一位"参战的丘吉尔"——温斯顿的出生地。后者是英国在第二次世界大战中鼓舞人心的领袖,也是约翰·丘吉尔的直系后代。实际上,直到1897年温斯顿的侄子约翰出生前,他一直是第十代马尔伯勒公爵头衔的继承人选。

◎ 1707年：联合王国的米字旗

1702年春天，信奉天主教的斯图亚特家族拥趸以及詹姆士二世的余党们，将一只短视的穴居哺乳动物奉为英雄。这是因为，威廉三世在汉普顿宫骑马时突然被一个鼹鼠丘绊倒，他最终伤重不治。詹姆士二世的余党们纷纷举杯相庆，为这只身着"黑色裘袄的小先生"祝酒。

威廉三世死时无儿无女，清教徒纷纷担心同样的无嗣情况会出现在他的继任者安妮女王身上。安妮女王1683年嫁给丹麦的乔治王子，此后的17年中她至少怀孕19次。其中13次流产，五个孩子夭折，唯一剩下的健康儿子在11岁时也不幸亡故。这一连串的遭遇令安妮备受打击。信奉清教的英格兰面临两难局面：按照继承顺序，在安妮女王之后等候王位的是57位斯图亚特家族的天主教徒。

议会的解决办法是通过1701年的《王位继承法》。所有57位天主教徒都从王位继承人的候选名单中被剔除。第58位是清教徒汉诺威选帝侯索菲亚。她是詹姆士一世的女儿伊丽莎白的后代。

但在做出如此重要的决定过程中，威斯敏斯特始终没有同苏格兰进行协商。他们可能想当然地认为"北方的王国"会接受英格兰为自己所选择的君主。苏格兰人愤怒了，一名苏格兰议员抱怨说："自从苏格兰和英格兰共有一位君主后，所有涉及我们的事务都是在英格兰的大臣们建议下做出的。"他指的是1603年苏格兰的詹姆士六世以詹姆士一世的头衔继位为英格兰国王。"自那以来，我们更像是一个被征服的省份，而非自由、独立的民族。"

为了重获苏格兰的独立，位于爱丁堡的苏格兰议会颁布《安全法案》，宣布在安妮女王死后，苏格兰将自行选择一位斯图亚特家族的清教徒作为苏格兰国王——他将不会来自汉诺威家族。威斯敏斯特的回击是1705年通过的所谓《外国人法案》。这部法案威胁称，除非苏格兰在当年12月前接受汉诺威家族的国王人选，否则所有在英格兰的苏格兰人都将被视作"外国人"，来自苏格兰的煤、畜产品和亚麻将被禁止进口。

丹尼尔·德福评论称："从来没有两个命运如此紧密相连的民族，会从根子里对彼此怀有这样的厌恶感。"

就像是老夫老妻之间的拌嘴，双方都会面红耳赤地争论，但也会最终相互妥协。1706年4月，英格兰和苏格兰的谈判团队在伦敦就两个王国之间的"联合"进行商谈。他们最后以惊人的速度达成了25项共识。英格兰和苏格兰将不再被分割：它们将成为一个全新的大不列颠王国，由同一个出自汉诺威家族的国王统治。威斯敏斯特议会将迎来来自苏格兰的45位下院议员和16位上院议员。整个大不列颠岛将成为一个单一关税区，使用英格兰的货币和度量衡。但苏格兰会保留原有的法律体系、大学以及市镇自治特许权。最重要的是，苏格兰长老教会也将享有独立地位。这些具有苏格兰特性的实体一直延续至今。于1997年"重生"的苏格兰议会算是新近增加的一个。

在1707年颁布的《联合法案》中，第一条就描绘了新的联合王国国旗。这是苏格兰的蓝底圣安德鲁斜白十字旗和白底圣乔治正红十字旗（威尔士被视作英格兰的一部分）的结合。事实上，英格兰和苏格兰的船只在舰首斜桅杆上使用这一旗帜已经一个多世纪了。船员们称之为"杰克旗"。现在这面旗有了新的绰号——"米字旗"（联合杰克旗）。

◎ 1714年:"德国制造"

1714年9月,国王乔治一世抵达伦敦。他的马车队由260匹马拉着,花了三个小时才入城。车队中有90多位随从,包括大臣、侍从以及他的两位德意志情妇——一位难以置信的胖,另一位则相形见绌的瘦。当然,还有他青睐的土耳其男仆和贴身侍从,他们都是在1683年围攻维也纳时抓获的。这些随行人员只会零零星星地说些英语词汇。国王也一样,他在过去54年中都生活在德意志北部的汉诺威。因此,乔治·路德维希在同英国(鉴于英格兰和苏格兰在1707年《联合法案》颁布后实现了政治联合,此后England在作为国名时将统一译作英国,仅在同苏格兰并列或特指该地理疆域时仍译为英格兰。——译者注)大臣们交谈时只能混杂说着法语和仅在书面上使用的拉丁语。

从世系族谱上可以看出,汉诺威家族的乔治·路德维希与他的祖先詹姆士一世确实存在复杂的血缘关系。但他之所以成为国王,最重要的原因还是他的清教信仰。"只要教皇的代表在,这个清教国家就永不得安宁,"理查德·威利斯主教1715年说到,"就像让狼来牧羊,羊群怎么可能保持安静?"

正是基于这一理解,英国的清教精英们——乡绅、商人和贵族们纷纷涌向格林尼治的油画彩绘大厅迎接新国王的到来。但还是有许多普通百姓不买账,在次月乔治国王的加冕日,布里斯托尔、诺维奇、伯明翰以及英格兰南部的30多个市镇都发生了"奇怪的骚乱和动荡"。接下来的时间里,在伦敦、米德兰兹以及紧邻威尔士的边境地区,骚乱几乎成了家常便饭。1715年7月,议会颁布了《暴乱法案》,给予当局解读"骚乱行为"的权力。如果有12人以上非法聚集,且这些人拒绝在一个小时内撤离,他们将被处以绞刑。

这年秋天,身材高瘦、脸庞白皙的"小僭位者"、詹姆士二世的儿子詹姆士·弗朗西斯·爱德华·斯图尔特从苏格兰登陆,企图从乔治一世手中夺回王位。尽管他的拥护者秘密祈祷事成,但很少有人真正愿意为此献身,只有少数死硬的罗马天主教徒团结在他周围。詹姆士率领一支人数不多、由詹姆士二世余党组成的队伍向南挺进。如果说来自德国的乔治一世挑剔而平庸,那么在法国受教育的"詹姆士三世"则更缺少魅力。他的队伍于1715年11月在普列斯顿投降,詹姆士本人兵败后从苏格兰逃往法国。

英国人只能对这位身材矮小、眼球突出、来自德意志的君主强颜欢笑了。而国王对他的子民们兴趣也不高,他每个夏天都会回汉诺威,并在那里尽可能待久一些。当乔治一世回到伦敦,他也总和自己的德意志随从,特别是两位情妇待在一起。他轮流和这一胖一瘦的两人共度良宵,用听音乐、玩牌和剪纸等法子消遣时光。语言上的障碍使他无法深度介入英国的国内政治——对英国的政客来说这再好不过了。

◎ 1720年:南海泡沫事件

18世纪伦敦的投机商都喜欢在城中最繁忙的咖啡馆里聚会。当时有人这样写道:"各色人等摩肩接踵,他们让我想起了奶酪店里窜来窜去的老鼠。这些人来来往往，时而动笔，时而叫喊，房间里到处都弥漫着烟草的味道。"

如果说现代咖啡馆的必备品是呲呲冒着蒸汽的浓缩咖啡机，那么在斯图亚特和乔治王朝的时代，咖啡馆的主角就是灶台上高高成排的黑色咖啡壶。伦敦的许多咖啡馆都集中在皇家交易所周围，这座交易所位于城中心的康希尔街和针线街交界处。交易所的资深交易商大多主张安静地进行交易。于是，这些17世纪晚期的股票交易者（现代股票经纪人的前身）被迫转战咖啡馆。1773年之前的70多年里，他们在位于交易所巷的咖啡馆里比比划划、喧嚣叫嚷着从事着股票生意。其中，最有名的两间咖啡馆分别是乔纳森咖啡馆和嘉乐威咖啡馆。

股票交易在英国可以追溯到一个多世纪以前的股份公司。成立这些公司主要是为都铎王朝时期的海外大发现提供资金支持。他们和外汇交易商、船运保险商、旧式高利贷商一道，为伦敦喧嚣的逐利生活增色添彩。1694年，英格兰银行的成立更开启了一个新的时代。这家银行从公众手中以8%、9%直至最高14%的利息募集资金，然后借给政府。投资者络绎不绝，银行成立的前两周中，吸引了包括国王和王后在内的1200多人。

南海公司成立于1711年，是与英格兰银行相互竞争的投资机构。公司的经营业务带有些异域色彩。它试图从政府手中获得西班牙奴隶贸易的垄断权，以及在热带地区的一些贸易机会。这家新公司雄心勃勃，从大大小小的投资者手中吸揽资金，它的目标更加富有雄心，甚至通过商谈认购了部分政府债务。在此过程中，南海公司不惜以自身股票贿赂大臣、王室成员，甚至国王的情妇。为了提升股票价格，该公司的推手们提出不切实际的承诺，许以他们无力兑现的分红。1720年3月，有观察者写道："整个城市都在疯狂地追逐南海公司，人们甚至不再谈论别的话题。"

当年4月，南海公司的股票价格已经超过300英镑，升值了130%。投机活动愈演愈烈。6月2日的一份报告记录："交易巷出现惊人消息，南海公司股票涨至900英镑以上。"

从贵族、时髦的太太到普通侍者，几乎所有人都参与到南海公司股票的财富竞逐中来。当6月底股票价格超过1000英镑时，有人发出了警告："所有人都渴望得到更多，但这一切仅仅依赖纸面的信贷机器，维系这台机器的不过是人们的想象。"

在大泡沫中又滋生出不少小泡沫。比如为了募集股份，一家公司号称要从弗吉尼亚进口核桃树，另一家声称要改善格陵兰岛的渔业生产。更有甚者，成立了一家"做大事、必赚钱"的公司，但没有任何人知道这公司究竟做的是什么生意。

当精明的投资者意识到这是一场群体性的歇斯底里时，他们开始抛售股票。南海公司的市值一落千丈。泡沫破灭了。1720年9月，南海公司股票价格跌至130英镑。数以千计的投资者在最高位买入，他们为此出售了自己的土地和不动产，最终却落了个倾家荡产、血本无归。《伦敦公报》登载的"破产声明"的数量创下新高。自杀的传闻不绝于耳，恐慌正蔓延开来。南海公司的董事们逃亡海外，国王签发了针对他们的拘捕令。

巨大的泡沫在当时引发了一连串令人震惊、闻所未闻的事件。今天，我们已对繁荣与萧条的周期性更替、内幕交易、腐败，以及对黑手们的作秀审判和判决见怪不怪。这些现象对于现代大城市里的人们来说再熟悉不过了。

◎ 1721—1742 年：英国的首位首相

1720 年 8 月底的一天，下院议员罗伯特·沃波尔算计着如何在南海公司的投资中再赚一笔。四个月前，这位身材发福、嗜酒的诺福克政客刚被任命为英国陆军的主计长。他以买入价三倍的价格卖掉了自己的南海公司股份，因此轻松地发了一笔横财。如今，他打算再买入更多股份，贪婪地指望股票价格飙升至 1000 英镑，这样他就能赚得更多。

幸运的是，沃波尔的交易单在邮寄过程中晚到了一会，他的钱没能花出去，也就避免了投资失败的厄运。沃波尔因此被冠以"财务审慎"的美名。他对此未作辩解，理所当然地接受了。事实上，这位敦实的主计长承担起处理南海泡沫事件的重任。他惩罚那些明显是替罪羊的人，却有意庇护在事件中逃不了干系的国王和他的宠臣们。1721 年 8 月，沃波尔发起的《恢复公共信用法案》在议会上获得通过。此后 20 多年，他因此一直享有崇高声誉。

1721 年，沃波尔 41 岁。此时，英国君主立宪制的政府形态正在演进发展。他已被公认为政府的领头人。正如他自己所说："我不是圣人，不是严于自律的斯巴达人，也不是改革者。"1711 年，沃波尔曾在伦敦塔中被监禁六个月，他还曾因挪用政府公款被短暂驱逐出议会。政治上他属于辉格党，也就是反对詹姆士二世统治、主张议会权力高于君主、支持汉诺威王朝的那些人。考虑到托利党人仍然笃信詹姆士二世的理念，乔治一世对辉格党情有独钟也就不奇怪了。

沃波尔深谙新社会共识的精髓。君主或许是政府的首脑，但国家是由君主的大臣们治理的。这些人的权威出自议会，特别是由下院赋予。彻斯特菲尔德侯爵评论到："沃波尔对下院如此热衷，以至于他每次去那之前都会仔细地整理衣装,就像是去会情人。"

当沃波尔的声名达到足以荣登上院席位之时,他却选择继续留在下院——对于政府财政收入而言,下院议事厅里的讨论更为重要。他担任下院议员长达20多年,在那里施展作为君主身边最重要官员的作用。沃波尔也被称作首席大臣,尽管他本人并不喜欢这个头衔,而更乐于被称为首席财政大臣。后一个称呼被历任首相沿用至今——在正式的政府官员名册上的确找不到"首相"这一表述。

沃波尔演讲时亲切而放松,他不择手段地收买人心,确保自己在下院中始终拥有多数支持。他还热衷于卖官鬻爵——"每个人都有自己的价格",这是他最常说的一句话。沃波尔有同每个新晋的辉格党议员共进晚餐的习惯。对国王他也很有一套。1727年乔治二世继承王位时,沃波尔设法给新国王搞到了一笔相当阔绰的王室费用。这一费用最初是在威廉和玛丽时期由议会拨付给王室的一笔款项,用来支付王室的家庭、佣人、宫殿和花园维护等各项开销,其中也包括发给大臣、法官和其他公职人员的薪资。

沃波尔为国王筹措到80万英镑的王室费用,王后卡洛琳也得到了一笔10万英镑的资金。他的政敌斯潘塞·康普顿爵士则试图和国王的情妇亨丽埃塔·霍华德搞好关系。但沃波尔成功地让亨丽埃塔难以对国王施加政治影响。他评价康普顿称:"此人显然押错了宝。"

沃波尔在职业生涯中始终保持着英格兰乡绅的典型形象,他喜欢骑马和饮酒,不遗余力地维护那些年复一年给他投票的土地贵族的权益。现实中,沃波尔也有精致的城市人一面。他的艺术收藏十分丰富——他的孙子将其中最好的藏品卖给了俄国的凯瑟琳女皇。沃波尔还是一门新兴学科统计学的拥趸,他阅读资产负债表的本领不输任何一个伦敦金融城的商人。还有一点,研究过沃波尔的人都讽刺他是"包庇大臣",因为他总是以各种貌似合理的理由掩盖那些腐败勾当的真相。

◎ 1738年：重生

1738年5月的一天晚上，年轻的约翰·卫斯理原本不想去参加在伦敦旧城墙外举行的《圣经》研习班。此时，这位34岁的教士突然听见有人诵读马丁·路德的作品，他的心被深深打动了。"就在九点差一刻，我感到内心一阵暖流涌过。我觉得自己的的确确相信基督了，相信只有基督才能给我带来拯救。就仿佛基督给了我保证，他会除去我的罪，甚至带走我的全部。"

卫斯理在那晚8:45得到的"启示"，激励着他把基督教带给无数贫苦穷困、受压迫的人们，他将用毕生的热情完成这一事业。在当时那个年代，信仰宗教是不大需要强烈感情的。经历了数个世纪起起伏伏，英国国教的地位逐渐得到巩固，国教教士更愿意轻松地面对教堂里的信众。对这些信众而言，信仰与其说是强烈的信念，不如说是一种习惯。罕有教士会将工人阶层作为他们的优先传教对象，因为这些教士的教区和前工业时代英国的人口结构存在密切关联。他们很少前往遍布全国的新兴矿业和制造业地区传教。

1739年初夏，为向穷苦大众传教，卫斯理踏上了前往田间地头的道路。从4月到6月，他连续布道150多场，开启了"卫理公会"运动的序幕。人们称呼新的教派为卫理公会是有原因的。卫斯理和他同为教士的兄弟查理一道在牛津成立了"神圣俱乐部"。他们的目标是根据早期教会的"方法和道理"来修行，也就是一同祈祷和诵经，一同禁食，经常忏悔并走访监狱中的犯人。

在此之外，精力充沛的卫斯理还加上了旅行。在他接下来的52年生命中，这位身高五英尺三英寸、身材瘦长的福音派教徒每年要坐在马背上长途跋涉4000多英里。终其一生,这一数字达到了20.8万英里(超过33万公里)。他一天至少布道两次,有时达到四五次。接受布道的信众们大多贫困不堪,他们唯一可以遮挡恶劣天气的就是头顶那棵"福音橡木"的叶子。

有传说将卫斯理的传教使命追溯至他幼年从林肯郡失火的家中离奇逃生的经历。他的父母当时恐惧地意识到,自己19个孩子中排行第15的小约翰还困在家中。但突然间,这位6岁的孩子竟奇迹般地出现在楼上的窗户前,并在屋顶坍塌前数秒获救,他仿佛是"从火堆中被解救的燃烧的木头"。卫斯理的信众们都将他的经历当成自身的隐喻,意味着自己也能获得同样的拯救。卫理公会的世俗教士们不需要在牛津或其他城市获取任命:只要他们有能力传教就符合教士资格。女性在卫理公会的壮大过程中也发挥了重要作用。

英国国教教会认为卫斯理的传教具有颠覆性,这一判断并没有错。卫斯理将他的信仰传播给伦敦、布里斯托尔以及英格兰中部和北部地区的贫困人群时,他的确动摇了英国国教的垄断地位。客观地说,他的理念既不颠覆,也不具有革命性。卫斯理本人一直尝试在英国国教的框架下传教。只是在他去世后,卫理公会才从国教教会中分离了出来。卫斯理也没有直接呼吁社会变革,但他的"第二次宗教改革"使马丁·路德令人激动的理念再度流行,即人能够直接和上帝取得联系,可以通过精神重生的力量寻找到生命的新意义。假以时日,这一启迪人心的理念将会对社会变革产生影响。19世纪的工人运动和卫理公会的理念有着不解之缘。卫斯理自己也许不认同,但他可以称得上是社会主义的"教父"之一了。

◎ 1739年：拦路大盗迪克·特平

拦路大盗理查德·特平在被处决前的数天给自己买了件崭新的礼服和一双新鞋。他打算庄严地赴死。这位英国最大的通缉犯雇用了五位哀悼者，护送自己前往断头台。当载着他的囚车行经约克郡郊区时，理查德·特平还分别朝两侧的人群致意。

理查德·特平在狱中度过了生命的最后时光，他用笑话和酒娱乐前来探望的人。那是1739年4月7日，星期六，他登上了约克郡跑马场上那个被称作"三腿母马"的三角形绞刑架。理查德·特平蹬了一下自己的左脚，以消除恐惧带来的颤抖。在脖子被套上绞索后，他朝着行刑者简短地说了几句话，后者的任务是把梯子撤走。不过，理查德·特平帮助他完成了这一切。这位身着礼服的大盗勇敢地踢开了梯子——"无所畏惧地义勇赴死，如同跨上马背开启一场旅途"，一位目击者如是评价。

拦路大盗是乔治国王统治时期英国旅行者的灾星，他们的猖獗横行一直延续到18世纪末期。那时的银行交易系统还不发达，许多人都携带装有巨额现金的袋子旅行。治安巡查的手段也很原始。18世纪30年代起马车逐渐流行，人们坐在其中最怕的就是听见急促的马蹄声突然停止，有人朝着车内喊道："要钱还是要命！"

发生在17世纪中期的一些拦路抢劫事件大多是变节军官所为。他们带有骑士风格的做法，或许为那些将拦路大盗比作后世罗宾汉的传说提供了启迪。在游吟诗人的笔下，这些拦路抢劫的"绅士"礼貌地对待受害者，特别是女性。

但真实的记录表明，通常情况下，拦路大盗不过是骑在马背上的抢劫犯。理查德·特平就是明证。此人脸上长着麻子，脾气很暴烈，而且十分残忍。特平是臭名昭著的"埃塞克斯帮"成员。这个团伙的罪犯惯于洗劫伦敦郊区的偏远农庄。在一次抢劫中，他们残忍地折磨一位70多岁的老人，还在枪口威逼下强奸了一位侍女。理查德·特平自己就曾将一个手无寸铁的老太太推到火边，直到她供出家中的积蓄所在。在1735年理查德·特平的同伙被绳之以法后，他才转向泰晤士河以南继续拦路抢劫的恶行。

最后，理查德·特平的坏脾气害了他。随着伦敦天气转热，他前往北方，在约克郡用约翰·帕尔默的化名定居了下来。后来，他和房东吵了一架，开枪射死了房东家养的小公鸡，并威胁要将房东本人置于死地。在房东告发后，"帕尔默"终于被拘捕。

理查德·特平之死成为那个时代一本小册子的主题。除此之外，没有人对这位抢劫犯表示哀悼。他是乔治国王时期数以千计被绞死的犯人中的一个。这些人所犯的罪行从小偷小摸到谋杀不等。一个世纪后，小说家威廉·哈里森·安斯沃思创作了一个故事，主人公是一位名叫杰克·帕尔默的约克郡绅士，而他暗地里是一个拦路大盗。安斯沃思显然读过此前约克郡"帕尔默"的传说。此外，他还加入了一些其他元素，特别是丹尼尔·笛福创作于18世纪20年代的一部作品，描述的是一位早期的拦路大盗"斯威夫特·尼克斯"从伦敦到约克郡一次充满戏剧化色彩的旅行。

1834年，安斯沃思把许多不同出处的情节融会贯通，创作出一部畅销作品《卢克伍德》。他在其中呈现给读者的是个精彩的故事。主人公迪克·特平骑着他所珍爱的母马一路向北。这匹马名为"黑贝丝"，这或许是受到一个创作于1825年的民谣启发。"特平血脉喷张，他万分欣喜，因为前方月光下出现了头盔的影子……飞奔的马蹄踏在地上嗒嗒作响。"

安斯沃思将虚构的黑贝丝塑造为小说中忠诚的"女主人公"。在他生动的笔下，黑贝丝一路飞奔帮助她的主人逃脱了追兵围捕，直到奋力将主人送到安全之处后才倒下。"黑贝丝摇摇晃晃地倒在地上。她的嘶叫声令人畏惧，仿佛是在和人们告别。她拼死挣扎着向主人投去最后的目光……伴随着躯体的震颤，她的心脏迸裂了。"

《卢克伍德》面世后立即被销售一空，当年8月又重印了一次。无畏的迪克·特平和他的母马很快成了当时流行故事和绘画的主题。没过多久，在他们走过的大道上，一些"真实"的地点涌现出来。有个客栈老板声称他的客栈是迪克·特平给坐骑灌啤酒的地方，他们甚至还找出了黑贝丝饮用啤酒的杯子。也有人指着一处溪谷，称这就是黑贝丝纵身一跃之处。还有人说黑贝丝毫不费力地就跨过了此处征收通行税的关卡。就这样，迪克·特平和他从未骑过的勇敢的黑色母马融汇为我们历史的一部分。

◎ 1745年：天佑吾王

天佑吾王，
上帝保佑吾王乔治！
常胜利，沐荣光；
孚民望，心欢畅；
治国家，王运长；

上帝保佑吾王！

1745年9月，上述歌词首次在公共场合吟唱时，伦敦剧院的观众们情绪激昂，他们起身热烈鼓掌，大声呼喊着"再唱一次"。这首曲子的不同版本其实流传已久，先后献给多位英国国王，包括被废黜的詹姆士二世。但在这个温暖的秋夜，人们热情吟唱，专门将它献给汉诺威王朝的乔治二世国王。实际上，人们是在祈祷，因为此刻"吾王乔治"确实需要被保佑。在场观众以及所有同这个来自德意志的清教王朝存在利益关联的人，也都期待着被上天庇护。

那年7月，詹姆士二世24岁的孙子查尔斯·爱德华·斯图亚特，也就是立志要成为"查理三世"国王的小僭位者在苏格兰登陆了。8月，苏格兰的许多部族纷纷向他效忠。9月，小僭位者的高地军团向爱丁堡进发。伦敦民众高唱《天佑吾王》之际，小僭位者已拿下了苏格兰的首府。两万多激动的爱丁堡市民迎接他的到来，欢呼着他那带有浪漫色彩、"流传青史"的绰号——"美王子查理"。

查尔斯·爱德华·斯图亚特身材修长匀称，有着蔷薇色的嘴唇，褐色的眼眸清澈明亮，的确可以称得上是"美貌英俊"。他在罗马出生和长大，父亲老僭位者在1715年曾试图夺回王位。他能说三种语言（英语、法语和意大利语），多才多艺，会骑马、射击，能打网球、羽毛球、高尔夫球，擅长跳舞和拉大提琴。他还很有国王范儿，在穿着苏格兰短裙和士兵一起踏步行进时，看上去十分地雄起起气昂昂。

小僭位者勇气可嘉，在行军之初赢得了不少胜利。他不顾父亲的建议登陆苏格兰，在爱丁堡站稳脚跟后率军南进。他绕过英格兰的主力部队，从西海岸南下，先后攻克了卡莱尔、曼彻斯特、普雷斯顿和威根。1745年12月4日，他率领的5000人已经抵达德比，距离伦敦仅有127英里。而此时驻防伦敦的常规军还不到2000人，本地的民兵部队在芬奇利仓促集结。

"美王子查理"带领着他的高地军团迅速向南挺进，以他们的速度，很可能赶在乔治二世国王的二儿子、英军主帅坎伯兰公爵之前抵达首都。从德比到伦敦，沿途的大户人家都在忙着埋藏家中的金银财宝。12月4日是伦敦的"黑色星期五"，人们纷纷从银行中取出储蓄。国王本人也将宫中的宝物赶紧装到游艇上——天佑吾王，以及他的财宝！

值此关键时刻，查尔斯·爱德华·斯图亚特却无法说服他的苏格兰军官继续向南前进了。他曾向他们允诺，法国将会施以援手，但援兵迟迟未到。更严重的是，沿途各地的响应也很不积极。就像在1715年一样，英格兰和威尔士的詹姆士二世党人宁愿待在家中，而不是冒生命危险支持斯图尔特家族。在缺少资金的情况下，"美王子查理"只能给手下发点食物，但这些人并不满意，都叫嚷着要打道回府。就这样，他只能无奈率军折返苏格兰。在撤军路上，坎伯兰公爵紧跟其后，如影随形。

最终的对决发生在次年4月，地点是苏格兰高地的卡洛登沼泽。坎伯兰公爵凭借大炮和骑兵优势，将疲惫饥饿的对手打得一败涂地。查尔斯·爱德华·斯图亚特被迫逃往西部群岛。虽然他的人头被悬赏三万英镑，但没有人出卖他。他在英格兰红衫军的围追堵截中逃亡了6个月，在詹姆士二世党人弗洛拉·麦克唐纳的帮助下，乘坐轮渡安全地抵达斯凯岛，并打算从那里逃向法国。有首民谣唱道："美王子乘船快似鸟儿，越过大洋飞向斯凯岛。那生来要当国王之人，越过大洋飞向斯凯岛。"

时至今日，苏格兰人对"美王子查理"仍怀有感情。而在不列颠岛的南部，《天佑吾王》成了国王每次出现时的标志性曲目。1788年，也就是"1745事件"43年后，作家范妮·伯尼陪伴乔治二世国王的孙子乔治三世前往切尔滕纳姆。她回忆道："每隔五英里就能看到一支乐队。

虽然乐手们的水平实在不敢恭维，音乐总是跑调，但他们在雨中卖力地演奏《天佑吾王》。"

19世纪，人们在表达爱国情绪时，总爱吟唱《天佑吾王》，这首曲目在英国被广泛当作"国歌"，这也是世界上第一支国歌。此后，普鲁士、丹麦、俄国纷纷仿效。即使在美国，也有一段时间采用《天佑吾王》的曲调，但换上了不同的歌词。不久之后，美国人开始唱起属于自己的国歌。不过，如果今天英格兰和列支敦士登公国的足球队同场对弈，在播放双方国歌时，我们会听到同一首曲子重复演奏两遍。[1]

◎ 1755年：约翰逊博士的辞典

18世纪中期，英国在经济、科学和政治等方面位居欧洲领先地位，但在文化上有一项空白。意大利对本国出版的《克鲁斯卡学会辞典》引以为豪，法国则有《法兰西学院辞典》，唯独对充满生机、日益增长的英语而言，英国少了一本合适的词语汇编。1746年，伦敦的一些出版社决定携手弥补这一空白。他们将编纂全国性大辞典的任务委托给塞缪

---

[1] 国歌《天佑吾王》反映出英国人的身份困惑。他们是更多把自己当成英国人，还是英格兰、爱尔兰、苏格兰或威尔士人？英国的竞技体育队伍倾向于采用地方性曲目。比如威尔士队获胜，将奏响《我们先辈的土地》，换做是爱尔兰和英格兰队，则分别是《军人之歌》和《苏格兰之花》。英格兰队的支持者在英联邦运动会上将听到《耶路撒冷》和《希望和荣耀之土》。近年来，如果英格兰队在橄榄球比赛中获胜，赛场上会演奏非洲裔美国人的福音圣歌《轻摇甜蜜的战车》。这首曲子是献给1988年在对阵爱尔兰的比赛中上演帽子戏法的克里斯·奥蒂。他是英格兰队80年来首位黑人球员。不过，如果在奥运会赛场上夺冠，所有的英国运动员都会起立，有人甚至含泪聆听《天佑吾王》。

尔·约翰逊。他是一位36岁、很有主意的记者，虽然外表有些邋遢，但十分善于对词汇进行恰到好处的释义。比方说，他对"垂钓"的解释是："一只鱼竿，一根渔线，饵虫在竿的一端，笨蛋在另外一端。"

约翰逊是斯塔福德郡利奇菲尔德镇一个潦倒书商的儿子，他的童年时代饱受淋巴结核病的折磨。人们将该病的显著病征，即颈部脓肿称为"国王的恶病"，据说被君主触碰后可以痊愈。1712年3月，母亲将两岁的约翰逊带到伦敦，参加安妮女王为淋巴结核病患者举行的"触碰"仪式。约翰逊终其一生都戴着女王赐予他的金色"触件"，但他并未因此被治愈。随后进行的脓肿切除手术，在他的颈部留下了一大块疤痕。

约翰逊还曾患有天花。他身材高大壮实，有些驼背。女作家范妮·伯尼评论道："他的嘴不停地一张一合，就像在咀嚼东西。他还经常扭动手指和手腕，身体好像一直处在亢奋状态，总是起身和弯腰。"

根据现代专家的推断，约翰逊可能患上了多动症。他的朋友们清楚，在他咄咄逼人的外表之内，是一颗善良的心，他们亲昵地称他为"大熊"。约翰逊经常语出惊人，他打算凭个人之力用三年时间完成辞典的编纂，在得知法兰西学院的40位专家花了40年才完成编纂工作后，他说道："40年乘以40等于1600年，3年之于1600年，这就是英国人之于法国人的比例。"

约翰逊最终花了九年完成这项工作。在自家位于旗舰街北侧的阁楼中，他和五名助手一起，废寝忘食地为4.2万个词语撰写释义，其中随处可见他的智慧和偏见："辞典编纂者（Lexicographer）：编字典的人，一个对人无害的苦哈哈者。燕麦（Oats）：一种谷类，一般在英格兰喂马，在苏格兰喂人。"

辞典一经出版便取得了巨大成功，再版了许多次。约翰逊被授予多个荣誉学术称号。牛津大学授予他学者，都柏林三一学院授予他博士学位。"约翰逊博士"成了那个时代最著名的学者,他和画家乔舒亚·雷诺兹共同发起成立了"文学俱乐部",其成员包括剧作家和小说家奥利弗·戈德史密斯、演说家埃德蒙·柏克、名演员大卫·加里克以及传记作家詹姆斯·博斯韦尔。博斯韦尔著名的《约翰逊生平》一书,为后人记载了约翰逊的许多名言。"爱国主义是恶棍的最后避难所。""当一个人得知他将在两周内被绞死,这绝对能让他聚精会神起来。"他还对结束一段不幸的婚姻后,开启另一段婚姻做出如下评论:"这是希望战胜了经验。"

约翰逊和特蒂的婚姻很幸福,后者曾经丧夫并长他20岁。在特蒂过世后,约翰逊的家中迎来了一连串奇怪的人:坏脾气的盲人诗人安娜·威廉姆斯、没有执照的外科医生罗伯特·莱韦特以及一位曾经的风尘女子波尔。他的黑仆弗兰克·巴伯悉心照顾她们。巴伯早年从牙买加来到英国,或许是因为他的缘故,约翰逊十分厌恶奴隶制,曾在一次祝酒中说:"祝愿西印度群岛的黑人早日再次发起反抗!"

当然,约翰逊的看法和现在的观念不总是相符。他曾宣称:"女人在做祷告时就像狗在用后腿行走。虽然做得不好,但能勉强完成。"不过,他的真诚可以化解一切批评。有一次,有人愤怒地指责他,为何在辞典中将马的"踝部"定义为"膝部"。他绝不为自己找任何借口:"无知,女士,这纯粹是因为我的无知。"

◎ 1759 年：沃尔夫将军和攻占魁北克

> 殷殷晚钟响，夕阳已西沉，
> 群牛呼叫归，迂回走草径，
> 农人荷锄犁，倦倦回家门，
> 唯我立旷野，独自对黄昏。（丰华瞻译）

1759 年 9 月 12 日至 13 日晚间，詹姆斯·沃尔夫将军远离故乡，他静静地背诵着托马斯·格雷《墓园挽歌》的开篇之句。据一位年轻海军军官回忆，他当时正和军官们一起乘着平底船，在夜幕的掩护下顺着圣劳伦斯河向下游驶去。

"我只能说，先生们，"沃尔夫（他的诗歌爱好者身份并不广为人知）高声说，"如果我可以选择的话，我宁愿去写这样的诗歌，而不是去赢得明天早上的战斗。"

守卫法属加拿大首府魁北克城的法军主帅是蒙特卡姆侯爵。在经过数个月没有结果的争夺后，这位英国将军决定给予蒙特卡姆英勇一击。乘着上弦月昏暗的光亮，英国将军率领 4600 名红衫军，伴着刻意压低的摇桨声沿河而下，最终抵达一处峭壁悬崖的下面。此处地势陡峭，法军根本就没认真花工夫设防。

当这些苏格兰军人攀爬峭壁时，一名法军哨兵注意到了动静，幸好打头的苏格兰高地士兵用法语和他打了声招呼才得以蒙混过关。这时，山崖顶上的 100 多守军大多还在睡梦中，他们面对突如其来的敌人惊惶失措。清晨到来，在魁北克城外那片被称作亚布拉罕高地的平坦绿地，迎接蒙特卡姆侯爵的是不少于七个营的整装列队、准备发起进攻的英军。

魁北克之战是"七年战争"（1756—1763 年）的一部分。温斯顿·丘吉尔后来将其描述为第一次"世界"意义上的战争。英国在欧洲大陆同普鲁士结盟，同法国、俄国、西班牙、奥地利角逐，双方的战场不仅限于欧洲和地中海，还延伸至印度、非洲、北美大陆、太平洋以及加勒比地区。沃尔夫曾在坎伯兰公爵的军中担任军官，他的军事技能就是在那时经受磨炼。1746 年，他在对付詹姆士二世余党的卡洛登之战中表现英勇，并在之后无情地镇压了苏格兰高地的叛乱。沃尔夫自信、张扬，对于胜利的渴望近乎疯狂。英王乔治二世的首相纽卡斯尔公爵曾经用"癫狂"来评价他。

"他癫狂吗？"国王反驳道，"我希望他能追着我的其他将军咬几口。"

1759 年，这位 33 岁的成功军人在动身前往加拿大前夕，同凯瑟琳·劳瑟订婚。未婚妻送他的礼物便是这本托马斯·格雷所著、价值六个便士的《墓园挽歌》。格雷是那个时期最知名的诗人之一：他在乡间墓园石碑旁的冥想，"远离了纷乱的人群"。在工业化进程开始的社会转折期，这些诗句也勾起了人们对曾经视作理所当然的乡间生活的想象。正如诗中所述："花红几多难觅迹，沙地荒芜空余香。"

沃尔夫绝不是一个羞怯的人，他骨子里骄傲，看不上别人。事实上，他同自己军中的不少军官都不怎么说话。对许多军官来说，沃尔夫所提到的"明天早上的战斗"是他第一次谈及自己的军事计划。他有时也犹豫不决。据说当沃尔夫和最先登顶的士兵一起站在悬崖上时，他居然有些不知所措，冲动地命令还未抵达的部队停止靠岸。

好在船只源源不断地抵达河岸，士兵陆陆续续爬上了亚布拉罕高地。面对这一情势，法军开始有些恐慌了。蒙特卡姆侯爵等不及援军到来就打算从侧翼包围这些红衫军。他仓促地下令发起进攻。他所率领的加拿大非正规军在英军的枪林弹雨下前仆后继，伤亡惨重，侯爵本人的胃部也受了致命伤。

战斗进行至此，沃尔夫本人也负伤倒地。他起身指挥作战，却将自己轻易暴露在敌军的火力范围内。要知道将军此时已因严重的膀胱病疼痛数周，他一直依赖鸦片麻醉。医生为治疗他的发热和咳嗽，采取放血疗法，这使他的身体更趋虚弱。难怪沃尔夫会表现得行为古怪。有一种说法甚至认为，沃尔夫是有意暴露在亚布拉罕高地的危险之中，因为他知道自己活不长了。

将军终于实现了他所期望的英雄式倒下。多年后，本杰明·韦斯特在史诗般的画作《沃尔夫将军的阵亡》中描绘了这一不朽事迹。魁北克城被攻克是这一年诸多胜利中最重要的一场，这场战斗也奠定了英国海外帝国的基础。战胜者经过防腐处理的遗体被运回到故里。人们在威斯敏斯特大教堂为英雄举行国葬，凭吊和纪念他的光荣业绩。根据沃尔夫的遗愿，500畿尼用于购买珠宝装饰未婚妻的画像，这是他留给凯瑟琳的永别之礼。他的个人遗物中有未婚妻留给他的临别礼物——托马斯·格雷的《墓园挽歌》。这本小册子今天就静静躺在多伦多大学的档案馆中。你可以从中看到沃尔夫画过的横线和笔迹，这是将军在筹划那场给他带来声名和胜利的战斗时留下的。有一处下划线似乎特别醒目："荣耀之路只通向坟墓。"

◎ 1766年：詹姆斯·哈格里夫斯和珍妮纺纱机

数个世纪以来，立在角落中的纺纱轮是每个英国家庭的必备之物。它们构成了英国棉纺织业的基础。家中的女性（有时男性也不例外）但凡有半个小时的空余时间，都会坐在这个不怎么好看的新奇装置前，将羊毛梳理成可供出售的纺织原材料。发现美洲大陆后，棉花逐渐成为纺纱的原材料。商人们将成捆的棉花卖给纺纱工，后者则用他们加工过的成品棉线支付原料费。许多纺纱工自身也是纺织工。

18世纪中期，英格兰西北部气候潮湿的兰开斯特郡逐渐成为国内棉纺织业的中心。18世纪60年代的一天，一位来自奥斯瓦尔德维索尔村、名叫詹姆斯·哈格里夫斯的纺织工找到了大幅提高产量的办法。他受到了一个被踢倒的纱锭启发。当时，纺纱轮还在继续工作，被踢倒的纱锭和横放的时候一样，倒了个儿但仍在旋转。

哈格里夫斯揣摩着，如果把好几个纱锭都竖直且挨个放置，用一个纺纱轮带动，将会发生什么？有没有可能同时纺出多条纱线？于是，他用一把小刀制成了一台原始的机器，取名为"珍妮机"。这台机器可以用一个纺纱轮带动八个独立的纱锭。

"珍妮机"此后于1766年被哈格里夫斯的女儿玛丽加以改善。有了它，普通的棉纺作坊就成了"小型工场"。对不少人来说，这台机器引发的最初反响却是不信任的情绪。愤怒的邻居冲击了哈格里夫斯的家，捣毁了他制造的第一批20多台"珍妮机"。据玛丽称，邻居们认为这些机器会"毁了这个国家"。因为，如果一台"珍妮机"可以做八个纺纱工的工作，这就意味着得有七个人失业。

事实上，兰开斯特郡新增的纺织产能为英国棉纺织业大发展奠定了基础。18世纪六七十年代，这里成为英国棉纺织业中心，不仅可以生产质地略显粗糙的棉白布，也能产出精细的平纹细布。随着收入的增加，纺纱和纺织工可以在发工资的那天揣着五英镑的钞票自在地逛街。他们的妻子也有能力使用最好的瓷器沏茶。

一系列的机械创新使生产精细而结实的纱线成为可能。普列斯顿的理发师和假发商理查德·阿克莱特与沃林顿的钟表匠约翰·凯伊通力合作，发明了卷轴纺纱机。博尔顿的纺织工塞缪尔·克隆普顿将"珍妮机"和卷轴纺纱机的特色相结合，制造出被称作"骡机"的新型纺纱机。

诗人和教士出身的埃德蒙·卡特莱特发明了动力织布机，为这个金色的繁荣年代进一步增添了助力。驱动织布机的动力来自于一头被关在笼子里的公牛，通过其踩踏巨大的踏板带动机器的运转。不过，公牛很快被蒸汽动力所取代。18世纪末，由蒸汽和水力驱动的工厂已经能够大规模生产价格便宜的棉线和棉布。1801年，画家约瑟夫·法林顿在日记中写道："有一晚，我在德比郡的克隆福德镇散步，看到孩子们刚刚从阿克莱特的工厂中走出来。这些孩子早上六七点就开始工作，而当时已是晚上七点。"由此可见，工厂的黑暗、邪恶的一面也逐渐显现。

19世纪80年代，牛津大学学者和社会改革家阿诺德·汤因比在评价上述情况时发明了一个词——"工业革命"，用以形容英国自18世纪60年代以来的经济转型。当代的一些学者对此提出了质疑。他们认为上述过程不是突然发生的迅疾变化。从哈格里夫斯到阿克莱特和凯伊，再从塞缪尔·克隆普顿到卡特莱特，最后到詹姆斯·瓦特改良纽科门的引擎，将蒸汽动力引入其中。上述过程实际上是一段漫长的"工业演化进程"。

◎ 1770年：航海大师库克船长

沃尔夫将军1759年英勇攻占魁北克的秘诀，是英国领先的航海技术。皇家海军在圣劳伦斯河的险滩礁石中顺利挺进。那年6月，法军二号人物沃德勒伊侯爵目睹英军军舰溯流而上，对此颇为抱怨："敌军60艘战舰穿行而过，而我军甚至不敢让吨位仅100吨的船只冒险。"在英国的航海士中，有一位是来自约克郡的詹姆斯·库克。魁北克大捷时，这位年轻军官因为"不知疲倦的辛勤努力"被给予50英镑（相当于今天5690英镑）的奖励。

库克出身贫寒。他是约克郡一位农工的儿子，早年在小店铺中当帮工，后来受雇于一条从泰恩赛德镇向伦敦运煤的宽底船。在与北海的风暴和流动沙洲搏击11年后，库克在26岁时加入皇家海军，成了一名普通水手。仅仅两年后，他就通过航海长考试，使自己具备"观测所有海岸、礁石并绘制记录"的能力。

库克只在家乡惠特比受过一些基础教育，他利用航海时的闲暇时光学习希腊语、数学和天文学。在征服魁北克后，他参与绘制了圣劳伦斯湾的航海图。18世纪60年代的大部分时间，他都忙于测绘纽芬兰岛北部和西部海岸。连续五年的每个暑期，库克都会航行于北大西洋的寒冷海域，然后在冬天回到英国精心绘制航海图。1768年，国王向库克发出了邀请，希望他能参与"伟大的事业"——包括测量太阳和地球之间的距离以及另一项秘密使命。

金星预计在1769年6月从太阳和地球之间飞过。皇家学会的科学家们知道，届时从地球上三个不同地点对金星进行测量，便可以得出太阳的具体位置。作为皇家海军目前最顶尖的航海专家之一，库克被派往南太平洋观测"金星凌日"。他在 1768 年 8 月 25 日乘坐"奋进号"启程。这是来自库克家乡惠特比的一艘结实的圆底运煤船。船上还载着 11 名科学家，包括曾在伊顿公学接受教育的植物学家约瑟夫·班克斯。他将成为库克的终生好友和支持者。

1769 年 6 月，在完成天文观测后，库克终于打开了"秘密使命书"。他受命继续前行，去探索传说中的"南方大陆"，此地由荷兰航海者在一个世纪前最先发现。1770 年 4 月 29 日，"奋进号"在现在悉尼以南的一个小海湾驻锚，库克将其命名为"植物湾"。班克斯在那里发现了许多不同寻常的植物物种。

但班克斯对当地并无好感，他如此描述这里风化的地形："在我想象中，此地颇似一头瘦骨嶙峋的奶牛的背部。虽然不少地方都有长长的毛发附着，但凡是髋骨异常凸起的地方，摩擦和撞击就把那里弄得光秃秃的。"

库克船长为乔治三世国王开辟了"南方大陆"东海岸的这片土地，并将其命名为新南威尔士。随后，他于 1771 年 6 月回到了阔别三年的英国。库克准确地观测了"金星凌日"，并绘制了新西兰和澳大利亚沿岸 4400 多英里的地图。同样重要的是，他成功地确保船员在返航途中没有患上致命的坏血病。该病是水手们长途航行的职业病，症状是肢体肿胀，牙龈出血。

20 多年前，一位名叫詹姆斯·林德的苏格兰医生发现，坏血病实际上是维生素 C 缺乏症，可以通过饮用新鲜的柠檬汁和青柠（lime）汁加以预防。但直到 1795 年林德的处方才被皇家海军正式采用（英国水手们也因此被称为 limeys）。库克倾向于使用一种被称作"便携汤"的浓缩蔬菜胶，以及胡萝卜果酱和酸泡菜（腌制、发酵的卷心菜）。

库克命令水手们在新西兰收集卷心菜叶和野生芹菜，这让水手们颇为反感，他们抱怨这些蔬菜"不适合人类食用"。库克却表示："在航船饮食的革新方面,没有人比我做得更多了。"

接下来的航行中,库克三次穿越南极圈,发现了南桑威奇群岛。他还在阿拉斯加证明西北航道是无法通行的。在那之后,他打算经夏威夷岛返航。但就在1779年,他的船队因为怀疑夏威夷的岛民偷窃了一艘小艇,和他们发生了激烈争执。库克在海滩上被岛民用石头砸死。此前,他下令水手们立刻游回停泊在礁石滩外的船上,自己则被愤怒的岛民包围。至于他为何没能返回船上,这至今仍是一个谜。或许库克船长十分勇敢,不屑于逃跑。但也有另外一种解释:旧时的皇家海军中不会游泳的水手不在少数,航海大师库克可能和他们一样,从未学过如何游泳。

◎ 1773年:波士顿茶党

1773年12月,三艘英国商船在马萨诸塞州的波士顿港驻锚。它们装载的货物主要是45吨茶叶,分装在342个木头箱子里。这些干茶叶采购于印度,预计能沏2.4万杯茶。由于产量过剩,采购价十分便宜。

但茶叶对波士顿的居民来说并不便宜。10多年来,他们一直和英国政府就沉重的税赋问题讨价还价。在伦敦看来,北美13个殖民地的250万居民应该为英国军队在当地驻守支付保护费。然而,殖民地人十分厌恶一个远在3000多英里外的政府对他们的事务指手画脚。比如,1763年,伦敦通过划定"公告线",禁止殖民地人抢占或购买阿巴拉契亚山以西的土著印第安人土地。

多年来，面对殖民地的不服从和反对声浪，数届英国政府先是下令征收，继而又废除了不少税目和关税。但茶叶税是个例外。伦敦始终保留这一税种，不仅是为了增收，更是要捍卫某种原则。乔治三世国王于1760年从他的祖父乔治二世手中接过王冠，他宣称："必须存在一种税，能够体现我们的权利，因此我同意征收茶叶税。"

1773年12月16日晚，50多名殖民地激进分子，以行动表明他们对国王上述表态的看法。他们用赭红色和黑色颜料涂抹脸颊，身披毛毯，将自己打扮成印第安战士的样子。这些挥舞着印第安战斧的"莫霍克人"悄悄登上了三艘英国商船。他们砸开茶叶箱，将货物倾倒在波士顿港的海水中。第二天早上，有人坐船划着桨在褐色的海水中找寻依旧浮在水面上的箱子，确保所有他们憎恨的英国茶叶都百分之百地被销毁。

"无代表权则不纳税！"当地一个口才卓著的酿酒商塞缪尔·亚当斯宣告。他的话激励着人们发起示威。

英国方面对波士顿的挑衅行为反应不一。查塔姆勋爵的想法和指挥英国在"七年战争"获胜的威廉·皮特一样，都希望能找到妥协的解决办法。他知道同殖民地进行一场远距离战争的艰辛，呼吁英国在"我们可以而并非必须之时"，在争议中适当做出退让。但是乔治三世国王和首相诺斯勋爵则认为，有必要教训一下殖民地人，让他们懂得更加尊重"母国"。在此情况下，英国关闭了波士顿港并增兵驻守。

殖民地人拒绝示弱。他们把钱财和物资源源不断送往波士顿，支持当地人民发起抵抗。民兵被征召和组织起来，他们随时手握武器，准备同英国的红衫军一决高下。1775年4月，殖民地人和英军在波士顿外的列克星敦村遭遇了。美国独立战争的枪声正式打响。

1776年7月4日，来自13个殖民地的代表齐聚费城。他们发布了《独立宣言》，宣告将要组成"合众国"。在宣言的众多条款中，人们书写着对英国的不满，谴责乔治三世是"一个和专制君主言行完全一致的国王"。不过，这份历史性的宣言今天之所以被人铭记，是因为一个年轻的激进律师托马斯·杰斐逊所写的文字。他应该是受到了约翰·洛克的启发。"我们认为下述真理是不言而喻的：人人生而平等，造物主赋予他们若干不可让与的权利，其中包括生存权、自由权和追求幸福的权利。"

在接下来的五年战争中，乔治·华盛顿英明地指挥殖民地人同英国人作战。他是弗吉尼亚的一名地主，作为英军士兵参与了"七年战争"并因此磨炼了军事技能。由于远离家乡，战争地形又十分复杂，英国红衫军渐渐丧失了优势，1778年法国加入殖民地一方作战更加剧了这一局面。正是在1781年法国舰队抵达切萨皮克湾后，英军最终决定投降，他们在《颠倒的世界》乐曲声中走出了约克镇。

"噢，天呐！一切都结束了。"诺斯勋爵在听到战败的消息后叹道。

美利坚赢得了自由，建立了一个人人平等的新共和国，但奴隶们除外。在美国开国的五个总统中，有四位是奴隶主，包括华盛顿和杰斐逊。塞缪尔·亚当斯不无讽刺地追问道："为什么对自由最为响亮的呼唤声竟来自奴隶主？"

此外，新生的共和国中还有土著居民，这一早就存在的弱势群体。独立意味着伦敦划定的防止侵占土著印第安人土地的"公告线"不再有效。波士顿茶党中的"莫霍克白人"曾向"红色印第安人"借取涂脸的颜料，现在他们可以放手攫取土著人的土地了。

◎ 1785年：执着的伟人托马斯·克拉克森

> 购买奴隶的做法令我震惊，
> 买卖奴隶者皆为恶棍。
> 奴隶遭受的折磨和他们的呻吟声，
> 足以让岩石哀悯。
> 我深表遗憾，却无能为力，
> 我们如何能离得开蔗糖和朗姆酒？

威廉·考珀的打油诗反映了18世纪的英国人对于贩卖奴隶的态度。基督教教友派的信徒却是个例外。在1774年，所有教友派（society of friends）的成员一致决定断绝和奴隶贩子的任何商业和个人往来。同年，约翰·卫斯理发表了对奴隶制的讨伐檄文，卫理派从此也拒绝和奴隶贩子们再进行任何交易。那个时候，英国的奴隶贩子大多穿梭于布里斯托尔和利物浦两座城市。他们正是从这两地出发，以难以言状的野蛮方式将200多万非洲人运送到大西洋的彼岸。

卫斯理后来写道："我将竭尽全力，铲除那罪恶的贸易。它不仅令基督教蒙羞，也是整个人类的耻辱。"

1785年，剑桥大学一位年轻的数学专业毕业生托马斯·克拉克森报名参加拉丁语论文比赛。比赛试题是一个带有哲学意义的问题——"违背人们的意愿而使其为奴，这合法吗？"克拉克森最终赢得了比赛。他关于"非洲的奴隶制和奴隶贸易"的论述十分有力，在获奖后还被邀请到学校礼堂用拉丁语向听众们宣读自己的论文。不久后，克拉克森决定前往伦敦，据他本人后来回忆，他"一路上都在思考奴隶制带来的可怕后果"。"我尽力尝试说服自己，我的论文内容都不是真实的。"

然而，随着对研究对象的反思不断深入，这位数学专业的毕业生愈加认清令人压抑的真相。在前往伦敦的 60 英里旅途过半之时，克拉克森抵达了赫特福德郡的瓦德磨坊。眼前的景象更让他感到问题的严峻。他把马拴在一旁，坐在路边的草坪上沉思。一个想法突然跃入脑中，"如果论文的内容属实，现在该是有人挺身而出终结这一不幸的时候了"。

克拉克森下决心要成为这样的人。他原本打算在教会中谋职，现在决定将毕生的精力都投入到废除奴隶制的斗争中。1786 年，他将获奖的论文用英语公开发表，并在一个教友派的书店召集了"废除奴隶贸易委员会"的第一次会议。这个向政府游说施压的委员会由克拉克森牵头，成员包括 12 人，其中就有乔舒亚·韦奇伍德。此人是位伟大的陶艺匠人和社会改革家。他设计了委员会的徽标图案：一个手缚镣铐的黑人奴隶双膝跪地，他举起铁锁链指向一句箴言——"我难道不属于人类，不是你们的兄弟？"

废奴主义者的目标是议会能够通过一项法案，从而完全禁止奴隶贸易。1787 年，他们团结在约克郡的议员威廉·威尔伯福斯周围。这位议员面对议会中的敌对势力，始终坚定捍卫废奴主义的立场，并因此声名鹊起。不过，提到威尔伯福斯的演讲稿以及支持他在议会中抗争的如潮水般涌来的请愿书，这些都得归功于不知疲倦的克拉克森。他在 1787 年夏天骑马前往布里斯托尔，在港口附近的酒馆里搜集证据。他劝说船员们分享航海的经历，展示奴隶贸易的工具——手铐、鞭子、烙铁、"拇指夹"和"开口器"等。

然后他又向北前往利物浦，并在那里找到了一个极具说服力的证据—— 一张本地贩奴船布鲁克斯号的舱位图。这张巨大的示意图后来被广泛复制，流传于英国、欧洲甚至美国。其中展示了 609 名奴隶是如何紧紧地挤在一起,头靠着脚,脚挨着头,熬过了那臭名昭著的大西洋之旅。此后的七年中,克拉克森骑行了大约 3.5 万英里,不停歇地推动建立更多废奴社团并发表演讲。他还冒着生命危险联系能揭露这桩暴利生意的证人。在利物浦,他差点就被愤怒的奴隶贩子抓起来丢入海中。

在历经艰难和挫折之后,阻止奴隶贸易的斗争终于在 1807 年取得胜利。当废除奴隶贸易的法案最终在议会涉险通过时,威尔伯福斯毫无争议地收获了最多的赞誉。当然,做了大量基础工作的克拉克森同样功不可没。他成功地说服 30 多万曾经无动于衷的英国公众对蔗糖发起抵制,并激励了近 40 万人签署请愿书呈交议会。正如诗人萨缪尔·泰勒·科尔里奇所评价,这位在瓦德磨坊下马沉思、随后骑马奔走四方的论文获奖学生堪称废除奴隶制的"道德引擎"——他是一位"执着的伟人"。

◎ 1788 年:乔治三世的癫狂症

1788 年 8 月,国王乔治三世突然抱恙。他决定前往温泉小镇切尔滕纳姆疗养。国王觉得饮用苦涩的泻药对改善肠道有效果,"一个半品脱的剂量可以让我如厕两次"。尽管如此,他的健康状况仍未好转。他与王后手挽手走在大街上的时候,国王会突然向陌生人扬起帽子致意,就像对待亲密的老朋友一样。这位 50 岁的国王常感到胃部剧痛,腿脚也总抽筋。他发现难以专注地阅读首相呈上的信函,自己的笔迹也越来越潦草模糊，还总出现笔误。"我担心皮特首相会认为我写东西时完全不在状态"，他自言自语。

当国王回到伦敦并发表讲话时，他言语含糊不清，看起来衣着凌乱。大法官瑟洛勋爵认为，他必须建议国王陛下回到更衣间，稍事休息，整理一下衣冠。还有一天，国王在礼拜堂做祷告时突然直挺挺地起身，用手搂住王后和公主们。

"你们知道什么是紧张，"他大声说到，"但你们曾像我这么糟吗？"

国王不停地喃喃自语，愈发躁狂。尽管他命令周围的人大声诵读，希望这样能使自己安静下来，但无济于事，他仍然在念念叨叨。有一天，他扑到25岁的王子、约克公爵的肩上叫喊："上帝啊，让我升天吧。因为我就要疯了。"

乔治三世国王12岁时就成了储君。当时他的父亲威尔士亲王弗雷德里克因为从事一项新兴的运动——板球而受伤。球不巧击中了他的头部，导致他的脑部产生了一块致命的肿块。九年后，年轻的国王正式继承了祖父乔治二世的王位。他致力于成为一位事必躬亲的有为君主，也为自己是首位没有在德意志长大的乔治国王而感到骄傲。

"生于此，受业于此，"他向治下的首届议会宣示，"我以身为英国人自豪。"

乔治三世会在批阅国事咨文时写下自己的评论和意见，并清晰地标注时间，精确到分钟。他是英国最后一位亲自认真问政的君主。他认为政府应该被国王而不是议会领导，但结果事与愿违，特别是他处理北美殖民地问题的做法激化了国王和议会的矛盾。1781年英国在约克镇投降后，乔治三世依然坚持战争，而议会中的绝大多数议员都认为应该议和。他的第一反应是起草退位声明，但经过深思熟虑，他最终决定接受——准确地说是服从——首相罗金厄姆侯爵的决定，尽管国王与首相在政策上是如此格格不入。

现代医学专家推断，乔治三世那名声不佳的"癫狂症"可能是卟啉症，也就是"血紫质症"。之所以这么称呼，是因为患者的尿液总是呈深红色或紫色。据传苏格兰的玛丽女王就患有这种紊乱病症，并通过斯图亚特王朝的血缘关系遗传给了乔治三世。卟啉是一种色素化合物，如果体内含量过高会导致胃痉挛、便秘、口齿不清和幻觉。

为治疗这一病症，乔治三世的御医们诉诸一系列痛苦的疗法，包括使劲刮头皮使之起水疱、将蚂蟥放在前额，以便将毒性物质从脑中吸出。另外一种办法是通过芥子膏的刺激，在腿部制造新的伤口，让不好的体液循环到身体其他部分。国王还经常穿着束身衣，将手紧紧缚在背后。他甚至被刻意安排在一间室温极低的房间，常人很难在那里坚持半个小时以上。

对于遭受如此煎熬的人，大发脾气并不奇怪。不过，乔治三世还是保持了几分幽默，他称那个自己经常被束缚其上的椅子为"登基座"。1789年1月，他在身体康复时尝试作画，不无解嘲地评论："对一个疯子来说，这已经画得不错了。"

现代医学对卟啉症的治疗主要依靠镇静剂，同时尽量保持体内电解质平衡，确保摄入富含碳水化合物的食物以及避免日照。显然，乔治三世接受的治疗与上述现代医学疗法无关，但他在1789初出现了康复的迹象。随着国王健康状况好转，关于他那悲剧性病症的传闻逐步改变了此前英国国民对君主不抱好感的局面。时人评论到："对国王所遭受痛苦的同情，使他的形象变得可亲起来。"1810年乔治三世登基50周年时，英国举行了首次皇家大庆，人们燃放烟花，举办盛宴，点亮灯塔，共同庆祝这一重要时刻的到来。

此时，或许是因为卟啉症复发和年事已高，72岁的国王再次陷入心理紊乱状态。在他生命的最后十年，国事由他的儿子、未来的乔治四世以摄政王身份代为执掌。他离世前还曾视察里士满的一间疯人院，询问那里病人的诊治情况和所着束身衣的效用。后来,国王无意中看到,折磨自己的那件帆布衣服被遗忘在一个角落。这件衣服和疯人们所穿的束身衣有些相似。于是,他用安慰的语气对面露尴尬表情的侍从说:"不用害怕看到这件衣服,它是我此生最好的朋友。"

◎ 1789年:"布莱面包果"和"邦蒂"号上的哗变

库克船长1779年在夏威夷遇害时,有位24岁的领航员承担了在岛上挨家挨户搜罗英雄残肢的任务。他的名字叫威廉·布莱。在终于找到足够的遗骸后,布莱为库克船长举行了海葬,然后指挥他的"决心"号向北行驶,经日本穿越白令海峡回到了英国。

库克遇害前一直在研究一种大块头、果皮粗糙的波利尼西亚水果的营养含量。这种水果被称作面包果,有种甜甜的小麦味。布莱日后赢得声名的航行就是起因于它。面包果是太平洋岛国居民的主食。库克意识到,夏威夷的纬度和气候"几乎和西印度群岛并无不同"。为何不把面包树引种到加勒比海?这样它就能为奴隶们提供便宜的食物。近期和殖民地的战争切断了从美利坚进口粮食的渠道,在这一背景下,引种面包树的必要性就更加凸现出来。

1786年,皇家艺术学院宣布,谁能率先将"六棵面包果树从南太平洋引种到西印度群岛",将获颁一枚金牌奖章。库克的好友约瑟夫·班克斯爵士劝说布莱一试。一艘名叫"邦蒂"号的武装船被专门改造成浮动的温室，两侧各有两扇巨型天窗和三个大型通风口。船上还有雨水灌溉系统以及被挖满窟窿，以便在九个月的航行中栽种植物的活地板，这可真称得上是一艘"皇家盆栽园艺船"了。

1787年12月23日，"邦蒂"号经合恩角前往太平洋。布莱的老朋友弗莱彻·克里斯蒂安担任大副。两人都起于行伍，曾在皇家海军"剑桥"号上共事。布莱教会了克里斯蒂安航海，还经常和他一起聚餐。克里斯蒂安在日记中称，布莱就像亲兄弟一样对待自己。

在当时的艰苦环境里，布莱尽量让船上的气氛轻松一些。他雇用了一位小提琴手，用演奏来提振船员们的士气。每天晚上5—8时，他还组织船员一起跳捷格舞。"快乐运动"是布莱用以对抗坏血病的良方。其他的药方还包括食用库克船长最喜爱的食物干麦芽、酸泡菜和便携汤。不过，布莱是个急脾气[1]，在暴风雨造成"邦蒂"号延误抵达塔希提时，他表现得更加明显。此刻，面包果树正处在育果期，五个半月之内都不能被引种。

在历经十个月的暴风骤雨洗礼后，让船员们在郁郁葱葱的热带岛屿塔希提放松一下，不失为一个好主意，但也因此种下了未来哗变的种子：阳光、沙滩、海浪以及同当地女人的性爱。有谁会在经历了五个半月的热带舒适生活后，再次选择回到18世纪的艰苦军旅环境？1015棵面包果树已被成功移栽到邦蒂号的船舱里。此刻，船员们也和塔希提当地的女人结下了亲密关系，将她们视作自己的"妻子"。

船员们仅仅在海上坚持了三个星期。1789年4月27日，因为有人偷窃椰子，布莱又一次发起了火。克里斯蒂安带领25名船员冲向了船

---

[1] 根据当代人的研究，布莱船长鞭笞水手的次数要少于18世纪晚期在太平洋上指挥军舰的其他英国船长。但他是个"毒舌"，对船员极尽侮辱之能事。他经常使用"恶棍、骗子、小偷、蠢人"等不堪入耳的言语。他还警告船员，会让他们"像奶牛一样吃草"。

上的武器库。布莱被从床上拽到了甲板,他身着睡衣,双手被牢牢捆住。船上仍有17名船员效忠于布莱。他们被一起驱赶到"邦蒂"号上一艘23英尺长的救生船。船上仅有一些面包、水、咸猪肉、酒、四把小刀、一个木匠工具箱以及一把备用六分仪。

从那一刻起,故事朝着不同的方向发展。哗变者驾船驶回塔希提,和他们的"妻子"团聚。许多人最后选择留下,成了1791年奉命逮捕他们的皇家海军"潘多拉"号的目标。1789年9月,克里斯蒂安和其他八位哗变者带着他们的妻子以及六名岛民继续航行。他们在已知世界的尽头、一个叫皮特凯恩的无人岛定居下来。其后代保持近亲结婚的习惯,直到今日仍过着奇特的生活。

与此同时,布莱船长则经历了一段航海史上无人比肩的求生历程。他驾救生船航行了3600英里(5800公里)以上,经过斐济群岛,穿越大堡礁,沿着尚未被勘测的澳大利亚北部海岸,一直航行到最近的欧洲人定居点帝汶岛。在漫长的41天中,他们这18个人以生吃鱼、海龟、海鸟等一切可以捕获的食物为生,并靠喝雨水解渴。

布莱回国后迅速写就并出版了《"邦蒂"号哗变亲历记》,他因此成了英雄。军事法庭很快判定他清白无罪。他被海军重新派往南太平洋,并最终将数百棵面包果树成功引种到西印度群岛以及伦敦皇家植物园。

在接下来的职业生涯里,布莱奇怪地和哗变结下了不解之缘。1797年,抗议船员接管了数艘停泊在泰晤士河谢佩岛附近诺尔港的英国军舰。布莱就是其中一条船的船长。1805年,布莱已位居新南威尔士殖民地总督。他打击朗姆酒走私的计划得罪了当地腐败的军阀,并因此被软禁了一年多。与此前一样,官方调查结果证明他不需承担任何责任。布莱退休时已是一位受人尊敬的海军中将。他终老于伦敦南部,墓地就在兰贝斯的圣玛丽教堂院内。

根据墓碑上的铭文,布莱的成名是因为他"率先将面包果树引种到西印度群岛""勇敢地为国战斗""广受人们尊敬和爱戴"。墓碑上没有任何与"哗变"有关的词汇。

不过,"哗变"是布莱被好莱坞纪念的全部原因。他和克里斯蒂安的戏剧性摊牌至少为四部影片提供了启发。参演上述影片的明星包括艾罗尔·弗林(1933年)、查尔斯·劳顿和克拉克·盖博(1935年)、马龙·白兰度和特雷弗·霍华德(1962年)、安东尼·霍普金斯和梅尔·吉布森(1984年)。在配角的名单中还有大卫·尼文、詹姆斯·卡格尼、劳伦斯·奥利维耶、丹尼尔·戴-刘易斯和连姆·尼森。

而这一切,都始于错过引种季的面包果树。

◎ 1791年:托马斯·潘恩和人的权利

发生在"邦蒂"号上的惊人消息传到伦敦时,人们正忙于消化一条更具轰动性的新闻,那就是法国大革命。1789年7月14日,群情激愤的巴黎市民们冲向巴士底狱,这座位于巴黎东部的皇家堡垒。人们投掷石块摧毁令人憎恶的监狱,这也预示了接下来的日子里法国国王自身的命运。愤怒的"无套裤汉"用暴力手段主导了革命,路易十六和王后玛丽·安托瓦妮特成了他们的牺牲品。许多英国人都对法国王室抱有同情,但一位叫托马斯·潘恩的英国公民却不这么看。潘恩对法国所发生的事件倍感兴奋,他决定穿越英吉利海峡,为革命提供支持。

潘恩富有煽动性、口才极佳,为了捍卫他所坚定信奉的自由原则,可以得罪任何人。潘恩轻视财富和社会地位,敢于挑战自瓦特·泰勒、平等派和激进派以降的英国伟大传统。他1737年生于诺福克郡,一个信奉贵格派思想的紧身胸衣匠人之家。潘恩的平等理念从一首他八岁时所写的诗中可见一斑:

> 约翰·克劳长眠于此,
> 他曾地位高贵,如今只能放低身段,
> 克劳兄弟警示各位,
> 纵使高高在上,终将坠入寻常。

1774年,殖民地的形势吸引潘恩来到美洲大陆。他定居于费城,以记者为业,很快便以高声反对英国扬名四方。他后来解释说:"我的目标是要让那些即使不能阅读的人也能理解,因此,我尽量不使用任何文字修饰,语句表述如字母表一般直白。"

1775年秋,潘恩出版了一本名为《常识》的小册子,这本小册子一共售出了10多万本,产生了巨大的思想力量,甚至可以说吹响了革命的号角。潘恩写道:"由国王统治的政府违背了人的自然平等。在美利坚,法律才是真正的国王。"

1776年,乔治·华盛顿的部队遭遇挫折时,潘恩为殖民地居民鼓劲。他在《美利坚的危机》中写道:"现在是考验人类灵魂的时刻。专制就像地狱,并不容易征服。但令我们安慰的是,斗争越是艰难,胜利越是辉煌。"

潘恩的私人生活一团糟。他酗酒,以衣着邋遢为荣。他还患有疥疮,身上因为常年涂抹药膏而散发异味。潘恩经常债务缠身,十分乐意在新独立的美国政府中谋得一官半职,这样就能维系他古怪而奢侈的生活方式。

然而,潘恩坚持认为,他所追求的是崇高事业。"我的原则是普世的,我心系世界。"1789年法国大革命发生后,他终于寻觅到了这项可以为之奋斗的全新事业。当埃德蒙·柏克高声谴责法国大革命时,潘恩在《人的权利》一书中愤怒地予以回击,强调受到君主压迫的并非只有法国。

他写道:"英国每年要花1700万英镑,供养一个从外国来的、能力低下的王室……世袭政府体制正在衰退……革命正在欧洲蔓延开来,其基础是国家主权和代议制政府,代表性更加广泛。"

《人的权利》和《常识》是18世纪最畅销的两本小册子,读者遍布全球。1792年8月,潘恩成为被授予法国荣誉公民称号的17人中的一员。次月,有四个爆发革命的法国省份将他选为国民议会议员,他最终决定接受加来省的邀请。在跨过英吉利海峡抵达欧洲大陆时,他受到了热烈欢迎。当地响起了礼炮声,这位自由的捍卫者还被授予象征革命荣誉的帽徽。人们簇拥在大街两旁高喊:"托马斯·潘恩万岁!"加来省长也给予他热烈拥抱。

但潘恩到巴黎履职国民议会议员后,发现自己有些难以应付局面。他不怎么会说法语,在议会关于革命的激烈辩论中显得有些迷茫。他强烈反对死刑,与那些执意要处决国王的激进议员们发生了龃龉。他通过翻译,请求将路易十六流放到美国:"法国在欧洲国家中首先废除王室,那么也请让她成为率先废除死刑的国家吧!"

潘恩的请求是徒劳的。1793年1月20日,国民公会以微弱优势通过表决,将国王送上了断头台。"恐怖"的受害者不断上升,这位英国人毫不掩饰自己的不悦,他后来写信给波士顿酿酒商萨缪尔·亚当斯:"随着断头铡不断坠落,朋友们纷纷倒下。每天我都期待自己面临同样的命运。"

1793 年 12 月 28 日凌晨 4 时，有人终于叩响了潘恩住所的大门。他被押往臭名昭著的卢森堡监狱。有一次，潘恩在狱中突然发烧，但这阴差阳错地救了他的命——他半昏半睡数周之久，没能被押上前往断头台的刑车。此时，美国大使詹姆斯·门罗出面干预。11 个月后，潘恩最终在 1794 年 11 月获释，之后被带往门罗在巴黎的官邸。

这位反叛者不可能再返回英国了。1792 年，他被英国法庭缺席审判为"叛徒"——他对此十分自豪。若干年后，潘恩偶然遇见在政坛冉冉升起的年轻将军拿破仑·波拿巴（此人声称头枕《人的权利》入睡），于是兴奋地同他谈起入侵英国的前景。他甚至还专门写了两篇文章，呼吁法国人派遣一支由千艘舰船组成的舰队横穿英吉利海峡。1802 年，潘恩回到了美国，他的精神家园，并于七年后在那里辞世。

今天，他的名字依然能够激发起人们的热情。英国广播公司曾拍摄一部称颂潘恩的纪录片。《每日电讯报》在一篇社论中表达了强烈抗议："他在美国独立战争中与自己的国家为敌，竟然在法国大革命期间邀请法国入侵英国。在那个年代，对正派的英国绅士而言，他的名字不啻背叛的同义词，用亵渎和道德败坏来形容也不过分。"

这些都是事实。但比潘恩的缺点更重要的是，他予人启迪的伟大理念：人的权利，包括上天赐予的（互不兼容的）平等权和自由权。只有保护这些权利的政府才是好政府。

◎ 1792年：玛丽·沃斯通克拉夫特和女权主义

> 是时候发动一场革命，改变对待女性的态度了。要恢复她们失去的尊严，使她们重新成为人类的一部分。
>
> ——玛丽·沃斯通克拉夫特，《为女权辩护》

18世纪90年代，报章中充满了各种经世济民的方案。受法国大革命启发，许多热情洋溢的小册子问世。直到最近，许多历史学家都认为托马斯·潘恩的《人的权利》是其中的翘楚。但当我们尝试解释社会变迁时，我们的目光会更多地聚焦在潘恩的一位朋友身上。她富有创见的作品在问世时饱受讥讽，后来又被忽视了两个多世纪。这就是玛丽·沃斯通克拉夫特和她的《为女权辩护》。

"我生来不是为了被践踏"，这位勇敢、反叛和命运颇具悲剧性的女性大声宣告。她被视作是现代首位女权主义者。1759年4月，她出生时被母亲交给了乳母——这种做法在英国中上层家庭中很常见。玛丽后来强烈抨击雇佣乳母的做法："如果都不能为自己的孩子哺乳，母爱就完全名不副实。"但她对父亲爱德华的行为更加恼火。他酗酒、专断，时常欺凌自己的妻子，还殴打玛丽。为了成为乡绅，他把家里的财富挥霍在一系列势利的行为上。玛丽小时候经常睡在母亲卧室门外的地板上，徒劳地希望躲过爱德华·沃斯通克拉夫特发酒疯。

在18世纪，妻子被视作是丈夫的财产。婚姻法实际上是财产法，将妻子及其财产和孩子的所有权赋予男性：离婚几乎是不可能的。

女作家范妮·伯尼在参加完一场婚礼后叹道："只花了这么短的时间，就将一位女性的自由永久地终结了。"

在那个年代，男人殴打妻子是"天经地义"的。根据 1782 年一个官司的判决，殴打是合法的，前提是男性所使用的棍子不超过其大拇指的粗细。女性如果想通过自力更生养家糊口，会被视作疯子。

玛丽的父亲目光短浅，让她离家找工作养活自己。玛丽先后尝试了护士、裁缝、教士、女管家等职业，最后成了一名争取权利的女作家。1787 年，她 28 岁时出版了《女教论》，提出女性应该和男性一样，从事严肃的学业（她儿时就不喜欢和玩偶做伴）。在她看来，教育对培养自尊十分重要，因此有助于女性赋权。这也是《为女权辩护》这本伟大论著的主题。1792 年，玛丽仅用了六周完成这部作品。她指出："我希望劝说女性努力追求身心两方面的力量。"

玛丽在《为女权辩护》中强烈反对女性是弱势性别的理念。她认为，女性并非天然比男性低劣，但她们自己蒙蔽了双眼，将生活的责任仅限于取悦男性。她不无鄙夷地写道："女性就像困在笼中带羽毛的动物，她们被打扮成外表光鲜的夫人，而不是有能力的劳动者。她们无所事事，只有羽毛附身，伪装庄严姿态，从一处栖息地踱向另一处。"她对社交场上的女性嗤之以鼻："她们困在马车里，在城市中到处穿梭，面无表情，已然不是自己。"

玛丽这本带有尖锐批判色彩的《为女权辩护》在英格兰、爱尔兰、法国、德国和美国等地出版，引起了强烈反响。罗伯特·沃波尔爵士的小儿子霍勒斯·沃波尔谴责她是"穿着衬裙的鬣狗"。但潘恩这样的激进思想家则对她不吝赞美，还欢迎她在 1792 年前往巴黎。玛丽在巴黎记下了自己对法国大革命的感受。正如 20 世纪著名女作家弗吉尼亚·沃尔夫所评价的，"法国大革命对玛丽不仅是一个发生在身边的事件，而是她自身血液中的活性剂。她终其一生都在反抗，反抗专制，反抗法律，反抗成规"。

在巴黎期间，玛丽遇见了吉尔伯特·伊姆利上尉，一个英俊的美国土地投机商。她挑战习俗，和吉尔伯特开始了一段热烈的情感经历。他们于 1794 年 5 月未婚产下了一个女儿。但这段激情很快冷却。玛丽回伦敦后发现伊姆利居然养了一个情妇。她在绝望中租了一条船驶向帕特尼桥，打算从那里跳河自尽。此前，她在瓢泼大雨中走了半个多小时，全身都湿透了，只希望自己能沉入河底。

成立不久的皇家人道协会给予船夫们奖励，以鼓励他们救起河中的轻生者。玛丽被一个船夫拖出水面，捡回了一条命。玛丽的自杀反映出她抑郁和坚毅并存的性格，这一性格贯穿了她的一生。她骨子里有些自怨自艾，情绪起伏波折，比较容易走极端。尽管如此，她仍坚持对抗由男性主导的社会习俗。在未完成的小说《玛丽亚：女人的受罪》中，她提出一个令人震惊的结论，女人的性欲可以和男人一样强烈。

1797 年，玛丽再次怀孕，对象是改革家和社会批评家威廉·戈德温。他正是玛丽寻觅已久的灵魂伴侣。玛丽曾称婚姻是一种专制的制度，如同将娼妓合法化。她 12 岁时就决定永不结婚，再不重蹈母亲的覆辙。戈德温和她一样鄙视婚姻。尽管如此，他们还是成婚了，在一起享受了五个月的幸福生活，直到玛丽那年 9 月在诞下一个女儿后因败血症死去。

这个女儿也叫玛丽。小玛丽和她的母亲一样都反抗成规。她和诗人珀西·比希·雪莱一起私奔，还创作了一部科幻小说《弗兰肯斯坦》。故事中，一位科学家制造了一个他自认为可以控制的怪物，但最终怪物逃离了桎梏，并将主人毁灭。

◎ 1805年：英格兰充满期待……

15岁的霍雷肖·纳尔逊发现一只北极熊正在北冰洋的斯匹茨卑尔根岛上慢悠悠地挪动。他兴奋地翻越船栏杆，拿起一支火枪追逐这只野兽。不过，北极熊比这位骨瘦嶙峋的海军候补军官更有实力，它转身愤怒地吼叫。少年扣动了扳机，但什么动静也没有，因为枪里的火药潮湿了。纳尔逊又操起枪托，打算猛击对手的头部。这时，从他身后的船上响起了炮声，北极熊受到惊吓后仓皇逃走了。

候补军官很是不屑，对救了他一命的船长毫不领情："先生，我想猎杀这只北极熊，然后把它的皮毛送给我父亲。"

海军上将纳尔逊儿时的故事很好地诠释了他的性格：无畏、专一、略带些疯狂。这正是在1798—1805年间，英国由纳尔逊率领舰队迎战拿破仑时所需要的品质。但他在迎来人生首场最伟大的战役前，已在战斗中失去了右臂和右眼视力。

1798年8月1日晚，纳尔逊在尼罗河口等候。拿破仑率军在此攻打埃及。法国舰队司令布律伊斯不相信英国人会发动进攻——他们刚刚出现在地平线上，而且此时天色已晚。但纳尔逊的舰队全速向敌人驶去，战斗终于在傍晚到来时打响。尼罗河口海战是在夜色中进行的，炮火照亮了天空，映射出双方对弈军舰的轮廓。

"纳尔逊来了，无敌的纳尔逊！"获胜的将军自豪地致信妻子范妮。这位39岁的英雄经常用第三人称来称呼自己。"全能的主赐我摧毁敌人舰队，何其愉悦！"他在写给英国驻那不勒斯大使威廉·汉密尔顿的信中如是说。

汉密尔顿大使很难想象接下来发生了什么。纳尔逊在经那不勒斯回国时，与汉密尔顿的妻子埃玛相恋了。埃玛外表迷人，喜欢身穿带着异域色彩、半透明的服装，就好像是古典希腊花瓶上的人物。纳尔逊和艳丽的汉密尔顿夫人的情事成了欧洲人的谈资。虽然两人都和他人保持着婚姻关系，但埃玛还是在1801年为纳尔逊生了一个女儿，在受洗礼时命名为霍雷希娅——这名字和她生父的姓名颇有关联，一看两人就不打算为此保密。

国王乔治三世非常看不惯纳尔逊的行为，见面时对他颇为冷落。王后夏洛特则明确表示不会在宫廷里接见汉密尔顿夫人。尽管如此，纳尔逊不光彩的爱情故事不过是令他声名见涨。他十分在乎自己的名誉和地位，沉浸在不计其数的军功章所带来的荣耀中。他还想方设法让自己的胜利以最佳方式呈现在报纸上。

相信纳尔逊肯定会对这则广为流传、与他相关的轶事感到高兴：1801年哥本哈根战斗时，他将望远镜放在自己那只失明的右眼前，故意不看上级下达命令的旗语。其实，这是后人杜撰的故事。威廉·斯图尔特上校当时和纳尔逊一起站在后甲板，他很肯定纳尔逊确实刻意地忽视了让他退出战斗的信号。但用失明之眼看旗语的提法直到五年后才出现（没有任何一幅当时的绘画显示纳尔逊带了独眼罩），而在此之后又过了三年，才有了看望远镜的进一步细节。

终其一生，纳尔逊的个人魅力令水手们对他无限忠诚。1805年9月，纳尔逊乘着黑黄色相间的旗舰"胜利"号加入位于卡迪斯港附近的英国舰队时，"奥赖恩"号船长爱德华·科德林顿回忆称："纳尔逊的到来让所有人都为之雀跃。"

"魅力所致，在他的指挥下，一切都将一帆风顺。"他的副手卡思伯特·科林伍德在这座西班牙港口城市的外海感叹道。

在卡迪斯港内停泊着法国和西班牙的联合舰队，他们是拿破仑入侵英国的主力。敌人驶离港口时，战斗打响了。英国海军上将打算用旗语给他的舰队鼓劲:"纳尔逊充满信心,人人都要各尽其责!"

有人建议将旗语中的"纳尔逊"替换为"英格兰"。纳尔逊愉快地表示同意。但信号兵在看了指令稿后又建议,"信心"在旗语中需要八面旗帜,而"期待"只需要三面。于是,在1805年10月19日上午11时35分,"英格兰充满期待,人人都要各尽其责!"这一英国历史上最著名的战斗旗语被打了出来。

接下来四个小时的激烈战斗中,英国舰队驶过特拉法加角,直冲向敌人的防线。霰弹将站在纳尔逊身边的助手炸得粉身碎骨。这时,法国军舰上的一名狙击手瞄准了身穿绣满耀眼军功章的小个子英国指挥官。子弹射中了纳尔逊的后背,击穿动脉刺进了他的肺部。纳尔逊喘着气说:"他们终于射中我了。"

他躺在甲板之下的医务舱,舱内四壁都被漆成血红色,这是为了减少四处溅落的血迹所带来的视觉冲击。他询问为何水手们都开始欢呼。旗舰"胜利"号的舰长托马斯·哈迪向他报告,大约有14或15艘敌舰已经投降。纳尔逊回应:"还不错,但我期待有20艘。"

纳尔逊意识到自己已经时日不多,于是对哈迪舰长说:"帮我照顾好汉密尔顿夫人,一定要照顾好可怜的汉密尔顿夫人。亲吻我,哈迪。"

维多利亚时代的人们难以理解,为何纳尔逊要让另一个男人亲吻他。他们给出的解释是,纳尔逊其实说的是和英语"亲吻我"发音相近的波斯语"命运"(kismet)一词。不过,随舰医生贝蒂的说法很确定。哈迪舰长亲吻了纳尔逊两次,分别在脸颊和前额。

◎ 1811年：范妮·伯尼的乳腺切除手术

在纳尔逊赢得特拉法加海战胜利七年后，女作家范妮·伯尼才得知这一消息。当时，她已嫁给一位法国贵族并随其移居法国。由于英法两国处于交战状态，拿破仑下令所有18—60岁的英国人都应被视作战俘：他们不能与身处英国的家人通信联系。

上面这则故事我们听范妮讲过很多次。她用敏锐和戏谑的眼光观察乔治三世国王统治时期的英国。范妮的小说广受赞誉，约翰逊博士在读过她的首部作品《埃维莉娜》后曾笑着夸奖她："你这小小的人物塑造家真不简单！"简·奥斯汀当时正写作自己的小说，她也给予范妮高度评价："对人性的了解十分全面，愉悦地刻画出不同人物的性格，用精雕细琢的语言给世界带来了一部轻松明快、富有幽默感的作品。"

1793年，范妮41岁时嫁给了颇有魅力但不名一文的法国保皇党军官亚历山大·达尔布莱。那年，他从大革命的法国逃到了英国的萨里郡。这位前军官非常穷困，曾数周以自己在花园种的蔬菜为食。英法两国在亚眠议和后，达尔布莱于1802年带着范妮回到了巴黎，希望能恢复曾经的军衔和财产。当时，拿破仑正物色优秀军官，符合条件的保皇党人亦在挑选之列。1803年5月，英法两国又开始重新敌对，范妮只得被困在敌国境内，未来的近十年内都无法回到祖国。

今天我们很难读懂范妮的小说，她的词汇和修辞有些过时。这点与简·奥斯汀的风格截然不同。但范妮的私人信件和日记却十分抓人眼球，她的观察异常敏锐。在"囚禁"法国的那些年里，她的一次痛苦经历催生了一段医学史上的经典描写。这得从1810年夏天说起。范妮突然感到右侧乳房隐隐作痛，里面似乎有个肿块。名医们经过会诊认为，她可能患上了乳腺癌。

"你要准备好受苦了"，法国最知名的外科医生、约瑟芬皇后的妇科专家安托万·杜波依斯向她解释，摘除乳房是唯一能够救命的办法。"你将会狠狠地遭一次罪。"

范妮坚持不让丈夫前往手术现场，并称只要在手术前两小时通知自己就行。她还被问及是否曾在分娩时大声喊叫，并被告知在即将进行的手术中可以不必顾忌地放声叫喊。

接下来的故事令人毛骨悚然，胆小者请略过。不过，以下的描述却提醒人们，在19世纪40年代麻醉剂发明之前，无数的男女老少是如何坚强地在外科医生的手术刀下挺了过来。1811年9月30日，达尔布莱被人引出家门，范妮眼前突然出现了七位身着黑衣的医生，同时在场的还有他们的学生和护士。她看见两张铺着床单的旧床垫，随后医生让她宽衣躺下。在喝下一杯酒后，她被蒙上了双眼，但仍能透过纱布看到手术刀的光亮，并听见医生问道："谁帮忙扶住她的乳房？"

"我自己就可以，先生。"范妮用手扶着乳房，手术开始了。

"我亲爱的埃丝特（她后来写信给妹妹），当可怕的手术刀切进我的乳房——划过静脉、动脉、皮肤和神经，用不着允许喊叫的提醒，我就开始放声大喊。叫声贯穿了整个手术过程。这痛苦着实令人无法忍受。当医生切开创口并停止使用手术刀后，我的疼痛丝毫没有缓解。紧接着，我又一次感到刀刺进我的身体，那一刻我觉得自己要死了。"

手术刀第二次停止工作后，范妮认为手术一定是结束了。

"哦，不！医生又开始切了，这一次更糟糕，他们从根部切除了乳腺。我能清晰地听到手术刀搔刮骨头的声音。在这般酷刑之下，我已彻底说不出话来。"

范妮曾想当然地认为，只要切除乳房中的肿块，手术就会大功告成。实际上，这七位身着黑衣的强壮男士用了整整20分钟将她的整个乳房都摘除了。不过,事实证明,范妮所忍受的巨大痛苦是值得的。她做手术时 59 岁,最后一直活到了 88 岁。在此后的 29 年中她的癌症再没有复发。

◎ 1812 年:谁是内德·卢德?

1811—1812 年间,诺丁汉郡和莱斯特郡的工厂主们总是收到神秘信件,声称将毁掉他们的机器。威胁信的落款是一个叫内德·卢德的人,有时也署作"卢德将军"。事实证明,"卢德将军"言行一致。人们发现,夜幕降临后,许多训练有素的人开始对工厂展开带有军事精准度的破坏。他们打碎窗户、撞开大门,就是为摧毁工厂中的纺织机。他们认为这些机器是工人工资缩水,甚至失去工作的罪魁祸首。时间回到 1766 年,当时第一次有人对詹姆斯·哈格里夫斯的"珍妮纺纱机"进行破坏,此后该行为被有组织地扩散进行。

破坏行动很快蔓延到兰开夏郡和约克郡西区。人们恐惧地躲在家中,关紧门窗,听到门外传来"卢德将军"带领队伍经过的声音。"脚步声由远至近,踏在地上有些沉闷,但很有节奏。"30 多年后,夏洛特·勃朗特在当时的报纸上描述称:"这不是两个人的脚步声,也不是十几个人或几十个人,而是上百人列队穿行的声音。"

即使"上百人"也低估了"卢德分子"的数量。根据《利兹水星报》

驻诺丁汉郡记者的报道："目前的反抗活动十分活跃，这种情况在查理一世之后就不曾出现。"1812年，一度有1.2万名政府军被派往四个北方郡应对"卢德分子"的反抗。对于正在欧洲同拿破仑激烈对抗的英国而言，这的确有些分散精力。

欧洲的战事实际上与工厂中的麻烦紧密相关。由于特拉法加海战的胜利和皇家海军的强大实力，拿破仑不敢贸然入侵英国。但他利用对欧洲大陆的控制，以及1812年以后与美国维系的良好关系，对英国发起了历史上最大规模的经济战，封锁了英伦三岛的对外贸易。英国商人和工厂主发现他们没地方销售英国产品，只好降低工资，减少工人，更多地发挥机器的作用。就在普通百姓可支配工资下降的时候，1808—1812年间的连年歉收又推高了粮食价格。一个曼彻斯特的工人每周只能赚九个旧便士，他抱怨说："我有一个妻子和五个孩子，每天要工作16个小时去赚取微薄收入。每周我得花两便士买煤，一便士买蜡烛。全家主要靠土豆为食，每天只能喝一品脱牛奶。"

许多以"卢德分子"为名的骚乱实际上是"粮食暴动"。1812年4月，政府调派军警前往曼彻斯特维持秩序。那里的商人居然把一筐土豆的价格叫卖到15先令（相当于180旧便士，人们20周的工资），绝望的妇女们只好对商人发起抢夺。

拜伦爵士在议会上院激烈陈词："绝对的贫困导致一大批曾经诚实、勤劳的人民不得不诉诸过激手段，这样的行为对他们自己、家庭和社会都是如此危险。"

诗人反对的是1812年斯潘塞·珀西瓦尔政府通过的《恶意破坏法》。这部法案规定捣毁机器将被最高判处死刑。当珀西瓦尔数月后在议会大厅中遇刺时——他是首位被刺身亡的英国首相，许多人怀疑是"卢德分子"所为。事实上，杀手是一位因为生意失败而精神错乱的商人。

"卢德"原意指的是一位神话中的英国国王，据说他建造了伦敦最初的城墙。伦敦的"卢德门山"就以他的名字命名。也有人说"卢德"可能是凯尔特河神的名字。1811年至1812年,"卢德分子"在树林中聚集、操练。在一些落款为"卢德将军和他的惩过者"的信件上,寄信人地址被署为"舍伍德森林"——侠盗罗宾汉的居处。虽然罗宾汉不是真实人物,但被压迫的人民十分珍视他身上所体现的价值观。

"卢德分子"抗争的目的是要保护延续数个世纪之久的工匠生活方式。这种生活方式给予他们生计和尊严,也意味着对产品质量的某种承诺。在诸多破坏行为中,最猛烈的当属损毁新式织袜机。该机器不惜以牺牲面料质地为代价,大规模生产袜子。在现代社会中,工资和就业保障问题可以通过谈判方式寻求解决,但19世纪早期还没有集体谈判的做法。工会是非法的,工人的"聚集和结社"也被法律所禁止[1]。因此,改革者们除寻求树林中"卢德将军"的帮助,还能做些什么呢?政府毫不留情地处置"卢德分子",他们中的许多人被绞死或被流放至澳大利亚。"卢德运动"最终被残酷镇压。

"卢德"在今天是一个贬义词,用来形容某个人盲目地不愿接受进步,特别是技术进步。但最初的"卢德分子"真是要盲目挑战进步吗?在我们的时代,生活质量、传统、社会正义等都卑躬屈膝地听命于毫无灵魂的技术和市场。我们或许应该反思"卢德将军"的抗议,再倾听一下深夜里富有节奏的脚步声。

---

[1] 一部旨在防范工人非法结社的法案在1799年通过。次年通过了第二部《结社法案》,对之前法案的相关内容进行了重申和补充。上述《结社法案》之所以通过,主要是政府出于对骚乱的恐惧以及担心革命会从海峡对岸蔓延而来。工会活动由此转入地下状态,直到法案在1824—1825年间被废除。即使到了那个时候,新的立法依然在削弱着工人集体谈判的权力。工人们只好在法律边缘行动游走,这种状况一直延续到19世纪60年代。

◎ 1815年：威灵顿和滑铁卢

1793年春，一个喜欢拉小提琴的23岁青年军官阿瑟·韦斯利向基蒂·帕克南女士求婚。基蒂比阿瑟小三岁，她长相清秀，留着深色头发。她的住所离韦斯利在爱尔兰米斯郡的老家丹根大约有一天的行程。两个年轻人已经结识许久，他们都出身于爱尔兰的英国贵族之家，看起来是不错的一对。但基蒂的兄长汤姆反对这桩婚事，认为韦斯利不够有钱，在军队的前途也很渺茫。

韦斯利为此深受打击。他一怒之下烧了小提琴，再也不演奏乐曲，并决心要让自己成为一名更有出息的军官。他开始苦练各项技能，报名去海外服役。多年后，他从印度回国时已经官至少将，被册封为骑士，还有4.2万英镑的积蓄，足以给予基蒂想要的生活。1806年4月，两人终于在都柏林完婚。

要是韦尔斯利夫妇（阿瑟1798年将他的姓改为韦尔斯利）从此就幸福地生活在一起就好了。实际上，韦尔斯利很快开始后悔。他对兄弟吉拉德抱怨："哎，她越长越丑。"这桩婚事成为韦尔斯利光芒耀眼的人生中不幸的一面。韦尔斯利像对孩子一样对待基蒂，而基蒂也很快放弃取悦她那过于挑剔的丈夫。韦尔斯利的女性朋友不无鄙夷地评论基蒂："她就像个女管家，衣着与牧羊女无异。她戴着自己制作的老旧帽子，还总拎个脏篮子。"两人虽然育有两个儿子，但生活实在说不上快乐。

因为在西班牙和葡萄牙抗击法军的英勇战绩，韦尔斯利赢得了著名的头衔：威灵顿公爵。这些战役构成了"半岛战争"，其获胜标志着联军对抗拿破仑的战争迎来了转折点。这要从1808年8月说起。威灵顿只带了9000名英国军人从里斯本北部登陆，协助当地人民发动起义。起义的导火索是法国皇帝把西班牙王位授予他的兄弟约瑟夫·波拿巴。在接下来的六年间，威灵顿重新训练葡萄牙军队，与西班牙游击队密切合作，将他带领的人数有限的部队打造成极为高效的战争机器。

威灵顿对士兵要求十分严格，他自己也很自律。他还创设了军事警察。士兵们非常爱戴这位异常勤奋的将军。他每天早上6点起床，一整天都忙于军中各种事务并关注每个细节。

1814年春，在拿破仑对俄罗斯发动攻势、兵败莱比锡后，传来了他退位的消息。英国军队当时正在大西洋和比利牛斯山脉同法国人顽强作战。威灵顿率军从法国西南部长驱直入，以胜利者的姿态进入巴黎。有人不知趣地提醒他，虽然赢得了"半岛战争"，但敌人只是拿破仑的将军们，他与法国皇帝从未面对面在战场上一分高下。

威灵顿直白地回答："我很高兴从未与他面对面较量，我情愿法军得到四万兵力支援，也不愿让拿破仑来指挥他们。"

在威灵顿前往维也纳和胜利者们一道重新规划欧洲未来之时，拿破仑已被流放至厄尔巴岛。他和拿破仑的对决似乎已不复可能。然而，1815年3月7日，就在威灵顿穿上靴子准备去打猎消遣时，他得知了一个令人震惊的消息——拿破仑逃跑了。曾经的皇帝在法国南部登陆，身边聚集起一大批支持者。他往北向巴黎进发，很快便赢得了整个法国的拥护。

威灵顿的任务十分艰巨。他要整合操着不同语言的训练水平、经验和装备参差不齐的多国联军，同普鲁士将军布吕歇尔一道守护荷兰防线。他得不到关于敌人作战意图的可靠情报。那年6月15日，在里士满公爵夫人的舞会上，汉密尔顿-达尔林普尔夫人就坐在威灵顿身旁。她观察到，"我从未在他的脸上看到如此关切和焦虑的表情。"

威灵顿深夜得知，法军正向布鲁塞尔奔袭而来。"天啊，拿破仑要对我进行夹击，他赢得了24小时的宝贵时间。"他找来一幅地图，审视布鲁塞尔守军的部署情况，然后将大拇指按在西南部的一个山脊上，"我要在这里和他决斗"。他的拇指所按之处是一个名叫滑铁卢的村庄。

威灵顿后来认为那场战役"势均力敌"。威灵顿在伊比利亚半岛积累了丰富的阵地防守经验，拿破仑从未遇到如此强劲的对手。法军对训练有素的联军多次发起进攻，在此过程中有生力量不断被消耗。当天晚些时候，布吕歇尔将军率普鲁士军队抵达。两军实力对比发生了彻底转变，法军最终溃败而逃。

滑铁卢战役奠定了威灵顿在英国历史上最伟大军事领袖的地位。此后，他开启了充满争议的从政生涯，于1828—1830年担任首相。由于奉行反自由主义的政策，他位于海德公园拐角处的官邸阿普斯利公馆[1]的窗户两次被愤怒的群众打碎。"铁腕公爵"每次提及滑铁卢战役时都会陷入沉默，他认为那些在战争中失去的生命，是胜利的代价——1.7万名英国人、7000名普鲁士人和2.6万名法国人。用他的话说："总打仗不是什么好事。人们身心皆疲，哪有心思去惦念荣誉。获胜时我觉得自己很可悲。和输掉一场战斗同样悲惨的，是赢得那场战斗。"

---

[1] 以"伦敦1号"闻名，因为该公馆是经关卡进入伦敦后能遇见的第一幢房子。

◎ 1823 年：玛丽·安宁与可怕的"蜥蜴"

莱姆里杰斯位于德文郡和多塞特郡交界处。这里的峭壁是比较松软的石灰岩，有许多化石夹杂其间。石灰岩一直处在坍落的状态，就像地壳被外翻的样子。玛丽·安宁从很小的时候就喜欢和她的小狗一起在废墟碎片上散步，用随身携带的小锤子、小镐和篮子捡拾那些宝贝石头。19 世纪早期，玛丽的家在海边上经营着一个破落的小店，以出售"菊石"和"椎骨石"为生。但玛丽可不仅仅是个简单的海滩拾荒者。

根据一位访客在 19 世纪 20 年代的记述，"这个年轻女人最令人惊叹的地方，是她十分熟悉化石方面的学问。她只要发现任何一块骨头，就知道它属于哪个门类。她还会把骨头化石用支架固定起来，以此为样板作画和进行雕刻"。

在那个年代，地质学（研究地球的学问）和古生物学（研究早期生物的学问）还处于萌芽状态。专家们听闻玛丽的发现后，纷纷从他们所属的大学和机构中赶往莱姆里杰斯。哈丽雅特·西尔韦斯特夫人评价玛丽："通过学习和实践，她已经可以和教授以及其他的聪明人就学科知识进行口头和书面交流。他们都认为玛丽对学科的理解在国内堪称一流。"

如果玛丽碰上规模较大的特殊"宝藏"，她一般会让小狗留在原地，自己去寻求他人帮助。1823 年 12 月，她找来大型挖掘队，帮助挖出了一个身长 9 英尺、介于龟与蛇之间的"怪物"化石。"怪物"仅脊椎就包括 90 多块"椎骨石"，还有 14 块肋骨以及 3 块残存的纤细鳍骨。学者们认定这是世界上首例被发现的完整的蛇颈龙（体态近似蜥蜴）化石。

现代科学推定蛇颈龙生活在距今 2.45 亿—6500 万年的中生代。今天的人们将那个极其遥远的时期定义为"史前时代"。但在 1823 年，许多牧师告诉信众，上帝在不到 6000 年前创造了世界，具体的年代可以精确至公元前 4004 年。根据《创世纪》，上帝用六天创造了世间万物。那么，仁爱的上帝怎么可能把这种罪恶的爬行动物[1]带到世间？蜥蜴的年代与大洪水或亚当和夏娃又有何关联？《圣经》中甚至根本没有提到巨大爬行动物的存在。

玛丽是个虔诚的教徒，但这些问题并未困扰她。这位身材小巧、戴帽子的女性仍然时常出现在多塞特郡的峭壁上，继续着她的发现之旅。她的成果包括一些最早和最完整的鱼龙化石，以及英国最早的"飞龙"（翼龙，其英文名 pterodactyl 出自希腊语"翅膀"）化石。玛丽 1847 年去世时，已成为英国"侏罗纪海岸"的女英雄。英国议会、地质学会和科学促进协会都给予她养老金。但相比这些，她更情愿在科学界获得名望。她曾对一位合作挖掘化石的年轻女性说："这些博学的男人从发表的成果中获益良多，但其内容来自我的发现，他们其实是在吮吸我的脑汁。"玛丽一边说着，一边继续敲凿着石块。

---

[1] "恐龙"一词 1842 年首次出现，意为"可怕"或"令人恐惧"的巨型蜥蜴。

◎ 1830年：铁轨上的鲜血

1830年9月15日清晨，细雨连绵。人们聚集在兰开夏郡，观摩陈列在此的一批火车机车。直到最近，所有能够提供动力的设备都是"静止"的机器零部件——牢牢地固定在一个地方。但是新近研制的火车机车（其英文名 locomotive 来自拉丁文"从一处移动到另一处"）却能使自己动起来。现在，为了见证一条全长33英里、连接大都市利物浦和曼彻斯特的铁路竣工，这些火车机车将要向大家展示，它们将如何可靠地运送物资和旅客。

荣耀最终属于更加短小、宽敞和雄劲的火车机车"火箭"号。该机车由铜、铁和钢材料组装而成，制造者是一对父子乔治·斯蒂芬森和罗伯特·斯蒂芬森。蒸汽从位于机车锅炉两侧的活塞中喷涌而出，而这两个活塞就像是一只巨型青蛙的双腿，时刻准备沿着铁轨大踏步奔向前方。"火箭"号展示的威力也反映出人们对铁路的一切恐惧：小鸟可能会被蒸汽烟雾烫死；火车呼啸而过时，奶牛产的奶或许会凝固；人们甚至担心乘客们的肺会因为高速行驶所产生的压力而受损。在奔宁山脉的另一侧，克利夫兰公爵强烈抵制在斯托克顿和达林顿之间修筑铁路，将该计划迟滞了三年。因为他担心这会影响自己狩猎狐狸。

1830年9月号的《机械》杂志希望能减轻这些担忧。"我们认为新的发明尚不至于对英国社会产生颠覆性影响。"杂志还预测富人区将在郊区和城市边缘大量涌现，"生活在乡村不再是种种不方便的同义词，而仅意味着做出一种选择，即人们的工作场所是位于乡村住地附近，还是在30英里之外"。

来自利物浦的议员威廉·赫斯基森对铁路建设尤其支持。他曾于

1823 年担任贸易委员会主席，致力于推进改革和降低关税。他还因为主张废除《结社法》、给予工人成立工会的权利而惹恼雇主阶层。赫斯基森的一些富人支持者拥有当地运河的股份，其股价受更加快捷、经济的利物浦至曼彻斯特铁路影响而大幅下跌。但这并未阻止赫斯基森尽全力推动议会同意修建这条铁路。他告诉利物浦当地的报纸，铁路会使当地所有的劳动力受益。他还准备在 9 月 15 日为庆祝铁路通车而举行的晚宴上发表一场演讲。

他打算这么说："铁路的原理和商业本身是相同的，都增加了便利，减少了劳动，人们可以用更便捷的方式、更少的劳动在全世界促进人类的福祉。"

但威廉·赫斯基森没有机会去发表演讲。晚宴的荣誉嘉宾是自 1 月起就担任首相的威灵顿公爵。当天上午 11 时，赫斯基森和首相以及其他嘉宾共同坐上了从利物浦东行的火车。中午前，在行驶了 18 英里后（离曼彻斯特还有一半路程），火车停靠在园畔车站。赫斯基森下车，加入了围在威灵顿公爵车厢旁的庆祝人群。

突然间车站传来提醒声："先生们，一辆机车正向我们靠近，请注意安全。"那是从相反的曼彻斯特方向沿着靠北的另一条铁轨驶来的"火箭"号机车。公爵从车厢里对站在铁轨中央的赫斯基森说道："请最好回到车上来。"这时，许多人都向月台奔去，但在犹豫了一会后，赫斯基森选择靠近并扶紧车厢。两条铁轨之间只有 1.25 米的空隙，如果他待在那里一动不动也许会比较安全，但因为紧张，赫斯基森拽住了公爵所在车厢的门扶手，在他体重的作用下，门缓缓旋转打开，正对着"火箭"号所行驶的铁轨。

赫斯基森被撞倒在铁轨上，身受重伤——机车的轮子从他左脚上轧过，血肉四溅，令在场所有人惊恐万分。人们赶紧把他送往医院，威灵顿公爵则勉强同意继续乘车前往曼彻斯特。当天的晚宴气氛十分哀沉，人们为赫斯基森举杯祈祷:"希望他的痛苦迅速缓解,早日恢复健康。"此刻,时钟已过晚上 11 时,实际上,我们的铁路拥护者当时已离开了人世。他的痛苦仅仅在注射了大剂量的鸦片酊后才稍稍得到缓解。

有五万多人参加了威廉·赫斯基森的葬礼,利物浦一整天都全城封锁。这一悲剧性事件并未阻止人们接受铁路出行。在新线开通的第一周,有 6104 人付费乘坐。在 12 个月内这一数字飙升至近 50 万人。他们中许多人乘坐的火车都由"火箭"号机车牵引,该机车已然成为铁路运输的"先锋"。这也再次证明了赫斯基森的先知先觉。然而,他却以另一种方式为后人所铭记——首位因乘坐高速机械设备而不幸遇难之人。

◎ 1819—1832 年:演说家亨特的肺活量

"演说家"亨利·亨特因为他出众的肺活量闻名。他可以像大喇叭一样发声,在麦克风诞生之前的年代,高分贝的力量对公众演说者至关重要。此外,亨特为了让最远处的观众也能看到他,还戴着一顶巨大的白色礼帽。

在 1819 年 8 月一个湿热的日子,亨特对大约六万名聚集在曼彻斯特市圣彼得广场的男女老少发表演讲。他们大多来自工人阶层,在此聆听演说主要是为了支持议会改革,呼吁给予男性公民以无记名方式投票的选举权。亨特的演说才开始了十分钟,一队身着蓝白相间制服的军警从拐角突然出现,他们拔出佩剑向人群冲去。

现场气氛本来很安静,人们向军警们友善地呼喊致意。但对方的反应却是策马径直向人群奔来。一个目击者称:"他们的剑刺向手无寸铁的民众,马蹄在人群中践踏,女人和儿童概莫幸免。"

军警们是奉市政当局之命行事,十分钟之内就将圣彼得广场清空。至少11人丧生,还有500多人受伤。这次事件被称作"彼得卢屠杀"——以嘲讽不久前英国在滑铁卢取得的胜利。柴郡的市政官员曾指望通过逮捕亨特让他沉默,但他们此举反而将亨特塑造为全国性的英雄。有30多万人在他被押往法庭的途经之处为他叫好。亨特在牢狱中撰写的回忆录(分46期连载)创下了畅销纪录。他将回忆录献给"英格兰、爱尔兰和苏格兰的激进改革者"。

乍看上去,亨特不太可能为激进主义"殉道"。他的祖先是诺曼人,高曾祖父是跟随查理二世流亡的保王党人。他在自己拥有的3000英亩(超过1200公顷)农地上种植谷物,并使用了最新的牧羊技术。但他在首次婚姻失败后,选择同一个朋友的妻子成婚,这令所谓的主流社会对他冷眼相看。亨特还与当地一个大农户发生纠纷,邻居分别于1800年和1810年两次把他告上了法庭。由此,他对主导19世纪英国政治生活的上层地主阶级心生怨恨。

地主阶级主导政治最显著地表现在源于中世纪、目前摇摇欲坠的议会体制。古老和破败的选区仍然能往威斯敏斯特输送议员。比如,威尔特郡的旧塞勒姆镇只有七名选民,却选出了两名议员。这些"腐败选区"很多都位于英格兰南部,而米德兰兹等北部工业地区则明显缺乏代表性:曼彻斯特、伯明翰、利兹和谢菲尔德没有任何议员代表。1831年生活在英格兰和威尔士的1400万人中,只有大约40万人有投票权:所有人都是男性,他们必须参加竞选活动,当着公众的面投票。

亨特呼吁以无记名投票方式实行全民普选,就像今天的人们所做的一样。他认为,如果人们需要当众表明政治立场,他们就会被迫按照工厂老板和地主们的要求投票。18世纪末,朗斯代尔伯爵通过属于他的多个庄园控制了至少九个选区。他麾下的议员被戏称为"九柱戏中的木柱"。据估计,87位贵族控制了下院658席中的213席。

1830年,嗓门洪亮的演说家亨特只是呼吁变革的众多人士中的一位。那年秋天,肯特郡、萨塞克斯郡、汉普郡和伯克郡心怀不满的劳工们,积极响应一个神秘人物"斯温上尉"(卢德将军的"南方版本")的号召,纵火烧毁庄稼,破坏农场主们的脱谷机。议会开幕时,他们在附近点燃草垛,浓浓烟雾缭绕在威灵顿公爵和他的托利党政府四周。

威灵顿公爵的继任者是优雅、年长的格雷勋爵。格雷不是激进改革派,他下令逮捕了2000多名"斯温上尉"骚乱者,其中19人被处决,481人被流放到殖民地,644人下了牢狱。但格雷同样深知妥协的重要性。他向议会陈词:"我推行改革所秉持的原则是力图避免革命爆发。通过改革维持而非推翻现有制度。"在经过一年的反复讨价还价和谈判后,格雷终于等到他的《改革法案》于1832年6月被签署成法律。该法废除了"腐败选区",通过给予小产业主投票权,将选民人数扩大了一倍。

亨特积极参与关于改革的史诗般的斗争。他成功当选兰开夏郡普雷斯顿选区的议员,为反对格雷的改革方案发表了1000多次演讲。他认为,格雷的方案是对"英格兰700多万没有代表性的工人阶层的背叛",改革不过是个诡计,目的是让"中产阶级、小企业主等加入更高阶层"。

他的论点不无道理:1832年标志着旧体制的终结。这是一个通过激烈斗争争取来的真正转折点。亨特在其中发挥了自己的作用。然而,扩大后的81.4万选民仅仅是英国男性公民的五分之一,不能无记名投票则意味着他们随时可能受制于土地阶层和工厂老板们,后者在此后无记名数年中仍是英国政治的主人。

亨特于1835年病逝,离世时身心憔悴、贫困潦倒,但始终保持战斗的姿态。为了弥补在政治竞选中消耗的财富,他开发了一个产品——"无可媲美的亨式黑鞋油"。该鞋油许诺能使皮鞋重新焕发完美光泽。在每瓶鞋油上都印着这样的愿景:"平等的法律,平等的权利。每年召开议会,实行全民普选。"

◎ 1834年:托尔普多村的殉道者们

19世纪的大部分时间,英国劳动力的最大单一群体就是以土地为生的人们,包括农夫、农工、牧羊人、养牛人、猪倌、篱笆匠、茅屋建造者、乳品工、铁匠、猎场守护人等。他们的收入十分微薄。19世纪30年代,每个家庭的每周最低生活开支是10先令(50便士),但多塞特郡托尔普多村的农工每周只能拿到9先令。

农工乔治·洛夫莱斯经常去本地的卫理派小教堂祷告,他回忆称:"过了一段时间,我们的收入被减少到每周8先令。这招致了广泛不满,除了两三个残疾人外,几乎所有村里的农工都向邻村的地方法官申请了救济。"

托尔普多村图画般的名称有着盎格鲁-撒克逊渊源,意味着沼泽丛生的低洼地带,据说这里曾属于一位叫托拉[1]的寡妇。村里只有六个身体

---

[1] 托拉在1050年拥有该土地。皮多尔河沿岸的村子还包括阿芙普多,想必是得名于987年此处的地主阿尔福里多斯。

健全的男人，但地方法官对他们的救济申请置若罔闻。"我们被告知，必须接受雇主给我们开的任何他们认为恰当的工资，没有法律强制雇主给农工支付固定数额的报酬。"更坏的情况接踵而来。工人们的工资被进一步削减至每周7先令。他们甚至被威胁，拿6先令工资的日子也不远了。

绝望之下，"托尔普多六君子"决定组成"农业工人友好协会"，为更好的待遇而抗争。但他们很快于1834年2月24日被捕，镣铐加身押往多切斯特。他们在那里被起诉，罪名是参加包含非法宣誓内容的仪式。

这一罪名十分含糊，可能源自惩罚海军哗变的法律条文。事实上，《结社法案》于1824年废除后，性质温和的争取工资待遇行为是合法的。然而，多塞特郡当局和下令在圣彼得广场逮捕"演说家"亨特的曼彻斯特市政府一样，下决心要镇压那些被他们视作革命活动的行为。1834年3月，多切斯特巡回法庭判处托尔普多的乔治·洛夫莱斯等六人罪名成立。他们将被送到澳大利亚服劳役七年。

判决立刻引发强烈不满。2.5万工人走上伦敦街头，发起了英国首都历史上最大规模的和平请愿活动。伦敦-多切斯特劳工委员会高呼："起来吧，英国的男人们，团结在自由的旗帜周围！否则我们将永远在唯利是图的雇主前抬不起头。"不到一年，内政大臣约翰·罗素勋爵给予六人有条件赦免，1836年实现了无条件赦免。1837年，这六人回到了英国，随后参加了一系列庆祝游行和晚宴。他们中的不少人性格温和，对大张旗鼓地参加这些活动感到颇为尴尬。

殉道者们具有了符号意义。将他们遣送到澳大利亚的不公正行为、六人自身的温和色彩，甚至是他们所在小村子的有趣名称，都一定程度上激发了工人阶级的阶级意识。1839年标志着宪章运动的开始之年，该运动旨在推动通过一部改革宪章，给予所有男性成年人（不仅是产业业主）投票权，引入无记名投票。在宪章运动的抗议示威和持续的政治压力下，《第二次改革法案》最终于1867年通过，选民人数获得大幅增加。1872年的《投票法案》使"演说家"亨特关于无记名投票的梦想成为现实。

到1872年为止,"托尔普多六君子"中仅有一人依然生活在托尔普多村,其他五人都已移民到加拿大。前一次他们被发配到澳大利亚是被迫的,而现在他们自愿背井离乡。虽然没有给出原因,但他们在新朋友和邻居面前刻意隐瞒了自己来自托尔普多村的身份。移民的五人甚至没有将他们的过去告诉在加拿大出生的孩子们——他们试图逃避这一切。相比成为"符号",对他们而言,生活中还有更重要的事情。

◎ 1837年:"我会好起来的"——维多利亚女王登基

1830年的一天,11岁的维多利亚公主正在肯辛顿宫专属于她的那间房间,准备预习即将讲授的历史课程。她翻开了书本,一张族谱映入眼帘。这是皇家教师打算让她学习的内容。族谱呈现了汉诺威家族(维多利亚所属家族)的人物关系。公主仔细寻找自己同祖父乔治三世国王之间的血脉联系,她好像明白了一件似乎一直被人隐瞒的事情。

她自言自语道:"我好像比我想象的更加接近王位。"事实上,她几乎注定要成为女王。想起这令人兴奋的场景,小女孩激动地流下了眼泪。

然而，即使是在如此情绪化的时刻，维多利亚也能表现出冷静、超脱的一面。"我会好起来的。"她说。

令人吃惊的是，截至1819年，族谱揭示出乔治三世的七个成年王子居然都未诞育任何合法子嗣。这七位王子大多体态肥胖，生活堕落，都有着这样或那样的缺点，他们还有不少私生子。他们的众多情妇和不堪的情事，令王室不断因丑闻蒙羞。直到1819年5月维多利亚出生后，王位的直接继承才稍稍有了保障。不幸的是，维多利亚的父亲肯特公爵爱德华（老国王的第四个儿子）在她出生八个月后突然身故，他不过是在海边患了感冒。这也凸显出，在那个公共卫生条件落后的年代，患病有多危险。

维多利亚的母亲，也就是失去丈夫的公爵夫人决意要确保女儿的安全，想方设法使她留在自己身边。如果没人搀扶，维多利亚就不被允许单独下楼。她必须和母亲睡在同一间卧室。她还被称作"肯辛顿规则"的一系列规则和礼仪束缚，以免受到他人"不合时宜"的影响。公主很少遇到自己的同龄人，她唯一的玩伴和情感寄托是亲爱的小狗达什——一条查理国王犬。

当时的人猜测，适用"肯辛顿规则"的主要目的是巩固约翰·康罗伊爵士的地位。他是一位英俊而狡猾的爱尔兰冒险家，被公爵夫人视为知己。有一次，维多利亚在访问拉姆斯盖特的途中病得十分厉害，康罗伊居然趁机强迫公主签署一份文件，以便使他自己在维多利亚登基后成为女王的私人秘书。公爵夫人也恩威并施，帮着康罗伊说话。但这位身患重病的16岁公主，最终并没有屈服于他们的压力。

两年后的1837年6月20日，一个安静的清晨，宫务大臣和坎特伯雷大主教匆忙地叩响了肯辛顿宫的大门。18岁的维多利亚被从梦中唤醒，她穿着睡袍迎接来客。这两位受人尊敬的大人物居然在她面前跪了下来。她的叔叔威廉四世昨晚驾崩，维多利亚现在已贵为女王。

那一晚，维多利亚平生第一次一个人睡。她下令把自己的用具都挪到她的专属房间。接下来的几周，她刻意和母亲保持距离。公爵夫人求见女王时，经常得到的答复是一张只写着"很忙"的小纸条。康罗伊爵士也被禁止进入女王在白金汉宫的房间。

维多利亚女王所展现出的坚韧和刚毅，是她在位63年中一以贯之的品格。作为形容词，"维多利亚的"被用来意指坚定且有责任感，这与女王的性格一脉相承。但我们这位"小女王"（她只有不到五英尺高）也有童心未泯、富有情感的一面。1838年6月28日，在庄严而耗费精力的加冕仪式结束后，女王陛下回到白金汉宫。她直接冲上楼，为最好的朋友小狗达什洗了个澡。

◎ 1843年：上帝的伟大铁路——伊桑巴德·金德姆·布鲁内尔

1843年的一天，伊桑巴德·金德姆·布鲁内尔正和孩子们玩着他最擅长的把戏。这位天才工程师将一枚维多利亚时期的50便士硬币拿到眼前晃了晃，然后装作将硬币吞下喉咙，再从耳朵里奇迹般地取出来。但不幸的是，这次布鲁内尔真将硬币吞了下去，卡在他的气管上。

此后的数周，这位著名的铁路、桥梁、隧道、码头和船舶工程师不停地咳嗽，试图将硬币咳出来。一个有名的外科医生在布鲁内尔的气管上开了个口，用手术钳在里面捣鼓了半天，但仍然没能取出硬币。于是，这位工程师打算用做工程的办法来解决。他发明了一个可以旋转的桌子，把自己捆在桌板上，脸朝下。然后人们将桌子翻倒，让布鲁内尔的头朝着地面。有人使劲拍打他的后背，在重力作用下，硬币终于掉了出来。

各大报纸兴奋地追踪这件奇闻。《泰晤士报》每天都刊登关于布鲁内尔健康状况的报道。硬币的重现成了全国性的重大事件。伟大的历史学家托马斯·麦考莱在街上飞奔欢呼道："出来了，出来了！"当时所有的人都知道他指的是什么。

1826年以来，布鲁内尔一直是新闻头条报道的对象。当时，他从父亲、法国工程师马克·布鲁内尔手中接过了一个雄心勃勃的工程——在泰晤士河的水下修建一条隧道，从罗特希斯延伸至伦敦码头地带的沃平。这将是世界上第一条水下隧道。布鲁内尔（金德姆是他的英国母亲索菲亚的姓氏）差点因为隧道顶端破裂而被河水冲走。不过，这位年轻人幸免于难。他成功修复了隧道，还为项目的投资者和负责人在河床下举行了一场精彩绝伦的烛光晚宴。布鲁内尔清楚，富有远见的工程项目需要戏剧性的表演来加以推销。他使自己成了这一行的明星。

布里斯托尔的商人们打算延请才华横溢的布鲁内尔。他们计划修建一条连接布里斯托尔港和伦敦的"大西部铁路"。这位27岁的工程师接受邀请，骑在马背上考察伦敦和布里斯托尔之间110英里的乡村道路。他希望能找到最为舒适、快捷的线路。完成这项工程同样需要修建隧道。在斯温登西边的博克斯，布鲁内尔花了几乎六年时间开凿了一条两英里长的隧道。两队施工人员相向施工，1840年隧道贯通时，他们各自开凿的孔洞只有1.25英寸的细微偏差。在泰晤士河沿岸的梅登黑德，布鲁内尔还建造了一座优美典雅的平拱桥。这座大桥伸展得如此平坦，就像是被魔力支撑。时至今日，梅登黑德拱桥依然是世界上最宽阔、平整的砖拱桥。

"大西部铁路"拥有如此众多的工程奇迹和形如教堂般的车站（亦为布鲁内尔设计），这条铁路因此也被称作"上帝的伟大铁路"。1842年，维多利亚女王首次乘坐火车出行时就选择了"大西部铁路"。在那个时候，这条铁路还有了额外的含义。铁路公司的负责人曾向布鲁内尔表达铁路不够长的忧虑，他回答道："为什么不将铁路再延长一段，然后用蒸汽船把布里斯托尔和纽约连接起来呢？"1837年，他推出了"大西部"号轮船，这是一艘巨大的载客平底蒸汽船，可以用15天左右横跨大西洋，并用14天返程。1843年春天（和他费力将硬币从气管中取出来大约同时），布鲁内尔启用了一艘更大的轮船"大不列颠"号。这是世界上首艘螺旋桨驱动的铁壳大船。

但"大不列颠"号让投资者亏了钱。旅客们对如此庞大的船体感到犹豫，他们的担心的确成为现实。在仅仅经历三次跨大西洋往返旅程后，这条大船就在爱尔兰沿岸遭遇了搁浅事故。这不是布鲁内尔的远见和雄心第一次碰到现实阻碍。为了将"大西部铁路"延伸至德文郡，他修建了一条"空气铁路"，尝试摆脱充满噪音和煤灰的火车头。这条铁路的原理是在车厢下方安装铁棒，和两条铁轨之间的真空管连接在一起。管子里的真空依靠铁路沿线的泵压站维持，其吸力将带动车厢沿着铁轨向前行进。

布鲁内尔这套系统有赖于真空管上方的皮带阀的气密性。伴随其开合，每节车厢下的铁棒得以逐次通过。为使皮带阀始终保持润滑柔韧，巡查铁路的工人会在其上涂抹石灰皂和鲸油的混合物。不幸的是，鲸油的味道十分吸引老鼠。由于老鼠总是啃咬皮带阀，"空气铁路"压力不断泄漏。

布鲁内尔为这次试验的失败承担了责任。他后来还进行了另一次同样大胆的试验，但在尚未见证其完工之际就去世了。1859年，他生前建造的庞然大物"大西部"号蒸汽船下水。这是一艘692英尺（210米）

长、排水量 2.8 万吨的轮船，比当时最大的船都大五倍以上。尽管设计载客量为 4000 人，但该船首航仅仅搭载了 36 人。后来，这条船沦为了一条海缆铺设船。

布鲁内尔逝世时年仅 53 岁。他似乎将众多人生浓缩到了一次生命之中。现在的人们或许会将他称作"工作狂"，因为他几乎每天都在工作，很多夜晚以香烟和雪茄为伴。布鲁内尔对工人们十分苛刻——在修建博克斯隧道时，有 100 人因为开凿坚硬的岩石而丧生。他对待家人也像对自己一样严苛。

布鲁内尔去世的时候，商界人士都认为他是个极其危险的"浪费者"。作为他的朋友和同事，达尼埃尔·古奇负责建造"大西部铁路"的火车头。他也认为，布鲁内尔的确有些浪费。然而，他同样相信，"伟大的事情是不能靠那些斤斤计较的人来完成的"。

◎ 1843 年：雨、蒸汽和速度——特纳的闪亮视角

1843 年 6 月的一个夜晚，一位名叫简·奥米拉的年轻女性正乘坐火车沿着刚刚兴建的"大西部铁路"向伦敦驶去。车窗外大雨滂沱，电闪雷鸣，雨水倾泻如柱，用力冲击着车窗。就在这时，令简·奥米拉十分吃惊的事情发生了。和她一同坐在一等车厢的一位老先生突然起身问

道:"我可以打开车窗看看外面吗?"

简·奥米拉只好礼貌地同意。更让她惊讶的是,这位旅伴居然把头和肩膀完全探出车窗外,并且一直保持这个姿势长达九分钟。老先生显然被自己看到的景象所深深吸引,他回身时已经全身湿透。简·奥米拉难以抵制好奇,也将身子伸出车外,顿时被眼前声与光的交错喧嚣震惊了。火车当时停靠在布里斯托尔的坦普米尔兹车站。蒸汽、带着硫黄味的烟雾以及火车锅炉室里闪烁的火光混杂在一起,这是一种难以名状的感觉。简·奥米拉后来写道:"自然和人工的声光相互交织。我从未听过、见过,也从未期待能见识如此景象。"

大约一年后,简·奥米拉前往皇家艺术学院观看当年夏天的新画展览。突然间,她终于知道那晚有些神经兮兮的老先生是谁了。墙上的一幅画用非传统方式杂糅着色,描绘出混浊炫目的景象,和那天她从"大西部铁路"车厢中向外看到的如出一辙。这幅画的名字叫《雨、蒸汽和速度》,作者是约瑟夫·马洛德·威廉·特纳。

1844年的时候,特纳已经是位十分成功但充满争议的著名画家。69年前,他出生在一个贫穷的假发制作匠人家庭。他们家就在伦敦卡文特加登的水果蔬菜市场附近。特纳的母亲一直有精神疾患,晚年是在伯利恒疯人院度过的。特纳一生都保持着伦敦东区的口音以及精明的经商意识。他早年曾在父亲的假发店里展示自己的画作,售价每幅1先令(5便士)。

维多利亚时期的许多人都批评特纳的画作狂野、抽象甚至有些"疯狂"。不过,莫奈、勒努瓦、毕加索、德加等法国画家后来都给予他高度评价,认为"杰出的特纳"致力于展现光的扑朔效果,为他们的绘画革命——印象主义提供了启迪。当莫奈还是一位年轻画家的时候,他就专门前往伦敦欣赏、学习《雨、蒸汽和速度》。这幅画后来广受各方赞誉,小说家威廉·撒克里评价称:"此画在全世界无出其右。"

画的中心是一种电光交错的"混沌"景象，正如简·奥米拉在坦普米尔兹车站惊愕地看到的。不过，特纳将布鲁内尔在泰晤士河谷建造的著名的梅登黑德拱桥"嫁接"到这幅画中，因为他经常在这座拱桥前写生。包裹在烟雾中的火车头仿佛要冲出画幕，黑色高耸的火车烟囱在倾泻的大雨中猛烈地开辟出一条道路。如果观赏者再走进一些，仔细端详，火车前面还有一只受惊奔跑的褐色小野兔。机器时代到来前，这只小动物就是速度的象征。

《雨、蒸汽和速度》现在陈列在伦敦特拉法加广场的国家美术馆里。站在这洋溢着斑驳色彩的画作前，你不禁会惊叹于这世界上第一幅伟大的铁路画作。设想一下，简·奥米拉将头伸进暴风雨中，终于目睹特纳的慧眼所见到的景象。你一定会对她的兴奋激动感同身受。

◎ 1851年：阿尔伯特亲王的水晶宫

1851年5月1日，维多利亚女王身着一袭粉色礼服裙，乘坐马车前往海德公园。她的衬裙上嵌着闪闪发亮的珠宝和银色刺绣。女王这是要去为世界上最大的一座温室揭幕。这座昵称为"水晶宫"的温室占地19英亩，其高耸的钢铁结构中包括29.4万块玻璃板。即使海德公园里最高的榆树也能被容纳其中。水晶宫里还陈列着十多万件来自英国、欧洲大陆、美洲、澳大利亚、印度和中国的珍奇展品。万国工业博览会将在此举行。

举办博览会的提议出自维多利亚女王的丈夫阿尔伯特亲王。他来自德意志的萨克森-科堡-哥达家族。据说,年轻的维多利亚首次和阿尔伯特见面时并未对他产生好感。这位严肃的德意志年轻人在快要开始跳舞的时候居然打起瞌睡来。不过,他们第二次见面时,阿尔伯特已经学会了跳舞。年轻的女王在她 1839 年 10 月 10 日的日记中不无赞许地写道:"看阿尔伯特跳着快步舞真是一种享受,我的心也随之起舞。"

五天后,女王向阿尔伯特求婚(宫廷礼仪不允许男性向女王求婚)。两人开启了富有激情的婚姻生活,他们一共育有九位儿女。英国也迎来了首个情感生活丰富的王室。通过绘画和当时新近发明的照相机,我们看到王室与宠物犬同乐、享受乡村假期、围坐在圣诞树前吟唱颂歌——英国人现在愉快地接受了这一德意志传统。关于政治,阿尔伯特清楚地知道王室保持中立的重要性,他尽力发挥影响,让妻子对她的首相们原本激烈的好恶态度变得温和一些。阿尔伯特也十分理解王室在激发国民士气方面的独特作用。

这就是阿尔伯特对举办博览会的想法情有独钟的原因。事实证明,博览会相当成功。在水晶宫设展的六个月内,共有 600 多万人汇聚到海德公园观看展览,这相当于英国全国人口的四分之一。女王本人就参观了不下 34 次。博览会的著名展品包括光明之山巨钻,与水晶宫主街同等长度、世界上最大的镜子,会将人从床上弹射到地板上的"闹钟床"等。工程师乔治·詹宁斯设计的公共厕所被广泛讨论。人们花一便士硬币就可以开锁使用这个新奇设施。后来,"花一便士"成了英国人对如厕的委婉说法。

维多利亚女王被一台能够制作信封的机器震惊了。这机器叠起纸来就好像长着手指一样熟练。美国的展台吸引了更多人的目光,因为他们的展品预示着世界机械化的未来。那里展示着世界第一台打字机、缝纫机、收割机和脱粒机,这些机器改变了动力的来源,为年轻的美国带来了繁荣。

"我挚爱的阿尔伯特的名字将载入不朽史册。"维多利亚女王在博览会开幕的那天不无得意地写道。当博览会闭幕时,这句话显得更加正确。展览赢得了不少利润,这些资金被用来实现阿尔伯特长期以来的一个梦想——在南肯辛顿地区开辟一块永久土地,用来建设全国性的文化和学习设施。阿尔伯特于1861年因伤寒症病逝,年仅42岁。这不算偶然,因为在有效的公共卫生政策出台前,不卫生饮用水造成的疾病曾广为流行。好在博览会的利润使阿尔伯特的梦想变成了现实。在海德公园以南的一大块土地上,耸立起巨大的环形阿尔伯特音乐厅、帝国理工学院(英国首个教授科学的机构)、科学博物馆、国家历史博物馆以及设计和艺术博物馆(现在被称为维多利亚和阿尔伯特博物馆)。

水晶宫本身被一根梁接着一根梁、一块玻璃接着一块玻璃地小心拆解。在约瑟夫·帕克斯顿爵士的规划下,它在伦敦南部的锡德纳姆山地区获得了新生,成为一个占地200英亩的维多利亚主题公园的核心建筑。这是世界上第一座主题公园,里面以史前沼泽为背景,矗立着实物大小的巨型恐龙模型。不久后,公园里又多了过山车、一块板球运动场和一个足球俱乐部。水晶宫足球俱乐部是英格兰足球总会的创始成员。1895—1914年的足总杯决赛就在水晶宫附近举行。这座恢宏的玻璃建筑一直是伦敦南部天际的一道亮丽风景线,但在1936年11月的一场大火中却被不幸损毁。当时的火势十分迅猛,点亮了天空,即使远在布莱顿市也能看见。不过,水晶宫的名字被保留了下来。今天去锡德纳姆山地区,人们仍然能看到那些恐龙模型。

◎ 1852年:"妇女和儿童优先"——伯肯黑德号上的训练

1852年2月底的一天,运兵船伯肯黑德号正沿着南非海岸航行。这是皇家海军的首艘铁甲运兵船,它装载着包括许多新兵在内的英国军人以及一些随军妇女、儿童。这些士兵是要去参加征服南非东开普地区科萨族人[1]的卡菲尔战争。

此刻,海面平静,天空中星光闪耀,600多名乘客和船员大多已进入了梦乡。负责瞭望的少数水手可以从船的左侧观察到远处海岸线的轮廓。就在快到深夜两点时,一声巨响使伯肯黑德号突然停了下来。原来,这艘船以8节的航速(大约每小时15公里)撞上了一块未被发现的礁石。

船的下层运兵舱板很快就被海水淹没。海水从伯肯黑德号的铁甲裂口中大量涌入,许多士兵在熟睡中溺亡。上层甲板上的船员正在紧张地释放救生艇,但发现不少艇已经锈蚀在吊艇架上,只剩三只小艇勉强能用。伯肯黑德号船长罗伯特·萨蒙德下令,船上的20多名妇女儿童和病人应该首先被转移到安全的地方。

74高地团的亚历山大·塞顿上校在甲板的另一侧。他命令士兵们立即列队站好。许多士兵都是年轻人甚至大男孩,他们几周前才穿上军装,但他们坚决服从命令,很快地完成了列队。一排接着一排,就像在阅兵场上的队形一样。

在雷达、声呐、卫星、天气预报出现前的数个世纪中,船只沉没

---

[1] 现代,获得解放的科萨人中诞生了民主南非的前两位总统,纳尔逊·曼德拉和塔博·姆贝基。

的悲惨事故并不鲜见。现在到了令伯肯黑德号的沉没与众不同的时刻。看到船将不久沉入海底（事实上船在触礁后仅仅20分钟就沉没了），萨蒙德船长下令大家向救生艇游去，但他的命令遭到了军队指挥官塞顿的反对。

塞顿上校喊道："你们会将妇女儿童乘坐的小艇挤翻的。我请求大家不要这么做，我命令你们继续保持立正姿态。"

400多名在伯肯黑德号甲板上列队的年轻士兵选择服从命令，仅有少数人抗令逃生，但这更凸显了选择立正的多数人的团结。在船沉没过程中，他们始终肩并肩整齐地站立着。我们无从得知何时海水将伯肯黑德号完全淹没。根据记载，年轻的士兵们"就像是在接受检阅一样，被海水带入了海底坟墓"。

维多利亚时代的孩子们在学校里都学习了这个故事。拉迪亚德·吉卜林的一首诗《伯肯黑德号上的训练》更令这一英雄事迹传承不朽。这是面对逆境和绝望时坚定沉着、冷静泰然的绝佳写照，也体现了英国绅士的标志品质。事实上，下令"保持立正"的塞顿上校是苏格兰人，他的很多士兵都来自爱尔兰和苏格兰，来自著名的"黑卫士"高地军团。

1912年泰坦尼克号沉没时，抢着逃往救生艇的男人们之所以被耻笑，就是因为他们打破了伯肯黑德号的英雄们树立的规矩——妇女和儿童优先。两年后，第一次世界大战爆发。伯肯黑德号体现的无条件绝对服从精神，驱使着交战双方的士兵踏入战壕、迎接死亡。德皇威廉一世1871年统一了德国。他下令在普鲁士军队列队阅兵时，首先要讲述伯肯黑德号的故事。这的确是对英国士兵很高的褒奖了，因为普鲁士军队在世界上素以严守军纪闻名。

上述英雄主义的故事里，只有一点令人略感不安。在200多逃离鲨鱼攻击、迎着暖流游到海岸的幸存者中，有一位名叫恩赛因·卢卡斯的年轻军官。他回忆起和塞顿上校的最后对话。

卢卡斯说:"也许我们会在岸上相见。"上校回答:"我不这么认为,卢卡斯。因为我不会游泳。"

看来,伯肯黑德号上的训练是被一位不会游泳的"旱鸭子"指挥的。他当时别无选择,只能在甲板上高贵地站立,但他将自己的选择强加给了其他 400 多名伟大的士兵。

◎ 1854 年:挺进死亡之谷

1854 年 10 月末,一个阳光普照的早晨,《泰晤士报》的战地记者威廉·霍华德·拉塞尔坐在俄国的一个小山丘上,四周遍布石头和荆棘。放眼望去,一场战斗正在进行。他的笔下这样记述:"沉默是压抑的。在炮火轰鸣的间歇,从底下的山谷传来马咬嚼子声和军刀碰撞的叮当响声。"

拉塞尔向右望去,巴拉克拉瓦港周围的海水泛着波光,"绿色风景中的一抹蓝海"。英军的轻骑兵旅正穿过这带有欺骗性的风景,他们将军刀从刀鞘中拔出。

透过他的望远镜,这位记者数了一下轻骑兵的数量——607 名。"他们沐浴在晨旭的荣耀和辉煌之中,自豪地向前行进。"但拉塞尔也能清楚地看到对面俄国敌人的枪炮。山谷尽头,俄军分列两端,已经摆好了阵势。他写道:"我们难以相信眼前的事实,难道我们的军队要向就位以待的敌人发起进攻?"

事情其实源自一个令人恐惧的误解。英军指挥官拉格伦勋爵当时离拉塞尔不远,也在山上。他看见俄军骑兵正偷偷地将俘获的英军枪炮运送到山谷的一端。拉格伦下令轻骑兵迅速前往阻截,阻止敌人将武器运走。

然而在山谷里,英军的轻骑兵指挥官卢肯勋爵根本看不见拉格伦所说的武器。他能看到的枪炮只在前方敌人手中,而且正对着轻骑兵旅瞄准。震惊的记者写道:"他们排成两队加速向敌人方向行进。看着自己的英雄同胞向死神奔去,自己竟无能为力,没有比这更让人害怕的事情了。"

拉塞尔当时还没弄清拉格尔勋爵下达命令的含糊之处。如果英军在命令的联络和解释上更加清晰,也许事情就可以避免发生。那些贵族军官们——他们中的许多人都是通过卖官鬻爵上位的——在抵达克里米亚[1]后就没停止过内斗。卢肯是个典型的固执、暴躁之人。《泰晤士报》记者如此描述接下来的恐怖细节:

> 在1200码外,敌军整条防线开始扫射,饥渴的铁管中喷出烟火,致命的子弹嗖嗖飞过。轻骑兵和他们的坐骑立刻成排倒下,失去骑手的受伤战马四处奔逃。烟雾弥漫中,我们看见刀光剑影,轻骑兵们正挥舞着军刀砍向敌军⋯⋯

轻骑兵旅的英雄主义行为是徒劳的:"受伤和下马的骑兵飞奔而来,告诉我们悲惨的情形。截至11点35分,在俄国人血腥的枪管前,除了

---

[1] 1853年,英国和法国军队开始攻打位于俄国南部的克里米亚半岛。他们表面目的是保护奥斯曼土耳其帝国的利益,其实主要是为了抵制俄国在黑海和地中海的扩张。

遍布的尸体，再没有一位活着的英军士兵。"

根据拉塞尔统计，在冲向一英里外山谷深处的600多名勇敢的轻骑兵中，最后只有不到200人活着回来。他将这"让人黯然神伤的损失"写成一篇长篇报道，通过快马邮差和邮轮发回了英国，并于1854年11月14日在《泰晤士报》见报。此前从没有如此生动的战地报道被如此迅速地发往国内。这篇报道吸引了诗人阿尔弗雷德·丁尼生的注意。他尤其被报道中"令人发指的错误"一词所震动。

丁尼生彼时已经花了好几个月写作爱情独白史诗《莫德》——后来因为其中的"请到花园来，莫德"这一句而广为人知。12月2日，他用了数分钟写就了自己最著名的诗篇：

半里格，半里格，[1]
半英里地突进，
尽在死亡之谷
六百骑兵进击。
前进吧，轻骑兵！
向炮位冲锋！
挺进死亡之谷，
六百轻骑兵。

前进吧，轻骑兵！
可有一人胆怯？
没有！纵然战士知晓
有人犯下了愚蠢的错误。

---

[1] 1里格为3英里，约5公里。

他们不作语言回答，
他们无意追根究底，
他们勇敢服从，慷慨赴死，
挺进死亡之谷，
六百轻骑兵。

炮弹在右边，
炮弹在左边，
炮弹在前面，
轰鸣着，齐射着，
弹片飞溅如雨，
整齐的阵型岿然不乱，
直入死亡之口，
直闯地狱之门，
六百轻骑兵。

《轻骑兵冲锋》发表在12月9日发行的伦敦《考察家报》上，这距离诗篇所纪念的事件发生只有不到七周。两年前，维多利亚时代的人们纪念了400名严守纪律的年轻士兵，他们以立正姿势随同伯肯黑德号运兵船葬身海底。现在，丁尼生的诗篇再次激起了人们的情感涟漪。他们对轻骑兵盲目地服从命令感到心情复杂。这一切都来源于拉塞尔在遍布石头和荆棘的山头上带来的第一手记录。

事实上，《泰晤士报》的伤亡统计数字并不准确。虽然只有195名士兵骑着马归来，但还有不少人后来步行回到了营地。当代的研究表明，600人中只有110人在战斗中阵亡。换句话说，丁尼生的诗推动固化了媒体的错误。

拉塞尔是一个新传统的开启者。他的同僚、《每日新闻报》的埃德温·戈德金评论称:"在他笔下,战地报道真正具备了令将军们颤抖的力量。我不禁认为,发自克里米亚的特别报道带给军官们思维方式的觉醒。战争部也逐渐认识到,打仗不仅仅是君主和政客的专利,普通民众也对此拥有发言权。"

◎ 1854—1855 年:提灯女士和茶杯女士

弗洛伦斯·南丁格尔在她16岁那年第一次听见上帝的召唤。她写道:"1837年2月7日,上帝对我说话,他向我发出了召唤。"南丁格尔感觉自己就像圣女贞德一样,明明白白地听见了上帝说的每句话。不过,她用了七年时间才弄清楚上帝召唤她从事的事业:前往医院照顾病弱之人。

富裕、高贵、时尚的南丁格尔家族对此感到十分震惊。对19世纪早期的女性而言,当一名护士算不上是什么体面的职业。医院的条件非常差,而且有病菌传染的危险。医院里充满令人作呕的排泄物气味,大街上远远就能闻到。在这种污秽之地工作的女护士,常常被人认定来路不明、性格粗鄙且有嗜酒倾向。

上帝反复告知南丁格尔他的意图。南丁格尔则把上帝的旨意忠实地记录在日记本中。她33岁那年在位于伦敦哈雷街的病妇护理机构担任护士长。照顾年老的贵妇是个受人尊敬的职业，南丁格尔的家庭应该没有理由反对（然而，实际上他们还是不同意）。

1854年10月，战地记者从克里米亚传回报道。《泰晤士报》驻君士坦丁堡记者托马斯·奇内里采写道："公众将了解到，为伤员提供医疗救治的准备工作不足。不仅手术医生欠缺，也没有足够的护士。"

《泰晤士报》这篇报道见报当天，南丁格尔就和陆军大臣西德尼·赫伯特取得联系，提出可以带领一队英国护士前往土耳其。当时，作为南丁格尔一名要好朋友的丈夫，赫伯特正打算给她写信："我知道在全英国有一个人，只有她有能力组织实施这个计划。"

这愉快的信任令土耳其斯库塔里军事医院的男性工作人员不悦。南丁格尔和她带领的38名护士在1854年11月抵达这所医院。当时巴拉克拉瓦战役才打响数周。在破败不堪的兵营医院以及充满异味的病房区前，她感叹道："谁来了这里都会放弃一切希望。"南丁格尔要做的第一件事情就是订购200把硬毛刷。

在接下来几个月里，她在医院附近租了一幢房屋，安装了大型锅炉并将其改造为洗衣房。她看到伤员们的伙食主要是吃炖了很久的肥肉块，于是从伦敦请来当时的名厨阿列克西·索亚尔，让他负责重新打理和组织伙房。最为重要的是，她十分强调遵守纪律、穿洁净的制服以及有序的工作程序，这也成为日后英国护士行业的标准。在上述工作的始终，南丁格尔都发挥了个人示范作用：

> 《泰晤士报》克里米亚基金的施赈人员约翰·麦克唐纳称赞她是"救护天使"。当她苗条的身影轻轻地穿梭于各个病房之间，病人们的脸上都洋溢着感激之情。深夜，医护人员休息后，病房里陷入了黑暗和宁静。此时，她总会手提一盏油灯，孤身行走在病房区，巡视查看病人。

一个神话由此诞生。在普通士兵的喜爱和报纸追捧下,"提灯女士"成了举国皆知的女英雄。南丁格尔并不喜欢这样,她说,"反复不停地提及我的名字,这已造成极大危害"。

在南丁格尔看来,所有的荣誉都应归于上帝。她拒绝参加归国欢迎招待会,因为她对没能为病人做得更多感到惭愧。南丁格尔将余生奉献给了军队和医院改革事业。她也致力于提升助产士的技能培训水平以及妇产科医院的条件,有一所护士学校就以她的名字命名。她还成为印度卫生保健问题的专家,就改善弱势群体的命运奔走呼号。

南丁格尔几乎每天都会写一篇长文,借此推进自己所追求的事业。她和上帝保持着对话,并期待有一天能够和上帝面对面交谈。一位友人曾提到,死亡意味着忙碌生命旅程之后的安歇。南丁格尔笔直地坐在垫子上,坚定地说道:"不,我很肯定那将是一场极好的盛事。"

威廉·霍华德·拉塞尔在克里米亚战争后期写道:"我相信,英国不会忘记那些护理病人、扶助伤员以及为牺牲者料理后事的人们。"

这位知名的战地记者曾经不吝将赞美之词献给南丁格尔。不过这次他的所指不是我们的"提灯女士"。同样英勇、富有同情心的是位牙买加出生的混血护士,名叫玛丽·西戈尔。她也通过自己的方式参与了克里米亚战争。

玛丽对于自己的混血身份十分自豪,总是自称为"黄皮肤的女人"。她的母亲是一位女医生,对本地的民间药方颇有研究。父亲是名驻扎当地的苏格兰军人。玛丽的丈夫是个英国人——多病的埃德温·霍雷肖·汉密尔顿·西戈尔,他是著名的霍雷肖·纳尔逊的教子。

西戈尔 1844 年去世后,玛丽独自一人为生。她从母亲那里学来克里奥尔治疗术,并将她在金斯顿的房子改造成一间康复屋,专供受伤军人使用。她还从到访金斯顿的外科医生那里学了不少西方医学知识。

1850年，玛丽访问巴拿马的时候，当地正好爆发霍乱疫情。她用随身携带的药品治愈了整个村子，这也为她赢得了救死扶伤女医生的美誉。

玛丽年轻时多次造访英国。有一次她的旅费是靠出售西印度群岛的酱菜筹得。1854年，她在50岁生日即将到来之际，再次来到伦敦。玛丽看着报纸上关于克里米亚战争的骇人报道深有感触。于是，她像南丁格尔一样，试图联系陆军大臣西德尼·赫伯特，但她收到的回应和南丁格尔截然不同。在大臣官邸的前门做自我介绍时，玛丽遭到不少进出大厅的白人佣人的冷眼以及漫长等待。最终，她提供公共服务的请求在没有获接见的情况下被婉拒了。

玛丽也遭到了克里米亚基金负责人的拒绝，该基金曾资助南丁格尔的斯库塔里之行。她站在冬日的黑暗夜色中，眼泪夺眶而出，"难道这些人拒绝我的帮助，仅仅是因为包裹着我流淌血液的皮肤，拥有比她们更深的颜色？"

玛丽还是实现了为士兵提供护理的愿望。这多亏了她丈夫的老朋友、生意人戴伊先生的帮助。她想方设法来到黑海沿岸，建起一座克里米亚版的金斯顿康复屋。1855年春天，在英国士兵围攻塞瓦斯托波尔之际，他们简陋的营地上拔地而起了几座建筑，玛丽称之为"不列颠旅馆"。里面有厨房、餐厅、商店、就寝区、牲畜养殖区等。整个区域超过了一英亩，在戴伊所开的商店之上飘扬着一面巨大的米字旗。

"不列颠旅馆"坐落在英军指挥部仅一英里外的小山丘上，这里成为军官和士兵们"远离家园的家园"。他们可以享受一杯热茶、慷慨的酒饮供应、威尔士小吃、爱尔兰炖菜，以及由玛丽亲自制作、备受官兵们期待、但每隔一周才供应的米饭布丁。玛丽还将自己养的猪屠宰制作香肠。她的厨艺声名远扬，连同盟的法国军人都不时慕名而来。

让玛丽真正出名的是她的医疗技能。她把药卖给那些买得起的人，对买不起的人则白送。她还经常看望病床上的伤者。比起在后方军事医院工作的南丁格尔，玛丽甚至直接前往战场。盗尸者在那里攫取死者的遗体，玛丽却给奄奄一息的伤者送上白兰地，以缓解他们的痛苦。她照料英国人和法国人，也照顾敌人俄国人。塞瓦斯托波尔于1855年被攻陷后，她拿着医护包，成为第一位被盟军指挥部特许进城的女性。

对玛丽和戴伊所开办的旅馆和商店来说，和平意味着灾难。他们不久前刚拓展了经营，采购了新的食物和牲口。但随着他们的顾客——盟军士兵们回国，这些产业只能贱价卖给俄国当地人。1856年玛丽回到英国时，她已经陷入了破产危机。

不过，战地记者们让玛丽出了名。他们称呼她为"手持茶杯的克里奥尔人"。《泰晤士报》报道了她面临的困境，并为她设立一项资助基金。《笨拙》杂志以她的名义主办了一场为期四天的军事盛会，参加人数超过8000人。玛丽后来出版了回忆录《西戈尔夫人在诸国的美妙奇遇》，她俏皮的写作风格让这本书很快大获成功。

弗洛伦丝·南丁格尔对玛丽有着复杂的感觉。她评价说："任何和西戈尔夫人相处的人都会感到极大的善意，同时也会看到醉酒和一些不当行为。"南丁格尔致力于让护士成为受人尊敬的职业，她对玛丽在"不列颠旅馆"组织的喧嚣聚会并不赞同。"我不会认为那是个坏去处，但也并非没有瑕疵。她对军官和男人们很善良，不过也让很多人染上了酗酒的坏毛病。"

如果说严肃和具有使命感的南丁格尔是维多利亚时代女性的模范代表，那么富态、随和的玛丽则更大程度上是我们时代的女英雄。这位"黄皮肤的女人"1881年逝世于伦敦，享年76岁。她去世时不仅富有而且广受人们爱戴。玛丽用她的一生证明了"笑容"的价值，她曾经称这是"世界上最共通的语言"。

◎ 1858年：查尔斯·达尔文和适者生存理论

想象一下，你将近20年的主要精力都投向一个十分宏伟的想法——这是个可以改变人类看待自身方式的革命理念。突然，在一个早晨，你打开了一封信。你对寄信人几乎不怎么了解（坦率地说，你从未认真地把他当回事），但他的想法居然和你不谋而合，而且他选中你帮他向全世界宣布这一想法。

这是1858年6月困扰查尔斯·达尔文的难题。他打开一个寄自荷属东印度群岛特尔特纳岛的包裹，认出了阿尔弗雷德·拉塞尔·华莱士的笔迹。华莱士早前是位铁路测量员，后来成为博物学者。他靠向富裕的收藏者出售标本为生。大约一年前达尔文曾请华莱士帮忙寻找马来禽类的外皮。

但这次华莱士的信和标本无关。他是想请达尔文帮他宣读一篇手写的小文章，主题和自然选择有关。那年2月，华莱士患上了疟疾。他在病中开始思考关于动植物存在和灭亡的生死之争，思考如何适应环境的需求，思考驯化的动物怎样通过选择性生育改进自身特性，思考物种为何会演化为不同的形式——这些都和后来所说的"进化"有关。

"我从未见过如此的巧合！"达尔文震惊地呼喊道，"如果华莱士有我在1842年写成的草稿，他会认为那是此文的一篇再合适不过的摘要。"

1842年6月，时年33岁的达尔文阐述了自己关于"进化"的思想。恐龙的发现以及其他的地质科学研究成果，让他逐渐产生一个想法，那就是地球一定经历了缓慢而长期的演变。他20多岁时曾搭乘"猎犬"号研究船考察世界，亲身感受不同的生命如何适应不同的环境，在加拉帕戈斯群岛尤其如此。1838年，达尔文首次在伦敦动物园见到一只猩猩，开始记录下它和人类相似的表情。

不过，这位年轻人也能预见到他的思想将引发多大的争议。人类不是像《圣经》描述的那样，是由上帝在一天内创造，而是经过漫长的演化过程，从包括猩猩在内的其他物种进化而来。达尔文觉得这个想法将令人十分震惊，他告诉一位朋友，"这就好比承认谋杀一样"。他还想起，早期的天文学家因为提出地球围绕太阳旋转，遭受严厉惩罚和迫害。

上述担忧让达尔文在近20年中一直不敢发表自己的观点。他在寻找进一步的证据，以确保自己的理论不会招致更大范围的愤怒。而现在，正如达尔文在写给伟大的地质学家查尔斯·莱尔的信中所说，华莱士的文章意味着"我的一切原创性思考都将被粉碎"。

华莱士希望达尔文将自己的文章提交给莱尔。尽管达尔文感到颇为失望，但他还是决定去做这件令人钦佩的事情。他本可以将信销毁，装作什么也没发生。他也可以故意拖延，先发表自己的观点。但他最后将文章交给莱尔，"我希望您能同意华莱士的想法，我将向他转述您的评价"。

好人有好报。莱尔和植物学家约瑟夫·胡克商议后认为，华莱士和达尔文的开创性思想应该被尽快共同对外宣布，最好就在下届林奈学会[1]的会议上。无论是按照字母还是发现时间的顺序，达尔文在1858年7月1日的这次难忘的讲演中都排名靠前。这堪称科学史上最伟大的时刻。有人也认为，达尔文的靠前发言其实是经过预先安排，因为他和莱尔、胡克都是老朋友。这两人多年来一直在劝说不情愿的达尔文发表自己的观点。

---

[1] 英国最杰出的生物学研究机构，以瑞典自然学家卡尔·林奈命名。他是现代动植物分类学的鼻祖。

数周之后，当身处远东的华莱士发现，莱尔和胡克在未同他商量的情况下就将自己列为第二发现者后，他显得十分大度，感谢胡克安排了一场"如此有利于自己的讲演"。如果华莱士的确感到愤怒，相信他一定不会隐瞒的。这位35岁的前铁路测量员，在威尔士工程学校的免费图书馆里开始了学习生涯。他将继续自己的研究，日后成为那个时代最有名的植物学家，被誉为"伟大的科学老先生"。他的呼吁和主张还包括社会主义、唯灵论、改革英国国教和上院、女性投票权、博物馆的合理设计、重新分配大贵族的土地、保护历史遗迹等。华莱士从不缺少富有启发性和远见的思想，他甚至建议心怀不满的雇员们不要去罢工，而应一起买下雇主们的股份，证明自己能干得更好。

达尔文则成了"伟大的进化老先生"。在同华莱士竞争的激励下，他最终完成了杰作《物种起源》。这部作品于1859年11月出版，此后一直再版。这两人有着太多相近的想法，他们原本可能成为激烈的对手，却变成了亲密的朋友，以发自真心的尊重对待彼此。尽管适者生存理论充斥着有关竞争和"狗咬狗"的内容，但作为这一理论的提出者，达尔文和华莱士用他们的行动告诉我们，宽宏大量才是最聪明的生存技能。

◎ 1878年：泰晤士河的"恶臭"与"爱丽丝公主"号的悲剧

> 死猪、死狗、死猫和腐烂的马，
> 各色尸体填塞河道，
> 粪便、内脏和垃圾，
> 街土、余蔓与腐草，
> 这污秽的河水，
> 我们用来做饭、饮用，
> 疾病因此而滋生。
> ——1632年，"水中诗人"约翰·泰勒对泰晤士河的描述

将垃圾倒入泰晤士河是伦敦居民的一个悠久传统。1357年，国王爱德华三世曾抱怨由此产生的"刺鼻和恶臭的味道"。他严禁屠夫在屠宰动物后将内脏丢入河中。亨利八世则完全禁止向河里抛物。但随着时间推移，泰晤士河的污染有增无减，特别是工业革命时代到来后，河水变得有毒。水泥工厂向河中排污，马桶的改进也加剧了污染。19世纪中期，每天约有250吨人类排泄物被冲入河道。

1858年的夏天炎热干燥，问题变得越发突出。议会不得不挂上漂白粉浸泡过的窗帘来抵御被报纸广泛报道的"窗外恶臭"。议员们被迫远离议会大厦。挑剔的本杰明·迪斯雷利用带着香气的手帕捂住鼻子逃离议会，他已下定决心要采取行动。作为财政大臣，迪斯雷利成功筹措了一笔资金，打算实现他雄心勃勃的泰晤士河"筑堤计划"。

泰晤士河的堤岸是在19世纪60年代修筑的，出自工程师约瑟夫·巴

扎尔盖特之手。他是著名工程师布鲁内尔的朋友。两人虽然出生于英国，但都来自法国移民家庭。巴扎尔盖特是胡格诺教徒的后裔。他对伦敦1300英里的排污管道进行了改造，污水从此被排入由巨大管道组成的地下排污网。排污网上方是宽阔的马路以及维多利亚、阿尔伯特和切尔西堤岸上的绿荫路。污水顺着改造之后的排污管道向东排入泰晤士河河口，最终被潮汐冲走。

麻烦在于这个规模庞大的新建排污网向下游延伸得不够远。位于泰晤士河河口两岸的巴金和克洛斯内斯各有一个巨大的排污孔。在每天两次河水涨潮时，7500万加仑未经处理的污水会从孔中喷涌而出。这种情况在1878年带来了灾难性的后果。事情得从"爱丽丝公主"号游船和"拜威尔城堡"号商船在沃尔维奇附近相撞的事故说起。

撞船本身就已经具有十足的悲剧色彩——共有650多人溺水身亡。这是泰晤士河历史上最惨烈的一起事故。但在撞船发生前一小时，巴金和克洛斯内斯的排污孔将7500万加仑的污水泄入河中。《泰晤士报》报道称："含有腐化发酵成分的污水倾泻如柱，就像呲呲地冒着臭气的苏打水。"

目击者说："河水十分污秽，令人恐惧。你难以想象那刺鼻的味道和气味。"一个幸存者事后将他的生还归功于"呕干了咽进去的一切"。其他人却没有这么幸运。但凡在这"有毒的黄汤"里有过挣扎求生经历的人都患上了这样或那样的病。《泰晤士报》评论："如果这些人仅仅是在一个夏夜被正常的水浸泡过，那么死亡率肯定不会像现在这么高。"

船夫注意到，只过了六天就有尸体浮上水面，正常情况下需要九天。而且尸体普遍肿胀得厉害，难以放入普通尺寸的棺材。尸体上附着奇怪的黏液，就算洗干净了也会再次出现。尸体气味如此难闻，以至于被雇来捞尸的船工纷纷要求涨薪。一个例子能说明河水里有毒化学物的性质，死去女性身上的裙子居然从蓝色变成了紫色。一位药剂学家分析，如果把污水按一定比例稀释，"比如1:10000"，就有可能致人患上伤寒症。而浓缩的污水则会产生硫化氢，"如同氰酸一样致命"。

在阿尔伯特亲王力主建造的水晶宫等奇迹背后，这是另外的一面，实际上也可称作是一种代价。塞缪尔·斯迈尔斯在《自助》[1]（出版于1859年，泰晤士河散发"恶臭"一年后）一书中，对维多利亚时代的自由企业家精神和"谁顾别人谁吃亏"心态总结得很好。伤寒症每年夺去约1500个伦敦人的生命。由水污染导致的霍乱每35年就会爆发一次。但政府介入的理念仍被很多人视作不可接受，认为是对自由的侵犯。《泰晤士报》称："我们宁愿在霍乱中自求多福，也不愿接受强加的健康。"

"爱丽丝公主"号（此船以维多利亚女王三女儿的名字命名）的沉没确实也引发了一些变革。人们更加严格地执行河道航行规则，市政工程委员会找到约瑟夫·巴扎尔盖特（现在是约瑟夫爵士了）设计出新的排污方法——将固体从污水中分离出来，用运泥船运到远海排放。就这样，泰晤士河排污的老传统以一种"堂而皇之"的方式延续下来。

---

[1]《自助》与达尔文的《物种起源》于同一天由同一个出版商（John Murray）出版。

◎ 1887年：罗斯伯里勋爵的历史常识错误

　　1887年，维多利亚女王已在位50年。罗斯伯里勋爵打算送女王一件礼物作为纪念。此时，英国公众正在隆重庆祝"金禧年"（这个词来源于希伯来文"约麦尔"（jobel），指的是《旧约》中一种吹奏公羊角的庆祝仪式），罗斯伯里送礼物则是想表达他个人对女王的敬意。他一年前被任命为外交大臣，并被普遍认为有望接任首相一职[1]。有什么礼物比英国另一位长期在位的女王——伊丽莎白一世的纪念品更好呢？因此，罗斯伯里将一幅精致的伊丽莎白一世微型人像画作为礼物送给维多利亚女王。他还附了一封亲笔信，希望女王陛下能够接受这个唤起她先辈记忆的纪念品。

　　维多利亚女王十分感动。这位年仅40岁、能言善辩的贵族令68岁的年迈君主感到温暖。次日，她给罗斯伯里回信一封，感谢他的"体贴和最珍贵的礼物以及如此让人高兴的祝福"。女王写道："我很高兴拥有这样一件精美的小珍宝，我打算把它挂在胸前。"女王还特意将"打算"和"挂"两个词作了着重处理，以表达她的愉悦之情。

　　但也有一个问题。作为一个坚持要说出某些不快真相的人，女王觉得还是有必要提醒一下罗斯伯里："我对我的那位祖先没什么特别的好感。她曾残忍地折磨她的对手，而我正是她对手的后代。"

　　罗斯伯里犯了一个历史常识错误。他忘记了现代英国的君主并不是伊丽莎白一世的后代，苏格兰的玛丽女王才是他们的祖先。实际上，伊

---

[1] 阿奇博尔德·菲利普·普里姆罗斯是第五代罗斯伯里伯爵。他于1894年成为首相，但次年即辞去职务。在"光荣孤立"传统的指引下，他以帝国为基础的外交政策为后世所铭记。罗斯伯里发明了"英联邦国家"这一名词。他是多匹赛马的主人，麾下的赛马曾三次赢得德比大赛。罗斯伯里也是最后几位以上院议员身份出任英国首相的人之一。

丽莎白一世没有子嗣,正是她下令将玛丽女王处死。1603年,伊丽莎白一世死后,玛丽女王的儿子詹姆士一世南下英格兰,并建立了斯图亚特王朝。

◎ 1888年:安妮·贝赞特和"磷下巴"——火柴女工的罢工

> "我将替聋哑人代言,我将为弱者向强者诉说,我将为所有绝望而沉默的人们呼喊。"
>
> ——安妮·贝赞特的座右铭,发表于她主办的半便士周报《连接报》

"磷下巴"是维多利亚时期在火柴工厂工作的年轻女性的致命职业病。她们经常需要将火柴棍的一端浸入白磷。病情的发展以牙疼开始,伴随着骨组织腐烂,然后在下颌长出令人痛苦、散发着难闻气味的脓肿。最后阶段,长有脓肿的下颌会在黑暗处发出泛着黄绿色的白光。外科手术或许能拯救患者的生命,但如果不及时诊治,就可能引发痉挛、脑组织发炎,直至患者因器官衰竭而死亡。

1888年6月,安妮·贝赞特在她主办的周报《连接报》上披露了火柴女工的悲惨遭遇。根据这篇报道,在位于伦敦东区的"布莱恩特和梅火柴厂",年轻的女工们每周只有数个先令的微薄收入,而且她们还会因为说话过多、不慎将火柴掉落在地、未经允许上厕所等原因被罚扣工资。女工们夏天从早上6点半(冬天8点)开始工作,一直干到下午6点。如果迟到,她们将被罚扣半天的工资。与此形成对比的是,火柴厂的股东获得了巨额分红,原价5英镑的股票涨到了18英镑以上。

贝赞特的文章(题为"伦敦的白人奴隶制")见报几天后,她有一天在《连接报》位于旗舰街的办公室外听到女性的呼喊声。火柴女工专门来看她了。"布莱恩特和梅火柴厂"的管理者要求女工们签署证明信,谎称她们工作得很愉快、很满足。这样一来,工厂就能控告贝赞特诽谤。但女工们坚决予以拒绝。

有位女工对她说:"你为我们伸张正义,我们不会对不起你。"

没过多久,带头的女工被解雇了。于是,全部1400名火柴女工决定发起罢工。她们没有工会组织,只好找到贝赞特帮忙。

贝赞特后来回忆称:"我们建立了一个袖珍指挥部。我们寻求资金,很快钱就涌了过来。我们还为女工们申请罢工津贴、写文章表达观点、组织社团、召集公开集会……"

贝赞特率先使用的一些抗议技巧被沿用至今。她率领一个女工代表团前往议会陈词,女工们身着破烂的"伦敦东区工服"。媒体立刻注意到这些贫困的"白人奴隶"和她们在伦敦西区的富裕姐妹们的悬殊差别。女工们用"自己的话"向议员们痛陈遭遇。一位小个子的13岁女工还脱下帽子,向大家展示她的秃顶。这是因为她长期用头顶着沉重的木箱所致。

"布莱恩特和梅火柴厂"被迫做出让步。他们同意的解决方案包括废除所有克扣罚款,并为女工们提供一间早餐室。第二天,获胜的女工们回到工作岗位。后来贝赞特又亲身参与了进一步的抗争,白磷终于被彻底禁止用于制作火柴,取而代之的是没有危害的红磷。

火柴女工的罢工在英国劳工运动史上堪称浓墨重彩的一笔。在其带动下,工会组织在英国遍地开花。这也是英国早期女权斗争的一次重要胜利。对贝赞特而言,1888年她正好40岁,这只是她一生众多斗争中的一次。在20多岁的时候,她就和丈夫弗兰克·贝赞特分道扬镳。弗兰克是林肯郡的牧师,他以每周日出席圣餐礼作为婚姻条件。贝赞特30多岁时还曾涉险逃避了一次牢狱之灾,原因是她发表的一篇关于控制生育的文章被认为内容太过污秽。在和火柴女工一道赢得胜利后,贝赞特转向了神智学并对东方宗教产生了兴趣。

她后来前往印度,并为这个国家争取自治而奔走呼号。贝赞特穿起了白色莎丽服等当地传统服装。白色在印度教中有哀悼之意,她说这是为了哀悼英国殖民统治给印度带来的伤害。为此,英国当局将她拘禁了一阵。贝赞特86岁时在马德拉斯去世。终其一生,她都在为那些绝望而沉默的人们呼喊。

◎ 1897年:庆祝女王登基60周年的帝国游行

1897年6月,一个晴朗的早晨,维多利亚女王乘坐马车离开白金汉宫。她从马车上得知,只要按下车上的一个凸起的按钮,凭借无线电报的神奇力量,一条以她名义发出的问候信息就将传遍帝国的每个角落。果然,不到16分钟后,第一条回复信息就从加拿大的渥太华传了回来。

60年前，年轻的女王身穿睡袍迎接坎特伯雷大主教，从他那里突然得知自己将要登基的消息。无线电报只是这60年里改变人们生活的众多奇迹之一。推崇改革的首相威廉·埃瓦尔特·格拉德斯通自豪地声称："奴隶制被废除了，曾经使《法令全书》蒙羞的《刑法典》也被有效地加以修订。"大多数男人（但不包括女人）现在都可以通过无记名投票方式行使选举权。几乎每个人都能享受免费的教育。煤气照明点亮了室内和街道。花一个便士就可以买到一张邮票。只要用舌头舔一下邮票的背面，并将其黏到信封上，就能在一夜之内将信件寄到国内任何角落。总体而言，大多数人都比自己的父辈要富裕。得益于更先进的医疗条件，包括麻醉剂和抗生素等，人们的寿命也更长了。在火车和蒸汽船的帮助下，一些幸运的人把一年至少休一次假当成了权利。

在上述巨大变化的过程中，维多利亚女王个人并没有发挥直接的作用。作为国家元首，她有时不情愿地主持着国务。她的挚爱阿尔伯特亲王于1861年过早地逝世后，在接下来的许多年里，女王都沉浸在悲伤之中而不再问政。最后，在大臣们的规劝下，维多利亚女王才重新开始履行公职，但她对许多事情仍然看不惯。作为英国在位时间最长的君主之一，女王有许多照片，其中只有一张是带着笑容的。

尽管年迈的女王性格愈加乖戾，但人们对她的爱戴却与日俱增。1897年，78岁的女王已经是地球上最知名的女性。以她的名字命名的城市、河流、湖泊、海湾、大瀑布遍及全球。十年前，人们庆祝了女王登基50周年的"金禧年"。现在，英国政府决定以"钻石禧"的方式隆重庆祝女王登基60周年。整个帝国的代表都云集伦敦，向女王表示效忠并致敬。大量的松木用来制作长达数英里的看台，伦敦的街道到处弥漫着新砍伐的绿松的香味。

英国军队的受阅队伍由身材最高的士兵打头。他光脚时足有6.8英尺高,骑着一匹壮硕的战马,队伍后面还有水手、军乐团以及身着彩色服饰的各类士兵,他们足足花了45分钟才行进通过。几乎来自整个帝国的士兵都在受阅之列:加拿大、澳大利亚、非洲、印度、婆罗洲、斐济、香港——英国当时统治着全世界近四分之一的土地。在当年的地图上,1100万平方英里(2800万平方公里)的面积都用红色标出。身着黑色服装的女王所乘坐的马车位于队伍的最后,女王有些驼背地坐在车中,准备接受占全世界四分之一人口的子民效忠。

队伍在圣保罗大教堂门前驻足,教堂钟声随之停止,一场露天的礼拜仪式业已就绪。女王的腿脚已不太灵便,此刻她只能待在马车中。在教堂的台阶上,教士和唱诗班的孩子们整齐列队并高唱圣歌。演唱结束后,女王的马车本该继续行进,但伦敦主教回忆道:

> 其他的马车都在等待,圣歌演唱结束后,人群陷入了沉默和安静。这时,坎特伯雷大主教突然展现出卓越的勇气,甚至有些不顾礼仪地道出了每个人心中的话——请为女王大声欢呼三次!
>
> 从来没有任何一种欢呼声会如此精准一致。马匹们也似乎被欢呼声惊动,同时昂起了头。欢呼结束后,军乐团和唱诗班都情不自禁地高唱起《天佑吾王》。

女王的马车尚未行进到拐角时,一个唱诗班的男孩就从他站的位置沿着台阶奔跑而下,捧起女王马车曾压过的尘土,珍惜地放进自己的口袋。

这位男孩正试图永久留存这一刻的宝贵记忆。不久前发明的电影摄像机也在做着同样的事情。电影摄像技术是在此前一年才传到伦敦的,但在1897年6月,已经有20多家电影公司沿着游行路线架设起摄像机,竞相捕捉珍贵的画面。他们都在思考如何将长龙一般行进的队伍拍摄下来。有人发明了一种旋转设备,能够将此前固定的摄像机从一侧移动到另一侧,从而拍摄出全景画面。从这个角度来说,当代电影拍摄中的"摇拍技术"可以归功于维多利亚女王。

◎ 1900年:斯宾科普山的屠杀

> 喧嚣和呼喊静息了,
> 首领和君王都消逝……
> 远去了,我们的军舰消隐;
> 沙丘和滩头的烟火低沉;
> 啊,我们昨天的所有煊赫,
> 与尼尼微和推罗一同消尽!
> ……
> 主万军之神啊,还求与我们同在,
> 恐怕我们忘记,恐怕我们忘记!

诗人拉迪亚德·吉卜林对"钻石禧"的庆典过度奢华铺张而感到有些不安。直到1897年,这位《丛林之书》的作者一直是帝国主义和沙文主义的鼓吹者。现在他创作了一篇题为"曲终人散"的悲歌。他把英国在世界范围内的统治与《旧约》中崩塌成沙的亚述帝国相提并论。

吉卜林的每句诗行都以"恐怕我们忘记"的提醒结尾。不到三年后，他的提醒变成了现实。1899 年，英国将大量军队投入南非，准备教训那里说荷兰语的农民布尔人。布尔人早于英国人抵达开普地区，双方发生了激烈冲突。布尔人不无正确地将英国人的干涉描述为"土地掠夺"——近期在布尔人的领土德兰士瓦发现了大量黄金和钻石矿藏。战争打响后，布尔人对当地的熟悉使他们占了上风。

1900 年 1 月的一个晚上，大约 2000 名英军士兵正在攀爬一座名叫斯宾科普（意为"瞭望山丘"）的小山。他们中的多数人来自利物浦，当时服役于兰开斯特团。此地距离纳塔尔地区的莱迪史密斯镇大约有十几英里。他们的目标是在夜色的掩护下占领制高点，以便朝山下的布尔人射击。但悲剧的是，次日早晨所发生的事情正好相反。太阳在大约 8 点钟的时候驱散了浓雾，英军士兵发现自己暴露在敌人无情的炮火之下。这是因为周围敌人所处的山头比斯宾科普山要高。多年后，一位战斗幸存者告诉作家托马斯·帕肯汉姆："布尔人高高在上，把我们包围在了陷阱里。"

为了掩蔽需要，当时的英国军队刚刚将制服颜色从红色改为卡其色。但位于斯宾科普山顶的士兵几乎成了活靶子。他们和布尔人距离很近，而且只能在山顶的岩石上挖一条很浅的战壕躲避。结果，布尔人枪枪致命。

另一个幸存者回忆道："炮火像大雨般倾泻而下，接下来是最惨烈的场面。士兵们血肉横飞，尸横遍野。你根本不敢在战壕中抬起头来，否则肯定会被一枪命中。"

目睹"屠杀"的还有一名年轻的《晨邮报》战地记者，他勇敢地跑到了山脚下。"人们不是跌跌撞撞地独自行走，就是被同伴们搀扶着，或是用手匍匐爬行。炮弹碎片以最可憎的方式将一切撕裂。"26 岁的温斯顿·丘吉尔如是写道。

另一位20世纪的巨人当时正在帮助伤者。他就是印度民族独立运动的先驱莫罕达斯·甘地，又被称为"圣雄"。那时甘地在德班的印度裔社区担任律师，他志愿前来战场帮忙抬担架。后来，他因为组织1000多名印度人承担医护工作而被授予英国战争勋章。

夜幕降临时，炮轰和扫射终于停了下来。年轻的英国指挥官亚力克·桑尼克罗夫特受够了。他不住地喃喃自语，"可怜的孩子，可怜的孩子"，然后便下令撤退，"六个营安全下山，总比早上等着被扫荡好得多"。

由于信号灯的灯油短缺，桑尼克罗夫特没能收到一条至关重要的信息——武器和援军正在路上。如果英军再坚持一会，他们也许就能守住斯宾科普山了。因为布尔人的伤亡也很惨重，而且他们很快就要打光弹药了。布尔人可能无法再多支撑一天，许多农民已经打算撤离。在这场战斗中，322名英军士兵阵亡，563人受伤。他们最终什么也没得到。

六年后，这无谓的牺牲迎来了最知名的纪念物。成立于1892年的利物浦足球俱乐部于1906年第二次赢得联赛冠军。为庆祝这一胜利，他们打算在主场安菲尔德球场兴建新的观众区——在球门后面能够容纳超过两万人的站立看台。《利物浦回声邮报》的编辑恩内斯特·爱德华兹有个建议：安菲尔德球场的新看台应该被命名为"斯宾科普"，用以纪念那些在纳塔尔地区献出生命的"所有我们的伙计"。

自此，"科普"（Kop）看台成了英格兰足球史上最成功球队的精神动力源泉。1906年9月1日，开场20分钟后，乔·休伊特的射门让利物浦队领先于斯托克城队。这是在"科普"看台前射入的第一记球。后来，利物浦队又陆续赢得了16个联赛冠军和5个欧洲冠军联赛冠军。就像球队队歌中所唱："前行，前行，希望在心中，你永远不会独行……"

当然，利物浦队并不孤独。1904年，在位于伦敦东南部的伍尔维奇，由皇家兵工厂的士兵和工人组成的阿森纳足球俱乐部，也决定将他们的站立看台命名为"斯宾科普"。后来，阿森纳队于1913年将主场迁到泰晤士河对岸的海布里球场，这个看台名字没有再被他们沿用。不过，他们的创意激发了至少其他16个足球俱乐部，连同此前的利物浦队，这些球队都将主场的一个看台区命名为"科普"，以纪念那些登上斯宾科普山，但未能再下来的士兵。

◎ 1903年：爱德华七世和《英法协约》

20万英军对6万布尔人。发生在南非的战争对英国人来说本该是小菜一碟。但南非本地的阿非利加农夫惯于采取游击战术，英军统帅基奇纳勋爵被逼采取镇压措施。英军烧毁布尔人的的农场，掠走他们的牲畜，一无所有的妇女和儿童则被"集中"关押在铁路沿线的营区里。

这些"集中营"是英国的耻辱。它们四周都是铁丝网，里面缺少食物，没有干净的饮用水。被关押的2.4万名布尔妇女和儿童以及1.4万名非洲人死于痢疾、麻疹和伤寒等传染病。英国最终在南非战争（1899—1902年）中"获胜"。布尔人被迫成为南非联邦的子民。以这种方式开启新世纪有些糟糕。正在竞选的自由党议员大卫·劳合·乔治评论称："当儿童在如此蹂躏下濒临死亡，我们用发自人类心底最深处的情感，强烈反对英国在非洲的统治。"

布尔人也并非圣人。他们所力争的"自由"其实是像奴隶一样对待南非的土著和非白人居民。20 世纪的阿非利加人后裔会将这一整套区别对待不同种族的做法"发扬光大",并将之命名为"种族隔离"。但鉴于他们抗争的对手是强大的英帝国,布尔人在欧洲还是被视作英雄。英国的新国王爱德华七世 1903 年 5 月访问巴黎时,人群向他发出充满敌意的呐喊声:"布尔人万岁!"

国王的一个侍从说道:"看来法国人不喜欢我们。""他们为什么要喜欢我们?"国王如此回答。

1901 年 1 月,爱德华七世的母亲维多利亚女王驾崩时,爱德华七世本打算好好利用留给他当国王那为数不多的时间。他满怀旧式的自信,相信他的工作就是对国家的政策施加影响。那么,考验的时刻到了。他此次访问巴黎不怎么受当地欢迎,人群中既有支持布尔人的声音,也有"圣女贞德万岁"的呼声。

爱德华七世喜欢法国。他还是威尔士亲王时就曾多次访问巴黎。为了掩饰身份,他假称自己是"兰开斯特公爵"。不过他的发福身材和满脸胡须却很容易辨认。在他的美丽情妇们居住的公寓门口,被派去保护他的法国探员不知守候了多少个漫长的下午。

事到如今,爱德华七世打算把他的"王室魅力"运用在国事中。在抵达巴黎的第一个夜晚,当他见到法国女演员让娜·格莱尼耶时,国王亲吻着她的手,大声对她说:"我记得在伦敦时我是怎么赞美你的,你是法国一切美好事物的代表。"访问第二天,法国报纸纷纷报道,英国国王对抵达"这座美丽的城市"感到何其高兴。爱德华七世来到市政厅后,用法语对在座的人们说:"巴黎是一座总能令我感觉宾至如归的城市。"

爱德华七世的声音温暖而亲切,并因热衷饮用白兰地、抽雪茄而有些沙哑。面向公众演讲时,他总能给人以十分享受生活的印象。1903 年 5 月,这一积极形象加之他流利、自信的法语产生了令人激动的效果。他的顾问弗雷德里克·庞森比回忆称，当国王说到巴黎使人感觉宾至如归时，全场起立鼓掌。国王在巴黎刮起了一阵旋风，自那以后一切都为之改变。不论走到哪，国王本人和他的随从们都受到大声欢呼和致意。人们挡住车队，高喊"爱德华万岁""我们的爱德华"，甚至还有人喊出"我们的国王万岁"。当这位巴黎的新英雄回国时，当地报纸用"热烈""充满感情"等词汇来形容人们的依依惜别之情。

从威廉三世、马尔伯勒到拿破仑时代（17 世纪 90 年代至 1815 年），法国和英国始终处在不停歇的冲突之中——可以称得上是"第二次百年战争"了。但他们也在克里米亚战争（1853—1856 年）中合作对抗俄国。近期，他们在抵御国力日益上升的德国时又找到了共同点。爱德华七世虽然没有主动发起"和解"（rapprochement），但他在巴黎所取得的外交成功事实上开启了这一进程。1903 年夏天，英法双方进行了认真磋商和谈判。1904 年 4 月 8 日，双方在伦敦正式签署《英法协约》。

由于两国之间的"热忱理解"，英法在贸易和领土问题上的一些小分歧得以解决，主要涉及双方各自殖民帝国的领土归属。更重要的是，英国对欧洲大陆的"光荣孤立"政策宣告终结。这似乎是 20 世纪一系列大事件的序曲。在接下来的两次世界大战中，英国军队将在欧洲战斗——为了保卫法国。

◎ 1910年：用无线电追捕地窖杀人犯

霍利·哈维·克里潘医生原以为他可以逃脱惩罚。1910年，他谋杀了自己的妻子柯拉，先是给她服镇静剂，然后用一种叫氢溴酸东莨菪碱的物质令她中毒。此时，克拉潘医生的医学知识派上了用场。他把柯拉肢解，并将她的头颅、骨骼和内脏等处理掉，以免被人发现。克里潘将剩下的遗骸埋在家中地窖。他们的家位于伦敦北部霍洛威区希尔德洛普新月街39号。此后，克里潘和他的情人埃塞尔·勒尼夫开始了新的生活。

邻居们看到勒尼夫戴着柯拉的首饰后起了疑心，要求警察前来调查。克里潘告诉警察柯拉去了美国。随后他和埃塞尔逃往比利时，在那里登上了"蒙特罗斯"号客轮，打算从安特卫普前往加拿大。克里潘剃去了胡须，使用约翰·菲洛·罗宾逊的化名。伴随他的还有16岁的儿子（由埃塞尔假扮）。但不走运的是，"蒙特罗斯"号客轮装备了马可尼电报公司最早出品的无线电报机。

"蒙特罗斯"号行经康沃尔郡海域时，船长亨利·肯达尔发电报称："强烈怀疑伦敦地窖谋杀案的嫌犯克里潘和他的同伙就在乘客中。他把胡须剃了，同伙乔装成男孩，但从声音、仪态和身材看，毫无疑问是个女的。"

肯达尔船长一直有阅读报纸的习惯。一个星期前有报道称，克里潘二人逃离后，苏格兰场的警探沃尔特·德鲁搜查了希尔德洛普新月街39号，在地板下面的地窖里发现了一具无头躯干和一些剔除骨头的奇怪尸块。它们极有可能属于柯拉。收到肯达尔的电报后，警探德鲁很快前往利物浦登上了"劳伦迪克"号邮轮，这艘船将比"蒙特罗斯"号提前三天抵达蒙特利尔。

肯达尔船长从船上向陆地发送关于杀人嫌犯行踪的电报。这是马可尼19世纪90年代发明无线电报以来,第一次通过这种方式缉拿凶手。电报的细节被透给了报社,这激发了20世纪以来小报争相报道"破案剧"的首次热潮。随同德鲁警探一道登上"劳伦迪克"号的还有记者。全世界读者们因此可以及时获悉,那每天都在大西洋进行的船只追逐故事。

但在"蒙特罗斯"号上,肯达尔船长严守秘密不外传。他同毫无防备的"罗宾逊"交上了朋友。每天都把他们的动向仔细记录下来并通过无线电发给外界。当他发现克里潘正在阅读恐怖小说《四个正义的男人》时,这本书的作者埃德加·华莱士声名鹊起。

德鲁率先抵达蒙特利尔。他乔装成一位飞行员并登上"蒙特罗斯"号,媒体这时也在场。肯达尔船长(后来他出版了一本回忆录,书名为《船行日志》)对"罗宾逊"说:"请允许我给你介绍这位飞行员。"

"罗宾逊"先生伸出手时,德鲁迅速地使劲握住,他将自己的飞行员帽摘了下来。"早上好,克里潘医生。你不记得我了吗?我是苏格兰场的警探德鲁。"德鲁(他后来也出版了自己的回忆录《我抓住了克里潘》)问候道。

"谢天谢地,总算一切都结束了。这悬念太刺激,我再也忍受不了了。"据说这是那位逃犯的回应。

在之后的庭审中,这位戴边框眼镜、留着下垂胡须、细声软语说话的医生怎么看都不像是个杀人狂魔。他致力于推广顺势疗法,开了一家聋人诊所,并尝试当过牙医,但这些工作都不怎么成功。精明的妻子柯拉对他讥讽有加。克里潘平时害怕妻子,他是在发现柯拉和别的男人发生关系后才和埃塞尔开始了交往。在法庭上他尽力避免说错话,以免对他现在心爱的女人产生不利影响。

从这点来说,他办到了。埃塞尔最终无罪释放。10月22日,克里潘被判刑。在行刑前的几个星期他和埃塞尔充满热情地互致情书。在他平凡外表的掩盖下,竟在光天化日之下做出了肢解妻子的行为,这实在令人震惊。1910年11月23日,克里潘在本顿维尔监狱被执行绞刑。

埃塞尔无罪获释后隐姓埋名,终其余生。至于她的情人、被称作地窖杀人犯的克里潘医生,人们以他为原型制作了蜡像,至今仍是杜莎夫人蜡像馆恐怖陈列厅里的明星。

◎ 1912年:"我可能要多待一些时候"——奥茨上尉的牺牲

劳伦斯·奥茨看上去有些邋遢。他总是穿一件破旧的老式雨衣,领口紧紧地扣上扣子。他来到"特拉诺瓦"号停泊的伦敦码头时,穿的也是这件衣服。罗伯特·斯科特船长将驾驶这艘船在1910年春天启程前往南极洲。用爱尔兰探险家汤姆·克林的话来说,船员们"从未认为奥茨是个军人,他是绅士,始终是位绅士"。

奥茨受教于伊顿公学,精通驯养猎狐犬。他当然拥有绅士的资源——曾捐助1000英镑(相当于今天的66000英镑)用于南极探险。他也的确是位军官,在主要由航海冒险者组成的探险队中,奥茨是唯一的驯马师。队友们给他取了个绰号"当兵的"[1]。他的任务是在前往南极点的路上照顾运送食物和燃料的马匹。

斯科特没让奥茨前往西伯利亚买马,那里的马匹充满气力,对探险取得成功十分重要。奥茨对眼前的这些马很是失望,向斯科特抱怨并数落它们的缺点:"年老、不中用、气喘吁吁、跛脚……"没多久,传来了不好的消息。挪威探险家罗尔德·阿蒙森宣布他也将前往南极。奥茨有些灰心地说:"我的唯一愿望是他们不要率先到达。在白忙活一阵后,这将让我们显得愚蠢无比。"

挪威人依靠庞大的狗群(超过200只)拖拉雪橇。他们还有计划地沿途陆续宰杀这些狗,靠吃狗肉补充营养。斯科特则认为这样很不人道,他打算带32只雪橇犬,还有奥茨养的马以及一个新发明的摩托雪橇上路。在到达一个指定地点之后,他们将通过人力把雪橇拉到南极点,接着返回"一吨"补给站。这个站是以它的补给量命名的。

这引发了另一个争议。奥茨认为"一吨"补给站的选址应该尽可能离南极点近一些。他建议将最体弱的马宰杀,为队员和雪橇犬补充能量。这样就可以把补给站建在再靠近目的地10英里的关键地方。

斯科特答复说:"我受够了这种对动物的残忍行为。我不会为了几天的路就背弃我的情感。"奥茨回应称:"先生,恐怕您将为此后悔。"

气愤的奥茨在写给母亲的信中透露:"我很不喜欢斯科特。要不是我们同在英国探险队,要不是我们必须打败挪威人,我早就一走了之了。他不够正直,心里只装着自己,别人对他毫无意义。他会将你的一切榨干,然后转移目标。"

奥茨准确道出了斯科特自我陶醉的性格。1912年1月18日英国探险队最终抵达南极点时,发现挪威人其实已经比他们领先一个多月就到

---

[1] 上尉的另一个绰号是"泰特斯",取自臭名昭著的泰特斯·奥茨(和劳伦斯没有任何亲缘关系)。泰特斯曾因为所谓的"教会阴谋",在查理二世统治时期掀起了国内的狂热情绪。

达这里。奥茨在日记中指出，挪威探险队的行进方式更加合理："阿蒙森一定是想对了招数。看上去他们和雪橇犬这一程挺舒服——同我们靠人力悲惨地拉雪橇截然不同。"

士气低沉的英国探险队白天在风雪中艰难行进，晚上则在潮湿的睡袋里颤抖。他们艰难地拉着雪橇朝"一吨"补给站行进，有望在三周内完成120英里的跋涉。不过，他们不时受到极其严寒天气和冻疮的侵扰。队员埃德加·埃文斯在经历了艰难的四周后终于失去了理智，最后因体力衰竭而死。他影响了整个队伍的回程，斯科特不动感情地评价："可怜的埃文斯离去，对食物补给不无裨益。"

现在轮到奥茨影响队伍的行进了。由于在布尔战争中受过伤，他走路原本就一瘸一拐。现在他生了冻疮的双脚已经化脓，这使他步履更加缓慢。更严重的是，他每天用很长时间进行准备工作，要花上两个小时同穿靴子的疼痛做斗争。

斯科特在日记中写道："可怜的泰特斯成了我们最大的阻碍。他让我们早晨空等，直到早餐带来的热量被部分耗尽……看着他实在让人不好受。"奥茨已经拉不动雪橇。每每探险队停下来，他就会瘫倒在雪橇上。斯科特在3月6日的日记中写道："如果我们都很健康，我有信心能够顺利扛过去。但那个当兵的可怜虫成了我们糟糕的阻碍。"

在埃文斯死后17天，奥茨仍然坚持行进。3月11日，斯科特给每个人发放了30片吗啡，这是足以致死的剂量。但如果这是一个暗示，奥茨拒绝接受。营养不良和手冻疮带来的疼痛可能影响了他的心态。他继续每天早上挣扎着穿靴，跌跌撞撞走向无尽的冰天雪地。

（斯科特17日写道）他拥有勇敢的灵魂。这是故事的终结。前天晚上他睡去了，以为不会再醒来，但昨天早上他还是清醒了。外面暴风雪肆虐。他说，我出去一下，可能要多待一些时候。然后他就消失在风雪中,我们从此再也没能见过他……我们知道可怜的奥茨是向死亡走去。尽管尝试劝说,但我们知道这是一个勇敢的人、一位英国绅士的壮举。

奥茨上尉就这样走进了历史。两周后,斯科特和其他的同伴也没能挺下去。他们倒在距离"一吨"补给站仅11英里的地方。这引发了一些疑问。如果斯科特听从奥茨的建议,将补给站建在更南端的地方,他们有可能生还吗?如果奥茨早些下定决心牺牲,比如在3月初,而不是一直踌躇到3月16日,成为同伴们"糟糕的阻碍",他们会不会走完剩下的11英里?

真相早已飘散在茫茫的冰天雪地中。奥茨留下最后的话是他在1912年2月24日写的日记。因此,我们所知他生命的最后三个星期,以及他著名的赴死事迹,都来自于斯科特,这位奥茨认为"不够正直"的人。

◎ 1913年:国王的赛马和埃米莉·戴维森

1913年6月14日,数千名伦敦市民涌向萨里郡的埃普瑟姆丘陵。他们将在这个下午纵饮啤酒、尽情豪赌。这一天是德比赛马日,国王乔治五世正手持望远镜坐在看台上。作为大胡子爱德华七世的儿子,他也留着浓密的胡须。国王于1910年继承王位,他有一匹不怎么被看好的赛马——名叫安默尔的小雄马。[1] 就在赛马们跑完半程、到达塔滕汉姆角一个急弯的时候，安默尔已经落在后头了。

突然人群中出现一阵骚动。一位目击者次日向《泰晤士报》回忆说："我看到一个身影快速越过赛场扶栏，当时赛马们正以极快的速度朝扶栏方向冲过来。"

那个越过扶栏的人是40岁的大学毕业生和老师埃米莉·戴维森。她是一位妇女参政权运动的抗争者。也就是说，她的斗争目标是为妇女赢得投票权。

另一位目击者说："国王的赛马安默尔跑了过来，戴维森女士冲向它。她举起了手，不知道是想要抓住赛马的缰绳还是保护自己。事情发生在数秒钟内，赛马以很大的力量撞向戴维森，紧接着就被绊倒，骑师也重重地摔在地上。骑师和戴维森都流了许多血。"

安默尔绊倒后翻了个身，在没有骑师的情况下继续跑完了全程。那位名叫赫伯特·琼斯的骑师一动不动地躺在地上，直到所有赛马都通过后才小心翼翼地起身。他的脸摔青了，肋骨骨折，还有轻微的脑震荡。但戴维森没有任何动静，已经完全丧失了知觉。她被巨大的冲击力撞倒在地，最终折断了脊柱，还导致颅骨骨折。她再也没能恢复意识，在四天后离开了人世。

戴维森是妇女社会和政治联盟（WSPU）的一名热心成员。该联盟的领导者是埃米琳·潘克赫斯特和她的大女儿克丽丝特布尔。她们二人通过当代工党的前身独立工党已经进行了多年的抗争。后来，独立工党担心中上阶层的妇女会给他们的对手投票，而对妇女选举权不再热心。潘克赫斯特母女意识到，男工人（经常禁止妇女参加他们的协会）和其他阶层的男性一样具有偏见。因此，她们在1903年成立了妇女社会和

---

[1] 德比赛马日创设于1780年，得名于热爱体育竞技的德比侯爵。安默尔是乔治五世经常狩猎的树林的名字，邻近诺福克郡桑德灵厄姆皇家庄园。

政治联盟,专为妇女争取投票权。一开始她们主要通过和平抗议手段表达政治态度,后来逐渐诉诸法律之外的行为,并经常因为"妨碍公务"遭到逮捕。联盟的座右铭是"行胜于言",伴随着她们的情绪日益激动,行为也渐趋极端。

戴维森的个人信条是:"自由对抗专制,这是对上帝的遵从。"1909年,戴维森曾经将这句话写在纸条并绑在石头上,投向财政大臣大卫·劳合·乔治乘坐的马车。她也因此被判处一个月监禁。

这是戴维森在1909—1912年之间七次牢狱经历中的一次。她曾被控"妨碍公务""打破议会下院的窗户"等,服刑最长的一次为六个月,缘由是纵火烧毁邮筒。争取妇女参政权的示威活动之所以如此激烈,戴维森的解释是:"多说无益。写作、演讲、恳求,这些都毫无用处。"

在狱中绝食的时候,戴维森忍受了强制灌食的残酷对待:她被强行按住,然后一条橡胶管插入她的喉咙或鼻孔。接着她不可避免地将橡胶管中黄色油腻的汤汁呕了出来。她还试图在牢房里竖起屏障,躲避强行灌食。当局则用冰冷的水柱射向她。在愤怒的抗议中,戴维森从铁楼梯上跌下来,严重摔伤脊柱。这一痛苦伴随了她终生。

戴维森宣告:"妇女终将获得自由。为实现这一愿望,我将以生命作为保证。"

由于戴维森的一些抗议行为富有戏剧色彩,历史上常有人认为,她前往埃普瑟姆时已经抱定了必死的决心。但记录当时情况的影片显示,她只是想要拽住安默尔的缰绳,试图让它慢下来。这也是皇家骑师琼斯的印象。人们在戴维森的口袋里还发现了回程车票以及两面旗帜,上面带有妇女参政权运动的标记颜色。

埃米琳的二女儿西尔维娅·潘克赫斯特评价称:"戴维森不曾预想德比赛马日的示威抗议会以悲剧收尾,她只是想在塔滕汉姆角突然挥舞紫、白、绿三色旗,好让比赛停下来。"

不论戴维森的动机如何,她的死没能给当时的人们留下深刻印象,反而让世人对妇女参政权运动参与者的疯狂行为更具偏见。《泰晤士报》的文章抱怨称:"她在寻求自杀的同时差点害死了骑师,还绊倒了一匹名贵的赛马……在大众看来,这鲁莽、疯狂的行为不符合参与投票选举的资格要求。"

人们的态度转变要经过恐怖的1914—1918年战争。那段时期,妇女走进办公室、商店和工厂,承担起男人们曾经从事的职业。潘克赫斯特夫人叫停了妇女参政权运动。她认为,如果没有一个可以进行选举的国家,争取选举权将是句空话。事实上,她的态度转变为政客们提供了退让的台阶。

军需部长埃德温·蒙塔古在1916年曾设问:"妇女们通过自身的努力工作赢得了她们的公民权利,有哪位男性能对此视而不见?"1918年6月,在战争结束前的五个月,30岁以上的纳税(市政税)妇女或纳税者之妻获得了投票选举权。十年后,选举权将被赋予所有女性,她们的投票资格和男性一样。

短期看,戴维森在德比赛马日的行为或许适得其反。但随着时间推移,这一行为被越来越多地赋予为妇女权利抗争的浪漫主义色彩。戴维森的同伴们在事件发生时就是这么看的:

> 1913年6月号的《妇女投票权》杂志上记载:戴维森在太阳下、漠然的人群里等待着。她的灵魂中是被伤害妇女的理想和愿景。她将理想怀抱于心,将愿景手捧在前。在它们的激励下,戴维森义无反顾地投向了急速奔跑的赛马。她是如此珍重自由,不惜为此献出自己的生命。

◎ 1914年：圣诞节停战

在泥泞战场的另一侧，敌军的战壕与英军相隔100多码。突然，那里开始有微光闪烁——会是蜡烛吗？英军哨兵暂时还无法分辨。慢慢地，闪烁点从一两处越变越多。原来，战壕中冒出的是一些小圣诞树，同时还伴着听起来有些奇怪、但确信无疑的圣诞歌声："平安夜，圣善夜……"这里是第一次世界大战的西线战场，时间是平安夜。

圣诞树是从德国本土专门运来的礼物。这些小型针叶树主要用来提振士气、激励战士们英勇战斗。但在1914年12月24日，它们的实际效果却恰恰相反。德国士兵离开了他们的战斗位置。在满是尸体堆陈的战场那一头，英国士兵也不在战斗状态。

北斯塔福德军团第一营的阿尔梅斯上尉在给妻子的家信里写道："我走出去看了看，听到有人喊'别射击'，于是战场气氛变得缓和起来。我们的人都倚坐在战壕的护墙上，德军也是一样。他们向我们喊着蹩脚的英语。我爬到战壕的顶部，让他们用德语唱一首德国民歌。他们还真唱了。同样，我们回唱得也不赖。双方都在为彼此鼓掌、叫好。"

当时还是一名17岁普通士兵的莱斯利·沃金顿少校回忆称："这事发生得毫无征兆，挺令人奇怪。那晚好像有一种更伟大的精神笼罩了战场。"

一轮明亮的满月之下是典型的圣诞场景。冰冷的白霜为平日泥泞的残酷战场平添了一丝美丽。阿尔梅斯上尉找了个机会，开始清理这曾经遍野开满郁金香的战场。他和德国人为此达成了一个君子协议，双方决定在次日午夜前停止射击。

在法国北部里尔市附近的阿尔芒蒂耶尔镇，交战双方也达成了类似庆祝圣诞节的约定。但在从英吉利海峡到瑞士边境绵延400英里的西线战场，敌对仍在持续，这是一场被称作"终结所有战争的战争"。只有在佛兰德斯地区的那一小片地方，在肮脏、致命的战场上，才有一出怪诞而美好的插曲在上演。

圣诞节首先从葬礼仪式开始。双方军人各自列队，英国第六戈登高地营的一等兵亚历克斯·伊姆拉写道："我们的随军牧师作了一段简短祷告。祷告词出自《圣经》中《诗篇》的第23篇。过了一会，有一名德军士兵将祷告词翻译成德语。我猜他是学神学的，虽然听不懂他所说的话，但他的声音听起来很美、很有表现力。"

葬礼祷告结束后，双方军人互致问候。亚历克斯告诉他的父亲："很难想象他们会参与如此残酷的战争。一些德国士兵居然会说流利的英语，其中有一位还曾在伦敦的塞西尔饭店当过侍者。我从和他们的交谈中感觉到，他们也厌倦了这场可憎的战争。"

从英国寄来的邮包中既有来自白金汉宫的圣诞贺卡和香烟，也有《每日邮报》的干果布丁。这些物品足以撑起一场以物易物的"市集"。啤酒、听装果酱、罐头蔬菜以及德皇赠予士兵的雪茄烟都成功易了手。皇家沃里克郡兵团第一营上尉布鲁斯·班斯法瑟回忆称，"我和一位年轻的德国军官交换纽扣作为纪念品。我用绞铁丝网的钳子将纽扣从他身上拧了下来，并把我自己的纽扣回赠给他。后来，一个德国人还为包括我在内的两国士兵拍了集体合影"。

圣诞节的高潮是双方举行的多场足球比赛。由于足球不可得，士兵们用空牛肉罐头罐取而代之。有场比赛居然双方各有50多人上场。德军以3:2获胜的比分是唯一留存的比赛记录。不过失利者并不在意，班斯法瑟回忆道："那一天双方完全没有一丝恨意。"

在战争史上，对抗双方之间从未出现过如此和平友好的气氛。这导致了两种解释：一种认为此事完全是子虚乌有的杜撰，根本不曾发生；

另一种则认为"圣诞节停战"的真相被当局掩盖了。约翰·弗伦奇爵士，这位忧郁孤僻的英国远征军指挥官，"肯定对近期未经允许就和敌军士兵擅自互动的事件极为不悦"。然而，审查机制对英国军官和士兵寄回国的无数家信并不适用。他们在信中描述了和敌军共庆圣诞节的故事。经由新闻报道，这些"神话"很快被传播开来。

上述信件也记述了"圣诞节停战"是如何以不同方式终结的。邓恩是英国皇家韦尔奇火枪军团的上尉，他所在的连队刚收到了对面战壕的军人送来的两桶啤酒。他在信中写道："大概在 8 时 30 分，我朝天开了三枪，然后举起了一面印有圣诞快乐字样的旗帜。这时，一名德军上尉出现在战壕的护墙上。我们彼此向对方致意，然后重新回到各自的战壕。他向空中放了两枪。战争又开始了。"

◎ 1915 年：仅有爱国主义还不够——爱迪丝·卡维尔

第一次世界大战开始于 1914 年 8 月 4 日。那天，德国向中立国比利时发起攻击，企图在此之后突袭法国并攻占巴黎。这场战争是一系列十分复杂的国际博弈的结果，其导火索是那年初夏，奥匈帝国的王位继承人费迪南德大公在波黑萨拉热窝遇刺。英国曾寄希望于远离欧洲大陆的纷争，但对德国陆军和海军可能封锁英吉利海峡的前景又深感不安。到了 8 月下旬，英国军队已经启程前往欧洲大陆帮助法国和比利时。

在经历初期的挫折后，派往法国的英国远征军最终在抵御德军进攻中发挥了重要作用，特别是帮助修筑了位于西线的工事。不过派往比利时的英军则没那么幸运。许多英国、法国和比利时士兵在被击溃和包围后，困在了敌占区。如果他们继续身着军装，就会很容易被德军俘虏。但如果他们装扮为当地人，则可能面临被当作间谍而遭击毙的风险。一些人很幸运，躲避在布鲁塞尔城郊的一间护士训练学校。这所学校的负责人是一位英国人——爱迪丝·卡维尔护士。

卡维尔是一位英气十足的女性。那年她 47 岁，目光中透着坚毅和正直。她有着高高的颧骨和浓密的灰发，还优雅地在头顶上扎了个发髻。卡维尔确实是位威严的护士长，吃早饭时她会手持手表，如果哪位学员迟到超过两分钟，就要罚她额外工作两小时。她的一位职员用"冷峻、高傲"来评价她。

1914 年 11 月的一个阴冷潮湿的晚上，当皇家陆军切西尔团第一营的达德利·博格中校和弗兰克·米钦军士长敲响卡维尔的房门时，她没有任何迟疑。博格的腿受伤了，他蓄着胡子，戴着一顶黑帽子和松垮的领带，装扮成比利时工人的样子。米钦也是工人的打扮，用衣服填塞在两肩之间，假扮成驼背。卡维尔告诉助理护士长："这些人是来避难的士兵，快给他们在空的手术间找几张床。"

博格和米钦是卡维尔和她的助手们所收留的 200 多名避难士兵中的前两位。卡维尔悉心照料这些士兵，直到他们康复并重新上路。早年时，卡维尔曾在布鲁塞尔当了六年家庭女教师。她在 1907 年返回这里，致力于在比利时推广南丁格尔式的护士教育。她能说流利的法语，在当地广受尊敬，也深受比利时地下抵抗组织的信任。在后者的支持下，卡维尔的许多病人最终都成功回到了家乡。

卡维尔在给她的兄弟写的信中曾这样描述："我在用一种方式提供帮助,但在我们赢得自由前,我还不能明确说出来。"

德国人反复警告,任何人如果藏匿或帮助敌军士兵都将被射杀。但卡维尔依然继续在她的护士学校帮助前来避难的士兵。她经常在晚上亲自为他们制备食物,然后在黎明前赶紧清洗干净碗碟,以免留下证据。她还把日记缝在一个脚凳里。

不幸的是,不是每个同伴都像卡维尔这么小心。她在地下抵抗组织有位联系人,此人没能在被捕前销毁含有卡维尔名字的信件。1915年8月5日,德国秘密警察在当地的负责人来到了护士训练学校。

德国人不需要对卡维尔施以酷刑就能发现真相。她是英国诺维奇郡一位牧师的女儿,从小就拒绝撒谎。唯一被发现的确凿证据是一位满怀感激之情的士兵回国后寄来的贺卡。此举带有关心体贴的意味,但明显欠缺考虑。卡维尔在审判当天即被判处有罪,她诚实的"供词"事实上宣判了她的死刑。10月12日早晨,她被蒙上双眼带到刑场,行刑队分为两组,每组八人。卡维尔在被枪决时依然身着护士制服。

卡维尔的命运在英国乃至全世界立即引发了强烈反应。她的死给人们带来的痛苦或许是当年圣诞节交战双方没有再次停战的原因之一。她死后的八周内,协约国报名参军的人数翻了一番。德国皇帝下令,以后不经他本人允许不能再处死任何女性,这事实上是皇帝承认了自己所犯的错误。卡维尔的遗体在战后被运回英国。人们先是在威斯敏斯特大教堂为她举行了感恩仪式,随后她被安葬在诺维奇教堂。

卡维尔是一位不同凡响的女英雄。在被处决前的那晚,布鲁塞尔的一位英国牧师前来安慰她,但发现眼前的这位即将赴死的女性内心十分强大。她说道:"请像我一样笔直站立,站在永恒的上帝面前。我明白仅有爱国主义还不够,还必须戒除对他人的仇恨和愤怒。"

◎ 1916年：国家需要你——谢菲尔德的伙伴们

1914年夏天，一个颇有吸引力的选择摆在英国军队的新兵面前——结伴参军的人可以在一起服役。社区和邻里的男人们被鼓励共同报名参军，这样他们就可以肩并肩训练和战斗，就像"伙伴"一样。

法国、德国、奥匈帝国和俄国实行的都是征兵制，但英国的自由党政府不愿意将服兵役变成强制行为。他们认为，志愿参军的士兵士气更为高昂。新任战争大臣、喀土穆勋爵基奇纳主要负责士兵的招募工作。

霍雷肖·赫伯特·基奇纳是英国的战争英雄。他在1898年攻克了喀土穆以及整个苏丹，并继续赢得布尔战争的胜利（他的仰慕者并未提及，正是他在这场战争中设立了"集中营"）。基奇纳的脸庞很有特点，他的双眸坚毅而明亮，典型的八字胡十分浓密。这些特征在那幅知名的彩色宣传画里都有体现。画中的基奇纳用手指着观众，旁边打出了鲜明的口号："国家需要你！"在宣传画的感召下，人们纷纷报名参军。1914年8月和9月间，年轻的伙伴们一起迈进募兵办公室，他们手挽着手，高唱着战歌，共同被编入了"伙伴营"[1]。

一个营的最大编制是1107名军官和士兵。当年9月，谢菲尔德的伙伴们在谷物交易所前的招募处报名参军，只用了数天时间就达到了这个数字。一位伙伴回忆称，他们中多数是白领工人——年薪500英镑，还有股票交易员、工程师、药剂师、冶炼专家、大学和中学职工、医科学生、记者、商店柜员、文员等。当时人们热情报名参战的

---

[1] 1914—1915年，全国总共编成了50个"伙伴营"。其中还有所谓的"小个子营"——士兵们身高不足军队规定的5英尺3英寸（但高于5英尺）。

气氛如此浓烈，一块标语板上赫然写着："抵达柏林的道路行经谷物交易所。"

"谢菲尔德伙伴营"的正式称呼是约克和兰开斯特军团第12营。他们的训练开始于谢菲尔德板球和足球联合俱乐部的主场布拉莫尔巷。1000多双军靴踩踏草皮造成了灾难性后果，伙伴们不得不在未来12个月中，在不同的地方分散训练，包括和"巴恩斯利伙伴营"和"阿克林顿伙伴营"同处索尔兹伯里平原。这些"伙伴营"共同组成了第94旅（隶属于第31师）。

1915年底，第31师启程前往埃及守卫苏伊士运河，但土耳其人的攻击并未成为现实。士兵们因此出人意外地享受了一个阳光普照的假期。来自寒冷北方城市的士兵们尽情地沐浴着亚历山大晚冬的温暖阳光，整整18个月中他们未折一人、未发一枪。不过，第31师在1916年3月被调往欧洲战场。英军正准备向德军在法国东北部索姆河一线的阵地发起攻击。"谢菲尔德伙伴营"的任务是夺取塞尔村。

他们被告知这是一个简单的任务。因为在他们发起进攻前的一周，英军将向德军阵地进行不间断的炮轰。没有人会存活下来，连一只老鼠也不例外。的确，1916年6月底，英军在那一线的敌军阵地投下了75万发炮弹。根据指示，承担攻击任务的营队可以稳步穿越无人区，连小跑都不需要。他们将占领德军工事并重建战壕，许多人身上因此还背着铁锹、锄头、锤头和铁丝网等。

7月1日早晨，伙伴营的早餐是一块巧克力和一个三明治，这将为他们冲向阵地提供能量。7时30分，英军的炮轰停止，他们开始向德军阵地进发。然而，迎面而来的是疯狂的子弹扫射。在"谢菲尔德伙伴营"训练和调动的这一年中，德军拼命地加固工事，建造了深藏于地下的防弹地堡，并用水泥和波纹铁皮覆盖其上。英军的炮轰只带来了很小的伤亡，同时却提醒对手战斗即将发起。德军机枪手早已做好了准备。

"谢菲尔德伙伴营"连续发起了四波攻击，但都被无情的炮火扫射给击退了。在第三波和第四波攻击中，甚至有一半士兵连"无人区"都没到达。而抵达那里的士兵则无力地试图剪断铁丝网。在他们右边，"阿克林顿伙伴营"的进展稍微顺利些，至少冲到了德军战壕，但他们仍然被打了回来，损失极其惨重。那天日落时，索姆河一线有两万名英军士兵阵亡，还有近四万人受伤——超过前线士兵人数的一半，是英国战争史上单日损失最大的一次。[1]

"谢菲尔德伙伴营"有超过 500 名士兵阵亡、受伤或失踪。来自阿克林顿、巴恩斯利、布拉德福德、杜伦和利兹的伙伴营也遭受了类似的伤亡。这些伙伴们共同报名参军，也结伴赴死。那年夏天，英国北部很少有哪条街上没有百叶窗闭合的房子。两天后，"谢菲尔德伙伴营"的幸存士兵被命令撤离战场，他们的营队已快要被打光。

征兵制于 1916 年开始推行。接下来的几个月，这个营的士兵人数得到了恢复。"谢菲尔德城市营"将出现在 1917 年的维米岭战役，他们表现得十分出色。但他们不再是"伙伴"，也不再是此前那些年薪 500 英镑、兴奋地向谷物交易所迈进并领取卡其布军装的白领们。

---

[1] 索姆河战役一直持续到 1916 年 11 月 18 日。英军和法军总共推进了约 7.5 英里（12 公里）。而代价是 42 万英军失踪、阵亡或受伤，法军的伤亡也在 20 万左右。据估计，德军伤亡约为 50 万人。塞尔村仍然未被攻克。

◎ 1926年：一个适合英雄生活的国度？

1920年11月初，英国军方派出的四个搜索小队出发前往法国，执行一项听起来有些毛骨悚然的任务。此时距离第一次世界大战结束已经两年了。这些搜索人员将分头前往四个主要战场，即埃纳、索姆、伊普尔和阿拉斯。他们的主要任务是挖掘参战英军士兵的遗骸。具体一些，就是通过遗骸制服上的徽章和残布确定其属于英军。同时，已经确认身份的遗骸不在此次搜寻范围之内。说到底，他们找寻的是那些无名阵亡者的遗骸。

最终他们找获了四具遗骸。人们为棺椁覆盖上米字旗，将其送到佛兰德斯的圣波尔小镇。根据后来的记载，一位蒙住眼睛的军官随机选中了一具遗骸。人们怀着崇敬的心情将这具遗骸放进提前准备好、由汉普顿宫的橡木制成的棺椁，然后运往布洛涅，再由军舰载向英吉利海峡对岸的多佛。其他三具遗骸则被隆重地重新安葬。

安静的人群——她们中许多人是身着丧服的母亲、姐妹和寡妇——在每一座车站驻足等候，目睹列车将无名阵亡者从多佛载往首都。一位记者写道："在伦敦郊区，有许多房子的后门大开，屋内的灯光倾泻而出。男人、女人和儿童站在花园中注视着被照亮的列车疾驶而过。"

1920年11月11日是停战协定[1]签署两周年的纪念日。当日早晨，无名阵亡者的棺椁在六匹黑色大马的牵引下被运往威斯敏斯特大教堂。仪仗队和100名维多利亚十字勋章[2]获得者早已在那里迎候。

---

[1] 停战协定（Armistice）一词来自拉丁文 armistitium。该协定于1918年11月11日在法国签署。就像在1920年11月11日一样，这个日子今天仍然被纪念。英国全国将静默两分钟，以示哀悼。
[2] 英国最高荣誉勋章，以维多利亚女王名义颁发，旨在奖励克里米亚战争中的英勇行为（据称该奖章由塞瓦斯托波尔围城战期间被缴获的俄国火炮武器制成）。

他的墓碑下面镌刻着以下文字:"他们将他安葬在国王的行列之中,因为他侍奉神,修理神的殿。"[1] 70多万英国青年死于第一次世界大战的四年间,还有150多万人受伤。这相当于一代人中有十分之一男性因此消失。难怪首相大卫·劳合·乔治在战后表示:"现在我们这些生者的任务,就是把英国建成一个适合英雄生活的国度。"

随着战后繁荣的到来,事情看上去进展得不错。英国人的退休金数额翻了一番,失业保险也覆盖到全国每一位工人——这可以算是为战争做出牺牲的红利。然而,英国在世界经济产出中曾经十分庞大的份额正在缩水。美国在战争后期的强势介入宣示,英国已不再是顶尖强国。英国制造商发现,同来自美国和日本物美价廉的商品相比,自己的产品竞争力有限。他们只好诉诸传统的解决办法:降低工人的工资或是延长工作时间,再就是干脆将工人解雇。

1926年3月,负责调查煤炭工业的政府委员建议降低工人工资。对此,矿工工会颇具火药味的回应是"不减一分钱,不加一分工"。这也激发煤矿主们团结一致,他们决定将身为工会会员的工人全部解雇。英国工会联合会(TUC)迅速号召全国工人都行动起来,给予矿工支持。当年5月3日,英国陷入了有史以来第一次也是迄今唯一一次"大罢工"。在第一次世界大战后期沙皇俄国、德国和奥匈帝国也发生了社会抗议活动,直接导致上述国家政权的垮台。难道革命终于要造访英国?

这显然是富有雄心的财政大臣温斯顿·丘吉尔的观点。他命令军队运输物资,并负责驻防印刷机构。他还下令出版政府的宣传载体——《英国公报》。不过,冷静的人们并不认同这种煽动对立情绪的做法。新近成立的英国广播公司拒绝播放政府的官方宣传,除非矿工们的观点也能

---

[1] 此语出自《旧约全书》(历代志下,第24章16节)。类似的文字也被国王理查二世刻在其司库、索尔兹伯里主教约翰·沃尔特汉姆的墓碑上。后者也安葬在威斯敏斯特大教堂。

得到平衡反映。国王乔治五世利用他的个人影响,设法迟滞直至阻止了政府试图拦截工会资金的计划。

国王告诉身为煤矿主的德比勋爵,他为矿工感到遗憾。勋爵的回答是:"去他的革命者!"乔治五世也不客气:"对他们做出判断前,你最好尝试一下靠他们这点工资过活。"

国王的表态反映了整个英国的态度。人们普遍对矿工们抱有同情。不过,大家也同样认为,不管矿工们的境遇有多悲惨,也不能将整个国家劫为人质。事实上,罢工的规模确实挺大,但还远称不上是普遍性的。从一开始,中产阶级就和政府持差不多的观点。大学生们临时开起了公共汽车,协助分发物资。在"大罢工"持续了一周多后,工会联合会被迫将其叫停。尽管如此,矿工们仍不肯屈服,此后数月坚持不回工作岗位。

国王在他的日记中写道:"我们应该为自己古老的国家感到骄傲。虽然过去 9 天有 400 万人参与罢工,但没有射出一发子弹,没有造成一人死亡。这彰显出我们拥有多么棒的国民!"

国王的评论有些言过其实了。"大罢工"的确反映出,战后的英国人民有能力将国家从崩溃边缘中解救回来。然而,这真的是一个适合英雄生活的国度吗?

◎ 1930年：史上最伟大的历史书

20世纪30年代早期，人们的日子过得并不容易。1929年，美国股票市场的崩溃引发了全球性经济衰退，也被称作"大萧条"。英国以贸易立国，受到的冲击尤其严重。30年代末，英国的出口下降了50%，失业率翻了一番多，失业人数达到250万，占全国劳动人口的五分之一。

沃尔特·塞勒和罗伯特·耶特曼比多数人都过得好。他们都参加了第一次世界大战（且双双英勇负伤，耶特曼还获得了军人十字勋章）。两人在牛津大学历史系学习时相识。1922年毕业后，塞勒当了一名历史教师，耶特曼进入了正蓬勃发展的广告业，成为一名"广告文案撰写人"，负责设计时髦的广告语，帮助柯达胶卷公司提升销量。

两位好朋友保持着联系，经常向对方提起彼此职业生涯中遇到的问题，以相互逗乐。塞勒时常援引学生们在他的历史课上容易犯下的初级错误，由此引发了一个极妙的创意：为什么不把学生们的错误编辑成一本全新的书，目的不是要用丰富的历史知识打动人们，而是通过幽默的错误使大家放松，起到娱乐效果。

其成果就是《1066年和那里的一切》。这是一本薄薄的小书，里面的段落都很短小精悍，还附有许多幽默的插图。该书在1930年10月出版后，仅当年就重印了八次，时至今日仍在发行。如果你还没有读过（即使已经读过也无妨），请在读完眼前这本书后，立刻翻开《1066年和那里的一切》，看一看塞勒和耶特曼是如何讲述沃迪卡（布狄卡女王）、有毒的珠子（受人尊敬的比德主教）、阿尔弗雷德蛋糕（阿尔弗雷德大王，不应同历史上同样知名但或许并不存在的"亚瑟王"混淆）、肥沃的体制（封建制度）、宏大的许可证（大宪章）、山鸡起义（农民起义）、里昂的理查·盖尔（"狮心王"理查）、加来小偷（加来城的市民）、老吊带裤和新吊带裤（老僭位者和小僭位者）、傲慢的凯瑟琳（阿拉贡的凯瑟琳）、丁香花安妮（克里夫的安妮）、修道院的幻觉（亨利八世拆毁修道院）、多产的玛丽（血腥玛丽）、西班牙的犹徐（无敌舰队）、莎士比亚和他有韵律的炸肉排（莎士比亚和十四行诗）、骑士党（错误但带有浪漫色彩）和圆颅党（正确但不讨人喜欢）十分值得记忆的斗争、威尔曼玛丽（威廉和玛丽）、腐败的地洞（腐败选区）、工业的启示（工业革命）、弗洛伦斯·睡袍（弗洛伦斯·南丁格尔）、救火队冲锋（轻骑兵的冲锋），以及维多利亚女王的大狂欢（维多利亚女王登基60周年庆典）。（以上均为学生常犯的历史知识错误，由于和正确的历史名词在英语拼写上类似或有谐音而产生幽默效果。括号内为正确名词。——译者注）……

塞勒和耶特曼通过武断地将君主划分为"好人"或"坏人"，讽刺了时下流行的一种对待历史的看法，即历史是由一系列勇敢、明智的行为组成的不断进步的历程，英国将最终成为世界一流国家。但他们的讽刺力度不大，对讽刺的对象也常怀有感情。对那些所谓的"正义战争"，他们的笔触十分尖锐。比如，将同南非祖鲁人的战争归咎于祖鲁人。

两人所揭示的内容很大程度上是那个时代的产物，反映了"失去的一代"的幻灭情绪。他们总是被许以美好的承诺，最终却一切皆空，归于毁灭。不过，他们最重要的一个观点是永恒且精彩的。正如在该书的序言（副标题为"这与你有关"）中所述："历史并非来自于你的所想，而是你能够记住的内容。"

◎ 1933年：这不是板球——靠快速投球战术赢得"灰烬杯"

这是8月的一个炎热日子。来自约克郡的鲍斯朝着三柱门近距离地投出几记球。球在触到地面后猛烈向上反弹，从高傲的道格拉斯·贾丁胸前和耳畔嗖嗖飞过。贾丁是萨里郡板球队队长。当时他的头上除了俱乐部的专用帽子外，没有戴防护用具。在1932年，很多板球运动员都认为，戴防护用具会显得不够男人。

退休板球教练佩勒姆·沃纳抱怨道："这么投球肯定会遭到报复，一旦引发争端，天知道该如何收场。"

贾丁没有抱怨，他喜欢迎接挑战。他对这被称作"背面理论"的、攻击性十足的投球方式已经思考许久。根据这一理论，当面对一位惯用右手的击球手时，动作敏捷的投球手一般会在击球手的背面半圆形区域内设置四五个外野手。比赛开始后，他会瞄准击球手的头部和身体快速投球。这时，受害者将做出痛苦抉择：要么屈辱地躲避来球；要么疯狂地挥舞球拍，寄希望于球被击到场边。有时的确如此，不过球也经常反弹，被等候在一边的外野手接获。

鲍斯和贾丁都是国际球员。那年冬天，他们前往澳大利亚，试图夺回两年前被澳大利亚队赢走的"灰烬杯"[1]。那场比赛澳大利亚队之所以获胜，多亏了一位名叫唐纳德·布拉德曼的年轻击球手。这位小个子在

---

[1] 1882年英国队输给澳大利亚队后，《体育时报》发表了一篇讥讽英国板球队的"讣告"，其结尾戏称："英国板球将被火化，而灰烬送往澳大利亚。"该文发表后，有人将一根板球门柱烧成灰并放入瓮中，待下次战胜澳大利亚队后再交还给英国队。自此以后，这小小的黑瓮"灰烬杯"就成了英、澳两国板球比赛的奖杯。尽管如此，不论哪方获胜，奖杯都一直留在玛丽勒本板球俱乐部位于伦敦北部的总部。该俱乐部1787年以来就是板球运动规则的制订方。直到1976年，英国板球队进行海外比赛的名义主办方也是该俱乐部。

1930 年的"灰烬杯"系列赛中平均得分高达 139 分。在利兹举行的第三场测试赛中,他一个击球局竟然得了 334 分,创下了世界纪录。1932—1933 赛季,他在回到澳大利亚本土后有望取得更好的成绩。

很显然,英国队必须找到对付布拉德曼的办法。贾丁想到了"背面理论"。这位 1931 年开始担任英国队队长的球手严肃冷峻,他知道哪位投球手能给布拉德曼制造麻烦。队中有一对来自诺丁汉郡煤矿的小伙子,哈罗德·拉尔伍德和比尔·沃斯。他们投球的速度能达到每小时 160 公里。在悉尼举行的首场测试赛中,拉尔伍德以惊人的投球速度一举拿下十个击球局。当地记者看着澳大利亚击球手疲于躲避,创造了一个新词,把这种打法称作"快速投球战术"(bodyline)。

澳大利亚队后来赢了第二场测试赛,将比分追平。十天后,第三场测试赛在阿德莱德举行。澳大利亚队队长伍德福尔被拉尔伍德投出的球击中了心脏部位。拉尔伍德在满场五万多观众的怒吼声中继续着他的投球轮。贾丁则根据"背面理论",在半圆形区域内安排了足够多的外野手。最后,颤抖的伍德福尔只得了 22 分。面对拉尔伍德的投球,布拉德曼也仅得了 8 分。

那天晚上,英国队的教练普拉姆·沃纳走进澳大利亚队的更衣室,试图询问伍德福尔的伤情。愤怒的队长告诉他:"我不愿和你说话,沃纳先生。场上有两支队伍,一支是在打板球比赛,另一支则不然。这是一项伟大的竞技运动,不容糟蹋。选择权就在你的手中。"

过了周末,比赛继续。澳大利亚队小个子守门手贝尔特·奥德菲尔德是个颇受欢迎的球员。他也被拉尔伍德的一记猛烈反弹球击中,不得不受伤退场。拉尔伍德投球的方向是朝着赛场的正面,但对澳大利亚观众而言,这无疑也是使用了"快速投球战术"。经过 X 光检查,贝尔特颅骨骨折。

澳大利亚板球管理委员会向玛丽勒本板球俱乐部愤怒地致电表示:

"在我们看来,此举缺乏竞技精神。如此频繁地使用快速投球战术,已经威胁到这项运动的根本利益。"在媒体煽动下,澳大利亚国内群情激昂,以至于澳、英两国政府为此进行了对话——英帝国的和谐似乎都受到了威胁。

一开始的时候,玛丽勒本板球俱乐部选择支持英国队的队长。他们向贾丁发电,祝贺第三场测试赛获胜(英国队在全部系列赛中以4∶1取胜,布拉德曼的平均场次得分被减少到仅仅56.57分)。他们还设法让澳大利亚人撤回了"缺乏竞技精神"的说法。

不过,随着人们情绪的变化,规则也必须应时而变。"背面理论"被宣布不再合乎规则。在贾丁曾经设置四五个外野手的背面区域,现在只能安排不超过两人。澳大利亚队在1934年赴英国比赛期间,玛丽勒本板球俱乐部要求拉尔伍德为其在1932—1933赛季的投球表现道歉。但拉尔伍德坚决拒绝,他认为自己只是按照队长的要求行事。这位英国队唯一一位五次荣膺投手榜榜首的选手,自此不再有为国家队比赛的资格。而33岁、正值运动生涯巅峰的队长贾丁也决定从测试赛中退役。

今天,将球直接或通过反弹方式投向击球手的"快速投球战术",在板球运动中仍然合规。不过,你不能再按照"背面理论",在击球手背面设置一个专门的外野手区域,也不能频繁地使用这一战术——《公平竞赛规则》第42条明确了裁判应考虑的因素。此战术也构成了板球和棒球运动的一大区别。在棒球运动中,任何将球投向击球手的做法都将受到惩罚。"球击中身体"(HBP)的次数被专门计算。

2005年夏天,英国队为了夺回"灰烬杯",将希望寄托在快速投球手安德鲁·弗雷迪·弗林托夫的身上。弗林托夫总是将球猛劲地投向澳大利亚队员的身体和头部。此时距离贾丁和拉尔伍德的时代已经70年了,击球手已穿戴上防护头盔。但事实证明,"快速投球战术"依然奏效,英国队赢回了"灰烬杯"。系列赛最佳球员的桂冠也花落弗林托夫,他赢得了24个击球局和402分。

◎ 1936年:退位者爱德华

第一次世界大战结束后不久,身为威尔士亲王的爱德华写道:"我越思考,就越发坚定地认为国王和亲王们的时代已经过去,君主变得不合时宜。"当时,威尔士亲王正在访问加拿大、澳大利亚等英帝国成员的途中。他在公众面前带着微笑,但私下里却流露出伤悲之情。"对一个25岁的可怜少年来说,这生活是多么不自然。我已倍感厌倦,有时甚至绝望地想辞职!"

威尔士亲王爱德华英俊潇洒、充满魅力,脸上的微笑总能俘获人心。他喜欢鸡尾酒和爵士乐,是英国王室有史以来第一位年轻的媒体宠儿。不论走到何处,爱德华总能迎来人们的欢呼雀跃。他身着明亮多彩的运动衫和时髦的灯笼裤[1],这已然成为时尚潮流的样板。随着爱德华的声名日盛,他内心的空虚和幻灭感却与日俱增。"我真怨恨自己的工作。这强加的声名对我来说毫无意义。我已经受够,只想寻求死亡。"

爱德华憎恶媒体打扰他的私生活。他对一个随从说过:"在官方访

---

[1] 灯笼裤是高尔夫球手经常穿着的一种宽松裤子,长度一般在膝盖以下4英寸(约10厘米)。

问时，我尚能忍受与官员和记者们打交道。但当他们试图闯入我的私生活时，我有举枪射击的冲动。"爱德华是个痛苦的年轻人。在世界上所有因饱受打扰而筋疲力尽的名人中，他可能是开风气之先者，也是最引人注目的一位。

爱德华的父亲国王乔治五世对他态度生硬，没有同情之念。乔治五世带领英国王室经历了战争和革命年代，目睹了两位欧洲皇帝和八位君主的倒台。1917 年 7 月，乔治五世放弃与德国汉诺威家族有关的王室头衔，决定赋予王室统治一个全新的、完全英式发音的名称——温莎王朝。同时，他也力图革新君主制的统治方式，更多强调责任，更多走出宫廷去面对普通大众，为他们"树立良好榜样"。当劳合·乔治首相向国王抱怨，由于兵工厂的工人们酗酒，影响了前线弹药的供给时，国王决定禁止在宫廷场合饮酒，取而代之为宾客提供柠檬水和姜汁啤酒。这一安排持续了三年，直到战争结束。[1]

老国王尤其对爱德华的情妇们不满意——这些人大多是艳丽的有夫之妇，爱德华经常带着她们出入于伦敦的夜总会。尽管英国媒体对此并不在意，但乔治五世预感到了麻烦，他忧郁地说道："我死之后，这个孩子会在 12 个月内毁了自己。"

乔治五世于 1936 年 1 月病逝。英国迎来了颇具时尚范的新国王爱德华八世。爱德华与拒绝飞行的父亲不同，喜欢乘飞机旅行。他有时还会不戴绅士帽在公众前露面。但到 12 月，整个帝国获悉了一个可怕的消息，国王的时尚品位投向了一位不简单的美国女朋友——沃利斯·沃菲尔德·辛普森夫人。她已经和第一任丈夫离了婚，现在正闹着要和第二任丈夫辛普森先生离婚。

---

[1] 乔治五世所付出的牺牲没有为他赢来尊重，反倒招致了一些嘲笑。特别是这条禁令宣布时，还伴随着另一条消息："罗斯伯里伯爵和鲍尔弗阁下拂袖离开了温莎堡。"即使劳合·乔治首相本人，也没有在唐宁街宣布禁酒。

许多人其实对辛普森夫人的美国国籍并不介意。她出现在离婚法庭五周后，一些报纸打破沉默，对她的国籍表示认同。但真正难以逾越的障碍，是她那两位依然"健在的丈夫"，因为英国社会视离婚为一种道德和社会灾难。怎么能够让一个离过两次婚的人接受臣民的鞠躬和献礼，怎么能够让她在世界上代表英国？从一开始，王室的礼仪就禁止离婚甚至分居之人成为宫廷的一员。

在征求内阁同事的意见并摸清帝国的公众舆论后，首相斯坦利·鲍德温告诉国王，他只能在王位和辛普森夫人之间二选一。对这一选择，爱德华八世毫不犹豫。鲍德温首相事后对家人说，当国王谈及辛普森夫人时，他的脸上泛起"如此美好的表情，就像是一位年轻的骑士看见了圣杯"。12月11日，国王正式宣布退位，他在向国民发布的实况广播中讲述了缘由。"当我告诉你们的时候，请一定要相信，"他用饱含深情的声音说道，"如果没有我所爱的女人支持，我难以承担公职的重担，只能卸下作为国王的责任。"

爱德华八世的支持者们为"爱"这个词而感到欣喜，他们认为这是本世纪最伟大的爱情故事。但国王的批评者不喜欢罗曼蒂克式的表达，他们埋怨辛普森夫人，认为这个罪恶的女人将国王引入了歧途。然而，如果16年前爱德华所说的"辞职""不自然""不合时宜"的话是发自内心的，那么，辛普森夫人就并非是他退位的理由。她只是爱德华最终找到的借口——他终于能够从担任国王那可怕而空虚的命运中解脱出来。

◎ 1938年：属于我们的和平——张伯伦先生乘飞机凯旋

内维尔·张伯伦热衷于观鸟。为此，他经常早晨5点就起床，专门聆听不同鸟儿的鸣叫声。他比历史上任何一位英国首相都更精通莎士比亚的作品。张伯伦也是位音乐爱好者，伯明翰交响乐团就是在他的提议下组建的。他还四处奔波，"努力将伯明翰的工人阶级从阴暗、压抑的环境转移到清洁、明亮、卫生的居所"。总之，张伯伦是位十分开明、正直和善良的人。但他的不幸就在于误认为希特勒是可以信赖的。

1938年9月15日，张伯伦第一次飞到德国见希特勒。他引用莎士比亚的戏剧《亨利四世》上篇里霍茨波的一段台词，希望"从危险的荆棘里采下完全的花朵"。所谓的"危险"，要从第一次世界大战后改变欧洲版图的《凡尔赛条约》说起，该条约目的是要削弱德国和奥地利。希特勒立下了雄心勃勃的目标，要扭转《凡尔赛条约》给德国带来的不利局面。他认为，德国人民需要"生存空间"，并开始扩张性的重整军备计划：1936年，德军重新占领了莱茵非军事区；1938年3月，他们向奥地利进发；现在，仅仅在六个月之后，德军叫嚣要占领捷克斯洛伐克，以"解放"该国毗邻德国的苏台德地区，那里有300万说德语的居民。

这是张伯伦第一次乘飞机，也许是因为有些焦虑，他上下飞机的时候手紧紧地握住伞。这也是日后被称作"穿梭外交"的最早范例，因为张伯伦在9月15—30日之间从德国往返三次，与德国、法国、意大利以及捷克斯洛伐克（至少名义上如此）进行密集磋商，希望能找到和平解决的方案。有一次他回国时通过广播表示，仅仅因为"在一个遥远国度里一个我们一无所知的民族所爆发的争端"而被卷入战争，那将是"极为可怕、不切实际和难以置信的"。尽管如此，皇家海军进入了战备状态，防毒面具被分发到老百姓手中，人们在海德公园里挖了防空战壕。

英国并没有保卫捷克斯洛伐克的条约义务，但法国有。如果法国被迫卷入与德国的战争，英国几乎肯定需要协防法国。那将是1914年的重演——20多年前的那场悲剧性的屠杀，人们依然记忆犹新。英国在军事上没有做好参战的准备，但更重要的是，她在心理上也不愿意重复那痛苦和牺牲的经历。

张伯伦第三次从德国回来之前，刚在慕尼黑参加完一次仓促举行的会议。这次，他带回了人们想要听到的好消息——"带有尊严的和平，我相信我们的时代是和平的"。英国和法国强迫捷克斯洛伐克将苏台德地区割让给德国，以此换取希特勒的和平许诺。此前，希特勒还和英国单独签署了一份友好宣言。据张伯伦称，这份英德宣言是"我们两个民族再不会相互挑起战争的象征"。当他走下飞机时，兴奋地挥舞着那份和平的文件。

松了一口气的英国人民陷入了疯狂，人们集结在伦敦的大街小巷欢呼雀跃。苏格兰社会主义者詹姆斯·马克斯顿认为张伯伦完成了"世界上的普罗大众都希望能解决的事情"。他在白金汉宫的阳台上被新国王乔治六世接见。除了左派的《雷诺兹新闻》，几乎所有的报纸都对他广为称赞。唐宁街收到了人们寄来的无数雨伞，以表达对和平缔造者张伯伦首相的感激之情。

慕尼黑会议是"绥靖政策"的产物。从1931年以来的数届英国政府都致力于实施这项外交政策。其着眼点是认为《凡尔赛条约》使一些国家，特别是德国产生了可能危及欧洲和平稳定的关切。安东尼·艾登曾在1935—1938年任外交大臣，他指出，"绥靖政策"在词典里的首要释义应该是"带来和平、解决争端"。

然而，和平取决于双方都信守承诺。希特勒认为自己在这方面既聪明又有实力。他的目标是建立"第三帝国"。[1] 希特勒想完全占有捷克斯洛伐克，并觊觎更多领土。1939年3月，德国军队占领了布拉格，在当年夏天进入了波兰。

9月3日，张伯伦宣布英国和德国进入战争状态。他此刻叹道："我毕生为之希望，为之争取的事业，在我公职生涯中所相信的一切，都完全付之一炬。"希特勒在攻占波兰后建议举行一次欧洲和平会议，这一次张伯伦对会议嗤之以鼻。他告诉自己的妹妹艾达，希特勒所说的一切都不可信，"和平的唯一机会是让希特勒消失，这将成为我们努力的目标"。

张伯伦没能指挥战争太久。1940年春，盟军试图将德国军队从挪威赶走，却遭遇惨败。虽然失败与海军大臣温斯顿·丘吉尔有关，但张伯伦作为"慕尼黑阴谋"的始作俑者承担了责任。他于1940年5月10日辞去首相职务，并于当年晚些时候在人们的嘲讽声中逝世。"绥靖政策"成了一个不好的词汇，带有背叛、懦弱的意思。慕尼黑的记忆直到今日仍然萦绕英国政坛。1956年英国进攻苏伊士运河以及近期英美联军进攻伊拉克时，政客们都以避免重蹈慕尼黑会议的覆辙，来证明行动的合法性。

作为"事后诸葛亮"，我们认为张伯伦的错误在于相信了希特勒——他仅仅只将战争推迟了一年。但1938年9月张伯伦挥舞和平文件时，庆祝和平的人群是何其众多，对和平的幻想又岂止属于他一人？另一方面，他试图去阻止一场最终让5000万人丧生的战争，这难道真是一无是处的错误吗？

---

[1] 德国的第一帝国是神圣罗马帝国，也就是中世纪主导欧洲大部分地区、由德意志和中欧诸国组成的邦联。第二帝国从1871年延续至1918年，是一个统一的德意志民族国家。希特勒希望他所建立的第三帝国比前两个帝国都更加辽阔、长久。

◎ 1940 年：被小船拯救的英国军队

敦刻尔克港位于常年刮风的法国北部海岸，被缓慢移动的沙丘所环绕。从港口向西望去，地平线的那边就是英国。1940 年 5 月，25 万名战败的英国军人（以及大约 12 万法国军人）挣扎着穿过灰绿色的树林和草地抵达这里。他们渴望能够穿过海峡返回家园。

士兵们随身只带着来复枪和一些可以拿得动的东西。他们放弃了坦克、装甲车和机枪。由于向海边撤退得过于仓促，英军和法军将大量装备和物资散落在身后的比利时低地地区。5 月 10 日，希特勒的军队对荷兰、比利时和卢森堡发起了大规模进攻。德国人称其为"闪电战"，战役彻底打通了德军通向巴黎的道路。

巧合的是，5 月 10 日，内维尔·张伯伦在伦敦辞去英国首相职务。他的继任者是温斯顿·丘吉尔。丘吉尔告诉内阁大臣们："我没什么可贡献的，只有血汗和泪水，我们面临的是一场最为残酷的考验。"法国最终陷落了。25 万英国士兵面临成为希特勒俘虏的危险。在危急时刻，丘吉尔于 5 月 26 日下令，皇家海军在空军的掩护下前往敦刻尔克。

眼前的问题在于如何让士兵们从海滩上登船，因为敦刻尔克的海滩很浅，皇家海军的驱逐舰和运输船只能停泊在 400 米外的海上。英国政府决定向英格兰东南部的游艇俱乐部和度假胜地的负责人发出呼吁，希望他们能协助组建"第二海军"，包括小轮船、摩托艇、渔船、拖船、游艇、救生船等，任何能浮起来的船都可以。他们响应政府号召，组成"小船舰队"浩浩荡荡地从英国的平静海滩向敦刻尔克进发。

一个英国炮兵军官从敦刻尔克的沙丘上向海滩瞭望，如此描述当时的场景：

在大海的边缘,有三条黑色的细线隔着相同的间距向大海延伸,就像三条防波堤。但这三条线是由士兵们组成的。他们两个人一组,整齐地列队等待登船。也许一次只能有一批人上船,但轮船和战舰最终会把他们全部带走,一个都不剩。

在他们身后是陷入火海的敦刻尔克。房屋连片燃烧,火焰不断蔓延,形成了一道火墙,黑烟向上升腾。在浓烟密布的天空,英国战机正和德国的斯图卡式俯冲轰炸机激烈缠斗。有位名叫莱托勒的英国退役海军军官当时正驾驶他的游艇"桑当"号穿越英吉利海峡。他回忆道:"有一架德军轰炸机十分猖狂,但它被我们的战机瞄上了。我们眼看着这架轰炸机被击落,在船后方50码处垂直坠入海中。这时,船上的人们大声欢呼起来。这是他们在航程中唯一一次发出超出平时说话声调的声音。"

敦刻尔克撤退连续进行了九天九夜。丘吉尔预计大概能救出3万人,负责营救行动的海军上将拉姆齐则估计可救出4.5万人。最后,几乎所有抵达敦刻尔克海滩的33万军人,包括22万英军士兵以及11万法国、比利时士兵,都奇迹般地被营救出来。

丘吉尔曾在议会下院发言称:"战争不是靠营救和撤退打赢的。"他的谨慎不无道理。但大量职业军人的有生力量得以保存,这对英国继续战斗下去至关重要。更有意义的是,敦刻尔克撤退增强了英国人民的使命感。在某些方面,小船的故事有夸张的成分:许多人驾船横穿英吉利海峡不过是为了赚钱,也有不少船是由现役海军军官驾驶的。而最终将大多数军人载回国的是皇家海军的"大船"。

如果说敦刻尔克撤退是一个"神话",它无疑是个十分必要、激励人心的"神话",寓意着普通人在战争中可以发挥何等重要的作用。在接下来的数周,超过100万人志愿报名参与英国本土防御战。各种路障和混凝土碉堡如雨后春笋般在全国范围内修建起来,海岸边也遍布铁丝网。人们移除路标,或故意设置假路标以迷惑敌人。丘吉尔宣告:"我们将在海滩战斗,我们将在着落场战斗,我们将在田野和街道战斗,我们将在山丘战斗。我们永不投降!"

在这场所谓"没有战事的战争"开始的最初几个月,英国的立场摇摆不定。但现在她开始相信自己,也让其他国家信任英国。美国一开始保持超脱,现在也取消了卷入欧洲战争的限制。1940年6月的前几周,大约有50万支来复枪从美国运往英国。《纽约时报》告诉读者,敦刻尔克撤退清楚地揭示出人们所面临的危险:

> 那个港口变成了地球上从未有过的烈火地狱。一场失去的战斗,令民主之魂褪去了遮掩,使她独自面对敌人。她被击败了,却未被征服。希特勒无法控制自由人民的闪耀灵魂。伟大的民主传统孕育着未来,孕育着胜利。

◎ 1940年:不列颠空战——"这么少"和"这么多"

1940年6月中旬,希特勒听说法国政府打算求和后,要求法国人把谈判代表派到法国北部的贡比涅镇。1918年第一次世界大战结束时,德国将军们在此地的一节列车车厢里签署了投降协议,而这节车厢就陈列在本地博物馆中。希特勒下令把车厢从博物馆中拖出来,并于当月22日在里面和法国人会晤。法国最终签署了屈辱的投降协议,将三分之二领土拱手让给德国。随后,领袖将列车车厢运回柏林,作为自己的战利品,并宣布一战停战协议正式作废。

敦刻尔克大撤退后,没人怀疑希特勒也会同样得意地让英国人受辱。他命令将军们策划对英国发起陆上进攻,代号为"海狮"。在进攻英国本土前,德国人将发动大规模空战,一举歼灭英国皇家空军。德国空军司令赫尔曼·戈林预计在四天内就能制服皇家空军,然后再花四周时间空袭英国的主要城市、炸毁兵工厂。

7月10日,德军将上述战略的第一步付诸实施。他们开始击沉英吉利海峡的商船,除了炸毁战略物资外,也是为吸引英国战机出战。鉴于德国空军战机数量是皇家空军的三倍,英国丧失空防能力不过是时间问题。

8月20日,温斯顿·丘吉尔向参与空战的英国飞行员致敬,他说了一句名言:"在人类冲突的领域中,从来没有这么多的人如此感激这么少的人。"那个夏天在英格兰南部,皇家空军的年轻英雄们每天要紧急升空五次之多。他们的数量的确是"这么少"——不超过2000人,但每个飞行员都依赖一个庞大、复杂的支持保障群体,包括雷达技术人员、瞭望员、搜救灯控制员、电话接线员、领航员、信号灯和跑道维修员等,这还不包括众多的维修工。他们都为"这么少"在"狗斗"中战胜对手发挥了重要作用。从内因看,不列颠空战其实是"这么多"的胜利。

如此不简单且高效的支持保障体系,在现代空战中是史无前例的。这很大程度上归功于皇家空军指挥官休·道丁爵士。他性格谨慎,有一个外号叫"老古板",在空军中并不怎么受人爱戴。但事实上,"老古板"的一些个人爱好很不古板,比如他信奉通神学,并相信童话、天使的存在以及生死之人可以相互沟通。他是皇家空军的首批飞行员,在一战中曾担任飞行中队长。马可尼的发现（无线电报）使他有机会尝试不依靠有线电缆的信息传输方式，他自称"即使不是全世界，也是英国首位在空中收到无线电信号的飞行员"。他还坚信，技术优势是赢得空战的首要原则。

道丁所信奉的第二条原则是不冒不必要的风险，浪费昂贵的装备和受过训练的飞行员。因此，德国人7月开始英吉利海峡战事时，他抑制冲动，只派了少量战机升空，确保有生力量不受影响。此前，他还劝服丘吉尔，不要将太多宝贵的"喷火式"战机投入到解救法国的无谓战斗中。英国人接下来取胜的秘密就在于，尽可能保护空中有生力量。

在实现这一关键目标的过程中，道丁得到了另一雷厉风行之人的协助。他就是比弗布鲁克勋爵，《每日快报》的加拿大老板。1940年5月，丘吉尔将比弗布鲁克延揽入阁，委任其为飞机制造大臣。那年8月，战机生产比较顺利，总共有163架新的"喷火式"以及251架"飓风式"战机下线。但在短短三个月内，比弗布鲁克大力加强现有战机的维护和维修进度：参与不列颠空战的飞行员所使用的战机中，35%来自修复而非全新生产；61%的损毁战机后来又重新服役，剩下39%战机的零部件也被再次利用。

德国人不仅难以赶上这么高的"周转率"，在飞机性能上也输了一筹。皇家空军的"喷火式"和"飓风式"战机操控极其灵活，且均装备八挺机枪（两翼各四挺），很快成了曾令人恐惧的德国斯图卡俯冲式轰炸机的克星。这两款战机也比德国最好的梅塞施密特109战机先进，后者续航能力有限，抵达伦敦上空后只能坚持10分钟就不得不返航。

当时还没有人完全意识到英国人的优势。但从8月中旬到9月中旬，不列颠空战的每一天中，皇家空军都比德国空军损失的战机少得多——总共损失了832架，而德国是1268架。9月17日，希特勒决定推迟侵略英国，转而将俄国当作更具吸引力的目标。10月下旬，他实际上已经认输,将白天的战斗机进攻调整为夜间的轰炸。

数日后的 1940 年 11 月 9 日,内维尔·张伯伦因肠癌病逝。他有生之年终于看到了自己那项富有远见政策的结果。这要从 20 世纪 30 年代早期说起,内维尔那时担任财政大臣,力主将国防预算的大头用于空军建设。为此,他还将收入税提高到每英镑 5 先令(25 便士)。因此,除了著名的"这么少"和匿名的"这么多"(得益于"老古板"道丁所组织的复杂支持保障体系),不列颠空战背后还有主张绥靖的内维尔·张伯伦所做的贡献。

◎ 1943 年:加密、解密——"我所拥有的生命"

利奥·马克斯在学校时显得有些孤僻。他喜欢独自钻研字谜和密码游戏。英国和德国开始谍报战时,这位年轻的密码爱好者自然而然地成为布莱奇利庄园的候选人。庄园位于"英国的某处",是全国破译者的聚集中心。第二次世界大战初期,庄园内的工作人员曾立下大功,成功破解德国著名的"埃尼格玛"密码系统,使英国人得以提前获悉敌人的战争计划。

利奥是个 22 岁的年轻人,他没能被布莱奇利庄园相中,而是进入了"特别行动部"的伦敦办公室,这令他感到失望。为执行丘吉尔"使欧洲大陆陷入火海"的命令,"特别行动部"负责组织敌后抵抗运动。

利奥的工作不是破译密码,而是为空降到敌后的谍报人员设置密码。很快,利奥就成长为"特别行动部"的联络主管。在繁忙工作之余,他结识并与一位名叫露丝的女护士相爱。露丝当时正接受空中急救训练。但不幸的是,她在1943年的一次坠机事故中遇难。

利奥悲伤至极。他攀上了最近的屋顶,仰望星空,想象着露丝就是其中一颗,心中为她默念起一首诗:

> 我所拥有的生命,
> 是我仅有的一切。
> 我的生命属于你,
> 我生命中忠贞不渝的爱情,
> 也属于你,属于你,属于你。
> 我行将眠兮,
> 我行将歇兮,
> 而死亡不过只是一次小憩。
> 因为在那茫茫绿茵里,
> 我将长年安息的岁月,
> 也同样属于你,属于你,属于你。

几个月后,在1944年春天,利奥开始为一位叫维奥莉特·绍博的法国年轻女特工编制密码。维奥莉特的任务是在法国的德占区隐蔽工作,协助炸毁桥梁和铁道,破坏纳粹的供给线。她那时正准备被空投回敌境,为盟军在法国北部登陆作准备。作为谍报人员,每个人都必须牢记属于自己的一首诗,而诗中的字母就构成了专属本人的密码。但维奥莉特总忘记密码,无奈之下,利奥只好把自己写给露丝的诗给她当作密码。

维奥莉特看完之后说："这首诗我几分钟就能背下来。"第二天利奥专门进行了测试，她果然记得很清楚。为表达对利奥的感激之情，维奥莉特赠给他一份对谍报人员而言堪称完美的礼物——一副微缩的国际象棋。

那年夏天，"特别行动部"接到噩耗。维奥莉特在法国被俘，被押往位于拉文斯布吕克的集中营。几周后，更坏的消息传来。在经过盖世太保的酷刑折磨后，维奥莉特被处决了。她就义时双膝跪地，与另外两位被俘的女特工手牵手，子弹从她的后脑射入。

二战结束后，维奥莉特的故事被拍成电影《骄傲地刻上她的名字》。许多观影者都被她那首密码诗《我所拥有的生命》所深深感动。

一位八岁的男孩用他自己编制的密码给利奥写信："亲爱的密码大师。她非常勇敢。请告诉我，那首诗的密码原理是什么。我很想长大以后也成为一位特工。"为了读懂这封信，利奥颇花费了些力气解码。

男孩的父亲也随信附上一段话，告诉利奥孩子其实已经患上重病。利奥决定把自己的那副珍贵的微缩国际象棋作为礼物送给男孩，并邀请他痊愈后访问"特别行动部"，同那里的特工们会面。密码大师用男孩自己编制的密码撰写复信。后来，他欣慰地得知这封信帮助男孩又坚持了一个月。男孩去世时，微缩国际象棋和难忘的密码诗就在他的床前。

◎ 1945 年：人民的呼声

温斯顿·丘吉尔所有的演讲稿都出自他本人之手。他会用六或八个小时来对自己的稿子精雕细琢，反复斟酌每个用词，直到达到恰到好处的效果。这功夫不会白费。1940 年 6 月 18 日，他向议会宣告："让我们勇于承担自己的责任。如果英帝国和英联邦一直存在一千年，那时的人们也仍然会认为这是他们最好的时刻！"

他有时也会开玩笑："1941 年 12 月底，我警告他们（法国政府），不论他们怎么做，英国都会独自坚持战斗。法国的将军们则告诉他们的总理和意见分化的法国内阁，不到三周英国人就会像小鸡一样被拧断脖子。"丘吉尔停顿了一下："是的，多么勇敢的小鸡！多么坚韧的脖子！"

1942 年初，英国已经参战两年多了，战局开始出现转折。三周前，也就是 1941 年 12 月 7 日，日本人轰炸了停泊在夏威夷瓦胡岛珍珠港里的美国舰队。美国自此积极地站在了英国一边。同时，由于希特勒 1941 年初决定对苏联发起进攻，苏联成了英国看似不可能但实际上极为强劲的盟友。丘吉尔后来在回忆录中写道："我们最终获得了胜利。英国人不会被消灭。我们的历史不应该就此终结。"

德国和日本还将继续战斗——此时距离和平的到来仍有将近四年。但在 1942 年，人们已经开始憧憬战后的生活。他们的梦想被社会改革家威廉·贝弗里奇描述了出来。当时，贝弗里奇接受了英国政府一项关于调查社会服务的任务，他为此撰写了一份报告并在其中勾画了从摇篮到坟墓的"福利国家"蓝图。贝弗里奇建议，人们在战争结束后应享有免费医疗、家庭补贴和覆盖全民的社会保险，这样他们就能免受匮乏的限制，享有足够维持生计的最低收入。

《贝弗里奇报告》于 1942 年 12 月发表。尽管丘吉尔对这份报告嗤之以鼻,但它深深地打动了饱受战争困苦的普罗大众。报告一共卖出了 63.5 万份,创下了历史上政府白皮书[1]的最高销量。

丘吉尔要是对这销量数字再上心一点就好了。1945 年 5 月 8 日,他以民族英雄的姿态和国王乔治六世一道站在白金汉宫的阳台上,共同庆祝欧洲战争胜利日。英国成功抵抗了德国希特勒的专制威胁。可以说,带领英国人民战胜挑战、幸存于世的功劳属于丘吉尔个人。他充满远见,富有决断力,他的话语亲切而催人奋进。

但在接下来的大选中,这位伟大的演说者似乎抛弃了远见,也不再亲切。从政治家到政客的距离往往只有一步之遥。他在竞选广播中攻击工党的施政纲领,"朋友们,我必须告诉你们,社会主义的政策对英式自由而言是令人厌恶的"。他还声称只有通过"某些盖世太保的方式",才能将工党施政纲领中关于控制国家资源的计划付诸实施。

这些话语使那些与威廉·贝弗里奇观点一致的人们感到恐慌。不过,民意给出评判还需要些日子。在世界各地服役的英国军人的选票仍在计数。因此,从大选开始的 7 月 5 日到结果出来还需要三周时间。7 月 15 日,丘吉尔飞往柏林郊外的波茨坦,和新任美国总统哈利·杜鲁门、苏联领袖斯大林举行战胜者会议。不久后又飞回伦敦等待大选结果揭晓。7 月 26 日,丘吉尔发现自己遭受惨败。工党赢得了压倒性的胜利,取得 393 个议席,保守党仅获 213 席。英国人民渴望变革,他们在战争中经过艰苦卓绝的长期奋战,付出了巨大牺牲,现在他们对福利国家情有独钟。对丘吉尔来说,英雄已无用武之地。

波茨坦会议仍在继续,一直开到了 8 月 2 日。这次轮到安静、谦恭的工党领袖、新任首相克莱门特·艾德礼代表英国参会。不论是对美国

---

[1] 白皮书是指有关政府部门经过征求意见和调研后,就未来政策所提出的建议。最初时封面多为白色。

定期大选习以为常的杜鲁门，还是根本就不习惯举行大选的斯大林，想必都会对丘吉尔的突然消失和英国换人参会感到困惑。但这就是英国民主运作的方式。

◎ 1953 年：解码生命的秘密

年少时的弗朗西斯·克里克是个"提问题之王"。为了让他保持安静，母亲送给他一本儿童百科全书。通过阅读这本书，克里克知道了银河系的存在以及人体内拥有数百万亿的细胞，他决定日后当一名科学家，同时对此也不无焦虑。科学已经带来了这么多发现，还有什么能留给他的呢？"别着急，长大以后会有许多东西等着你去发现"，母亲说。

1939 年英国参加第二次世界大战时，克里克 23 岁。由于他是做物理研究的，海军请他帮忙研制磁性水雷和音响水雷。战后，他进入剑桥大学，将物理和化学的精密技术应用到生物学的大难题中——生命是什么，世代延续又是怎么做到的？

他后来回忆："人们广泛接受的理论是，几乎每个细胞都有完整的指示信息储存在基因中。这些信息决定了细胞如何生长、新陈代谢以及同别的细胞互动。人们同样认为，基因存在于细胞内的染色体中，而染色体由蛋白质和脱氧核糖核酸（DNA）构成。"

DNA 对许多科学家来说还是个谜。1951 年，克里克遇上了一位年轻的美国遗传学家詹姆斯·沃森。沃森和克里克一样，都认为DNA是解锁生物体身份的关键。沃森的衬衣下摆总是不塞入裤子，鞋带也不系，一副典型的学究样。二战期间，英国东安格利亚有许多美国空军士兵驻扎，他们战后继续留在那里抵御来自苏维埃俄国的新威胁。沃森到剑桥的时候还留着平头，但很快就蓄起蓬乱的头发，好让自己不被误认为是美国军人。

伦敦国王学院的生物化学家莫里斯·威尔金斯和同事罗莎琳德·富兰克林拍摄了一张DNA的X光衍射照片。当威尔金斯把照片出示给克里克和沃森看时，他们两人的好运气终于来了。他们发现照片里的成像是一种螺旋结构，这是分子的重要特征。当时，威尔金斯和富兰克林几乎快要发现DNA的结构，但他们之间的团队合作精神不够，富兰克林认为威尔金斯对她颐指气使，所以拒绝向他分享自己的研究成果。

克里克和沃森保持着相互激励、共同探索的工作伙伴关系。他们中的一人提出观点时，另一人总会没有恶意地与之争鸣。他们像学前班的孩子一样，用黄铜棒、金属断路器、饮料吸管和黏土等共同搭建了巨大的模型，以展示想象中DNA分子的模样。他们一起摆弄着模型，时而争论，时而喝茶，不时调整一下铜棒的位置。1953年2月28日、一个星期六的早上，他们突然成功了！

"我们发现了生命的秘密！"克里克和沃森步入老鹰酒吧时大声宣布。这个酒吧位于剑桥中部，是他们经常吃午饭的地方。他们最重要的突破是发现了DNA的双螺旋结构——就像螺旋上升的阶梯，一条螺旋链的形态可以反映另一条链的组成。"两条扶手"相辅相成，构成DNA中的互补成分，中间的"阶梯"是氢键。如果"扶梯"被分为两半，那么任何一半都能成为新"扶梯"的模板。也就是说，DNA可以连续不断地复制自己。

这两位来自英国和美国的科学家，将他们的发现发表在当年四月的

《自然》杂志上。他们在文章中的口气要比在老鹰酒吧的时候谦虚不少，用如此轻描淡写的笔触描绘最伟大的科学发现："我们所推断的是一种特殊的配对形态，意味着基因可能存在自我复制机制。"事实上，文章在普通公众中影响有限。英国正在全力筹备即将举行的伊丽莎白二世女王登基大典。克里克和沃森九年后才因为这项重要发现被授予诺贝尔奖。同时获奖的还有莫里斯·威尔金斯。（如果不是因为1958年患癌症逝世，富兰克林也有机会获得此项殊荣。）

现在所有人都知道DNA——杀人犯和强奸犯因为DNA证据被捕，绵羊可以被克隆。人们也开始担心基因改良对庄稼的影响。我们每个人都有可能预测自己长寿或肥胖的概率，这不啻是对神意、命运和道义的祛魅。对此，人们在宗教、哲学和法律层面还无法适应：如果人类饮食、生儿育女甚至是发脾气都受基因控制，那么贪婪、欲望和愤怒又怎能被称作是原罪或罪行呢？"嘿，先生们，这不是我的错，是我的DNA使然。"

DNA研究改变了我们对影响人类性格和成就内在因素的看法。历史本身也会因此而被改写。用《1066年和那里的一切》这本书中的一句话来形容，克里克和沃森的伟大发现让我们重新理解"当下之来由"。用以上这个故事为这本特别的历史书收尾或许是个好主意。的确，我们有始就有终。大家是否记得本书的第一个故事是关于公元前7000年左右生活在切德峡谷溶洞中的"切德人"？它是英国现存最古老的完整人类骨骼。1997年牛津大学分子医学研究所从"切德人"牙齿髓腔中提取到线粒体DNA，并同20位世居在切德峡谷附近的居民进行了DNA比对。牛津大学的科学家随后宣布，他们发现了一例"切德人的直接配对"——42岁的本地历史老师阿德里安·塔吉特。他就生活在距溶洞不到一英里的地方。这一血缘关系跨越了9000多年和400代人。有时，过去比我们想象得更近。

致 谢

按照博学的费利佩·费尔南德斯-阿梅斯托的说法，历史就像"在树叶丛中窥看仙女，你越转换角度，就越能看得更多。如果想一睹仙女的全貌，则必须立足于许多不同的视角打量"。

从这些"树叶丛"中窥看是我贯之一生的乐趣。我首先要感谢历代学者们，他们的研究为我拨开了许多树枝。我也很感激那些在我写作这本书期间当面求教的历史学家们：约翰·艾伦、沃尔特·阿恩斯坦、安德鲁·巴克莱、乔纳森·康林、杰奎琳·伊尔斯、理查德·伊尔斯、克里斯托弗·黑格、玛丽·霍林斯沃思、戴维·希尔、安娜·凯伊、约翰·麦克斯温、菲利普·雷维尔、基思·罗宾斯、肯尼思·罗丝、克里斯托弗·斯基德莫尔、阿尔弗雷德·史密斯、戴维·斯塔基、西蒙·瑟利、琳恩·瓦隆、伊冯娜·沃德和帕特里克·沃莫尔德。

感谢奈杰尔·里斯协助我找到许多引文的出处，感谢莫伊拉·阿什福德为这本书的前四分之三内容提供了帮助。奥兰多·阿西尔、查尔斯·多纳文、纳比勒·阿尔胡韦特、玛格丽特·史密斯、克里斯蒂娜·托德和杰奎琳·威廉姆斯的研究支持让我受益匪浅。我还要感谢档案和学术专家的大力帮助：泰晤士河谷大学玛丽·西戈尔护士中心的伊丽莎白·阿尼昂乌、温莎皇家档案馆的帕姆·克拉克和朱莉·斯内林、坎特伯雷大教堂的伊丽莎白·芬恩和玛格丽特·斯帕克、苏格兰国立档案馆的希拉·麦肯齐、威斯敏斯特大教堂契约收藏室的托尼·特洛尔斯、玛丽勒本板球俱乐部的格莱妮丝·威廉姆斯以及《威斯登板球年鉴》的马修·恩格斯——他很好地向我解释了"背面理论"是怎么回事。我还要感谢约翰·桑多书店的合伙人以及大英图书馆、伦敦图书馆、国家档案馆、威斯敏斯特图书馆的图书和档案管理员们。

这部结集出版的作品原本分为独立的三卷。读者们看过早期版本后，寄来了许多友好信件。有人建议增加一些传说，我吸纳了这些意见并将新的故事包括在本书中。感谢菲尔·特顿建议将关于"快速投球战术"的篇目纳入，以展示现代体育的道德风尚。克莱夫·费尔韦瑟提议列入特纳将头伸出火车车厢的故事，以及维多利亚时期关于"伯肯黑德"号沉没的黑暗传说。

某种意义上说，《今日历史》的编辑彼得·弗塔多帮助我开始了这项工程。他邀请我为名为"出发地"的专栏撰稿。这让我认识到，没有比重新审视这些伴随我成长的故事更令人愉悦的事情。同时也提醒自己，亏欠了那些曾经鼓励我的布里斯托尔文法学校的历史老师们：查尔斯·彼得·希尔、莫里斯·伊萨克、约翰·米尔沃德和罗伊·阿韦里。在他们出现之前，我的母亲给我买了人生第一本历史书，就是那本马歇尔的《我们岛屿的故事》。我的父亲对那部姊妹篇《我们帝国的故事》颇不以为然，他曾评论道："你难道不知道，英帝国已经不存在了吗？"

我要感谢利特尔－布朗出版社在伦敦和纽约的编辑们：彼得·科顿、乌尔苏拉·麦肯齐、伊丽莎白·内格尔、苏·菲尔波茨和戴维·扬。特别要提及的还有罗杰·卡扎勒特、维夫·雷德曼和弗雷德·范迪伦，他们为此书的插图付出了辛劳。

这是我多年来的经纪人迈克尔·肖协助我出版的最后一本书。他很体贴地找到了一位十分能干的继任者——乔纳森·佩格。我也要借此机会感谢佩格的助理卡米拉·戈斯莱特和莎希达·萨比尔。

我这本书主要是写给成年人，或者说是写给我同龄人的大孩子们看。同时，我将其献给我自己的三个孩子——萨莎、斯卡莉特和布鲁诺。我十分爱她们，并从她们身上学到了许多。我出色的前妻桑迪也为此书提供了很多帮助。这项工程所耗费的时间比我想象得要长。在此期间，我自己的生活也经历了不曾预料的变化。我还要感谢我的朋友普伦蒂斯·汉考克、米尔托·卡特勒、哈里·莫尔和格雷戈里奥·科洪。在他们的帮助下，我的人生充满了幸福快乐。最后要致谢的是简·雷恩，她为我带来了许多惊喜，特别是创作了下面这段帮助记忆君主顺序的顺口溜：

威廉、威廉、亨利、斯蒂芬，
亨利、理查、约翰、亨利第三。
爱德华第一、第二和第三，
理查第二，亨利第四、第五、第六——接下来是谁？
爱德华第四、第五，坏理查，
接下来是一对亨利，男孩爱德华。
玛丽、伊丽莎白、詹姆士，
查理、查理，又来一个詹姆士。
威廉和玛丽，还有安妮·格洛丽亚，
四个乔治，威廉，维多利亚。
爱德华第七，乔治第五，爱德华，
乔治第六，现在是伊丽莎白女王。

一共是四十一位君主，正好构成了六组对句。

罗伯特·莱西
2007 年 3 月

原始资料探索

我希望这本书能带给你好奇心，甚或是一种激情。你可以借此探索记载我们历史所依据的原始材料：尤里乌斯·恺撒第一次见到白色峭壁的所思所想，比德和他笔下的麻雀，奥德里克·维塔利描述的那些夜色中在大海里紧抱船梁的"白船"幸存者，农夫皮尔斯，手术中没有使用麻醉剂的范妮·伯尼，倾听轻骑兵进击的威廉·霍华德·拉塞尔。这些有着数个世纪历史的资料并不令人生畏。在接下来的"进一步阅读"部分，你将在列出的书籍中找到上述文本的完整版，有的是翻译而来，这些书大多为平装本。

近年来，越来越多的资料向你敞开大门。许多重要的历史文献都能在互联网上免费获取。比如，在 www.georgetown.edu/faculty/ballc/oe/oe-texts.html 网页上，你可以发现一些网站索引。通过这些网站阅读盎格鲁-撒克逊时期手稿的文本、翻译和图片。只要点击网站上列出的链接，就可以打开比德《英吉利教会史》和《农夫皮尔斯》以及不同版本的《贝奥武夫》的全文——这算得上是你的"桌面数字图书馆"了。加州伯克利大学的"中世纪和典在线图书馆"（www.omacl.org）包括了《盎格鲁-撒克逊编年史》的完整版。福特汉姆大学有个"互联网历史资料书项目"（www.fordham.edu/halsall），涵盖了古代、中世纪和现代史内容，并按照主题将全部文本排序。例如，如果你想查找"奴隶制"或"罗马竞技运动"，就能在每个主题下找到一系列与之相关的文本。

点击 www.oxforddnb.com，你将由此进入一个真正了不起的英国数据库——《牛津国家传记词典》。该词典包含 55557 名英国人的生平，这些人有男有女，有声名显赫的也有声名狼藉的，勇敢、悲剧和喜剧性的人物皆有，甚至还有人彻头彻尾地恶名昭著。这部词典以书籍形式印制的时候，其篇幅达到了 60 卷之多。它的电子版所在的网站拥有十分方便的检索功能。你在其中能找到和自己同名同姓、同一天生日或是居住在相同地方的人。这个网站给你提供了"与时俱进的传记"以及全彩的插图。

如果你在圣诞节那天得到《牛津国家传记词典》的礼物，那就太幸运了，因为它价值 7000 多英镑。不过，大多数公共图书馆都藏有此书或是拥有电子版。所以，倘若你所在地的图书馆没有此书，应该马上请他们添置一部。正是因为有了这些电子资源，我凭借自己在威斯敏斯特本地图书馆的读者证号码，就能登录并浏览这部宝藏。不论早晚任何时间，我坐在家中的电脑前，便可阅读这些伟大的英雄、恶棍以及神秘人物的故事——亚瑟王、罗宾汉、内德·卢德、斯温上尉、无名战士。

伦敦大学的历史研究所提供了一份详细索引，包括你能想象的所有严肃类历史网址 www.history.ac.uk/ihr/resources/index.html 。对初学者、特别是对自己的家族史感兴趣的人来说，最好的去处是国家档案馆那极具吸引力且内容丰富的网址：www.nationalarchives.gov.uk 。英国广播公司的网址 www.bbc.co.uk 里有许多补充资料，对理解其十分出色的历史类节目颇有助益。我还要推荐你访问"斯巴达克"教育网站：www.spartacus.schoolnet.co.uk ，以及"历史学习"网站 www.historylearningsite.co.uk 。在"历史广场"网站 www.historyplace.com/speeches ，你能发现许多名垂青史的演说稿，从伊丽莎白一世关于无敌舰队的演讲，到温斯顿·丘吉尔的《热血、辛劳、眼泪和汗水》。

正如受人尊敬的比德主教所言，祝您阅读愉快（"Lege Feliciter"）！如果你想在纸质书籍里找寻一些"过时的词汇"，不妨试试下面这些出色的通史作品：

Ackroyd, Peter, *Albion:The Origins of the British Imagination* (London, Chatto & Windus), 2002.

Brewer's Dictionary of Phrase and Fable, Milennium Edition (London, Cassell), 2001.

Carey, John (ed.), *The Faber Book of Reportage* (London, Faber and Faber), 1987.

Churchill, Winston S., *A History of the English-speaking Peoples*, 4 volumes (London, Cassell), 2002.

Davies, Norman, *The Isles: A History* (London, Papermac), 2000.

Diamond, Jared, *Guns, Germs and Steel* (London, Vintage), 1998.

Dickens, Charles, *A Child's History of England*, (Oxford, Oxford University Press), 1998.

Ekwal, Eilert, *The Concise Oxford Dictionary of English Pace Names* (Oxford, Clarendon Press), 1960.

Fernández-Armesto, Felipe, *Truth-A History and a Guide for the Perplexed* (London, Black Swan), 1998.

The Oxford Companion to British History, rev. and ed. John Cannon (Oxford, Oxford University Press), 2002.

Rogers, Everett M., *Diffusion of Innovations* (NewYork, The Free Press), 1995.

Schama, Simon, *A History of Britain*, 3 volumes(London, BBC

Worldwide) , 2001-2002.

Scruton, Roger, *England - an Elegy* (London, Pimlico) , 2001.

Strong, Roy, *The Story of Bitain: A People's History* (London, Pimlico), 1998; *The Spirit of Britain: A Narrative History of the Arts* (London, Pimlico), 2000.

Weir, Alison, *Britain's Royal Families: The Complete Genealogy* (London, Pimlico) , 2002.

Wood, Michael, *In Search of England: Journeys into the English Past* (London, Penguin Books) .2000.

拓展书目和网址

公元前 7150 年：

切德人的骨骸藏于伦敦自然历史博物馆。萨默塞特郡切德镇的高夫岩洞里有一具切德人骨骼的复制品，这是"切德人和食人族"展览的一部分：www.cheddarcaves.co.uk。在网站 www.ucl.ac.uk/boxgrove，你能找到英国早期人类遗迹挖掘的资料，包括在苏塞克斯郡博克斯格罗夫发现的 50 万年前的腿骨。凯瑟琳·希尔斯的作品兼具学术性和可读性，为我们提供了那些不请自来的早期移民者的记录。

Hills, Catherine, *Blood of the British: From Ice Age to Norman Conquest* (London, George Philip with Channel 4), 1986.

公元前 325 年：

在《希腊人皮西亚斯的非凡之旅》一书中，巴里·坎利夫将我们对这位出类拔萃人物的碎片化知识整合到了一起。他带着我们愉悦地漫步于凯尔特时期的高卢和不列颠。如果你打算在夏至那天，在现代德鲁伊德派人士的陪伴下访问巨石阵，可以拨打"英格兰遗产"热线电话。保罗·纽曼对山丘上刻着的那些腾跃姿态的白马颇有研究。

Cunliffe, Barry, *The Extraordinary Voyage of Pytheas the Greek* (London,

Penguin Books), 2002.

Newman, Paul, *Lost Gods of Albion: The Chalk Hill Figures of Britain* (Trowbridge, Sutton Publishing), 1999.

公元前 55 年：

关于尤里乌斯·恺撒对不列颠海滩的攻击，没有什么比阅读恺撒自己叙述的故事更好的了。相关内容见恺撒关于高卢战事的记述。

Caesar, Julius, *The Gallic War, trans. Carolyn Hammond* (Oxford, Oxford University Press), 1996.

1–33 年：

迈克尔·伍兹富有诗意的作品《寻踪英格兰》(*In Search of England*)，对格拉斯顿伯里的神话描述得文雅而确切。关于神学和宗教的知识，请访问 www.glastonburyabbey.com 。关于世俗知识，你可以从一年一度的流行音乐节中了解一二：www.glastonburyfestivals.co.uk 。

43 年：

芭芭拉·利维克近年来出版的传记将跛脚的皇帝克劳迪乌斯描绘得颇为可怜。你可以在以下网址找到与科尔切斯特的罗马古迹相关的资料：www.colchestermuseums.org.uk 。

Levick, Barbara, *Claudius* (London, Routledge), 2002.

61 年：

安东尼娅·弗雷泽在作品中十分精明地将事实和想象区分开来。处理真实历史事件的时候，她会把"女王战士"称作布狄卡（Boudicca）。而在神话的语境下，女王则被称为博阿迪西娅（Boadicea）。塔西佗的《历史》提供了一部几乎现代版本的起义叙事。伦敦博物馆的展出,向我们揭示了布狄卡女王来到这座城市时发生的事情:www.museeum-london.org.uk。

Fraser, Antonia, *The Warrior Queens: Boadicea's Chariot* (London, Phoenix), 2002.

Tacitus, *Annals of Imperial Rome*, trans. and intro. Michael Grant, rev. edn (London, Penguin Books),1996.

122年:

在经历了多年修复后,罗马时期英格兰的大型娱乐场所重新在巴斯开放:www.romanbaths.co.uk。想要探访哈德良长城,请咨询:www.hadrians-wall.org。

Drinkwater, J. F., and Drummond, A., *The World of the Romans* (London, Cassell), 1993.

410-约600年:

在搜索引擎中输入"亚瑟王",将会有超过100万网页竞相带着你回到卡米洛特。不妨从最早的开始——12世纪的编年史家蒙茅斯的杰弗里,他的作品在市面上也有纸质版。在和亚瑟王有关的景点中,康沃尔郡的廷塔杰尔城堡和好莱坞电影中的场景最为接近。想要真正体会中世纪的壮观,可以去大英博物馆参观,或是到访萨福克郡的萨顿胡遗址,在那里可以目睹真实还原的贝奥武夫时代的生活:www.thebritishmuseum.ac.uk;www.suttonhoo.org。

Carver, Martin, *Sutton Hoo, Burial Ground of Kings?* (London, British Museum Press), 1998.

Monmouth, Geoffrey of , *The History of the Kings of Britain*, trans.

Lewis Thorpe (London, Penguin Books), 1966.

约 575 年：

在这一篇中我们首次有机会读到比德的作品。其中讲述了奴隶市场里的盎格鲁人以及格里高利的绝妙双关语。

Bede, *Ecclesiastical History of the English People* (trans. Leo Sherley-Price, intro. D. H. Farmer), (London, Penguin Books), 1990.

597 年：

描述完奥古斯丁抵达坎特伯雷后，比德继续向我们讲述遍布英格兰的异教场所是如何皈依基督教的。戴维·希尔所著那本不可或缺的地图集不乏原创性，介绍了基督教在盎格鲁-撒克逊时期的英格兰是如何传播的。圣奥古斯丁最早使用过的宝座已不复存在，但如果你到访坎特伯雷，将看到一个 13 世纪早期制作的大理石椅，就位于托马斯·贝克特的墓地附近。

Hill, David, *An Atlas of Anglo-Saxon England* (Toronto, University of Toronto Press), 1981.

664 年：

惠特比修道院的哥特式遗迹对德拉库拉的爱好者来说会比较熟悉。布拉姆·斯科特在写作他那部著名的小说时，曾经仰望该遗迹。今天你从修道院的遗迹上向下看去，能欣赏到一大片海景，这也是圣希尔达的宾客们在 664 年的宗教会议上见到的。有传说称，大雁每年从北极向南飞过的时候都会在海岬处停留，仿佛信徒们朝着远去的记忆致意：www.whitby.co.uk 。

拓展书目和网址

约 680 年：

在诗人凯文·克罗斯利-霍兰德选编的如珍宝般的盎格鲁-撒克逊诗集中，你将读到卡德蒙的"赞美诗"、《贝奥武甫》、《十字架之梦》的全文以及一些盎格鲁-撒克逊谜语。

Crossley-Holland, Kevin (ed. and trans.), *The Anglo-Saxon World: An Anthology* (Oxford, Oxford University Press), 1984.

672/673-735 年：

网址 www.bedesworld.co.uk 有关于贾罗镇老修道院的介绍和游客信息。布朗和德哈梅尔生动地记录了杰作是如何诞生在修道院里的。据一些本地居民说，在安放比德骨灰的杜伦大教堂和位于盖茨黑德、由安东尼·戈姆利创作的的宏伟雕塑"北方天使"之间，比德的灵魂常游走于此。

Brown, Michelle P., *Anglo-Saxon Manuscripts* (London, The British Library), 1991.

de Hamel, Christopher, *Medieval Craftsmen: Scribes and Illuminators* (London, British Museum Press), 1997.

878 年：

建议首先阅读阿瑟主教的《阿尔弗雷德》。接着看看富有批判精神的阿尔弗雷德·史密斯的作品，他认为阿瑟主教的作品是杜撰的。今天在萨默塞特郡已经没剩下多少沼泽地，但在一个潮湿的冬日，从火车上向汤顿和布鲁顿一线望去，你仍然能想象当年这里的芦苇地被水环绕的样貌。夏天的午后，你可以登上 18 世纪在埃塞尔尼建成的高塔，纪念国王阿尔弗雷德在沼泽地中的壮举。

Keynes, Simon, and Lapidge, Michael (trans.), *Alfred the Great: Assers Life of King Alfred and Other Contemporary Sources* (London, Penguin

Books), 1983.

Smyth, Alfred P., *King Alfred the Great* (Oxford, Oxford University Press), 1995.

911—918 年：

从这个时段之后的两个世纪，我们可以领略到《盎格鲁-撒克逊编年史》作者的辛辣评论。凯瑟琳·赫伯特和亨丽埃塔·利泽的作品从另一个角度点评了女性在中世纪社会中的作用。

Herbert, Kathleen, *Peace-Weavers and Shield-Maidens: Women in Early English Society* (Hockwold-cum-Wilton, Anglo-Saxon Books), 1997.

Leyser, Henrietta, *Medieval Women* (London, Phoenix), 1997.

Swanton, Michael (trans.and ed.), *The Anglo-Saxon Chronicle* (London, J. M. Dent), 1997.

978—1016 年：

多塞特郡的科夫堡是埃塞尔雷德的表兄爱德华遇刺的地方。这里有着城堡应有的一切，其历史一直延伸至 17 世纪 40 年代的内战时期，网站：www.corfecastle.co.uk 。迈克尔·斯旺顿的选集包括了伍尔夫斯坦大主教的知名檄文——《狼之训诫》，文中痛斥埃塞尔雷德统治的弊端。要想了解遭埃塞尔雷德屠戮的那些丹麦人的生活，不妨去约克看看。许多维京人将那里称作故乡：www.jorvik-viking-centre.co.uk 。

Swanton, Michael (trans.and ed.), *Anglo-Saxon Prose* (London, M. Dent), 1993.

约 1010 年：

在历史文献里，埃尔默的名字有很多其他的写法——埃塞尔默

(Aethelmaer)、艾尔莫尔(Eilmer)、阿依莫尔(Aylmer)甚至奥利弗(Oliver)。马姆斯伯里的威廉关于埃尔默那次飞行的记录,后来被很多人正确或不正确地转述。这是导致上述不同拼写存在的原因。在姆斯伯里修道院,"修道院之友书店"中有那次飞行的完整记录出售,其中包括美国科技史学会主席小林恩·怀特博士的作品。如果你想从"修道院之友"那获得一本书,需要给回赠一本集邮簿,因为他们那里没有信用卡终端。

Malmesbury, William of, *Gesta Regum Anglorum*, *The History of the English Kings*, volume 2, general intro. and commentary by R.M. Thomson with M. Winterbottom (Oxford, Clarendon Press), 1999.

Woosnam, Maxwell, *Eilmer, Eleventh-century Monk of Malmesbury*: *The Flight and the Comet* (Malmesbury, Friends of Malmesbury Abbey), 1986.

1016-1035 年:

国王卡努特试图成为英格兰绅士的众多尝试中,为今人所知的很有限。他试图让海潮掉头的故事可以在亨廷顿的亨利作品中找到。这是后诺曼征服时期眼光最为敏锐的一位编年史家。

Huntingdon, Henry of, *The History of the English People 1000-1154*, trans. Diana Greenway (Oxford, Oxford University Press), 2002.

1042-1066 年:

今天我们所见的威斯敏斯特大教堂始建于亨利三世统治时期。这里是感受忏悔者爱德华梦想的最佳去处。特别是在教堂回廊部分,你感受得到附着于大教堂的修道院的建筑风格。教堂网站介绍了忏悔者爱德华起初所建教堂的形态:www.westminster-abbey.org。德比·班汉姆的作品通过分析 11 世纪中期修道士们在不允许说话时使用的手语（比如，"将我的内裤递过来"），很好地为我们勾画了他们的日常生活。

Banham, Debby (ed.and trans.), *Monasteriales Indicia*: *The Anglo-Saxon Monastic Sign Language* (Hockwold-cum-Wilton, Anglo-Saxon Books), 1996.

约 1043 年：

在搜索引擎上输入"戈黛娃"，你很难找到严格意义上与历史相关的网站。哈佛大学教授丹尼尔·多诺霍写了一本书，对戈黛娃的传说进行了很有启迪的分析，其中就包括翻译文多弗的罗杰的记载。

Donoghue, Daniel, *Lady Godiva: A Literary History of the Legend* (Oxford, Blackwell Publishing), 2003.

1066 年：三王之年

要探访直观形象的黑斯廷斯战役遗迹，需要横渡英吉利海峡来到诺曼底的贝叶：www.bayeux-tourism.com 。不过比这更好的方式是使用马丁·福伊制作的光碟，你只要滑动鼠标就可以一览挂毯的全貌。图片放大后能清晰地看到每个缝纫的针脚。

Foys, Martin K., *The Bayeux Tapestry Digital Edition* (Woodbridge, Boydell & Brewer), 2003.

1066 年：勇敢的国王哈罗德之死

战役修道院位于东萨塞克斯，据说此地是哈罗德尸体被发现的地方。这座修道院即将开放，英格兰遗产委员会的导游将带你参观著名的战场。戴维·希尔和约翰·麦克斯温富有开创性的作品尚未出版，但在劳森的详细研究中已有介绍和插图。

Hill, David, and McSween, John, *The Bayeux Tapestry: The Establishment of a Text*, forthcoming.

Lawson, M. K., *The Battle of Hastings*, 1066 (Stroud, Tempus), 2002.

1070 年：

迈克尔·伍德的作品是最具可读性的。他对"诺曼枷锁"的记述始于少年时期和阿拉曼战役的主将蒙哥马利的一次相遇，当时克莱门特·艾德礼充当了配角。诺曼时期城堡的网站资源很丰富：www.castles.org 和 www.castles-abbeys.co.uk 。如果你错过了马克·莫里斯的电视纪录片，别忘了阅读他的书。

Morris, Marc, *Castle* (London, Channel 4), 2003.

1086 年：

公共档案馆已经被改名为国家档案馆。这里仍然是历史文献的神殿。在一层的一间小展厅里，你可以看到被玻璃柜密封的《末日审判书》。陪伴它的展品会随着不同的展览主题而调整：www.nationalarchives.gov.uk。

Roffe, David, *Decoding Domesday* (Woodbridge, Suffolk, Boydell & Brewer), 2007.

1100 年：

你可在以下网站一睹威廉·鲁弗斯在威斯敏斯特宫建造的盛大宴会厅：www.parliament.uk/parliament/guide/palace.htm 。要了解诺曼时期的王室狩猎保留地，可以去汉普郡的新森林看看——最好有邓肯·格林内尔-米尔恩的作品在手。这本书用处理神秘谋杀案的风格来记述威廉·鲁弗斯之死。

Grinnel-Milne, Duncan, *The Killing of William Rufus: An Investigation in the New Forest* (Newton Abbot, David & Charles),1068.

1120 年：

前往诺曼底实地考察是必要的。从巴夫勒尔附近峭壁上的灯塔向下望去，你就能看到"白船"触礁的岩石。奥德里克·维塔利的相关记述是中世纪编年史中最为引人入胜的片段之一。

Chibnall, Marjorie (trans. and ed.), *The Ecclesiastical History of Orderic Vitalis*, volume 6, Books XL, XII and XIII (Oxford, Clarendon Press), 1978.

1135—1154 年：

到这个年份，我们就该和《盎格鲁-撒克逊编年史》说再见了。作品中对彼得伯勒附近乱世局面的描述，给这段时期留下了悲剧性的结尾。

Davis, R. H. C., *King Stephen 1135-1154* (London, Longman), 1990.

1170 年：

坎特伯雷大教堂中的三一礼拜堂拥有令人叹为观止的彩色玻璃。这是在托马斯·贝克特殉难后半个世纪制成的。玻璃上描绘了托马斯的被杀经过以及此后发生的事情。16 世纪的时候，亨利八世曾竭力铲除对圣托马斯的崇拜，但"殉道者"的光环流传至今。弗兰克·巴罗对托马斯·贝克特的传记研究尤其值得一提。

Barlow, Frank, *Thomas Becket* (London, The Folio Society), 2002.

1172 年：

在弗兰克·斯丹顿的历史学会活页上，你可以读到威廉·菲茨斯蒂芬对伦敦描述的全文。如果要看中世纪伦敦的展览，伦敦博物馆是不错的去处：www.museum-london.org.uk 。

Stenton, Frank, *Norman London, An Essay* (London, Historical Association), 1934.

1189—1199年：

有许多作家为"狮心王"理查立传，约翰·吉林厄姆是其中最著名的。如果你足够幸运，有机会溯流多瑙河，可以看到理查被囚禁的迪恩施泰因城堡，这是一座典型的贵族城堡。在卢瓦尔河畔的丰特夫罗拉拜修道院，理查同他的父母亨利二世和阿基坦的埃莉诺一道长眠于此。这留给人一种家庭团聚的意味。

Gillingham, John, *Richard the Lionheart* (London, Yale), 1999.

Nelson, Janet L.(ed.), *Richard Coeur de Lion in History and Myth*, Medieval History series (London, King's College), 1992.

1215年：

你在伍斯特大教堂中能看到约翰王的陵墓。他的棺椁在18世纪被打开时，人们测量了一下国王的骨架。"无地约翰"只有5英尺5英寸高。大英图书馆藏有两部1215年6月存留至今的《大宪章》副本。另有两个副本分别藏于林肯和索尔兹伯里大教堂。

Breaym, Claire, *Magna Carta: Manuscripts and Myths* (London, The British Library), 2002.

1225年：

埃罗尔·弗林和凯文·科斯特纳从现代视角看待罗宾汉的故事。霍尔特、基恩和斯普拉格则介绍了数个世纪以来故事的变化演进。他们还将其同清醒者赫里沃德以及拦路大盗理查德·特平的传说进行了有益的比较。

Holt, J.C., *Robin Hood* (London, Thames & Hudson), 1989.

Keen, Maurice, *Outlaws of Medieval Legend* (London, Routledge), 1987.

Spraggs, Gillian, *Outlaws and Highwaymen: The Cult of the Robber in England* (London, Pimlico), 2001.

1265 年：

有一座纪念碑矗立在伍斯特郡埃文河畔的伊夫舍姆修道院附近，它让人们想起西蒙·德·蒙特福特在 1265 年 8 月 4 日战死的那一刻。当时西蒙被王室军队包围，面对不可能扭转的逆境，他不顾一切地坚持到了最后。正如那时的一首歌谣所称，"发生在伊夫舍姆的实为谋杀，因为这绝非一场战斗"。

Maddicott, J. R., *Simon de Montfort* (Cambridge, Cambridge University Press), 1994.

Treharne, R. F, *Simon de Montfort and Baronial Reform: Thirteenth-Century Essays*, ed. E. B. Fryde (London, Hambledon Press), 1986.

1284 年：

威尔士历史学家扬·莫里斯写了一部作品，对威尔士王子传说予以猛烈抨击。卡那封城堡以及哈莱克、康韦等爱德华一世时期的伟大城堡都完好地存留至今。18 世纪的威尔士文物学家托马斯·彭南特称它们是"我们受奴役的辉煌勋章"。如需了解更加完备的资料，请访问威尔士历史纪念物网址：www.cadw.wales.gov.uk 。

Morris, Jan, *The Princeship of Wales* (Llandysul, Gomer Press), 1995.

Prestwich, Michael, *The Three Edwards: War and State in England 1272-1377* (London, Weidenfeld & Nicolson), 1980.

1308 年：

皮埃尔·夏普莱近期考证得出，爱德华二世和皮尔斯·加韦斯顿没有同性恋关系。这是一次不错的尝试。凯尼尔沃思城堡是"阿登的黑猎犬"的老巢，此地值得一访。这座城堡原先由约翰王建造，后来又传给了冈特的约翰。伯克利城堡位于布里斯托尔和格洛塞特之间。囚禁爱德华二世的地牢就在此地，夏季的时候面向公众开放。

Chaplais, Pierre, *Piers Gaveston: Edward II's Adoptive Brother* (Oxford, Clarendon Press), 1994.

1346 年：

在诺丁汉城堡，你可以看到年轻的爱德华三世借以获取王位的"秘密通道"。该通道也被人称作"莫蒂默之洞"。这是这座 12 世纪城堡迄今仅存的部分。网站 www.nottinghamcity.gov.uk 上有开放时间。唐纳德·费瑟斯通对英格兰的士兵和武器进行了很好的研究，揭示了为何英军在百年战争初期战绩不俗。

Featherstone, Donald, *The Bowmen of England: The Story of the English Longbow* (Barnsley, Pen & Sword Bokks), 2003.

1347 年：

威斯敏斯特议会大厦周围有五座历史纪念雕塑，奥古斯特·罗丁制作的铜像是其中之一。在北边的泰晤士河畔，布狄卡女王乘着车轮上带有刀锋的战车奋勇前进。在西边，奥利弗·克伦威尔神情肃穆。停车场附近是狮心王理查的雕像，他舞剑指向巴勒斯坦。南边的公共花园里，在离为妇女争取投票权的埃米琳·潘克赫斯特塑像不远的地方,有六位衣衫褴褛的市民雕像。他们的脖颈上都系着绳子——这是六位高傲的法兰西市民自愿系上的。不过,法国人对此有不同的观点:加来市请罗丁出面在1885年制作了这些真人大小的雕塑,它们原本矗立在市政厅的前面——象征着法兰西人民面对英格兰侵略时的坚忍和刚毅。

Sumption, Jonathan, *The Hundred Years War: Trial by Battle* (London, Faber), 1990.

1347–1349年:

每年6月,女王都会在博爱的当代骑士陪伴下穿过温莎城堡。这些骑士和当年的亚瑟王骑士不大一样,有不少是政治人物,甚至还有一位超市大亨——普雷斯顿坎多弗的塞恩斯伯里伯爵。你在一年中的任何时候,都有机会一睹圣乔治礼拜堂和城堡其他部分的风采。这些建筑同最初木制的要塞结构已经大不相同:www.royal.gov.uk 。

Collins, Hugh, *The Order of the Garter: Chivalry and Politics in Late Medieval England* (Oxford, Oxford University Press), 2000.

1348–1349年:

菲利普·齐格勒凭借他一贯的博学和优美文辞,撰写了一部关于黑死病的专著。诺曼·坎托近期的研究聚焦疾病的影响。罗斯玛丽·霍罗克斯则为我们提供了不少当代资料,特别是有人抱怨称,瘟疫是源于上帝对衣物不洁和年轻人不够顺从的愤怒。

Cantor, Norman F., I*n the Wake of the Plague*: *The Black Death and the World It Made* (London, Pocket Books) , 2002.

Horrox, Rosemary (ed.), *The Black Death* (Manchester, Manchester University Press), 1994.

Ziegler, Philip, *The Black Death* (London, The Folio Society), 1997.

1376 年：

在彼得·穆雷带插图的书籍中，你能看到约翰·阿德恩关于治疗肛瘘的医学示意图以及他使用的令人毛骨悚然的外科手术工具图片。

Murray Jones, Peter, *Medieval Medicine in Illuminated Manuscripts* (London, The British Library), 1998.

1377 年：

腾出一天时间来阅读一下这部史诗般的作品，从头读到尾——最好是某个夏日午后，在莫尔文山的涓涓溪流旁。

Langland, William, *Piers the Ploughman*, trans. and intro. J. F. Goodridge (London, Penguin Books), 1966.

1381 年：

今天在史密斯菲尔德漫步，你可以想象一下，瓦特·泰勒曾骑着一匹小马踏着脚下的草坪前去同国王理查二世相会。如果你早上到得足够早，还能感受到肉市里搬运工和屠夫的繁忙——假以时日，这样的情景也将成为历史。多布森的经典作品中有一些颇具可读性的当代资料节选。

Dobson, R. B., *The Peasants' Revolt of 1381* (London, Macmillan), 1983.

1387 年：

有机会你可以探访威斯敏斯特大教堂的乔叟墓，正是这一纪念处催生出了后来的诗人角。想要阅读最初版的《坎特伯雷故事集》，即威廉·卡克斯顿在 15 世纪七八十年代印制的版本，请访问大英图书馆的网址：

www.bl.uk/treasures/caxton/homepage.html 。而要看现代英语版，可以阅读内维尔·科格希尔的经典译本。

Coghill, Nevill, *The Canterbury Tales* (Harmondsworth, Penguin Books), 1951.

1399 年：国王理查二世的废黜

奈杰尔·索尔著有一本权威的传记。克里斯托弗·吉文·威尔逊对当代资料进行了整理。

Given Wilson, Christopher (ed.), *Chronides of the Revolution, 1397-1400: The Reign of Richard II* (Manchester, Manchester University Press), 1993.

Saul, Nigel, *Richard II* (London, Yale University Press), 1997.

1399 年："转过身来，迪克·惠廷顿"

若要了解惠廷顿时期的伦敦，可去伦敦博物馆的中世纪展区参观，或是访问以下网址：www.museumoflondon.org.uk 。

1399 年：亨利四世和他的特级初榨油

近期举行的一次学术研讨会汇集了对这位谜一般国王的最新研究成果。

Dodd, Gwilym, and Biggs, Douglas, *Henry IV: The Establishment of the Regime, 1399-1406* (York, Medieval Press), 2003.

1415 年：

有两部不同时代的莎士比亚巨匠拍摄的《亨利五世》电影，经常在电视上滚动播放。劳伦斯·奥利维耶那部有着阳光田园的风格，拍摄于第二次世界大战期间奉行中立的爱尔兰。扮演英格兰长弓兵的是爱尔兰军人。肯尼思·布拉纳所拍1989年的版本，有意体现出差别，其画面显得更加深暗和压抑，有不少泥泞多雨的场景。

1429年：

玛丽娜·沃纳著有权威的解读。萧伯纳则创作了那部经典的戏剧。想要了解圣女贞德的受审情况，可以访问：archive.joan-of-arc.org 。

Warner, Marina, *Joan of Arc, the Image of Female Heroism* (London, Weidenfeld & Nicolson), 1981.

1440年：

尼古拉斯·奥姆有趣而具有原创性的书为本篇故事提供了启迪。托尼·皮尔森和其他"泰晤士河淤泥探索者"所发现的金属玩具陈列于伦敦博物馆的中世纪展区：www.museumoflondon.org.uk 。

Orme, Nicholas, *Medieval Children* (London, Yale University Press), 2001.

1422–1461年、1470–1471年：

大卫·斯塔基对宫廷礼仪的"御书"重新进行解读，给我们认识貌似不堪的亨利六世提供了新的视角。"帕斯顿信札"是英格兰最早的家庭书信集，人性化地展示了战争是如何影响——或没有影响——普通人的生活。信札的原件藏于大英图书馆，网址：www.lib.virginia.edu 有全部421封信的内容，共计138万个字节！

Starkey, David, 'Henry VI's Old Blue Gown', *The Court Historian*, vol. 4.1 (April 1999).

1432—1485 年:

彭布罗克郡属于都铎家族的地盘。了解这一事实,将给我们考察威尔士西南角的这个地方提供别样的意涵。亨利七世于 13 世纪出生在彭布罗克城堡的高墙内:www.pembrokecastle.co.uk。此地距离米尔福德港,也就是他在 1485 年登陆谋求王位的地方仅有 10 英里。

1461—1470 年、1471—1483 年:

沃里克城堡是"造王者"沃里克伯爵的家族所在地。伯爵造就了爱德华四世,最后也被这位国王所打败。这座城堡近期被选为英国最受欢迎的城堡,排名领先于伦敦塔。18 世纪的著名景观学家"万能的布朗"设计了城堡的花园,该花园现由杜莎夫人蜡像馆所精心维护:www.warick-castle.co.uk。

Seward, Desmond, *The Wars of the Roses* (London, Robinson), 1995.

1474 年:

卡克斯顿长眠之处位于圣玛格丽特教堂,这里离他创办的印刷铺不远。在威斯敏斯特大教堂的阴影之下,这座教堂经常会被忽视。除了收藏卡克斯顿出版的《坎特伯雷故事集》,大英图书馆还把他出版的其他作品进行了数字化处理:www.bl.uktreasures/caxton/homepages.html。他那富有特色、有时显得古怪的个人序言可以在这个网站找到:www.bartleby.com。

Painter, George, *William Caxton: A Quincentenary Biography of England's First Printer* (London, Chatto & Windus), 1976.

1483 年:

小王子们被他们的叔叔关在伦敦塔中相对较为"奢华"的王室牢房。

你如果有机会参观地牢，看到水从"叛徒之门"下流过的时候，便可感受到此处的阴森。此外，断头台显得很高档：www.hrp.org.uk 。多克雷给出了解读谜团的当代证据，读者可自有判断。

Dockray, Keith, *Richard III: A Source Book* (Stroud, Sutton), 1997.

1484 年：

"如今到了不满的冬天……"劳伦斯·奥利维耶在 1955 年拍摄的电影，刻画了莎士比亚笔下驼背的理查三世的终极形象。令人感到有些奇怪的是，这部电影最完全的版本出现在 www.r3.org 这一"理查三世研究会"的网站上。该网站的建立要得益于一群热情的历史爱好者，他们要还这位国王以清白和荣耀。

1485 年：

对这场战役的描述是基于迈克尔·琼斯的新书。弗吉尼亚·亨德森在她对威斯敏斯特大教堂内亨利七世礼拜堂的研究中，关注了都铎家族的玫瑰传说。古物研究会出版的书籍包括了都铎等家族玫瑰徽标的所有知识。

Henderson, Virginia, "Retrieving the 'Crown in the Hawthorn Bush': the origins of the badges of Henry VII", in *Traditions and Transformations in Late Medieval England*, ed. D. Biggs, S. D. Michalove and A.Compton Reeves (Leiden, Brill), 2002.

Jones, Michael K., *Bosworth 1485* (Stroud, Tempus) , 2002.

Siddons, Michael Powell, *Heraldic Badges of England and Wales* (London, Illuminata for the Society of Antiquaries), 2005.

1486—1499 年：

www.r3.org，这个亨利七世死敌的网站，给我们提供了关于亨利七世最全面、最新颖的材料。必须再一次推荐你去参观威斯敏斯特大教堂，在这里的回廊一角能看到亨利七世栩栩如生的"死亡面具"。

1497 年：

1997 年，为纪念卡博特的历史性探索航行，人们进行了一次还原航行。网站 www.matthew.co.uk 的内容包括了此次还原航行以及"马修号"复制品的信息。人们在布里斯托尔港可以看到这艘复制品。它会时常在布里斯托尔港附近的平静海面上航行，日落时分，在后甲板上还会举行鸡尾酒会。

Pope, Peter E., *The Many Landfalls of John Cabot* (Toronto, University of Toronto Press), 1976.

1500 年：

斯坦利·克莱姆斯写了一部经典传记。汤普森的论文集则重新探讨了一个问题，即亨利七世是一位鲜有中世纪色彩的新派君主。

Chrimes, Stanley B., *Henry VII* (Yale, Yale University Press), 1999.

Thompson, B. (ed.), *The Reign of Henry VII* (Stanford, Stanford University Press), 1995.

1509—1533 年：

托马斯·沃尔西所建的汉普顿宫显示出建造者富丽堂皇的格调，也反映了将此建筑从大主教手中夺走的亨利八世的品味。国王在此度过了三次蜜月。这里能同时大宴 500 宾客，并在"真正"的网球场上举办比赛。汉普顿宫的花园更以形如迷宫著称：www.hrp.org.uk。

Thurley, Simon, *Hampton Court: A Social and Architectural History* (London, Yale University Press), 2003.

1525 年：

本篇主要取材于布赖恩·莫伊纳汉的那部内容丰富、饱含热情的著作。

Moynahan, Brian, *William Tyndale: If God Spare My Life* (London, Little, Brown), 2002.

1535 年：

要阅读完整的《乌托邦》文本，可以访问福德姆大学电子图书馆的网页，那里有许多非常好的原始资料：www.fordham.edu/halsall/mod/thomasmore-utopia.html 。托马斯·莫尔的安葬地有两处，他的躯干被葬在伦敦塔。头颅被女儿玛格丽特·罗珀取走后，安葬在坎特伯雷圣邓斯坦教堂的罗珀家族墓地。

1533–1537 年：

在关于亨利八世、他的王后和个人世界的众多作者中，斯卡里斯布里克和斯塔基这两位堪称翘楚。

Scarisbrick, J. J., *Henry VIII* (London, Eyre & Spottiswoode), 1968.

Starkey, David, *Six Wives: The Queens of Henry VIII* (London, Chatto & Windus), 2003.

1536 年：

近年来，埃蒙·达菲、克里斯托弗·黑格、迪阿梅·麦卡洛克的研究表明，传统的天主教信仰在 16 世纪的英格兰仍然拥有强劲的生命力。

他们认为宗教改革事实上并没有带来那么巨大的革新。

Duffy, Eamon, *The Strippig of the Altars: Traditional Religion in England c.1400-c.1580* (London, Yale University Press), 1992.

Haigh, Christopher (ed.), *The English Reformation Revised* (Cambridge, Cambridge University Press), 1987.

MacCulloch, Diarmaid, *Reformation: Europe's House Divided 1490-1700* (London, Penguin Books), 2004.

1539—1547 年：

亨利八世被安葬在温莎城堡圣乔治礼拜堂的中堂。同他葬在一起的那位王后（简·西摩尔——译者注），为亨利八世孕育了他日思夜想的健康男性子嗣。而国王为了她，也把国家弄得天翻地覆：www.royal.gov.uk 。

1547—1553 年：

除了一些文法学校之外，和男孩国王短暂统治有关的都铎遗迹已经不多了。遗憾的是，有人以爱德华的名义对教堂进行"净化"，大量基督教艺术品因此被劫掠或损毁。克里斯·斯基德莫尔在他所著通俗易懂的传记中，对解读上述问题做了一次很好的尝试。

Skidmore, Christopher, *Edward VI: The Lost King of England* (London, Orion), 2006.

1553 年：

简·格雷的幼年时期是在萨德利城堡度过的。这里位于格洛斯特郡切尔特纳姆附近的温什科姆镇。亨利八世的最后一位王后凯瑟琳·帕尔就葬于此地。在英国内战时期，这里还曾一度是鲁伯特亲王的指挥部：www.sudeleycastle.co.uk 。现在你可以租用此处作为婚礼的场地。

1553—1558 年：

如果说有人创造了血腥玛丽的传说，此人非约翰·福克斯莫属。他花了很大力气编了一部玛丽受害者的故事集——《殉道士之书》。这可能是 16 世纪最为畅销、甚至最具影响的书了。网站 www.ccel.org/f/foxe 上有全文。贾斯珀·里德利的当代叙述很大程度上就是基于福克斯的作品。

Ridley, Jasper, *Bloody Marys Martyrs* (London, Constable), 2001.

1557 年：

苏格兰的圣安德鲁斯大学数学和统计学院很好地整理了罗伯特·雷科德的生平和他的数学研究成果：www-history.mcs.st-andrews.ac.uk/history/Biographies/recorde.html 。亚当·哈特-戴维斯则提供了关于马蹄钉难题的细节。

Hart-Davis, Adam, *What the Tudors and Stuarts Did for Us* (London, Boxtree), 2002.

1559 年：

大卫·斯塔基聚焦研究伊丽莎白一世的早年生平。克里斯托弗·黑格的《执政者简介》（Profiles in Power）是最好的伊丽莎白一世的人物简介。

Haigh, Christopher, *Elizabeth I* (London，Longman), 1988.

Starkey, David, *Elzabeth* (London, Chatto & Windus), 2000.

1571 年：

本篇中关于那个年代的描述来自丽莎·皮卡德的佳作。如果你无法亲自到访萨瑟克区的环球剧院，可以欣赏汤姆·斯托帕德编剧、内容奇妙但情景准确的电影《莎翁情史》。

Picard, Liza, *Elizabeth's London: Everyday Life in Elizabetban London* (Weidenfeld & Nicolson), 2003.

1585 年：

雷利曾在多塞特郡拥有舍伯恩城堡，尽管内战时期经奥利弗·克伦威尔率军围攻，此地已没剩下什么：www.sherbornecastle.com 。本着沃尔特爵士自身的精神，请允许我提到本人为这位伟大人物撰写的传记，但很可惜此书刚刚停印了。

Lacey, Robert, *Sir Walter Ralegh* (London, Phoenix Press), 2000.

1560–1587 年：

苏格兰女王玛丽待过的旅店和城堡，同吹嘘"伊丽莎白女王曾下榻于此"的酒店似乎一样众多。在塔特伯里可以俯瞰斯塔福德郡的达夫河谷：www.tutburycastle.com 。位于昂德尔附近的福特林哈耶城堡是玛丽被处决的地方，今天这里已经没有什么遗迹存留了。但附近有一座建于 15 世纪、美丽的圣玛丽和万圣教堂。安东尼娅·弗雷泽所著的传记十分权威。

Fraser, Antonia, *Mary Queen of Scots* (London, Weidenfeld & Nicolson), 1969.

1588 年：

德雷克曾居住在巴克兰修道院。这座美丽的西多会修道院建造于 13 世纪，由于亨利八世将其赠予理查德·格伦维尔爵士，它在"解散修道院"期间得以幸免被毁坏。格伦维尔的孙子理查德也是一位航海英雄，他又将此处卖给了弗朗西斯爵士：www.nationaltrust.org.uk 。

Cummings, John, *Francis Drake: The Lives of a Hero* (London,

Weidenfeld & Nicolson), 1995.

Hanson, Neil, *The Confident Hope of a Miracle: The True Story of the Spanish Armada* (London, Corgi), 2004.

1592 年：

www.thomas-crapper.com 是以冲水马桶的现代普及者命名的。该网站形象地描述了不同时期冲水马桶的演变，其细致程度超出许多人的想象。亚当·哈特-戴维斯再一次为我们提供了生动的概要。

Hart-Davis, Adam, *What the Tudors and Stuarts Did for Us* (London, Boxtree), 2002.

1603 年：

另一位伊丽莎白，也就是什鲁斯伯里伯爵夫人、哈德威克的伊丽莎白，比她的三位丈夫都活得时间长。她积累起足够的财富，建造了令人肃然起敬的哈德威克厅。该建筑位于德比郡的切斯特菲尔德附近。它被仁慈地避免于后世的改造，由此成为伊丽莎白时代乡村别墅的知名代表。

1605 年：

盖伊·福克斯藏匿火药的地下室在 1834 年那场烧毁中世纪议会大厦的火灾中也被付之一炬。多亏约翰·特雷德斯坎特父子，今天你依然能在牛津大学的阿什莫尔艺术与考古博物馆看到福克斯的手提灯笼。

Fraser, Antonia, *The Gunpowder Plot: Terror and Faith in 1605* (London，Weidenfeld & Nicolson), 1996.

1611 年：

詹姆士六世（一世）著作等身，罗德斯、理查兹和马歇尔等人做了精湛的编辑。麦格拉思讲述了他钦定《圣经》的故事。

McGrath, Alister, *In the Beginning: The Story of the King james Bible* (London, Hodder & Stoughton), 2001.

Rhodes, Neil, Richards, Jennifer, and Marshal, Joseph, *King James VI and I: Selected Writings* (Aldershot, Ashgate), 2003.

1616 年：

迪士尼公司的动画电影《风中奇缘》惹恼了波卡洪塔斯的后代。他们在以下网站表达了自己的反对和不满：www.powhatan.org 。和父辈移民相关的最好资源仍然是威廉·布拉德福德的一手材料，其节选连同其他的一些原始材料可见于以下网站：www.mayflowerhistory.com 。

Bradford, William (ed. S. E. Morison), Of Plymouth Plantation 1620-1647 (NewYork, Alfred A.Knopf), 1954.

1622 年：

约翰·特雷德斯坎特父子都葬在美丽的兰贝斯圣玛丽教堂，和议会大厦隔着泰晤士河相望。在特雷德斯坎特基金会的帮助下，这座教堂在 1977 年避免了被损毁的厄运，并在此后成为世界上首个花园历史博物馆。博物馆中还有设计精致的 17 世纪黄杨树花园的复制品：www.museumgardenhistory.org 。

Leith-Ross, P., *The John Tradescants* (London, Peter Owen), 1984.

1629 年：

人们可以在赫特福德郡的哈特菲尔德庄园看到查理一世幼时的摇

篮。伊丽莎白一世曾被囚禁在这里,并在此地得知她的姐姐玛丽离世,从而登上了王位。今天的哈特菲尔德庄园是在詹姆士一世时期由罗伯特·塞西尔重建的:www.hatfield-house.co.uk。

1642 年:

很难找到比韦奇伍德对这一时代更好的叙述了。特里斯特拉姆·亨特令人感动地汇总了当时人们的看法。

Hunt, Tristram, *The Engish Civil War at First Hand* (London, Phoenix), 2003.

Wedgwood, C. V., *The King's War* (London, HarperCollins), 1955.

1642–1648 年:

对内战时期的研究不能忽略克里斯托弗·希尔富有启迪的专题作品。布莱尔·沃登阐明了接下来的数个世纪里,内战的影响是如何发酵的。

Hill, Christopher, *Puritanism and Revolution: Studies in Interpretation of the English Revolution* (London, Secker & Warburg), 1958.

Royle, Trevor, *The Wars of the Three Kingdoms 1638-1660* (London, Little, Brown), 2004.

Worden, Blair, *Roundhead Reputations. The Englsih Civil Wars and the Passions of Posterity* (London, Penguin Books) 2001.

1649 年:

查理一世走向断头台的地点是辉煌的宴会大厅。今天,此地仍在白厅的骑兵卫队阅兵场对面。这座大厅原本是伊尼戈·琼斯设计,用来表演本·琼森戏剧的场所。其天花板上的装饰反映了查理一世关于王权的灾难性理论:在一个画面场景中,詹姆士一世升天后变成现世基督,化作了不朽人物。www.hrp.org.uk 。

1653 年：

就像其他弑君者一样，奥利弗·克伦威尔的遗体，在复辟时期被重新挖出来肢解示众。他腐烂的头颅被挂在威斯敏斯特宫外的一根柱子上，时间长达四分之一个世纪。你可以在伦敦博物馆：www.museumoflondon.org.uk 看到他的死亡面具等用品，也可参观他 1636—1647 年在埃利镇圣玛丽街的故居。

Hill, Christopher, *God's Englishman*: *Oliver Cromwell and the English Revolution* (London, Weidenfeld & Nicolson) , 1970.

Morrill, John (ed.), *Oliver Cromwell and the Engilish Revolution* (London, Longman), 1990.

1655 年：

克里彻奇巷的犹太教堂创立于 1656 年，里面的深色橡木靠椅在 1701 年的时候被搬到了贝维斯·马克斯街的西班牙和葡萄牙人犹太教堂。这座英国现存最早的犹太教堂由一名贵格教徒建立，外部看上去像座清教礼拜堂，室内则体现出克里斯托弗·雷恩的设计风格。

1660 年：

理查德·奥拉德生动地再现了查理二世在伍斯特战斗后的冒险经历。我们至此进入了伟大的日志作家时代。莉莎·皮卡德在撰写这个时期的社会史时，援引了这些日志作家的作品以及同时代的其他一些资料。

Bowle, John (ed.), *The Diary of Jobn Evelyn* (Oxford, Oxford University Press), 1983.

Latham, R.(ed.), *The Shorter Pepys* (London, Bell & Hyman), 1985.

Ollard, Richard, *The Escape of Charles II* (London, Constable), 1986.

Picard, Liza, *Restoration London* (London, Weidenfeld & Nicolson), 2001.

1665年：

每年8月的最后一个星期日，当今埃亚姆的居民们都会举行一次户外祷告，纪念他们先辈们的壮举。2000年，埃亚姆的小型博物馆被评为年度小成本博物馆：www.eyammuseum.demon.co.uk 。

Bell, Walter George, *The Great Plague in London* (London, Folio Society), 2001.

1666年：

伦敦大火的悲剧造就了17世纪最精美、也堪称英格兰最好的建筑。圣保罗大教堂圆顶上镌刻着克里斯托弗·雷恩的铭文："读者们，如果你想探寻一个纪念碑，那么就看看你的周围吧。"自盎格鲁-撒克逊时代以降，此处的所有五座教堂都被大火损毁。雷恩设计了第六座，以此作为伦敦重生的象征。他本人见证了35年后大教堂的落成。在教堂图书馆里有极其昂贵的橡木模型，这位建筑家就是用它来说服查理二世接受自己革命性的设计理念：www.stpauls.co.uk 。

Bell, Walter George, *The Great Fire of London in 1666* (London, Folio Society), 2003.

1678–1679年：

约翰·德雷顿的诗作《押沙龙和亚希多弗》（Absalom and Achitophel）展现了"教皇派阴谋"下的狂热情绪。凯尼恩的作品精彩地讲述了这一故事。

kenyon, J. P., *The Popish Plot* (New York, Sterling), 2001.

1685年：

在1970年的电影《血腥法官》中，克里斯托弗·李饰演法官杰弗里这部电影现在备受推崇，蓝色地下铁（Blue Underground）制作公司出版的"克里斯托弗·李精选 DVD"中就有收录。

1688—1689 年：

麦考利勋爵几乎"发明"了现代史，他的五卷本作品依然是 1688—1689 年这一重大转折事件的经典之作。伊芙琳·克鲁克尚克对麦考利的辉格派解释进行了冷静分析，但并未推翻有关结论。

Cruickshanks, Eveline, *The Glorious Revolution* (London, Macmillan), 2000.

Macaulay T. B., *The History of England from the Accession of James II*. The five volumes of Macaulay's classic are currently in print at three publishers (R. A. Kessinger Publishing, the University Press of the Pacific, and Indypublish.com) .The book is also accessiblc online at a variety of websites, including www.strecorsoc. org/macaulay/title.html#contents and www.gutenburg.org/etext/1468.

1687 年：

林肯郡格兰瑟姆是艾萨克·牛顿的出生地，这附近的伍尔索普庄园中就栽有苹果树。对皇家学会创立之初围绕科学和迷信的争议，莉莎·贾丁在其对牛顿对手罗伯特·胡克的研究中有极佳的叙述。有一个将牛顿所有 1000 万词的作品都放到网上的项目：www.newtonproject.ic.ac.uk 。

Jardine, Lisa, *The Curious Life of Robert Hooke* (London, HarperCollins), 2004.

1690 年：约翰·洛克和"宽容"

网址：www.oregonstate.edu/instruct/phl302/philosophers/locke.html 提

供了很不错的洛克生平介绍。其中也包含《人类理解论》的网上版本链接。

Goldie, Mark (ed.), John Locke, *Political Essays* (Cambridge, Cambridge University Press),1997.

Tully, James H. (ed.), John Locke: *A Letter oncerning Toleration* (Indianapolis, Hackett), 1983.

1690 年:"记住博伊恩河!"——奥兰治党人的诞生

网址：www.geocities.com/Athens/2430/map.html 有战斗地图。网址：www.bcpl.net/~cbladey/battle.html 包括当时目击者的讲述。要进一步了解奥兰治党人，可以参考：www.orangenet.org 。

Lenihan, Padraig, *1690: Battle of the Boyne* (Stroud, Tempus), 2003.

1693 年：

斯蒂夫·默多克博士关于女船员约翰·布朗的文章，援引了托马斯·菲利普斯船长指挥"汉尼拔"号的航行记录。上述文章可见于以下网址：www.historycooperative.org/journals/whc/1.2/murdoch.html 。詹姆斯·沃尔文讲述了非洲裔移民在英国的早期历史。

Thomas, Hugh, *The Slave Trade*: *History of the Atlantic Slave Trade 1440-1870* (New York, Simon & Schuster), 1987.

Walvin, James, *Black Ivory: Slavery in the British Empire* (Oxford, Blackwell) , 2001.

1701 年：

在摇滚乐队杰思罗·塔尔的初创时期，乐手们每周都会选择不同的乐队名演出。有一晚，他们恰好选择了"条播机"的发明者作为乐队名，效果十分不错。于是这个名字就成了乐队的固定名称，有"古怪发明"

的含义。网址：www.historyguide.org 记录了一场关于工业革命起源的讲座，其间对"历史是什么"这样的问题也进行了激动人心的探讨。

1704 年：

近期，有两本作品介绍约翰·丘吉尔的精彩胜利。他那 20 世纪的著名后代为他写了一本传记。想要了解"布伦海姆"宫的辉煌，可以访问：www.blenheimpalace.com 。

Chandler, David, Blenheim Preparation: *The English Army on the March to the Danube* (London, Spellmount), 2004.

Churchill, Winston S., *Marlborough, His Life and Times* (London, 4 vol, Harrap), 1933-1938.

Spencer, Charles, *Blenbeim: Battle for Europe* (London, Weidenfeld & Nicolson), 2004.

1707 年：

米字旗的细节以及所有你想了解的关于旗帜学（vexillology，旗帜及相关徽标的科学研究）的知识，可以参考网站：www.flaginstitute.org 。

1714 年：

普拉姆的作品依然是早期英国汉诺威时期的经典论述。

Hatton, Ragnhild, *George I* (Yale, Yale University Press), 2001.

Plumb, J.H., *The First Four Georges* (London, Collins), 1956.

1720 年：

查尔斯·麦凯的作品《非凡的大众幻象和人群疯癫》（*Extraordinary Popular Delusions and the Madness of Crowds*）是研究泡沫的首份历史著

述，至今仍然十分有用：www.econlib.org/library/Mackay/macEx.html 。

Balen, Malcolm, *A Very English Deceit* (London, Fourth Estate), 2002.

1721–1742 年：

杰里米·布莱克对普拉姆的经典作品进行了当代修订。

Black, Jeremy, *Walpole in Power* (Stroud, Tempus), 2001.

Plumb, J.H., *Sir Robert Walpole*: *The Making of a Statesman and The King's Minister* (London, Cresset Press), 1956 and 1961.

1738 年：

关于约翰·卫斯理给大众传教的现代版内容，可以访问：www.methodist.org.uk 。卫斯理的书信和祷告词在位于爱达荷州的西北基督大学卫斯理应用神学中心的网址上可以找到：http://wesley.nnu.edu 。

Hattersley, Roy, *John Wesley: A Brand from the Burning* (London, Little, Brown), 2002.

1739 年：

关于迪克·特平的记述很大程度上是基于詹姆斯·夏普的开创性作品。如想了解更多历史细节，请访问以下这个名字很有吸引力的网址：www.stand-and-deliver.org.uk 。

Sharp, James, *Dick Turpin: The Myth of the English Highwayman* (London, Profile Books), 2004.

1745 年：

弗兰克·麦克林对美王子查理予以现代的重新审视。想要了解苏格兰人对卡洛登战役的看法以及其他一些内容，请访问以下网址：www.

highlanderweb.co.uk。

McLynn, Frank, *Charles Edward Stuart: A Tragedy in Many Acts* (Oxford, Oxford Paperbacks), 1991.

1755年：

詹姆斯·博斯韦尔的经典作品《约翰逊生平》有许多广受欢迎的版本。如果你想去看看博士编纂辞典的地方，可以探访他的故居，就在离伦敦旗舰街不远的地方：www.drjohnsonshouse.org。检索他充满辛辣的引语，请访问：www.samueljohnson.com。

Lynch, Jack, *Samuel Johnson's Dictionary: Selections from the 1755 Work That Defined the English Language* (London, Atlantic Books), 2004.

1759年：

加拿大网站只要提到詹姆斯·沃尔夫，就会洋溢着自豪之辞。www.uppercanadahistory.ca包含亚布拉罕高地战斗的图片记述。你可以在以下网站读到未婚妻凯瑟琳·劳瑟致沃尔夫的格雷诗作《墓园挽诗》：http://rpo.library.utoronto.ca/poem/882.html。

Mc Lynn, Frank, *1759: The Year Britain Became Master of the World* (London, Jonathan Cape), 2004.

1766年：

什罗普郡的艾恩布里奇博物馆堪称工业革命展品的圣殿：www.ironbridge.org.uk。还有两个很不错的网站与棉纺织业有关：www.cottontimes.co.uk和www.spinningtheweb.org.uk。上述网站提供了德比郡和兰开斯特郡许多去处的链接，包括刘易斯纺织机械博物馆和理查德·阿克莱特爵士的马森纺织博物馆：www.masson mills.co.uk。

1770 年：

到访约克郡惠特比港的另一个理由是参观库克船长纪念馆：www.cookmuseumwhitby.co.uk 。点击 www.winthrop.dk/jcook.html，打开网页的时候你会听见皇家海军军歌《不列颠万岁》奏响，并看到关于库克船长的书籍和肖像。对他致力于"只要念想所及，应比任何前人都航行得更远"的雄心，该网站也登载了一些富有启迪的思考文章。

1773 年：

斯坦利·温特劳布给美国独立战争带来了一种新视角。他对起义者是否完全占据正义制高点提出了质疑。约翰·斯蒂尔·戈登进一步解释，为什么美国凭借 6% 的国土面积和 6% 的人口，却贡献了近三分之一的世界总产出。

Gordon, John Steele, *An Empire of Wealth* (NewYork, HarperCollins), 2004.

Weintraub, Stanley, *Iron Tears: America's Battle for Freedom, Britain's Quagmire, 1775-1783* (NewYork, Simon & Schuster), 2005.

1785 年：

亚当·奥奇斯奇尔德描述了托马斯·克拉克森如何点燃废除奴隶制之火，并推动威廉·威尔伯福斯成为废奴运动的旗手。威尔伯福斯 1789 年 5 月 12 日在议会下院演讲的大部分内容都受到了克拉克森思想的启发，全文可在以下网站找到：www.brycchancarey.com/abolition/wilberforce2.htm 。他的故居位于赫尔市：www.hullcc.gov.uk 。

Hochschild, Adam, *Bury the Chains: The First International Human Rights Movement* (London, Macmillan), 2005.

1788年：

在乔治三世的众多传记中，克里斯托弗·希伯特的作品读来最让人愉悦。阿兰·贝内特的戏剧和电影《国王乔治的疯癫》是位历史系学生的严肃作品，其内容主要基于范妮·伯尼等当时的史料。在伦敦的大英图书馆大厅中有个水晶建筑，里面层层摆放着国王在1760—1820年间那令人惊叹的图书收藏。这里或许是国王在疯癫和理智状态下都最想去的地方了。

Hibbert, Christopher, *George III: A Personal History* (London, Penguin), 1999.

Lacey, Robert, "The library of George III: collecting for Crown or nation?", *The Court Historian*, vol.10, 2 (Dec. 2005), PP.137-147.

1789年：

威廉·布莱的墓地位于兰贝斯，和议会大厦一河相隔。到访这里有双重好处，因为兰贝斯的圣玛丽教堂同时也是花园历史博物馆的所在地。皮特凯恩岛研究中心有世界上最大的关于"邦蒂号哗变"的历史资料收藏：www.lareau.org/bounty.html，还有一些资料和网站见于以下网址：http://library.puc.edu/pitcairn.html。

1791年：

6月8日是托马斯·潘恩的忌日，每年最临近这一天的星期六，托马斯·潘恩研究会的成员就会在诺福克郡塞特福德的潘恩雕像前举行聚会，这里是他的出生地：www.thomaspainesociety.org。根据潘恩倡导的传统，研究会也会邀请当代的激进学者来做讲座，包括热尔曼·格里尔、托尼·本等。www.thomaspaine.org是美国托马斯·潘恩国家历史学会的专门网址。

1792 年:

在 www.bartleby.com/144 和 www.orst.edu/instruct/phl302/philosophers/wollstonecraft.html 两个网址，你可以读到《为女权辩护》的全文。

Todd, Janet, *Mary Wollstonecraft: A Revolutionary Life* (London, Weidenfeld & Nicolson), 2000.

Tomalin, Claire, *The Life and Death of Mary Wollstonecraft* (London, Penguin), 1992.

1805 年:

在特拉法加海战 200 周年之际，有许多纪念纳尔逊的作品问世。珍妮特·唐纳德的专著研究了皇家海军的食品补给问题。

Coleman, Terry, *Nelson: The Man and the Legend* (London, Bloomsbury), 2002.

MacDonald, Janet, *Feeding Nelson's Navy: The True Story of Food at Sea in the Georgian Era* (London, Chatham Publishing), 2004.

1811 年:

范妮·伯尼的小说《埃维莉娜》——用书信格式写就的一部 18 世纪版的《布里奇特·琼斯日记》，可以在以下网址阅读: http://digital.library.upenn.edu/women/burney/evelina/evelina.html 。奈杰尔·尼科尔森的精彩小书记录了范妮·伯尼神奇般的乳房切除手术。

Nicolson, Nigel, *Fanny Burney, Mother of English Fiction* (London, Short Books), 2002.

1812 年:

内德·卢德也许是个并不存在的人物，但他在《牛津国家传记辞典》中拥有一席之地。和罗宾汉、亚瑟王以及他的同代人斯温上尉并肩齐名。国家档案馆的"学习曲线"资料库里有五件重要的文档，包括煽动纺织工人反叛以及许诺赏给抓获破坏机器者200英镑的传单：www.learningcurve.gov.uk/politics/g3。

Thompson, E. P., *The Making of the English Working Class* (London, Gollancz), 1963.

1815年：

"英格兰遗产"机构现在管理着"伦敦1号"，也就是威灵顿在海德公园角的故居阿普斯利府：www.english-heritage.org.uk/server/show/ConProperty.410。弗莱彻、豪沃思以及基根的作品从不同角度分析了滑铁卢战役。希伯特所著的传记堪称经典。

Fletcher, Ian, *A Desperate Business*: *Wellington, the British Army and the Waterloo Campaign* (London, Spellmount), 2001.

Hibbert, Christopher, *Wellington*: *A Personal History* (London, HarperCollins), 1998.

Howarth, David, *Waterloo*: *A Near-Run Thing* (Gloucestershire, Windrush Press), 1997.

Keegan, John, *The Face of Battle: A Study of Agincourt, Waterloo and the Somme* (London, Pimlico), 2004.

1823年：

在莱姆里杰斯的菲尔波特博物馆，每年都会举办活动纪念玛丽·安宁和她的英格兰"侏罗纪海岸"：www.lymeregismuseum.co.uk/fossils.htm。研究玛丽生平的休·托伦斯博士正在寻找两块至今下落不明的鱼龙化石。他怀疑这些化石沦为了落灰的私人收藏。如果你知道它们的下

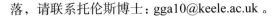

落，请联系托伦斯博士：gga10@keele.ac.uk 。

Cadbury, Deborah, *The Dinosaur Hunters* (London, Fourth Estate), 2000.

Freeman, Michael, *Victorians and the Prehistoric: Tracks to a Lost World* (New Haven, Yale University Press), 2004.

McGowan, Christopher, *The Dragon Seekers* (New York, Perseus), 2001.

1830 年：

关于威廉·赫斯基森之死的记录，很大程度上是基于西蒙·加菲尔德近期出版的书籍。此书重点剖析了这位政治人物的早期生涯。铁路爱好者们一定知道，火车展览的"麦加"和"麦地那"也相互毗邻。达林顿铁路中心博物馆位于约克郡（www.drcm.org.uk），在那里可以体验虚拟旅行。国家铁路博物馆坐落于约克市。

Garfield, Simon, *The Last Journey of William Huskisson* (London, Faber), 2003.

1819–1832 年：

当代议会记者爱德华·皮尔斯在他关于议会改革的历史作品中，很有见地地刻画了演说家亨特。议会改革法案的全文见于国家档案馆网站 www.nationalarchives.gov.uk/pathways/citizenship/struggle_democracy/getting_vote.htm 。

Pearce, Edward, *Reform! The Fight for the 1832 Reform Act* (London, Jonathan Cape), 2003.

1834 年：

现在人们对这些殉道者的歌颂，很大程度要归功于 1934 年由工会大会组织的百年庆祝活动。自此之后，人们每年都会在托尔普多村举行集会。那里现在有一座博物馆和一排六座小屋，供退休农工使用。每座小屋都以一位殉道者的名字命名：www.tolpuddlemartyrs.org.uk 。

Trades Union Congress, *The Book of the Martyrs of Tolpuddle*, 1834-1934 (London, TUC), 1934.

1837 年：

全世界的图书馆里到处可见那些厚重的维多利亚女王传记，但最好的两部作品出自沃尔特·阿恩斯坦和朗福德夫人之手，且都凝聚了作者毕生的心血。琳恩·瓦隆十分幸运，她在皇家档案馆碰巧发现了一些盒子，里面装有维多利亚年轻时的练习册，其中包括她上课时的表现情况、一些画有素描的纸片以及一幅水彩地图。琳恩在她的作品《成长为维多利亚》里复制了这副地图。

Arnstein, Walter, *QueenVictoria* (Basingstoke, Palgrave Macmillan), 2004.

Longford, Lady Elizabeth, *Queen Victoria* (Pocket Biography Series) (London, Sutton Publishing), 2000.

Vallone, Lynne, *Becoming Victoria* (New Haven, Yale University Press), 2001.

1843 年：上帝的伟大铁路——伊桑巴德·金德姆·布鲁内尔

根据你居住的地方，可以选择不同的去处领略布鲁内尔的眼界。伦敦的帕丁顿车站、布里斯托尔的坦普米尔兹车站、克利夫顿吊桥，或是横跨泰马河的皇家阿尔伯特吊桥（位于普利茅斯附近的索尔塔什）都是他的作品。你也可以踏上"大不列颠号"的甲板,现在这艘船就停泊在布里斯托尔的浮码头(也是布鲁奈尔的杰作)上,就在约翰·卡博特的"马修号"复制品旁边。

Brindle, Steve, *Brunel: The Man Who Built the World* (London, Weidenfeld & Nicolson), 2005.

Fox, Stephen, *The Ocean Railway* (London, HarperCollins), 2003.

Griffiths, Denis, with Andrew Lambert and Fred Walker, *Brunel's Ships* (London, Chatham Publishing), 1999.

1843年:雨、蒸汽和速度——特纳的闪亮视角

特纳1851年去世时,将自己的全部画作、画笔、调色盘以及一些染有油彩的笔记本捐给了国家。他将这些画作称作"他的孩子"。你可以在位于伦敦皮姆利科的泰特现代美术馆的一系列展室中一饱眼福:www.tate.org.uk 。不过,你需要前往特拉法加广场的国家美术馆欣赏《雨、蒸汽和速度》。约翰·拉斯金在他的选集第35卷(第600页)讲述了简·奥米拉和特纳难忘的火车之旅。

Ruskin, John, *Works* (London, George Allen), 1908.

1851年:

在关于阿尔伯特亲王倡导举办博览会的书籍中,迈克尔·利普曼的作品是最新的一部。有许多网址纪念博览会的辉煌成功,最知名的是:www.victoriastation.com 。

Leapman, Michael, *The World for a Shilling* (London, Headline), 2001.

1852年:

1884年11月1日的《男孩自己的报纸》(Boy's Own Paper)刊载

了伯肯黑德号沉没的经典叙述。维基百科虽然并不总是可靠，但下面这条链接包含了遇难者的名单，以及一些未经证实的传言。比如随同伯肯黑德号沉入海底的还有三吨金币，就秘密地藏在弹药舱下的甲板里：http://en.wikipedia.org/wiki/HMS_Birkenhead 。

1854 年：

塞西尔·伍德汉姆–史密斯对这场不幸战役有经典的叙述。特里·布赖顿从现代的角度重新予以评估。菲利普·奈特利开创性的作品详述了威廉·霍华德·拉塞尔的生涯，也梳理了"从克里米亚到越南，作为英雄、宣传者、和神话制造者的战地记者"的历史。真相理所当然地成为了战争所造成的第一个伤亡对象。

Brighton, Terry, *Hell Riders: The True Story of the Charge of the Light Brigade* (London, Henry Holt), 2004.

Knightley, Philip, *The First Casualty* (London, André Deutsch), 1975.

Woodham-Smith, Cecil, *The Reason Why* (London, McGraw-Hill), 1953.

1854–1855 年：

从议会大厦横跨泰晤士河，对岸就是弗洛伦丝·南丁格尔博物馆。坐落于圣托马斯医院的这座博物馆有许多纪念物，其中就包括南丁格尔的宠物猫头鹰"雅典娜"。它被填充处理并保存在一个玻璃柜中：www.florence-nightingale.co.uk 。泰晤士河谷大学办了一个很不错的网站：www.maryseacole.com，卫生部以玛丽·西戈尔名义设立了奖金，用以表彰非洲裔和其他少数族裔护士、助产士和效力于"国民保健体系"（NHS）的卫生工作者：http://www.rcn.org.uk/aboutus/scholarshipawards/rcnmembers.php 。

Salih, Sara (ed.), *Wonderful Adventures of Mrs Seacole in Many Lands* (London, Penguin), 2005.

Woodham-Smith, Cecil, *Florence Nightingale, 1820-1910* (London, Fontana) , 1969.

1858年：

你可以花上一辈子阅读关于达尔文的书，然后再用一生去研究阿尔弗雷德·拉塞尔·华莱士的著作（他的中名拼写 Russel 源于出生时的一个记录错误）。

Browne, Janet, *Charles Darwin* (New York, Knopf), 2002.

Slotten, Ross A., *The Heretic in Darwin's Court*: *The Life of Alfred Russel Wallace* (NewYork, Columbia University Press), 2004.

1878年：

此篇主要得益于乔纳森·施内尔所著关于泰晤士河的历史。他的叙述就像这条河流一样蜿蜒迷人。要想了解伦敦下水道系统的杰出设计者，请访问：www.bbc.co.uk/history，并搜索"约瑟夫·巴扎尔盖特"。

Schneer, Jonathan, *The Thames*: *England's River* (London, Little, Brown), 2005.

1887年：

维多利亚女王致罗斯伯里勋爵的信函副本保存在温莎的皇家档案馆，档案号：RA/VIC/F47/49，其复制得到了女王陛下的首肯。这封信函的原件藏于苏格兰国家图书馆的罗斯伯里档案室，档案号：MS10064，ff1114-17。

Rhodes James, Robert, *Rosebery* (London, Weidenfeld & Nicolson), 1963.

1888 年：

安妮的哲学思考之旅——从牧师的夫人到无神论者，再到神智学者——在以下网站有形象的介绍：womenhistory.about.com/od/freethought/annie_besant.htm 。要想了解"磷下巴"的恐怖，可以访问：http://en.wikipedia.org/wiki/Phossy_jaw 。

1897 年：

库恩的研究成果展示了英国君主制在维多利亚女王统治后期的嬗变。哈得孙则讲述了两次皇家庆典幕后的故事。

Hudson, Roger, *The Jubilee Years 1887-1897* (London, Folio Society), 1996.

Kuhn, William, *Democratic Royalism: The Transformation of the British Monarchy 1861-1914* (London, Macmillan), 1996.

1900 年：

从柯南道尔（夏洛克·福尔摩斯的创作者）1902 年的作品开始，许多作者都写过布尔战争，其中托马斯·帕克南的著作最为出色。网址 www.anglo-boer.co.za/index.html 有介绍布尔战争历史的"虚拟博物馆"。

Pakenham, Thomas, *The Boer War* (London, Folio Society), 1999.

1903 年：

牛津大学的博德利图书馆藏有许多非同寻常的剪报，纪念《英法协约》缔结 100 周年，可以访问以下网址：www.bodley.ox.ac.uk ，并搜索"英法协约"。如果你有志于赢得以此冠名、赴巴黎求学的研究生奖学金，请访问：www.entente-cordiale.org 。

Dunlop, Ian, *Edward VII and the Entente Cordiale* (London, Constable), 2004.

Heffer, Simon, *Power and Place*: *The Political Consequences of King Edward VII* (London, Weidenfeld & Nicolson), 1998.

1910 年:

伦敦警察局的网站上有一些知名案件的信息,你在访问 www.met.police.uk/history 的时候,不妨考虑从伦敦警察局的"犯罪博物馆"了解更多故事——开膛手杰克、浴室里的新娘谋杀案、科雷兄弟的臭名昭著行径等。

Smith, David James, *Supper with the Crippens*: *A New Investigation into One of the Most Notorious Cases of the Twentieth Century* (London, Orion), 2005.

1912 年:

剑桥大学的斯科特极地研究所: www.spri.cam.ac.uk 展示有奥茨上尉的驯鹿皮睡袋。这里还有丰富的极地(北极和南极)探险者书信藏品。斯科特最后一次探险的日记藏于伦敦的大英博物馆。

Limb, Sue, and Cordingley, Patrick, *Captain Oates, Soldier and Explorer* (London, Batsford), 1982.

Scott, R. F., *Scott's Last Expedition*: *The Journals of Captain R. F. Scott* (London, Pan), 2003.

1913 年:

绝佳的"斯巴达克"(Spartacus)教育网站有一张埃米莉·戴维森在毕业典礼上的照片,以及一些那个年代的报纸和回忆录: www.spartacus.schoolnet.co.uk/Wdavison.htm。要更多了解妇女参政权运动,请访问 www.historylearningsite.co.uk/women%201900_1945.htm,以及

BBC 的历史专题网站：www.bbc.co.uk/hisotry，其中有大量英国和世界其他地方妇女参政权运动的档案资料。

1914 年：

www.firstworldwar.com 是关于第一次世界大战的百科全书式网站。每月都会更新宣传画、回忆录、日记和文件等各式各样的档案资料，以及照片和作战地图等。布鲁斯·班斯法瑟成为了以阵地战为主题的卡通漫画家，他创作了著名角色"老比尔"。

Marsay, Mark (ed.), *The Bairnsfather Omnibus* (Scarborough, Great Northern Publishing), 2000，

Weintraub, Stanley, *Silent Night: The Remarkable Christmas Truce of 1914* (London, Simon & Schuster), 2001.

1915 年：

"人道、坚忍、热情、牺牲"四个词镌刻在高耸的爱迪丝·卡维尔纪念石碑上。在伦敦特拉法加广场附近的国家肖像艺术馆外，这座纪念碑成为了一道风景。爱迪丝·卡维尔的纪念网站里有许多纪念物的信息，包括她所成长的诺福克修道院以及她度过最后时光的监室照片：www.edithcavell.org.uk 。

1916 年：

www.firstworldwar.com 网站包含了伙伴们所在营队的具体条目以及索姆河攻势中一些惨烈战斗的信息。理查德·斯帕林著有"谢菲尔德伙伴"的详细历史，其节选可在以下网址找到：www.pals.org.uk/sheffield 。

Sparling, Richard, *History of the 12th (Service) Bttalion, York and Lancaster Regiment* (Sheffield, J. W. Northend), 1920.

1926 年：

www.aftermathww1.com 网站从停战日开始计算时间，截至 2007 年 3 月底，已经过去了 32282 天。这个网站的使命是记录"孩子们回家后"发生的事情。肯尼思·罗斯赢得盛誉的传记从白金汉宫的角度记录了戏剧化的大罢工。

Rose, Kenneth, *George V* (London, Phoenix), 2000.

1930 年：

"撰写历史曾经是为了歌颂它的创造者。这部历史作品的目标则是为了安抚读者。舍此无他。"

Sellar, W. C., and Yeatman, R. J., *1066 and All That* (London, Methuen), 1930.

1933 年：

www.cricinfo.com 将引你进入这项运动的"圣经"《威斯登板球年鉴》。 www.lords.org 含有玛丽勒本板球俱乐部的详尽信息，它将告诉你如何访问劳德板球场的博物馆。你在该博物馆可以看到装有灰烬的小瓮。如想查找快速投球系列赛的每场测试赛比分，请访问：www.334notout.com 。

Frith, David, Bodyline Autopsy: The Full Story of the Most Sensational Test Cricket Series (London, Aurum Press), 2003.

1936 年：

爱德华八世的退位演讲全文见以下网站：www.historyplace.com/speeches/edward.htm 。菲利普·齐格勒撰写了官方和权威（这两者并不总是一回事）的传记。鲁珀特·戈弗雷编辑了威尔士王子年轻时的书信集，王子在信中表达了对身为王室一员的绝望。

Godfrey, Rupert (ed.), *Letters from a Prince: Edward Prince of Wales to Mrs Freda Dudley Ward, March 1918-January 1921* (London, Time Warner Books), 1999.

Ziegler, Philip, *Edward VIII* (London, HarperCollins), 1990.

1938年：

基斯·罗宾斯在他全面的研究中绝佳地描述了1938年战争一触即发的气氛。帕克揭示出，相对于"屈服"（cave in）一词，"绥靖"的含义其实更加丰富。

Parker, R. A. C. *Chamberlain and Appeasement* (London, Macmillan), 1993.

Robbins, Keith, *Munich* (London, Cassell), 1968.

1940年：被小船拯救的英国军队

敦刻尔克小船协会的成立是为了纪念横渡海峡的英雄们。协会的网站：www.adls.org.uk 还提供那些待出售的幸存船只的信息。

Wilson, Patrick, *Dunkirk* (Barnsley, Pen & Sword Books), 1999.

1940年：不列颠空战——"这么少"和"这么多"

www.battleofbritain.net 和 www.the-battle-of-britain.co.uk 两个网站含有交战双方参战者的详细信息，包括打下17架敌机的波兰空军飞行员约瑟夫·弗朗齐歇克。他隶属于303飞行中队（以波兰英雄塔德乌什·柯斯丘什科将军命名）。这个中队一共击落了126架敌机，在不列颠空战的全部作战中队中首屈一指。

Craig, Phil, and Clayton, Tim, *Finest Hour* (London, Hodder &

Stoughton), 1999.

Olsen, Lynne, and Cloud, Stanley, *A Question of Honor: The Kosciuszko Squadron* (New York, Knopf), 2003.

1943 年：

和利奥·马克斯一样，阿兰·图灵也是个不同寻常的人物，他在隐蔽战线做出了重要贡献。在布莱奇利庄园工作的时候，他协助破译了"埃尼格玛"密码系统。他引人入胜但最终悲剧性的故事记载于 www.turing.org.uk 网站。官方记录可见于 www.bletchleypark.org.uk，其中亦提供了一些信息，可以帮助你探访白金汉郡米尔顿凯恩斯附近的布莱奇利庄园。

Marks, Leo, Between Sik and Cyanide A Code-Maker's Story, 1941-1945 (London，HarperCollins), 1998.

Montefiore, Hugh Sebag, *Enigma* ：*The Battle for the Code* (London, Weidenfeld & Nicolson), 2000.

1945 年：

点击丘吉尔学会的网址：www.churchill-society-london.org.uk，你就能听见温斯顿·丘吉尔演讲的声音。在这个网址上也有他于 1946 年在美国密苏里州富尔顿发表的著名"铁幕演说"的全文。

Hari, Jose, *William Beveridge: A Biography* (Oxford，Clarendon Press, 1997.

Reynolds, David, *In Command of History: Churhill Fighting and Wring the Second World War* (London，Longman)，1992.

1953 年：

关于解码 DNA 的最佳叙述是詹姆斯·沃森本人就发现双螺旋结构撰写的回忆录。弗朗西斯·克里克去世前，在一次长时间的采访中讲述了自己的故事。你可以在 www.accessexcellence.org 网站上检索到采访内容以及其他与这对伙伴科学家有关的文章。布伦达·马多克斯写了一本关于 DNA "黑暗女士"（dark lady）的获奖作品。

Maddox, Brenda, *Rosalid Franklin* (London，HarperCollins), 2003.

Watson, James D., *The Double Helix: A Personal Account of the Discovery of the Structure of DNA* (London，Penguin)，1999.

索引

abacus, 77
Abolition of the Slave Trade Bill (1807), 336
Accrington Pals, 424–6
Acre, 95, 96
Act in Restraint of Appeals (1533), 197
Act of Settlement (1701), 306
Act of Succession (1534), 203
Act of Union (1707), 307
actors, 229–30
Adams, Samuel, 333, 345
Adelaide, 432
adultery, 270
aeroplanes, 436, 444–5
Aethelflaed, 'Lady of the Mercians', 40–2
aethelings, 43, 77
Africa, 325, 401, 402, 407 *see also* South Africa; West Africa
Agincourt, Battle of, 158–61, 162, 164, 303
Agricola, Gnaeus Julius, 17
agriculture, 5, 18, 215, 301–2, 367 'Captain Swing' disturbances, 368
AIDS, 133
Ainsworth, William Harrison, 317–18
Alaska, 331
Alban, St, 25, 98
Albert, Prince, 378–9, 396, 401
Albert Hall, 379
Albion, 4–5, 129
Aldgate, 148, 272
Alexandria, 425
Alien Act (1705), 307
Alfonso (son of Edward I), 113
Alfred, King, 36–9, 40, 42, 50, 285
  and *Anglo-Saxon Chronicle*, 38
  and burning of cakes, 37–8, 39, 48
described as 'Father of the Royal Navy', 38
will of, 40–1
Algonquins, 249
America(s), 188–9, 191, 202, 232, 249–50
  constitution, 251
  discovery of, 327
  religious freedom, 268
  see also Canada; United States of America
Amiens, Peace of, 353
Amsterdam, 270, 272, 293
Amundsen, Roald, 412–13
amusements, 229–30
Angel-cynn, family of the English, 40
Angevin Empire, 82, 83
Angles, 24
  invasion and settlement of Britain, 19–20, 20–1
Anglesey, 15, 113
Anglo-Saxon Chronicle, 38, 40, 41, 42, 45, 48, 68, 69–70, 81–2
Anglo-Saxons, 25
  aetheling system, 43
  Canute's attempt to reconcile Danes and Anglo-Saxons, 49–50
  conversion to Christianity by missionaries from Rome, 24, 25–7
  and famine, 35
  invasion of Britain and settlement of, 20–2
  landscape, 35–6
  legal discrimination against by Normans, 70–1
  and Norman Conquest, 61–2, 65
  pagan gods, 25–6
  preaching of Christianity by Irish monks, 27–8
  resistance against Vikings, 37, 40 41, 44–5
  women, 40, 42

Anmer (racehorse), 415, 416
Anne, Queen, 54, 286–7, 288, 304, 305, 306, 322
Anne of Cleves, 210–12
Anning, Mary, 361–3
Anno Domini system of dating, 33
anticlericalism, 147–8, 197
Antonine Wall, 18
Antwerp, 200, 409
Anjou, 80, 82, 97, 108, 122
appeasement, 438–9, 440
Apprentice Boys, 298
Aquitaine, 82, 97, 108
Antoninus, Emperor, 18
Arabs, 95
archaeologists, 3, 140
archery, 123
architecture, 166–7, 173
Arctic Ocean, 350
Arderne, John, 134–6
Arkwright, Richard, 328
Armenia, King of, 150
Armentières, 419
Armes, Captain R.J., 418–19
Arminianism, 256
army
  Catholics excluded, 297
  and General Strike, 428
  and Luddite disturbances, 356
  and 'Peterloo', 366
  Prussian, 381–2
  reform, 388
  tallest officer, 401
army regiments
  Black Watch, 381
  Cheshire Regiment, 422
  Gordon Highlanders, 419
  North Staffordshire Regiment, 418
  Royal Warwickshire Regiment, 419
  Royal Welch Fusiliers, 420
  York & Lancaster Regiment, 424
Arsenal Football Club, 191–2

Arthur of Brittany, nephew of John, 101
Arthur, King, 2, 22, 129
Arthur, Prince, 192, 194, 195
arts, patronage of, 254, 257
Ashmole, Elias, 253
Aske, Robert, 208–9
'assizes', 84
astronomy, 224–5, 291, 330, 392
Athelney, 38
Athelstan, King, 42
Atlantic Ocean, 188, 253, 299–300, 329, 335
atmospheric railway, 375
Attlee, Clement, 450
Augustine, St, 25–7, 28
Austen, Jane, 353
Australia, 330, 342, 378, 401, 434
  cricket in, 431–4
  transportation to, 357, 370
Austria, 304, 325, 437
Austria–Hungary, 421, 428
Avon Gorge, 1
Avon River, 188
Azincourt, Battle of
  see Agincourt, Battle of

Bacon, Francis, 192, 226
Bairnsfather, Captain Bruce, 419
Balaclava, Battle of, 382–3, 387
Baldwin, Stanley, 436
Balfour, A. J., 435n
Ball, John, 139–40, 144–5
Ballot Act (1872), 370
Bampton, John, 141
Bank of England, 310
Bankes, Sir John, 261
Bankes, Lady Mary, 261
Banks, Sir Joseph, 330, 340
Baptists, 271
Barbados, 299
Barbary Coast, 154, 252
Barber, Frank, 323
Barbon, Praise-God ('Barebone'), 269
Barfleur, 77
Barking, 395
Barner, Battle of (1471), 167
Barnsley Pals, 424, 426
Bath, 287
Battle, Sussex, 61 see also Hastings; Senlac
Battle of Britain, 160, 443–5
Baxter, Richard, 263, 300
Bayeux Tapestry, 59–60, 61, 62–4, 65

Bazalgette, Joseph, 395, 396
Beagle, 392
Beatty, Dr, 352
Beaufort, Lady Margaret, 170–1, 183, 185, 186, 193
Beaulieu, Hampshire, 187
Beaverbrook, Lord, 445
Becket, Thomas, 83–91, 98, 146, 156, 202, 208
  becomes a martyr after hair shirt discovery, 89
  confrontation with Henry II over Church, 83, 84–7
  declaration of as a saint and pilgrimage to tombs, 89–90
  murder of, 87–8
Bede, Venerable, 28, 32–5, 48
Belgium, 409, 421–2, 440
Ben Israel, Rabbi Manasseh, 270–1, 272
benefit of clergy, 84, 91
Benoît, Antoine, 63
Berbers, 154
Bering Strait, 340
Berkeley Castle, 120
Berkshire, 368
Berlin, 424, 443, 450
Bertha (wife of King Ethelbert of Kent), 25
Besant, Annie, 398–400, 444n
Besant, Frank, 400
Bethlehem hospital ('Bedlam'), 377
Beveridge, William, 449–50
Bible, 31, 195, 196, 198–9, 203, 215, 225, 270, 362, 392, 397, 427n
  Book of Daniel, 271
  Book of Revelation, 271
  and divine right, 254
  in English, 199–200, 236, 271
  King James, 248–9
  New Testament, 199, 200
  Tyndale's translation, 199–200, 249
Bill of Rights, 289
bin Laden, Osama, 95
biological warfare, 132
Birkenhead, 380–2, 385
Birmingham, 308, 367
Birmingham Symphony Orchestra, 437
birth control, 400
bishops, 258, 262, 271
Bishops' Wars, 258
Black Death, 131–3, 137, 148, 155, 276

Black Prince, Edward the (son of Edward III), 124, 128, 137, 140
Black Sea, 383n, 389
Blenheim, Battle of, 303–5
Blenheim Palace, 305–6
Blair, Tony, 97
Blake, William, 11–12
Bletchley Park, 446–7
Bligh, Captain William, 340–3
Blitzkrieg, 440
Blois, 80 see also Stephen
Blondel, legend, 97
Bloodworth, Sir Thomas, 279
Bloody Assizes, 285–6
Blücher, General Gebhard von, 360
Bluebeard, 162
Boadicea, 14–16, 17, 184
  Aethelflaed compared to, 41
Boer War, 403–7, 413, 424
Boger, Lieutenant Colonel Dudley, 422
Boleyn, Anne, 195–6, 200, 204–6, 225
  coronation, 204
  execution, 205
Boleyn, George, 196, 200
Bolingbroke, Henry see Henry IV, King
Bolton, 236, 328
Bonaparte, Joseph, 359
Book of Common Prayer see Prayer Book
Borneo, 401
Boscobel House, 273
Boston Tea Party, 332–4
Boswell, James, 323
Bosworth, Battle of (1485), 183–5, 186, 193
Botany Bay, 330
Bothwell, James, Earl of, 235
Boulogne, 427
Bounty, 340–3
Bouvines, Battle of (1214), 101
Bowes, W. E. ('Bill'), 431–2
Box Tunnel, 375
Boyle, Robert, 291
Boyne, Battle of the, 296–8
Boy's Own Paper, 381
Bradford, William 251, 252
Bradford Pals, 426
Bradman, Donald, 432–3
Bradshaw, John, 266
breast cancer, 354–5
Breda, Declaration of, 275
Brentwood, 141

Brest, 304
Brewster, William, 251, 252
Brighton, 380
Brinton, Thomas, 132–3
Bristol, 188, 189, 190, 308, 315
  railway links, 374, 376–7
  and slave trade, 300, 335–6
British Association for the Advancement of Science, 362
British Broadcasting Company (BBC), 428
British Commonwealth, 397n, 448
British Empire, 301, 326, 400–2, 407, 436, 448
British Expeditionary Force, 420, 421
British Gazette, 428
British Isles
  changing landscape of, 3, 4, 5
  early exploration of by Pytheas, 4–5
  inhabitants, 321n
Brittany, 183
Brontë, Charlotte, 356
Brookes, 336
'Brown, John', 28–9
Brueys, Admiral François, 350
Bruges, 174, 175
Brunel, Isambard Kingdom, 373–5, 377, 395
Brunel, Marc, 374
Brussels, 200, 360, 422
Bryant & May, 398–9
bubonic plague, 132, 133, 276
Buckingham, George Villiers, Duke of, 253, 255, 256
Buckingham Palace, 373, 400, 419, 438, 449
Buckinghamshire, 257
Burgundy, Duchy of, 161
burhs, 38, 41
Burke, Edmund, 323, 345
Burney, Esther, 354
Burney, Fanny, 320, 322, 339, 348, 353–5
  Evelina, 353
Bury St Edmunds, 37
Buxton, 237
Byron, Lord, 357
Bywell Castle, 395

Cabot, John, (Zuan Caboto) 1, 189–90, 232
Cadiz, 351–2
Caedmon, 30–1, 209

Caernarfon Castle, 113
Caernarfon, Edward of *see* Edward II
Caesar, Gaius Julius
  Claudius copies, 13
  and invasion of Britain, 7–9
  and reform of Western calendar, 9
Caesarean birth, 9
Calais, 158, 164, 223, 345
  siege of and surrender to English, 125–7, 128
Caledonians, 18
calendar, 26, 28
  Anno Domini system, 33
  Julian, 9
California, 238
Calne, Wiltshire, 259
Cambridge, 335, 451–2
Cambridge University, 224, 282, 291
  King's College, 167
  Trinity College, 290
Camelot, 22
Canada, 324–5, 370–1, 401, 409, 434
canals, 364
cannibalism and post-ice age, 4
Canterbury, 25, 27, 29, 90, 141–2, 146
Canterbury, Archbishop of, 27, 85
  and Edward II, 119–20
  John and disputed election, 100
  rights of, 86
  Simon Sudbury, 141–2
'Canterbury Water', 90
Canute, King, 46, 48–50, 52, 270
  attempt to reconcile Danes and Anglo-Saxons, 49–50
  and Christianity, 49
  law code, 50
  and the waves, 48–9
Cape Coast Castle, 299
Cape Cod, 251
Cape Horn, 341
Caracalla, Emperor, 19
Caribbean, 299, 325, 340 *see also* West Indies
Carisbrooke Castle, 265
Carlisle, 236, 319
Carlos II, King of Spain, 304
Caroline, Queen, 313
Cartwright, Edmund, 328

castles
  building of by William the Conqueror, 66–7
  building of Welsh by Edward I, 113, 114
Catesby, Sir William, 181–2
Catherine of Braganza, Queen, 282
Catherine of France, Queen, 162, 170, 171, 183
Catherine the Great, 313
Catholic Church/Catholicism 24, 28–9, 84, 198, 207, 215–16, 220–1, 223, 226, 296–8, 306, 309
  and astronomy, 224
  blamed for Great Fire of London, 280
  and Gunpowder Plot, 245
  laws against, 245–6, 247
  under James II, 287
  under Restoration and Popish Plot, 281–2
  ritual and symbolism, 206–7, 214–15, 220
  see also Church
cats, 155
cattle, 307
Cavaliers, 262, 264, 281
Cavell, Edith, 421–3
Caxton, William, 174–6, 207
CCR5-delta 32 mutation, 133
Cecil, Robert, Lord Salisbury, 243, 244, 246, 252
Cecil, William, Lord Burghley, 226, 227, 236, 243
Celtic cross, 27
Celtic fringe, 21
Celts, 5–6, 8, 21
  and Anglo-Saxons, 21
  in battle, 6
  language, 5
  religious rituals, 6
  and Roman invasion, 9
  settlements and way of life, 5–6
  trade with Rome, 6
Chalus, 97
Chamberlain, Ida, 439
Chamberlain, Neville, 437–41, 445
Channel *see* English Channel
Charing Cross, 114, 115
Charles I, King, 254–60, 262–7, 283, 356
  accession, 254
  adopts 'cavalier', 262

Charles I, King – *continued*
  childhood, 254
  confrontations with Parliament, 255–60, 262, 264, 266
  correspondence captured, 263
  and divine right, 254, 255, 263
  enters Commons, 260–1
  execution, 266–7, 284
  flees to Isle of Wight, 265
  High Church policies, 256, 268
  martyrdom, 274
  masques, 258
  patronage of the arts, 254, 257
  raises army, 260
  signs Strafford's attainder, 258
  taken prisoner, 264
  tried for treason, 266–7, 269
Charles II, King, 178, 268, 273–4, 287, 289, 293, 299, 367, 441n
  belief in divine right, 281
  Catholicism, 282, 284
  death, 283–4
  and Duke of Monmouth, 284–5
  education, 271
  and Great Fire of London, 279
  illegitimate children, 284–5
  interest in science, 290–1
  mistresses, 280–1
  and Parliament, 281, 283
  and Popish Plot, 282–3
  restoration, 275
  in Royal Oak, 273
  succession, 282, 283, 284
  Treaty of Dover, 281–2
Charles V, Emperor, 195
Charles VI, King of France, 161–2, 168
Charles VII, King of France *see* Dauphin, the
Charles, Prince, 43, 114
Charlotte, Queen, 337, 351
Chartist movement, 370
Chartley, 237
Chatsworth House, 237, 277
Chaucer, Geoffrey, 146–9, 175
Cheddar Man, 3–4, 5, 7, 457, 453
Cheke, John, 214
Chelsea, 201, 203
Cheltenham, 320, 337
Chesapeake Bay, 250, 334
Cheshire, 171, 366
Chesterfield, Earl of, 312
childhood, in Middle Ages, 165–6
China, 232, 378
Chinery, Thomas, 387
chivalry, 160, 167
cholera, 389, 396
Christian, Fletcher, 341–3
Christianity, 25, 94, 151
  conversion of Anglo-Saxons, 25–7
  and crusades, 94, 95–6, 8, 109–10
  differences between Canterbury and Celtic monks, 27–9, 32
  preaching of to northern inhabitants by Irish monks, 27–8
Christmas trees, 378, 418
Church, 176, 202–3, 213
  ceremonial, 255, 256
  and common law, 84–5, 91
  conflict between Becket and Henry II over, 83, 84–7
  conflict with King John, 100–1
  corruption, 147–8, 197, 207
  English, 196, 198, 226
  giving generously to, 55
  as landowner, 226
  'lock-out' by clergy in King John's reign, 100
  power of clerics, 84
  Roman, 199, 200
Church of England (Anglican Church), 213, 245, 256, 257, 274, 314–15
  abolished, 271
  bishops, 258, 271
  under James II, 285, 287
  restoration, 277
Churchill, John *see* Marlborough, Duke of
Churchill, Winston, 160, 306, 315
  and Boer War, 404
  election defeat, 450
  and General Strike, 428
  and Second World War, 439, 440–2, 443–5, 446, 448–9
  speeches, 448
  and welfare state, 449
cinematograph, 402
Civil List, 313
Civil War, 260, 261–3, 283, 289, 291
  aftermath, 269, 270–1, 274–5
  Second, 265–6
  statistics, 261–2
Clarkson, Thomas, 335–6
class system, 368
Claudius, Emperor, 13–14
Cleveland, Duke of, 364
Cleves, 210, 212
coal, 307, 329, 428
Codrington, Captain Edward, 351
'Coeur de Lion' *see* Richard I
coffee houses, 291, 309–10
coinage, 40, 199, 215, 226, 248
Colchester
  attack on by Boadicea, 15
  Roman advance on, 13
Coldstream, 274
Coleridge, Samuel Taylor, 336
Collingbourne, Sir William, 182
Collingwood, Admiral Cuthbert, 351
colonies, 233, 238, 249–52
  transportation to, 286
Columba, St, 28
Columbus, Christopher, 188, 189, 191
Combination Acts (1799, 1800), 357n, 364, 370
common law, 84
  and Church, 84–5, 91
Commonwealth, 268, 271–2, 274, 275, 281, 283
Communism, 295
Commynes, Philippe de, 174, 182–3
Compiègne, 443
Compton, Sir Spencer, 313
concentration camps, 406, 424
confessor saints, 51
Conroy, Sir John, 372
Constantine, Emperor, 25
Constantinople, 387
constitutional history
  and Provisions of Oxford, 108–9, 110–11, 117
  see also Good Parliament (1376); Magna Carta; Ordinances; Parliament
constitutions, 251, 289

Cook, Captain James, 329–31, 340
Cooper, Edward, 277, 278
Cooper, Samuel, 267
Copenhagen, Battle of (1801), 351
Copernicus, Nicolaus, 224
Corfe Castle, 261
Cornwall, 5, 6, 21, 215, 302, 409
  Earldom of, Gaveston awarded, 116
cotton, 300, 327–8
Council of Fifteen, 109
Council of State, 268
court etiquette, 167
  lifestyle, 173
  masques, 257
Court of High Commission, 259
Court of Star Chamber, 258, 259
Covent Garden, 377
Coventry, 55–6, 56–7, 58, 236
Cowper, William, 344–5
Cox, Richard, 214
Cranmer, Thomas, 214, 215, 218, 226
  recantations and execution, 222–3
Crataegus monogyna praecox, the 'Holy Thorn', 11
Crean, Tom, 411
Crécy, Battle of (1346), 123–5, 128, 164
Creechurch Lane synagogue, 272
Crew, Sir Randolph, 255
Crick, Francis, 450–3
cricket, 338, 431–4
  'Ashes', 432, 434
crime and punishment
  criminal code, 401
  death penalty, 346, 357
  policing, 316
  transportation, 357, 368, 370–1
  see also executions
Crimean War, 382–6, 387–90, 408, 427n
Crippen, Cora, 409–10
Crippen, Dr Hawley Harvey, 409–11
Cripplegate, 167
Croatoans, 233–4
Cromford, Derbyshire, 328
Crompton, Samuel 328

Cromwell, Oliver, 263, 265–6, 267–72, 293, 297
  death, 270, 274
  health, 268
  proclaimed Lord Protector, 269
  Puritan faith, 268
  and return of Jews, 272
  welcoming of religious diversity, 271–2
Cromwell, Richard, 274
Cromwell, Thomas, 203, 205, 207–8, 210–12
crossbows, 97, 124
Crossness, 395
crusades, 94, 95–6, 98, 109–10, 151, 161
Crystal Palace, 378–80, 396
Culloden, Battle of (1746), 320, 325
Culpeper, Thomas, 212
Cumberland, 209
Cumberland, Duke of, 320, 325
'Curthose' *see* Robert, son of William I
Cymbeline (Cunobelimus), 129
Czechoslovakia, 437–9

Daily Express, 445
Daily Mail, 419
Daily News, 385–6
Daily Telegraph, 346
dancing, 269
Daedalus, 46
Danegeld payments, 37, 44
Dangan, County Meath, 358
Danube, River, 96
d'Arblay, Alexandre, 353–4
Darnley, Henry Stuart, Lord, 235
Darwin, Charles, 391–3, 396n
Dash (dog), 372, 373
dating system, 33
Dauphin, the (King Charles VII of France), 162–4
Davison, Emily, 415–17
Davison, William, 237
Day, John, 188, 190
days of the week origin of, 26
D-Day, 447
de Montfort, Simon (Earl of Leicester), 109–12
de Monstrelet, Enguerrand, 164
dead reckoning, 150
Declaration of the Army (1647), 265

Declaratory Act (1720), 297
Dee, Dr John, 225, 232, 242
Defoe, Daniel, 307, 317
defrutum, 18
Degas, Edgar, 377
Deira, 24
democracy, 150, 295, 450
  extension of suffrage, 367–8, 370
  patronage, 313
  rotten boroughs, 367–8
  secret ballot, 367, 368, 370, 401
  women's suffrage, 393, 401, 415–17
Denmark, 321
deposition, 151–2, 156, 168, 180, 270
Deptford, 238
Denys, St, 98
Derby, 41–2, 319–20
Derby, Lord, 428
Derby, the, 397n, 414–17
Derbyshire, 277
Dereham, Thomas, 212
Derry, 297
destrier, Norman warhorse, 61, 67
Despenser, Hugh the elder (Earl of Winchester), 119
Despenser, Hugh the younger, 119
Devon, 274, 361, 375
Devonshire, Earl of, 277
dictionaries, 321–3
Diggers, 271, 272
dinosaurs, 362–3, 380, 392
Dio Cassius, 14
discovery, voyages of, 188–91, 202, 232
Disraeli, Benjamin, 394–5
Dissenters, 295
Dissolution of Monasteries, 185, 208–9, 221
divorce, 436
DNA, 451–3
dogs, 372, 373, 412
Domesday Book, 57, 58, 69–72
Domrémy, 161, 162
Dorchester, 261, 286, 370
Dorset, 261, 361, 362, 369
Dover, 427
Dover, Treaty of, 281–2
Dowding, Air Marshal Sir Hugh, 444–5
Downing Street, 438
Drake, Francis, 232, 238–41, 244

索引

511

drama, 229–30, 257
Drew, Inspector Walter, 409–10
Druids, 6, 15, 27
Dublin, 296, 323, 358
Dubois, Antoine, 354
Duchy of Lancaster, 151
Dudley, Edmund, 194, 217, 255
Dudley, Guildford, 218, 219
Dunkirk evacuation, 440–2, 443
Dunn, Captain J. C., 420
Durban, 404
Durham Pals, 426
Durnstein Castle 96, 466
Dussindale, Battle of (1549), 217
Dutch East Indies, 391
dysentery, 406

Ealdgyth, 60
Eanfled, Queen, 28
East Anglia, 20, 35, 36, 41, 215, 219, 263
Easter, 26, 27, 28, 29
Eden, Anthony, 439
Edinburgh, 235, 248, 307, 319
Edgehill, Battle of (1642), 262, 266
Edington, battle of (878), 38
Edith Swan-Neck, 60, 64
Edith (wife to Edward the Confessor), 52, 53
Edith-Matilda (wife to Henry I), 77
Edmund, Duke of York, 168
Edmund, Earl of Warwick, 186, 187
Edmund, King, 36–7, 49
Edmund, St, 298
education, 32, 108, 174, 348, 401
Edward the Confessor, 51–4, 107, 206
  succession to, 58–60
Edward I, King, 'Longshanks', 112–15, 272
  and birth of son in Wales, 113
  and Gaveston, 116
  'Hammer of the Scots', 114
  held hostage by Simon de Montfort and escape, 110, 111, 112
  Welsh campaigns, 113
Edward II, King, 113, 115–20, 180
  death, 120

deposition of and imprisonment, 119–20
  and Despensers, 119
  and Gaveston, 115–18
  and Parliament, 117, 118
  Scottish campaign, 118–19
  unkingly characteristics, 117
Edward III, King, 119, 121–3, 128–30, 137, 168, 394
  and Battle of Crécy, 124
  and Countess of Salisbury, 128
  death, 140
  death of daughter Joan to the plague, 133
  military campaigns, 122–3
  and Order of the Garter, 129–30
  and siege of Calais, 125–7
Edward IV, King, 168–9, 172–3, 180
  architectural achievements, 173
  business acumen, 172–3
  death, 173, 177
Edward V, King, 173, 177, 181
Edward VI, King, 206, 213, 214–16, 221, 224
  death, 218
  education, 214, 218
  illness, 217
Edward VII, King, 114, 407–8, 414
Edward VIII, King, 434–7
Edward the Elder, King of Wessex, 41, 42
Edwards, Ernest, 405
Egypt, 161, 350, 424
El Dorado, 250–1
Elba, 360
Eleanor of Aquitaine (wife to Henry II), 82, 97, 122
Eleanor of Provence (wife to Henry III), 108
Eleanor of Castile (wife to Edward I), 113, 114
Eleven Years Tyranny, 258
Eliot, Sir John, 255–6, 259
Eliot, T. S., 85
Elizabeth, Princess (daughter of James I), 186, 193
Elizabeth of York, Queen, 186, 193
Elizabeth I, Queen, 205, 213, 216, 225–8, 230, 232, 255, 398
  accession and coronation, 225, 227, 232
  advisers, 226, 236

birth, 204–5
  burial in Westminster Abbey, 245
  death, 242–3, 244
  declared illegitimate, 218
  excommunicated, 236
  finances, 226
  Gloriana the Virgin Queen, 227, 228, 231
  'Golden Speech', 228
  marriage policy, 227, 235, 244
  and Mary, Queen of Scots, 234, 235–7
  progresses, 227
  religious compromise, 226
  and Spanish Armada, 239–40
  succession, 243–4
  water closet, 241–2
Elizabeth II, Queen, 43, 178, 452
Elizabeth, Queen Mother, 74
Elmer the flying monk, 46–7, 60
Emma (wife to Ethelred II and to Canute), 44, 51–2, 55
Empson, Richard, 194, 255
enclosures, 215
Endeavour, 330
English Channel, 4, 346, 421, 427, 440, 441
  bombing in, 443–4
  crossing by snecca, 77
Engla-lond, 40, 43
English language, 31, 38–9, 71, 145, 174, 215, 271, 308, 309
  Caxton's, 176
  Chaucerian, 146, 148–9
  Elizabethan, 233
  and King James Bible, 248–9
  Tyndale's, 199–200, 226, 249
English Revolution, 270
Englishness, 2
  Alfred and, 40
  Bede's pride in, 34
'Enigma' code, 446
Enlightenment, 295
Entente Cordiale, 408
enteric fever, 406
Epsom Downs, 414, 416
Erasmus, 201–2
Essex, 20, 259, 243
Essex Gang, 317
Ethelbert, King of Kent, 25–7
Ethelred (ruler of Mercia), 41
Ethelred II, the Unready, 41, 43–6, 49, 51, 145

contract with nobles and
    clerics, 45, 101, 145
Eton College, 166–7, 173, 411
Eugene, prince, 305
Evans, Edgar, 413
Evelyn, John, 270, 281
Evesham, Battle of (1265), 111
'Excalibur', 96
exchequer, 76–7, 141
Exclusion Bill (1681), 293
exclusion crisis, 283, 284
executions, 158, 160, 167, 181,
    209, 228–9, 266, 283
  Anne Boleyn, 205
  Charles I, 266–7
  Duke of Monmouth, 285
  Duke of Northumberland,
    219
  Earl of Essex, 243
  Edmund Dudley, 194, 217
  Gunpowder Plotters, 247
  Joan of Arc, 164
  Katherine Howard, 212
  Lady Jane Grey, 219, 221
  Mary, Queen of Scots, 237
  Perkin Warbeck, 187
  Protestant martyrs, 221–3
  Sir Thomas More, 204
  Sir Walter Raleigh, 251
  Sir William Collingbourne,
    182
  Thomas Cromwell, 212
  Thomas Strafford, 259
  William Tyndale, 200–1
    249
Exeter, 215
Eyam, Derbyshire, 277–8

factories, 302, 328
  match, 398–400
  women working in, 417
Fairfax, Sir Thomas, 263
famines, 34, 108–9
Farington, Joseph, 328
farming see agriculture
Farynor, Thomas, 278, 280
Faversham, Kent, 288
Fawkes, Guy, 244–7, 253
Felton, John, 255
Fens, 48, 67
Ferdinand, King of Spain,
    192
feudalism, 70
feudal system, phrase coined
    by Adam Smith, 70
Fifth Monarchists, 271
Fiji, 342, 401
film stars, 342
Finch, Sir John, 256

Finchley, 320
First World War (Great
    War), 12, 262, 382, 417,
    418–28, 429, 434, 444
  alcohol during, 435
  Armistice, 427, 443
  casualties, 427
  Christmas truce, 418–20,
    423
  conscription, 426
  Europe after, 438
  pals' battalions, 424–6
  recruitment, 423–4
fishing, 188–9
FitzStephen, Captain
    Thomas, 77, 78
FitzStephen, William, 91–3
FitzUrse, Reginald, 87
Fitzwarren, Alice, 153
Fitzwarren, Sir Hugh, 153, 154
Flanders, 419, 427
fleas, 132, 276
Fleet Street, 322, 399
Flint Castle, 151
Flintoff, Andrew 'Freddie',
    434
Florida, 232
Foliot, Gilbert, Bishop of
    London, 85, 86
Fontevrault Abbey, 97
food and drink
  breadfruit, 340–1, 343
  and Celts, 6
  and Cheddar Man, 3
  coconuts, 341
  coffee, 300
  in hospital, 387
  packages, 419
  pepper and bland food, 33
  on polar expeditions, 412
  and Roman Britain, 18
  rum, 300, 334
  at sea, 330–1, 341–2
  sugar, 300, 334, 336
  tea, 332
  wine from Gascony, 122
food prices, 302
food riots, 356
football, 123, 420
  clubs, 379–80, 405–6
  Football Association, 379–80
Forkbeard see Sweyn
Fotheringhay Castle, 237
Frame-Breaking Bill (1812),
    357
Framlingham Castle, 218–19
France, 82, 108, 162, 163, 183,
    214, 348, 359
  and American War of

  Independence, 334
  and Battle of Crécy, 123–5
  Catholic, 286
  Charles II escapes to, 273
  English prisoners of war in,
    353
  in First World War, 419,
    421, 423, 425
  food prices, 302
  Henry Bolingbroke in exile,
    151
  Henry V's campaigns,
    158–60, 162
  and Hundred Years War,
    122–3
  Jacobites and, 297, 309, 320
  and Mary, Queen of Scots,
    234, 236
  military tactics, 123
  and Order of the Star,
    130
  peace with, 150, 257
  relations with Britain,
    407–8
  religious intolerance, 294
  and Second World War,
    438, 440–1, 443, 445,
    447
  and siege of Calais, 125–7
  troops in Britain, 106
  at war with Britain, 243,
    304–5, 325
Francois II, King of France,
    234
Franklin, Rosalind, 451, 452
Franz Ferdinand, Archduke,
    421
Frederick, Prince of Wales,
    337–8
French, Sir John 420
French Academy, 322
French language, 176
French Revolution, 343–6,
    349, 353
Furness, Lancashire, 186

Gaddafi, Muammar, 95
Galapagos Islands, 392
games, 165, 194
Gandhi, Mohandas
    ('Mahatma'), 404–5
Garrick, David, 323
garum, 18
Gascony, 82, 108, 122
gaslight, 401
Gaul/Gauls, 5, 8
Gaunt, John of see John of
    Gaunt
Gaveston, Piers 115–18

General Strike, 428–9
Genoa, 189
Geoffrey of Anjou, 80, 82
Geoffrey of Brittany, son of Henry II, 99, 101
Geoffrey of Lynn, 165, 166
Geoffrey of Monmouth, 129, 459
Geological Society, 362
geology, 361–2
George I, King, 308–9, 311, 312
  mistresses, 308, 309, 310
George II, King, 313, 319–20, 325, 332, 338
George III, King, 320, 353, 371
  and American colonies, 332–3, 338
  'madness' of, 337–9
  and Nelson, 351
  and voyages of discovery, 330
George IV, King, 339
George V, King, 178, 414–15
  and General Strike, 428–9
  reinvention of monarchy, 435–6
George VI, King, 438, 449
George, Prince of Denmark, 306
George, St, 98, 130, 190
Germany, 160, 161, 195, 199, 210, 222, 338, 348, 408
  and First World War, 423, 428
  and Second World War, 437–9, 446, 449
  unified, 382, 439n
Gesta Herwardi Incliti Exulis et Militis, 68–9
Gestapo, 447, 449
Gethin, Euan, 131
Gilbert, Humphrey, 232
Gilbert and Robert of Clare, 75
Gladstone, William Ewart, 401
Glastonbury Abbey (Somerset), 11
Globe theatre, 230
Glorious Revolution, 286–9, 298, 295
Gloucester, 221–2
Gloucestershire, 153, 199
Glyndwr, Owain, 156, 157
'God Save the King/Queen' see national anthem
Godfrey, Sir Edmund Berry, 282
Godiva, Lady (Godgifu of Mercia), 55–8, 60, 71

Godkin, Edwin, 385–6
gods, Anglo-Saxon, 25, 26
Godwin, Earl of Wessex, 52, 53
Godwin, William, 349
Goering, Hermann, 443
Golden Hind, 238
Goldsmith, Oliver, 323
Gooch, Daniel, 375
Good Parliament (of 1376), 137–8, 140
Gordon, Lady Katherine, 187
Gospel Oak, 315
Gospels, 10
gout, remedy for, 134
government
  and Council of Fifteen, 109
  and exchequer, 76–7, 141
  and Provisions of Oxford, 108–9, 110–11, 117
Grand Banks, 189
Grand Remonstrance, 259
Granier, Jeanne, 407
Grantham, 290
Gravesend, 250
gravity, 290
Gray, Thomas, 325–6
Great Britain, 375
Great Chronicle of London, 177, 180
Great Depression, 429
Great Eastern, 375
Great Exhibition, 378–9
Great North Road, 318
Great Seal of England, 288
'Great Stink', 394–5
Great Western, 374
Great Western Railway, 374, 375, 376
Greek, 199, 214, 218
Greenland, 311
Greenwich, 194, 217
  Painted Hall, 308
Gregorian chant, 24
Gregory I, Pope
  sending of missionaries to Britain to convert Anglo-Saxons, 25, 26–7
  and wordplay in slave market in Rome, 23–4
Grenville, Richard, 232
Grey, Lady Jane, 217–19
  executed, 219, 221
  marriage, 218
  proclaimed Queen, 218–19
Grey, Lord, 368
Grim, Edward, 86, 87–8
Grosseteste, Robert (Bishop of Lincoln), 110

'Guinea', 299
Gunnhilda (sister of Sweyn Forkbeard), 45
gunpowder, 126
Gunpowder Plot (1605), 244–7
Gutenberg, Johann, 175
Guthrum, Danish King, 37, 38
Guy of Amiens, Bishop, 64
Gwynne, Nell, 281, 284

Hadrian, Emperor, 17
Hadrian's Wall, 17–18, 19
Halidon Hill, Battle of (1333), 123
hairstyles
  differences between Anglo-Saxons and Normans, 61
  tonsure, 28, 29
Hales, Sir Robert, 142
Halley, Sir Edmund, 60, 291, 292
Halley's Comet, 60
Hamburg, 200
Hamilton, Lady Emma, 351–2
Hamilton, Sir William, 351
Hamilton-Dalrymple, Lady, 360
'Hammer of the Scots' see Edward I
Hampden, John, 258, 259
Hampshire, 368
Hampton Court, 196, 205–6, 260, 265, 306, 427
  conference (1604), 245, 248
Hanover, 308, 309
Hardraada, Harald (King of Norway), 60
Hardy, Captain Thomas, 352
Hargreaves, James, 327–8, 355
Harington, Sir John, 241–2, 243
Harley Street, 386
Harold, King
  and Battle of Hastings, 61–2
  claim to throne of England and fighting for, 54, 58–61
  death, 62–5
  as Earl of Wessex, 52, 53
Harrison, William, 229
Hart-Davis, Adam, 224
Hartha Canute, 52, 60
Hastings, Battle of (1066), 61–2, 64

索引

515

Hatfield House, 252
Hawaii, 331, 340, 448
Hawkins, Sir John, 232
Hazelrig, Arthur, 259
Hebrew, 199, 218
Heidelberg, 305
Hengist ('the stallion'), 21
Henrietta Maria, Queen, 257, 281
  dancing in masques, 258
  flees to Holland, 260
Henry of Huntingdon, 48, 463
Henry I, King, 72–3, 75, 76–9, 83, 101
  death, 80
  and government accounting, 76–7
  succession problems, 80
  and the *White Ship* 77, 78–9
Henry II, King, 82, 98–9, 122
  and Church, 84–5, 91
  conflict with Becket over Church, 83, 84–7
  law and order under, 84
  repentance of, 90
  and son John, 99
Henry III, King, 106, 107–8, 112
  and de Montfort, 109
  and parliament, 111
  and Provisions of Oxford, 108–9, 110
  and rebuilding of Westminster Abbey, 107
  unpopularity, 110
Henry IV, King (Henry Bolingbroke), 151–2, 154, 156–8, 168
  advisers, 153, 157
  coronation, 156
  disability, 157, 158
  exile, 151
  pilgrimage to Jerusalem, 151, 157
  sense of humour, 156, 157–8
  usurpation, 151–2, 153, 156, 157–8
Henry V, King (Henry of Monmouth), 154, 158–61, 166, 168
  campaigns in France, 158–60, 161
  death, 160–1
  as 'Prince Hal', 157
  regent of France, 162
  religious conviction, 158, 160
  speeches, 159

Henry VI, King, 166–9, 170, 172, 214
  architectural achievements, 166–7, 173
  death, 169
  deposition, 168, 180
  mental breakdown, 168
  succession, 166
Henry VII, King (Henry Tudor), 182–5, 191–3, 217, 243
  death, 192–3
  distrustfulness and cunning, 214, 226
  finances, 191–2, 193, 226
  as Henry Tudor, 171, 182–3
  marriage, 186
  and pretenders, 186–7
  takes crown, 185
  victory at Bosworth, 183–5
  and voyages of discovery, 189–90
Henry VIII, King, 193–7, 201, 205–6, 210–13, 237, 249, 394
  accession and coronation, 193–4
  advisers, 196, 208
  break with Rome, 198, 200, 213, 220, 221, 255
  Catholicism, 203, 209, 214
  'close stool', 241
  death, 213, 214, 217
  dissolution of monasteries, 208, 209
  divorce, 195–6, 197, 200, 203
  executions, 194, 200, 204, 205, 212, 217
  interest in artillery, 239
  marriages, 192, 194, 197, 205, 211, 212, 213
  named *Fidei Defensor*, 199
  obstinacy, 216
  physique and accomplishments, 193–4, 212
  son's education, 214
  Thames pageant, 210
Henry, Prince (Henry VIII's son), 194–5
Henry, Prince (James I's son), 254
Henry the Younger, eldest son of Henry II, 85, 99
herbal remedies, 134–5
Herbert, Sidney, 387, 389
heresy, 200–1, 203, 221
Hereward the Wake, 2, 67–9, 71, 105

Herlève, (Arlette of Falaise), mother of William I, 53
heroic failure, 22
heroism, 1, 91
Hewitt, Joe, 405
highwaymen, 316–19
Hilda, Abbess of Whitby, 30–1, 40
Hilda, St, 209
Hill, David, 63
Himmler, Heinrich, 65
history 1–2
  truth of, 9, 37–8, 48
Hitler, Adolf, 437–9, 440, 442, 443, 445, 449
Hobart, Sir Miles, 256
Hobbehod *see* Hood, Robin
Hobbes, Thomas, 271
Holbein, Hans, 210
Holland *see* Netherlands
Holland, Sir Thomas, 128
Holles, Denzil, 256, 259
Holmby House, Northamptonshire, 264
Holy Roman Empire, 439n
Holy Thorn, 11
homosexuality, 116
  and monarchy, 117
Hong Kong, 401
Honorius, Emperor, 19–20
honours system, 173
Hood, Robin, 104–6, 316, 357
Hooke, Robert, 291, 292
Hooker, Joseph, 392–3
Hooper, Bishop John, 221
Hopton, Sir Ralph, 262
Horsa ('the horse'), 21
Hotspur, *see* Percy, Henry
Howard, Henrietta, 313
Howard, Katherine, 212
Howard of Effingham, Lord, 239, 240
Howland, John, 252
Hoxton, 246
Hudson, Michael, 265–6
Huguenots, 231, 294
Hull, 200
human sacrifice, 6
Hundred Years War, 122–3, 137, 150, 164, 408
Hunt, Henry 'Orator', 366–8, 370
hunting, 172
  Magna Carta and laws protecting royal hunting forests, 102
  and Norman kings, 74
Huntingdon, 268
Huskisson, William 364–5

Hussein, Saddam, 95
Hyde, Anne, 287
Hyde, Edward, 274, 287
Hyde Park, 378–9, 438
'Hymn of Creation',
  Caedmon's, 30, 31

Icarus, 46
ice ages, 3, 4
Iceland, 90
Iceni, 14–15
Ilford, 280
Imlah, Lance Corporal Alex, 419
Imlay, Captain Gilbert, 349
Imperial College, 379
Impressionism, 377
Independent Labour Party, 415
India, 325, 332, 358, 378, 388, 401
  Home Rule campaign, 400
  independence movement, 404
Industrial Revolution, 302, 328, 394
industrialisation, 302, 327–8, 367 see also factories; Luddites; railways
Ine, King, 21
ink, 33
Interdiction by Pope of King John' England, 100
Inuit (Eskimos), 191
Iona, island of, 27, 28
Iraq, 439
Ireland, 24, 27, 34, 117, 186, 188, 240, 243, 257, 296–8, 348
  anthem, 321n
  Cromwell and, 268, 270
  Parliament, 297–8
  Richard II in, 151
  Sir Walter Ralegh in, 231
  see also Northern Ireland
Ireton, Henry, 265
Irish monks
  preaching Christianity to northern inhabitants of England, 27–8, 29
Ironside, Edmund (son of Ethelred II), 45
Isabella, Queen (wife to Edward II), 115, 116, 119, 121, 122
Isabella, Queen of Spain, 192
Isle of Wight, 265
Isle of Sheppey, 342
Israel, 5
Italy, 172, 195, 304, 321–2, 438

Jacobites, 296–7, 306, 312
  rebellions, 309, 319–20
Jaffa, 96
Jakes, 242
Jamaica, 323
James, Duke of Monmouth, 284–5
James I (and VI of Scotland), King, 235, 243–4, 248, 250, 254, 307, 309, 398
  and Bible, 248–9
  and divine right, 254, 255
  favourites, 253, 255
  religious policy, 245
  and Sir Walter Ralegh, 250–1
James II, King, 284–9, 293, 303, 304, 319
  absolutism, 312
  accession, 285, 287
  and Battle of Boyne, 296–7
  and Bloody Assizes, 285–6
  Catholicism, 282, 285, 286, 287
  descendants of, 304, 309, 319
  escape and abdication, 288–9
  exclusion, 283
  and Great Fire of London, 279
  and Monmouth's Rebellion, 285–6
  and Popish Plot, 282–3
  rule in Ireland, 297
  son born, 287
James IV, King of Scotland, 187, 192, 234
James V, King of Scotland, 234
James, Edward Stuart (Prince of Wales), 287, 288
Japan, 340, 428, 432
Jardine, Douglas, 431–4
Jarrow, 32–3
Jefferson, Thomas, 294, 333, 334
Jeffreys, Judge George, 285–6
Jennings, George, 379
Jerome, St, 199
'Jerusalem', 10, 11–12
Jerusalem, 11, 95, 151, 157, 158
Jesus Christ, 10–12, 28
  dating of history from birth of, 33
  and Glastonbury legend of the Holy Thorn, 11
  setting foot in England myth, 10, 12

Jews, 270
  expulsion from England by Edward I (1290), 114–15, 272
  persecution of, 94–5
jihad, holy war, 95
jingoism, 403n, 424
Joan (daughter of Edward III), 133
Joan of Arc, 161–4, 407
  condemned as witch, 164
  virginity, 163
  voices, 162, 163, 386
Joan of Kent (Countess of Salisbury), 128–9, 142
John of Gaunt, Duke of Lancaster, 138, 140–1, 142, 149, 151, 168, 170
John II, King of France, 137
John, King, 'Lackland', 99–103, 105, 108
  conflict with the Church, 100–1
  death, 103, 106
  lost jewels of, 103
  and Magna Carta, 101–2
John, King of Bohemia, 124
John, St, 131
Johnson, Dr Samuel, 54, 322–3, 334, 353
Jones, Herbert, 415, 416
Joseph of Arimathea, 10–11, 12
Josephine, Empress, 354
Joyce, Cornet George, 264
judiciary, 84
Julian calendar, 9, 28

Kaffir Wars, 380
Katherine of Aragon, Queen, 194–5, 204, 208, 220
  divorce, 195–6, 197, 200, 203, 222
  marriage to Henry VIII, 192, 194–5
  marriage to Prince Arthur, 192, 194, 195
  pregnancies, 194–5, 205
Kay, John, 328
Kelston, Somerset, 241
Kempen, Thomas (Thomas à Kempis), 171
Kendall, Captain Henry, 409–10
Kensington Palace, 271–2
Kent, 259, 265, 288, 367–8
  language, 176
  uprising, 219, 221
Kent, Duchess of, 372
Kent, Edward, Duke of, 372

Kew Gardens, 342
Khartoum, 424
kidney stones, remedy for, 134–5
kings *see* monarchy
King's Cross Station, 16
'King's Evil', 54, 284, 322
King's Lynn, 165
Kingston, Jamaica, 389
Kipling, Rudyard, 381
  'Recessional', 403–4
Kitchener, Horatio Herbert, Lord, 406, 424, 425
knights, 159, 173
Knox, John, 234

La Rochelle, 162
Labour Party, 415, 449–50
Labrador, 189
'Lackland' *see* John
Lady of the Mercians *see* Aethelflaed
Ladysmith, 404
Lambeth, 253
lampreys, 80
Lancashire, 171, 327–8, 355, 363
  regiments, 404
Lancaster, House of, 168, 186
land ownership/land owners
  and Church, 196, 197, 207
  and Dissolution of Monasteries, 209
  early Saxon and Britons, 20–1
  enclosures, 215
  losing of Anglo-Saxon to Normans, 70–1
  and women, 40
landscape, 3, 4, 5, 35–6
Langland, William, 136–7, 138–9, 140
Larwood, Harold, 432–4
Latimer, Bishop Hugh, 215, 222
Latin, 31, 57, 165, 174, 199, 215, 218
Laud, William, 256, 257–9
Laurentic, 410
law
  and 1225 version of Magna Carta, 107
  common, 84–5, 91
  under Henry II, 84
  see also Church
law code
  of Canute, 50
  of Ethelbert, 26
  of Ine, 21

lawyers, 197, 202
Lear, legendary king, 129
Le Bel, Jean, 124, 125
lebensraum, 437
le Neve, Ethel, 409–10
Leeds, 367
Leeds Mercury, 356
Leeds Pals, 426
legends, 2, 21–2, 129
  see also individual legends
Leicester, 42, 184, 263
Leicestershire, 185, 355
Leipzig, Battle of, 359
Lenthall, William, 260
Leofric of Mercia, 52–3, 55–7, 60
Leonardo da Vinci, 201
Leopold, Duke of Austria, 96
Levellers, 265, 271, 272, 344
Levet, Robert, 323
Lewes, Battle of (1264), 110, 111, 112
Lexington, 333
Lichfield, 322
Liechtenstein, 321
Life Guards, 279
Light Brigade, Charge of the, 382–6, 387
Lightoller, C.H., 441
Lille, 419
Lincoln, Abraham, 251
Lincolnshire, 315, 400
Lind, James, 330
Lindisfarne, Abbey of, 36
linen, 307
Lindsey, 20
Link, The, 398–9
Linnaean Society, 393
Lionel, Duke of Clarence, 135
'Lionheart' *see* Richard I
Lisbon, 359
Lisle, Alice, 285
Lisle, Sir John, 285
Lithuania, 151
Liverpool, 404, 410
  Football Club, 405
  railway, 363–4
  and slave trade, 300–1, 335–6
Liverpool Post and Echo, 405
Lloyd George, David, 114, 407, 416, 428, 435, 435n
Local Defence Volunteers, 442
Locke, John, 293–5, 333
  An Essay on Human Understanding, 294
  A Letter concerning Toleration, 294–5

Two Treatises on Civil Government, 295
Loire River, 86
Lollards, 142, 158, 199, 221
London ('Londinium'), 69, 91–3, 153, 230, 260
  attack on by Boadicea, 15
  Cecil Hotel, 419
  coffee houses, 309–10
  demonstrations in, 308, 370
  Diamond Jubilee in, 401–2
  Entente Cordiale signed, 408
  Great Fire of, 278–80
  and Jacobite rebellion, 319–20
  poverty in, 315
  railway links, 374, 376
  and Second World War, 443, 445
  sewage disposal, 394–6
  stock exchange, 310
  Unknown soldier buried, 427
  see also individual places
London Bridge, 146, 241, 275, 278, 279
London Examiner, 385
London Gazette, 311
London Zoo, 392
Londsdale, Earl of, 367
longbow, 123
'Longshanks' *see* Edward I
Lord's cricket ground, 432n
Louis XIV, King of France, 281, 288, 294, 296, 304
Louis XVI, King of France, 343, 345
Loveless, George, 369, 370
Lovell, Francis, Lord, 182
Low Countries, 161, 239
Lowther, Katherine, 325, 326
Lucan, Lord, 383
Lucas, Ensign, 382
Lud, King, 357
'Ludd, General', 355–8, 368
Luddites, 368
Ludgate Hill, 357
Ludlow, 177
Luftwaffe, 441, 443
lunar calendar, 28
Luther, Martin, 198–9, 200, 203, 207, 208, 314, 315
Luxembourg, 440
Lyell, Charles, 392–3
Lyme Regis, 285, 361–2

Macaulay, Thomas, 374
MacDonald, Flora, 320

MacDonald, John, 387
McSween, John, 63
Madame Tussaud's, 411
Madoc (legendary Prince of Wales), 232
Madras, 400
Magna Carta (1215), 101–2, 106, 107, 108, 109
Magno, Allesandro, 229
Maidenhead railway bridge, 374, 377
Major, John, 145
major generals, 269, 272
malaria, 392
Malmesbury Abbey, 46, 47
Malory, Sir Thomas, 178, 207
Malplaquet, Battle of, 305
Mancetter, Warwickshire, 15, 16, 184
Manchester, 319, 356, 367
  railway, 363, 364–5
  St Peter's Fields, 366–7, 370
Mancini, Dominic, 180
Mandela, Nelson, 380n
Mandeville, Viscount, 259
Manox, Henry, 212
Mantes, 72
manuscripts, writing of, 33
Marconi, Guglielmo, 409, 444
Margaret, Princess, 192
Margaret of Anjou, Queen, 167
Marie-Antoinette, Queen, 343
Marion, Maid, 105–6
Marks, Leo, 446–8
Marlborough, John Churchill, Duke of, 303–6, 408
Marlborough, Sarah, Duchess of, 304, 305
  marriage, 348, 349 see also divorce
Marshall, H. E.
  Our Island Story, 1
marshes see wetlands
Marston Moor, Battle of (1644), 262
martyrs, 98
Marx, Karl, 295
Mary I, Queen, 203, 205, 208, 213, 220–1, 224
  accession, 219, 220
  advisers, 221
  birth, 195
  Catholicism, 215–16, 217, 220–1, 223
  death, 223

declared illegitimate, 218, 222
marriage, 219, 221
persecution of Protestants under, 220–3
Mary II, Queen, 286–7, 288, 289, 294–5, 304, 313
Mary, Queen of Scots, 234–7, 243, 244, 338, 398
  abdication, 235
  Catholicism, 234, 236, 245
  execution, 237
  marriage with Bothwell, 235
  marriage with Darnley, 235
  reburied in Westminster Abbey, 245
Mary of Modena, Queen, 286, 287, 288
Marylebone Cricket Club (MCC), 432n, 433
masques, 258
match girls' strike, 399–400
mathematics, 224–5
Matilda (daughter of Henry I), 80, 81, 82–3
Matilda du Perche, 78
Matthew, 189
Maundy Thursday, 206, 220
Maxton, James, 438
Mayerne, Turquet de, 268
Mayflower, 251, 252
Mbeki, Thabo, 380n
Meachin, Company Sergeant-Major Frank, 422
measles, 392
Mechanics' Magazine, 364
medicine, 134–5, 205
  anaesthetics, 354, 401
  antiseptics, 401
  hospitals, 386–8
  nursing, 386–8
  surgery, 354–5, 398
Mediterranean Sea, 325, 383n
Medway River, 281
Melville, Sir James, 235–6
mercers, 154, 174
merchants, 154, 196, 197, 209, 255, 272, 281
Mercia, 20, 41–2, 52
Merlin the Magician, 129
'Merrie Men', 105
Methodists, 314–15, 335
Michelangelo, 201
Middle Ages, 146
Middle Passage, 299–300, 336
Milford Haven, 183
mining, 302–3, 428
Minos, King of Crete, 46

minutemen, 333
missionaries
  conversion of Anglo-Saxons to Christianity by Irish, 27–8
  sent by Pope Gregory to convert Anglo-Saxons, 24, 25–7
Mompesson, Revd William, 277, 278
monarchs and monarchy
  abolition, 265, 268
  absolute, 254
  constitutional, 289
  deposition, 270
  distinguished from subjects, 267
  divine right, 150, 254, 263, 281
  form of address, 150
  and homosexuality, 117
  and Magna Carta, 101–2, 106, 107, 108
  mistakes of, 143
  and Ordinances (1311), 117–18
  power, 167, 197
  and Provisions of Oxford (1258), 108–9, 110–11, 117
  Restoration, 274–5, 277, 280
  social contract between King and subjects, 45, 50, 101, 107, 145
  style of crown, 156
monasteries, dissolution of, 185, 208–9, 221
Monck, George, 274–5
Monet, Claude, 377
Mongols, 131–2
monks
  Anglo-Saxon, 32
  Irish, 27–8, 29
Monmouth, Henry of see Henry V, King
monopolies, 243
Monroe, James, 346
Mont, Christopher, 210
Montagu, Edwin, 417
Montcalm, Louis-Joseph, Marquis de, 324, 325–6
Monteagle, Lord, 246
Montreal, 410
Montrose, 409–10
More, Sir Thomas, 196, 199, 201–4, 205
  execution, 204
  on Richard III and Princes in the Tower, 178–9, 179–80
  Utopia, 202

Morning Post, 404
Mortimer, Roger, Earl of March, 119, 120, 121–2
Mortimer's Cross, Battle of (1461), 170
Morton, Cardinal John, 191–2, 196
Mosel River, 304
Mousehold Heath, 215
Muggletonians, 271
Munich agreement, 438–9
music, 194, 287
Muslims, 94
  fighting against by crusaders, 95
mutinies
  Bounty, 341–3
  mutiny on the *Bounty* films, 343

Nore, 342
Nantes, Edict of, 294
Naples, 351
Napoleon Bonaparte, 240, 351, 353, 356, 408
  invasion plans, 346, 352
  and Waterloo, 359–60
Naseby, Battle of (1645), 263, 264, 266
Natal, 404, 405
national anthem, 318–19, 320–1, 402
National Gallery, 377
native Americans, 332–3, 334
Natural History Museum, 379
natural selection, 391–3
Nature, 452
navigation, 329–30
navy *see* Royal Navy
Nazis
  and Bayeux Tapestry, 65
Nelson, Admiral Horatio, 350–2, 389
Nelson, Fanny, 350
Nelson, Horatio, 351
Nennius, 22
Nero, 14
Netherlands, 187, 195, 243, 247, 251, 252, 260, 275, 281, 285, 287, 288, 293, 304, 440
Neville, Richard, Earl of Warwick ('the Kingmaker'), 168–9, 172, 182
New England, 189, 251
New Forest, 74
New Model Army, 263–5
  breach with Parliament, 264–5
New Palace Yard, 251
New South Wales, 330, 342
New World, 188, 189, 191, 232, 233, 238, 249, 253
New York, 374
New York Times, 442
New Zealand, 330–1
Newbolt, Sir Henry, 240–1
Newcastle, Duke of, 325
Newcomen, Thomas, 302–3, 328
Newfoundland, 188, 189, 232, 329
newspapers, 258, 283
  see also individual titles
Newton, Isaac, 289–92
Nightingale, Florence, 386–91
Nile, Battle of the (1798), 350
Nobel Prize, 452
Nore mutiny, 342
Norfolk, 217, 394, 422
Norfolk, Duke of, 203–4, 208–9, 212
Norman Conquest, 61–2, 65, 70, 145, 148
'Norman Yoke', 67
Normandy, 53, 76, 97, 101, 108, 167
Normandy, Duke of *see* Richard of Normandy, William the Conqueror
Normans, 44, 53, 297
  and Battle of Hastings, 61–2
  and Jews, 94
  legal discrimination of against Anglo-Saxons, 71
  uprisings against William the Conqueror and putting down of resistance, 67
North America, 299, 325, 332
  see also Canada; United States of America
North, Frederick Lord, 333, 334
North Sea, 329
North West Passage, 232
Northern Ireland, 223, 298 *see also* Ireland
Northumberland, Earl of, 151
Northumberland, John Dudley, Duke of, 217–19
Northumbria, 20, 52
Northampton Castle, 85
Norway, 439

Norwich, 423
Nottingham, 105, 356, 432
Nottingham, Sheriff of, 105
Nottinghamshire, 355
Nova Scotia, 189
Novgorod, 36

Oahu, 448
Oates, Captain Lawrence, 411–14
Oates, Titus, 282, 283
Odo, Bishop, 59, 62, 63
Offa, King of Mercia, 41
old-age pension, 428
Old Sarum, Wiltshire, 367
Oldfield, Bert, 433
Olivier, Laurence, 160
Olympic Games, 321n
O'Meara, Jane, 376–7
optics, 290
Orange, 287
Orange Order, 298
Order of the Garter, 129–30, 142
Order of the Golden Fleece, 130
Order of the Star, 130
Ordinances (1311), 117–18
Orion, 351
Orleans, 163
Oswaldtwistle, 327
Oswy, King of Northumbria, 27–9
Ottawa, 400
Oudenarde, Battle of, 305
outlaws, 104
Oxford, 222, 261, 262, 280, 290
  Ashmolean Museum, 253
  University, 224, 301, 314, 323, 430, 453
Oxford, Provisions of *see* Provisions of Oxford

Pacific Ocean, 325, 330, 341, 341n
paganism, 25–6, 50
Paine, Thomas, 343–6, 347, 349
  The American Crisis, 344
  Common Sense, 345
  The Rights of Man, 345, 346, 347
Pakenham, Kitty, 358–9
Pakenham, Thomas, 404
Palace of Westminster, 53, 73
palaeontology, 361–2
Palestine, 94, 95, 161
'Palmer, John' *see* Turpin, Dick

Panama, 389
Pandora, 342
Pankhurst, Christabel, 415
Pankhurst, Emmeline, 415, 416
Pankhurst, Sylvia, 416
pantomimes, 153, 155
papacy, 24
parchment, preparation of, 33
Paris, 271, 284, 353, 359, 421
  Edward VII visits, 407–8
  during French Revolution, 343, 346, 349
  in Second World War, 439
Paris, Matthew, 107–8, 109
Parkinson, Sydney, 331
Parliament
  anticlericalism, 197
  Barebones (Nominated), 269
  breach with army, 264–5
  Cavalier, 281
  and Charles I and Civil War, 255–63, 264–5, 266
  and Charles II, 281, 282–3
  and Edward II, 117, 118, 119–20
  and Edward III, 137–8
  and Edward VI, 218
  and Elizabeth I, 226, 227, 243
  and George III, 338
  and Glorious Revolution, 287–8, 289, 295
  Good (of 1376), 137–8, 140
  and 'Great Stink', 394–5
  Gunpowder Plot, 244–7, 253
  Henry VI attends as a child, 166
  and Henry VIII, 203
  House of Commons, 213, 227, 255–6, 257–60, 262, 268–9, 281, 283
  House of Lords, 259, 262, 268, 281, 393
  Irish, 297–8
  and James I, 248
  language, 148
  and Mary I, 221
  and Ordinances (1311), 117–18
  party system, 283
  passes legislation, 308, 312, 336
  Pride's purge, 266, 269, 274–5
  prorogation, 281
  and Provisions of Oxford (1258), 111
  and railways, 364
  and Restoration, 293
  rewards Marlborough, 305
  rewards Mary Anning, 362
  and Richard II, 150
  rules Commonwealth, 268–9
  Rump, 269, 274–6
  Scottish, 307
  and union of kingdoms, 307
  welcomes Henry IV, 156
  Westminster meeting place, 175
Parma, Duke of, 239, 240
Parr, Catherine, 213, 218
Parry, Hubert, 12
Patrick, St, 23, 27, 34
Pauntley, Gloucestershire, 154
Paxton, Sir Joseph, 379
Peak District, 41
Pearl Harbour, 448–9
Peasants' Revolt (1381), 139–45, 148, 149, 151
Peeping Tom, 58
Pembroke, 171
Peninsular War, 359, 360
penny post, 401
Pepys, Samuel, 155, 275, 279
Perceval, Spencer, 357
Percy, Henry 'Hotspur', 151
Percy family, 156, 157
Perrers, Alice, 137, 138
Peter, St, 29
Peterborough, 67, 82
'Peterloo' Massacre, 366–7
Petition of Right, 255, 257, 259
Philadelphia, 344
Philip II, King of France, 99, 102
Philip II, King of Spain, 219, 221, 233, 238, 288
Philip IV, King of France, 122, 126–7, 132
Philippa of Hainault, Queen (wife to Edward III), 127, 128, 139
Phillips, Captain Thomas, 298–300
phossy jaw, 398
physics, 292
Picquigny, Treaty of (1475), 173
Picts, 18, 19
Piddle River, 369n
Piers the Ploughman, 196–9
Pilgrim Fathers, 251–2
Pilgrimage of Grace, 208–9
pilgrimages, 146, 147, 151, 157
Pilson, Tony, 165–6
piracy, 232, 239, 252
Pissarro, Camille, 377
Pitcairn, 342
Pitt, William (the elder), Lord Chatham, 333, 337
Pius V, Pope, 236
plague, 131–3, 135, 137, 139, 148, 276–8, 280, 282, 290
Plantagenets, 82, 150
plants, 252–3
Platter, Thomas, 230
plunder, 262
plus-fours, 435n
Plymouth, 238, 239, 250, 251
Plymouth Colony, 251
pneumonic plague, 132, 276
Pocahontas, 249–50
poetry
  and Caedmon, 30–1
Poland, 439
political parties, 283
poll tax, 141, 145
ponies, 412
Ponsonby, Frederick, 408
Pontefract, 152
Pontius Pilate, 11
poor, 138
Pope, 24, 26, 44, 84, 100
  see also individual names
Popish Plot, 282–3, 284, 411n
porphyria, 339
Portsmouth, 255
Portugal, 232, 359
potatoes, 232
Potsdam Conference, 450
Powhatan, 249, 250
Prasutagus, 14
Prayer Book (Book of Common Prayer), 215, 217, 222, 226, 236, 258, 271
Presbyterian Church (Kirk), 307
Presbyterianism, 265
Preston, 309, 319, 328, 368
pretani, 6
pretenders, 186–7
Pride, Colonel Thomas, 266, 269
prime ministers, official title of, 312–13
primogeniture, 43
Primrose Hill, 282
Princes in the Tower, 173, 177–81, 185, 186, 187
Princess Alice, 395–6

printing, 175–6, 200
progresses, 227, 285
Protectorate, 272, 274, 281, 283
Protestants/Protestantism, 198–9, 214, 218, 219, 226, 238, 245, 247, 282, 297, 306, 308
  Dutch, 247, 262
  French, 231
  and James II, 286–7
  Marian persecutions of, 220–3
  Scottish, 234–5, 236
Provisions of Oxford (1258), 108–9, 110–11, 117
Prussia, 321, 325
Prynne, William, 258–9
public conveniences, 379
Pudding Lane, 278, 279
Punch, 390
Puritans, 256, 262, 263
  and James II, 287–8
  in Parliament, 257, 259, 269, 271
  and Restoration, 274, 277, 283
  sects, 265
Putney, 349
Putney Debates, 265
Pym, John, 259, 260
Pytheas, 4–5, 6

Quakers, 271, 335, 344
Quebec, 324–5, 326, 329

radiocarbon dating, 7
Raglan, Lord, 383
railways, 363–5, 373–5, 401
  Turner's painting of, 376–7
Rainsborough, Colonel Thomas, 265
Rais, Gilles de, 162
Ralegh, Sir Walter, 231–4, 243
  conspiracy, 250
  El Dorado expedition, 250–1
  executed, 251
Ralf the Timid, 53
Ramillies, Battle of, 305
Ramsay, Admiral Sir Bertram, 442
Ramsgate, 372
Ranters, 271
Ratcliffe, Sir Richard, 182
rats, 132, 276
Ravensbrück labour camp, 447
Recorde, Robert, 224–5
Reform Bill (1832), 368

Reformation, 198, 207, 209, 221, 222
  Oak, 215
  Scottish, 234
regicide, 152, 169, 180–1, 266, 275
relics, 208
religion, 141–2
  and Celtic rituals, 6
  and paganism, 25–6
  toleration of, 270–2, 287, 293, 294–5, 297
  see also Catholicism; Christianity; Protestantism/Protestants; Church
Renaissance, 201
Renoir, Auguste, 377
Resolution, 340
Restoration, 280–1, 283
Reynolds, Joshua, 323
Reynolds News, 438
Rhineland, 437
Richard, Duke of York, 177, 187
Richard I, the Lionheart, 93–8, 99, 117, 160
  and brother John, 99–100
  capture and imprisonment by Leopold, 96, 97, 99
  and crusades, 94, 95–6
  death, 99
  and Jews, 95
  legends surrounding, 93–4, 96–7
  loves music, 96–7
  at Nottingham, 105
Richard II, King, 128, 140, 142–3, 144, 145, 147, 149–52, 154, 157, 427n
  campaign in Ireland, 151
  death, 152
  deposition, 151–2, 156, 168, 180
  nicknamed 'the Redeless', 153
  rules without Parliament, 150
  self-image, 150
Richard III, King, 181–2, 186, 187
  Battle of Bosworth, 183–5
  courage, 184–5
  death, 185
  physique, 179
  and the Princes in the Tower, 173, 177–81, 186
  religious observance, 179
  seizure of power, 181, 183

Richard of Normandy, Duke, 44
Richmond, 196, 242, 339
Richmond, Charlotte, Duchess of, 360
Ridley, Bishop Nicholas, 222
Rievaulx Abbey, 209
Riot Act (1715), 308
ritual and symbolism, 209, 254, 256
  Catholic, 206–7, 214–15, 220
  Cromwell rejects, 269
  Elizabethan, 226, 227
Rizzio, David, 235
Roanoke, 233, 250
Robert the Bruce, 114, 118
Robert 'Curthose' (son of William the Conqueror), 72, 73, 76
Robert of Merton (Beckett's confessor), 89
Rochefort, Guillaume de, 181
Rochester, 289
Rochford, Lady, 212
Rocket, 363, 365
Rockingham, Charles, Marquess of, 338
Rolf, John, 250
Roger of Wendover, 55–6, 57
Roman Catholicism *see* Catholic Church
Roman Empire/Romans, 242
  attacks on by Picts, 19
  and Boadicea's revolt, 14–16, 17
  building of Hadrian's Wall, 17–18
  dating system, 33
  departure from Britain after barbarian attacks, 19, 20
  fortifications built against threat from Angles and Saxons, 19
  invasion of Britain by Claudius, 13–14
  invasions of Britain by Caesar, 7–9
  legionaries, 19
  occupation of Britain and settlements, 17, 18–19
Rome, 6–7, 37, 90, 195, 198
Roper, Margaret, 203
Roper, William, 201
Rose theatre, 229–30
Rosebery, Archibald, Earl of, 296–8, 306, 309, 397–8, 435n

Rotherhithe, 374
rotten boroughs, 367–8
Rouen, 164
Roundheads, 262, 273
Royal Academy, 376–7
Royal Africa Company, 299–300
Royal Air Force (RAF), 441, 443–4
Royal Charles, 275, 281
Royal Flying Corps, 444
Royal Humane Society, 349
royal jubilees, 339, 397, 400–2, 403
Royal Navy, 302, 329, 331, 380, 438 and Dunkirk, 441, 442
Royal Society, 290, 295, 330
Royal Society of Arts and Commerce, 340
Rufus, William *see* William II, King
'Rule Britannia', 301
Runnymede, 101–2
Rupert of the Rhine, Prince, 262
Russell, Lord John, 370
Russell, William Howard, 382–4, 385, 388
Russia, 252, 321, 325, 359, 408, 423, 428
 foundation of, 36
 Hitler attacks, 449
 see also Crimean War; Soviet Union

St Albans, 15
 Abbey of, 56
 Battle of, 168
St Lawrence River, 324, 329
St Mary-at-Lambeth churchyard, 342
St Paul's Cathedral, London, 51, 182, 192, 272, 305, 402
 on Whit Sunday, 207, 214
St Pol, 427
saints, 51
 confessor saints, 51
 patron saints, 94, 130
 see also individual names
Saladin, 95
Salisbury Plain, 303, 424
Salmond, Captain Robert, 381
Saltwood Castle, 86–7
Sandlake *see* Senlac
Sandringham, 415n
sans-culottes, 343
Sarajevo, 421

Savery, Thomas, 302, 303
Sawley Abbey, 209
Saxon Shore, 19, 20
Saxons, 19, 22
 invasion of Britain and settlement of, 19–20, 20–1
 see also Anglo-Saxons
scabies, 344
Scheveningen, 275
schools, 174
Science Museum, 379
Scotland, 21, 149, 214, 234, 240, 298, 301
 anthem, 321n
 campaign against by Edward I, 114
 campaign against by Edward II, 118–19
 campaign against by Edward III, 123
 diet, 323
 in Civil War, 268, 273, 274
 integrated into United Kingdom, 306–7
 Jacobite rebellions, 309, 319–20
 Parliament, 307
 and Prayer Book, 258
 Presbyterians, 258, 283
 religion, 234–5, 236
 subduing of Highlands, 325
 union of crowns, 248
Scotland Yard, 409–10
Scott, Captain Robert, 411–14
Scott, Sir Walter, 167
scrofula, 53–4, 322
Scrooby, Northamptonshire, 251, 252
scurvy, 330
Scutari, Turkey, 387, 389
Seacole, Edwin Horatio Hamilton, 389
Seacole, Mary, 388–91
Sebastopol, siege of, 389–90, 427n
Second Reform Act (1872), 370
Second World War, 15, 65, 437–48, 450
 see also Battle of Britain; Dunkirk evacuation
sects, 265, 270–2
Sedgemoor, Battle of (1685), 285
Sellar, Walter, 429–31
Senlac, 61, 62
Separatism, 251, 268

serfdom, 102, 139
Serre, 425, 426n
Seton, Colonel, Alexander, 381–2
Seven Years War (1756–63), 325, 333
Seville, 238
Seymour, Jane, 205–6, 210, 217
Shaftesbury, Anthony Ashley Cooper, Earl of, 293, 295
Shakespeare, William 129, 157, 173, 244, 437
 Henry V, 160
 Henry VI, Part 1, 167, 437
 The Merry Wives of Windsor, 230, 232
 Richard II, 152
 Richard III, 179, 184–5
Sheffield, 237, 367
 Corn Exchange, 424, 426
Sheffield Pals, 424–6
Shelley, Mary, 349
Shelley, Percy Bysshe, 349
Sherwood Forest, 104, 105, 357
ship money, 257–8, 259
ships, 239 *see also* individual names
Shoreham, Sussex, 273
Shrewsbury, 183
Siberia, 412
Sicily, 108
Siculus, Diodorus, 6
'Silent Night', 418
Silvester, Lady Harriet, 362
Simnel, Lambert, 186, 190
Simpson, Mrs Wallis Warfield, 436
Siward of Northumbria, Earl, 52–3
Skye, 320
slave trade, 298–301, 310
 abolition of, 335–6
slaves/slavery, 21, 23–4, 323, 334–5, 401, 407
smallpox, 322
Smiles, Samuel, 396
Smith, Adam, 70
Smith, Sir Thomas, 247
Smithfield, 149, 223, 247, 282
snakeships, 77
snecca, 77
social contract
 between Ethelred the Unready and nobles, 45, 101, 145
socialism, 315, 393
Somerset, 285

Somerset, Edward Seymour, Duke of (Protector), 217
Somerset Levels, 35–6
Somme, Battle of the, 425
'Song of the Battle of Hastings', 64
Sophia, Electress of Hanover, 306
South Africa, 380, 406–7
  apartheid, 407
  see also Boer War
South Pole, 412
South Sandwich Islands, 331
South Sea Bubble, 310–12
Southwark, 229
Soviet Union, 450, 451
Soyer, Alexis, 387
Spain, 195, 236, 240, 325, 359
  colonies, 191, 232
  peace with, 257
  war against England, 238, 240, 243
Spanish Armada, 233, 238–40, 243, 288
Speaker, 137–8
Special Operations Executive (SOE), 446–8
spinning and weaving, 327–8
Spion Kop, 404–5
spiritualism, 393
Spitzbergen, 350
Sporting Times, 432n
sports, 123, 194, 269
Staffordshire, 35
Stalin, Josef, 450
Stamford Bridge, Battle of, 61
Stamford, Lincs, 94, 101
standard-bearer of the 10th legion, 8
Stanley, Thomas, 277
Stanley, Thomas, Lord, 171, 183, 184
Stanley, Sir William, 184–5
Stanley family, 183–4
steam power, 202–3, 328
steamships, 374–5, 401
Stephen of Blois, King, 80–1, 83, 84
Stephen, sea captain to William I, 77
Stephenson, George, 363
Stephenson, Robert, 363
Stewart, Colonel William, 351
Stockton and Darlington railway, 364
Stony Stratford, 188, 181
Stothard, Charles, 63
Stow, John, 238
Strafford, Thomas

Wentworth, Earl of, 257–9
Straits of Dover, 239
Straw, Jack, 140, 144–5
Strode, William, 259
Stuart, Charles Edward (Bonnie Prince Charlie, the Young Pretender), 319–21
Stuart, James Francis Edward (the Old Pretender), 304, 309, 319
Stuart, House of, 192, 287
Stubbs, John, 227
Sudbury, Simon (Archbishop of Canterbury), 142
Sudan, 424
Sudetenland, 48
Suez Canal, 424–5, 439
Suffolk, Henry Grey, Duke of, 218, 219
suffragettes, 415–17
suicides, 353, 431
Surrey, 353, 431
Sussex, 20, 259, 368
Sweyn Forkbeard, King of Denmark, 45, 49
Swindon, 374
'Swing, Captain', 368
Switzerland, 161, 222, 321
Sydenham Hill, 379–80
Sydney, 330, 432
Symonds, Richard, 186, 187
Syria, 161
Szabo, Violette, 447–8

Tacitus, 7, 14, 16, 17
Tahiti (Otaheite), 331, 341–2
Tamworth, 41
Targett, Adrian, 453
tattooing, 331
taxation, 56–7, 97, 100, 108, 141, 150, 295, 332
  and Charles I, 255, 256, 257–8
  and Charles II, 281
  and Elizabeth I, 227, 243
  'Morton's Fork', 192
  under protectorate, 274
  ship money, 257–8, 259
Taylor, John, 'the Water Poet', 394
telegraph, 400
1066 and All That, 429–31, 453
Tennyson, Alfred Lord, 85, 384–5
Ternate, 391
Terra Nova, 411
Test Act, 282

Teutonic Knights, 151
Thackeray, William Makepeace, 377
Thames River, 13, 15, 91–2, 146, 166, 170, 196, 201, 204, 241, 253, 377
  disasters, 395–6
  embankments, 395
  estuary, 176, 281
  fishing, 154
  frozen, 266
  Great Seal thrown in, 288
  Henry VIII's pageant, 210
  Maidenhead bridge, 374, 377
  mudflats, 165
  navigation rules, 396
  sewage and pollution, 394–6
  south bank, 230
  tunnel under, 374
Thames Valley, 35
Thanksgiving, 251
Thatcher, Margaret, 145
theatres, 229–30, 250
theosophy, 400, 444
Thorneycroft, Alec, 405
Thurlow, Edward, Lord, 337
tides, Bede studies, 33
  Canute and, 48–9
Tilbury, 239
Times, The, 373, 382, 383–5, 387, 390, 395–6, 415, 417
Timor, 342
Tinchebrai, Battle of (1106), 76
Tintern Abbey, 209
Titanic, 381
tobacco, 232–3, 300
Tolkein, J.R.R., 21
Tolpuddle Martyrs, 369–71
tonsure *see* hairstyles
Torbay, 288
Tories, 283, 288, 312, 368
Toronto University, 326
Tostig, son of Godwin, 60, 61
Tournai, 187
Tower Green, 205
Tower Hill, 187
Tower of London, 66, 91, 151, 169, 219, 237, 256, 312
  Henry VI imprisoned, 169
  Princes in, 173, 177–81, 185, 186, 187
  Richard II imprisoned, 203
  Sir Walter Ralegh imprisoned, 251
towns, 102 *see also burhs*; London

Toynbee, Arnold, 328
toys, 165–6
trade, 153–4, 172, 174, 188, 253, 356
   Celtic trade with Rome, 6
Trades Union Congress (TUC), 428
trades unions, 357, 364, 399–400
Tradescant, Hester, 253
Tradescant, John (father), 252–3
Tradescant, John (son), 252–3
Trafalgar, Battle of, 352, 353, 356
transubstantiation, 207, 209, 222, 282
Transvaal, 404
Triennial Act (1641), 259
Trevisa, John, 120
Troyes, Treaty of (1420), 162
trial by jury, 84
Truman, Harry, 450
Trussell, Sir William, 120
Tudor, Edmund, Earl of Richmond, 170
Tudor, Henry *see* Henry VII, King
Tudor, House of, 170–1
   double rose symbol, 193
Tudor, Jasper, Earl of Pembroke, 170, 171, 183, 184
Tudor, Margaret, 234
Tudor, Owen (Owain ap Maredudd ap Tydwr), 170
Tull, Jethro, 301–3
Turkey, 383n, 387
Turner, Joseph Mallord William, 376–7
Turpin, Dick, 316–18
Tutbury, Staffordshire, 236
Tyburn, 228–9
Tyler, Wat, 140, 141–4, 145, 149, 344
Tyndale, William, 196, 199–200, 203, 207, 208
   and English language, 199–200, 226, 248–9
   execution, 200–1, 249
   translation of Bible, 199–200, 249
Tyneside, 329
typhoid, 379, 396
Tyrel, Walter, 74–5
tywysogion, 'Princes' of Wales, 113

Ulster, 297
unemployment, 429
   insurance, 428
Union Jack, 307, 389, 427
United States of America, 250, 321, 346, 348, 378, 409
   Declaration of Independence, 294, 333
   economic power, 379, 428
   and First World War, 428
   Napoleon and, 356
   and Second World War, 442, 448–9
   War of Independence, 333–4, 338, 344, 346
   see also Boston Tea Party
Unknown Soldier, 427
USSR *see* Russia; Soviet Union

van Limborch, Philip, 293, 294–5
Vaudreuil, Pierre, Marquis de, 329
VE Day, 449
Vega, Lope de, 238
Venice, 180
Vergil, Polydore, 190
Versailles, Treaty of, 437–8
Vespucci, Amerigo, 202
Vickers, George, 277
Victoria, Queen, 270, 374, 378–9, 396, 427n
   childhood and accession, 371–3
   death, 407
   visits Great Exhibition, 379
   jubilees, 397–8, 400–2
   marriage, 378
Victoria and Albert Museum, 63, 379
Victoria Cross, 427n
Victory, 351–2
Vienna, Congress of, 359–60
Vienna, siege of, 308
Vienne, Sir John de, 126, 127
Vikings, 40, 188, 285
   attacks on England and settlement of, 36–7, 44, 45, 47
   massacre of Danes living in England by Ethelred and consequences, 44–5
   resistance to by Anglo-Saxons, 40, 41
   resistance to by King Alfred, 37, 38

Rus in Novgorod, 36
   settle in Normandy, 44
villein, 102
Vimy Ridge, Battle of, 426
vin claret, 122
Virgil, 176
Virgin Mary, 11, 148, 156
Virginia, 233, 249, 311
Virginia Company, 250
Vitalis, Orderic, 78–9
Voce, Bill, 432

Wade's Mill, Hertfordshire, 335, 336
wages, 148, 190
Wales, 21, 156, 171, 183, 265, 307, 321n, 367
   birth of Edward I's son in, 113
   campaigns against by Edward I, 113
Wales, Princes of, 113–14, 125
Walkinton, Major Leslie, 418
Wallace, Alfred Russel, 391–3
Wallace, Edgar, 410
Wallace, William 'Braveheart', 114
Waller, Sir William, 262
Walpole, Horace, 348–9
Walpole, Sir Robert, 311–13, 349
Walsingham, Sir Francis, 236, 237
Walter, Lucy, 284
Waltham (Essex), 172
Waltham Abbey (Essex), 64, 209
Wapping, 374
war correspondents, 385–6
War of the Spanish Succession, 304
Warbeck, Perkin (Pierquin Wesbecque), 187
warfare, 174
   archers, 159, 161
   knights, 159
   pikemen, 183, 184
   see also weapons
Warkworth, John, 169
Warner, Pelham ('Plum'), 431, 433
Warrington, 328
Wars of the Roses, 152, 167, 169, 174, 262
Warwick, Earl of, 118
Warwick the Kingmaker *see* Neville, Richard, Earl of Warwick
Wash, the, 103, 106

Washington, George, 333–4, 344
Waterloo, Battle of (1815), 360–1, 366
Watson, James D., 451–2
Watt, James, 328
Wavrin, Jehan de, 159
weapons, 123
  crossbows, 97, 124
  gunpowder, 126
  longbow, 123
Wedgwood, Josiah, 336
welfare state, 428, 449–50
weights and measures, 102
Wellington, Arthur Wellesley, Duke of, 358–61, 364–5, 368
Wentworth, Thomas *see* Stafford, Earl of
Welsley, Arthur, *see* Wellington
Wesley, Charles, 314
Wesley, John, 314–15, 335
Wessex, 20, 37–8, 39, 40, 52
West, Benjamin, 326
West Africa, 299
West Indies, 323, 340, 342
  see also Barbados; Jamaica
Western Isles, 320
Westminster, 156, 192, 253, 256, 260
  Great Hall, 73–4, 193, 266
  Palace, 191
Westminster Abbey, 51, 54, 66, 107, 142, 150, 157, 225, 246, 326, 423, 427
  Chapter House, 175
  Mary, Queen of Scots reburied, 245
  Princes in the Tower reburied, 178, 180, 185
Weston, Father William, 245
wetlands, 35–6, 48, 67
wet-nursing, 347
whale oil, 375
Whigs (Whiggamores), 283, 284, 293, 312–13
Winchester, 285
Whitby, 329
Whitby Abbey, 209
White, John, 233
White Ship, 77–9, 80, 81
white papers, 449n
Whitehall, 242, 246, 260, 288
  Banqueting House, 266
Whitelocke, Bulstrode, 262
Whittington, Sir Richard, 152–5, 174
  cat, 153–4, 155
  'Longhouse', 154, 241

Mayor of London, 154
public works, 154
Wigan, 319
Wilberforce, William, 336
'Wild Geese', 297
Wilhelm, Kaiser, 419, 423
Wilkins, Maurice, 451, 452
William the Aetheling (Henry I's son), 77–8, 79, 80
William the Bastard, Duke of Normandy
  see William the Conqueror
William I, Emperor, 382
William the Conqueror (William I of England), 66–7, 69–70, 76, 108
  becomes king, 62, 66
  castles built, 66–7
  death and succession to, 72–3
  and the Domesday Book, 70
  and Harold's death, 64
  resistance to by Hereward the Wake, 67–8
  and succession contest to Edward the Confessor, 54, 59–60, 61
  uprisings against and putting down of resistance by, 67
William II, King (Rufus), 72–5, 81, 101 117
William III, King, 286, 288–9, 292, 303–4, 313, 408
  death, 306
  in Ireland, 296–8
William IV, King, 372
William of Malmesbury, 47, 64, 74, 75
William of Wales, Prince, 43
Williams, Anna, 323
Willis, Bishop Richard, 308
wills, 40–1
Winchester, 285
Windsor, 167, 180
  St George's Chapel, 173, 206
wine, 122
wireless, 409–10, 444
witan, 45, 111
Wittenberg, 198, 203
woad plant, 6
Wolfe, General James, 324–6, 329
Wollstonecraft, Edward, 347–8

Wollstonecraft, Mary, 347–9
  Maria, or the Wrongs of Woman, 349
  Thoughts on the Education of Daughters, 348
  A Vindication of the Rights of Woman, 347–9
Wolsey, Cardinal Thomas, 196, 199, 200, 203
  death, 196
women, 347–9
  Anglo-Saxon, 40, 41
  executed, 422
  preaching, 323
  suffrage, 393, 401, 415–19
  war work, 417
  wife-beating, 348
  see also birth control; marriage
Women's Social and Political Union, 415–16
Woodcroft Hall, 266
Woodfull, W.M., 432
Woodstock, 305
Woolf, Virginia, 349
Woolsthorpe, Lincolnshire, 290
Woolwich, 395, 405
Worcester, 57
  Battle of, 273, 275
workhouses, 388
World War I *see* First World War
World War II *see* Second World War
Worms, 200
Wren, Christopher, 291
Wright, Professor W., 178
Wrington, Somerset, 294
writings, 7
Wycliffe, John, 142, 199, 249

Xhosa people, 380

Yeatman, Robert, 429–31
Yersin, Alexandre, 131
York, 36, 247, 260, 262, 316, 317
York, Duke of, 337
York, House of, 168, 186
Yorkshire, 151, 265, 317, 329, 431
  West Riding, 355–6
Yorktown, 334, 38

Zela (Turkey), 9